现代自锚式悬索桥理论与应用

Theory and Practice of Modern Self-Anchored Suspension Bridges

胡建华　著

人民交通出版社

内 容 提 要

本书结合国内外自锚式悬索桥的典型实例，系统论述了自锚式悬索桥的计算理论、设计方法及施工技术。内容包括：自锚式悬索桥的历史与发展；结构组成与设计方法；静动力计算理论及分析；抗风及抗震设计；结构模型试验研究；施工及施工控制技术。

本书可供高等院校桥梁工程专业师生阅读，亦可供从事桥梁工程设计、施工与科研的专业技术人员参考使用。

图书在版编目（CIP）数据

现代自锚式悬索桥理论与应用/胡建华著.—北京：人民交通出版社，2008.7

ISBN 978-7-114-07313-7

I. 现… Ⅱ.胡… Ⅲ.悬索桥–桥梁工程 Ⅳ.U448.25

中国版本图书馆 CIP 数据核字（2008）第 117080 号

书　　名：现代自锚式悬索桥理论与应用
著 作 者：胡建华
责任编辑：刘　涛　李文臣　李　农
出版发行：人民交通出版社
地　　址：(100011)北京市朝阳区安定门外外馆斜街 3 号
网　　址：http://www.ccpress.com.cn
销售电话：（010）59757969　59757973
总 经 销：北京中交盛世书刊有限公司
经　　销：各地新华书店
印　　刷：北京市密东印刷有限公司
开　　本：787×1092　1/16
印　　张：13.75
字　　数：328 千
版　　次：2008 年 8 月　第 1 版
印　　次：2008 年 8 月　第 1 次印刷
书　　号：ISBN 978-7-114-07313-7
印　　数：0001～1500 册
定　　价：36.00 元

前　　言

工程设计承载历史，桥梁结构体系的创新是桥梁设计师的永恒追求。随着时代的发展，现在人们不仅更注意桥梁结构自身的力学美，还特别注重桥梁建筑结构与环境的相互协调，崇尚结构与艺术的完美融合，追求结构与区域文化的深度契合。

19世纪60年代桥梁工程师提出了自锚式悬索桥的设想。1915年，德国设计师在科隆的莱茵河上建造了第一座大跨度自锚式悬索桥——科隆—迪兹桥，由此揭开了自锚式悬索桥建设的序幕。而德国1929年建成的科隆—米尔海姆桥，主跨达315m，更是将自锚式悬索桥推向第一个顶峰。

由于斜拉桥的兴起与迅速发展，自锚式悬索桥20世纪50～80年代一度沉寂达30余年之久。直到20世纪90年代，随着桥梁设计理论、架设技术与材料科学的进步，人们又开始关注自锚式悬索桥，并进行了新的尝试。1990年日本此花大桥和2000年韩国永宗大桥成功建成，展示了现代自锚式悬索桥在中小跨径范围内的强劲生命力。进入21世纪，佛山平胜大桥、新奥克兰海湾大桥等一批自锚式悬索桥的相继设计与建成，标志着这一造型美观的桥型进一步的发展与繁荣。

自锚式与地锚式悬索桥的差别只是主缆锚固方式的不同，但其结构性能、设计方法和施工工艺却因此大为不同。到目前为止，关于现代自锚式悬索桥的结构性能、力学行为、架设技术等方面资料较少，尚缺乏能系统全面阐述自锚式悬索桥的专著。作为一名热衷桥梁建设事业的工作者，作者深感其必要性。

2003年作者主持了佛山平胜大桥设计，该桥是世界上首座采用独塔、四索面、混合梁的悬索桥，也是目前世界跨度最大的自锚式悬索桥。针对佛山平胜大桥建设面临的诸多设计与施工技术难题，作者和湖南省交通规划勘察设计院设计团队一道与湖南大学、西南交通大学、长沙理工大学、同济大学、中南大学及湖南科技大学等多所高校合作，开展了“大跨度自锚式悬索桥设计理论与关键技术研究”，成功地解决了自锚式悬索桥结构体系、混合加劲梁、整体稳定与局部屈曲、串列双桥面与双主缆气动干扰、钢箱梁顶推工艺、结构体系转换等技术难题，形成了一套自锚式悬索桥设计与施工关键技术，其研究成果也为本书奠定了基础。为丰富本书内容，作者还收集了一些自锚式悬索桥的实桥资料，以供读者参考；此外，本书还引用了部分国内外公开发表的文献资料，谨在此一并致谢。本书经过多次补充与修订，于2008奥运之年成稿。真诚地希望本书的出版能对推动自锚式悬索桥建造技术的发展有所贡献。

全书共分六章，第一章介绍了自锚式悬索桥的发展历程；第二章从自锚式悬索桥结构组成出发，探讨了结构体系的设计方法，并提供了部分实桥资料；第三章论述了自锚式悬索桥的静力计算理论及计算方法；第四章首先对自锚式悬索桥的结构动力特性进行参数研究，在此基础上分别对自锚式悬索桥抗风及抗震设计进行了阐述；第五章主要内容是佛山平胜大桥相关试验研究；第六章结合佛山平胜大桥的工程实践，着重介绍了自锚式悬索桥的施工及施工控制技术。

本书在编写过程中得到了湖南大学陈政清教授、易伟建教授、王修勇教授、西南交通大学沈锐利教授、长沙理工大学李传习教授、中南大学叶梅新教授、同济大学李建中教授等专家的热忱帮助和湖南省交通规划勘察设计院同仁的大力支持，在此谨向他们表示衷心的感谢。

限于作者才疏学浅，加之本书尚属初次尝试，错漏之处恭请有识之士不吝指正。

作者

2008 年 6 月 15 日

目　　录

第一章 绪 论

第一节 自锚式悬索桥的特点

悬索桥是目前跨越能力最强的桥梁结构。传统的地锚式悬索桥一般只适用于超大跨度，需要建造体积庞大的锚碇来锚固主缆，当跨度逐步减小时(特别是在软弱地质地区)，其主缆锚固(地锚)所占全桥造价的比重将迅速增大，传统地锚式悬索桥的优势将会逐渐丧失。如果将主缆通过适当的方式直接锚固在加劲梁上，就可以取消造价昂贵的锚碇，从而演变成自锚式悬索桥。这样，一方面，避免了修建巨大且昂贵的地下锚碇，使得在软基地区修建悬索桥成为可能；另一方面，将主缆锚固于加劲梁上还可以为加劲梁提供附带的预应力，从而有效地降低工程造价。

自锚式悬索桥与地锚式悬索桥虽然只是主缆锚固方式的不同，但其结构性能、设计方法和施工工艺却大为不同。自锚式悬索桥具有以下几个方面的特点[1,2]。

一、桥 型 布 置

自锚式悬索桥取消了巨大的主缆锚碇，不仅可以节省建造锚碇的费用，而且大大降低了对基础地质条件的要求，有效地拓展了悬索桥的适用范围，从而为软基地区的中等跨径桥梁提供了一种造型优雅而富有竞争力的桥型比选方案，两种桥型布置示意图见图 1-1。

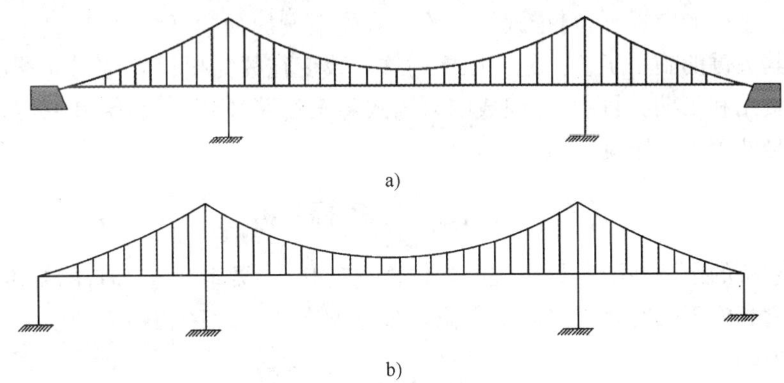

图 1-1 地锚式悬索桥与自锚式悬索桥桥型布置示意图

a)地锚式悬索桥；b)自锚式悬索桥

二、结 构 体 系

自锚式悬索桥主缆锚固于加劲梁两端，吊索受拉，加劲梁受压弯，形成自平衡的缆索支承结构体系，与斜拉桥有许多相似之处。首先，两者索塔和加劲梁都承受巨大的轴向压力，特别是当跨径增大时，结构体系的整体稳定和局部屈曲都是桥梁工程师十分关注的问题；其次，两种桥型都是高次超静定结构，加劲梁受力对索力变化非常敏感，如何通过索力调整以达到技术经济合理的成桥状态是其设计中的共同目标。

三、力 学 行 为

由于自锚式悬索桥的压弯效应在一定程度上抵消了主缆的重力刚度效应，因此自锚式悬索桥成桥后结构整体的几何非线性一般小于同跨径的地锚式悬索桥。但是，施工过程中其结构体系变形较大，具有明显的非线性效应，因此，现代自锚式悬索桥的设计一般均采用非线性有限元理论。

四、加 劲 梁

地锚式悬索桥加劲梁一般抗弯刚度较小，属纯弯曲构件，而自锚式悬索桥加劲梁通常刚度较大，属压弯构件。造成这一改变的主要原因是自锚式悬索桥的加劲梁必须承受缆索支承体系从锚固系统传来的巨大轴压力，使加劲梁成为压弯杆件。主缆锚固点之间加劲梁必须连续且有较大的抗弯刚度以保证其整体稳定性，若采用钢加劲梁则还存在局部稳定问题。

五、缆 吊 系 统

为降低加劲梁轴压力，自锚式悬索桥一般采用较大的垂跨比。以双塔悬索桥为例，自锚式悬索桥的垂跨比一般在 1/8～1/4 之间，而相应地锚式悬索桥的垂跨比一般在 1/12～1/8 之间。

地锚式悬索桥主缆一般均采用平行双面索布置，自锚式悬索桥则出现了单索面和空间索面等多种形式。

六、施 工 工 艺

在采用钢索主缆的前提下，自锚式悬索桥一般先架设加劲梁，然后再架设主缆，成桥时结构体系转换是其关键的施工工艺。施工顺序的这一改变往往需要设置临时支撑，一定程度上增加了施工的费用和工期。目前，已建成的自锚式悬索桥跨径都不大，究其原因，加劲梁轴压力和施工工艺是两个主要影响因素。

七、经 济 指 标

自锚式悬索桥的经济性随所处桥位的具体情况变化，主要取决于节省的锚碇费用与增加的加劲梁用钢量和施工临时费用之间的平衡。该桥型在软基地区和中等跨度范围内，还是具有良好的竞争力的。

第二节　自锚式悬索桥的发展历史

19 世纪 60 年代桥梁工程师就提出了自锚式悬索桥的结构设想。一个半世纪以来，自锚式悬索桥的发展经历了 20 世纪上半叶的兴起阶段、20 世纪下半叶的相对沉寂阶段和 20 世纪 90 年代后复兴与发展阶段。本节简要回顾自锚式悬索桥的发展历程[3]。

一、自锚式悬索桥的兴起

19 世纪后半叶，奥地利工程师约瑟夫·朗金(Josef Langer)和美国工程师查理斯·本德(Charles Bender)分别独立地构思出自锚式悬索桥的造型。约瑟夫·朗金首先在 1859 年提出了这种桥型的构思，查理斯·本德于 1867 年就自锚式悬索桥申请并获得了专利。他们在进行悬索桥设计时，都没有采用连续主缆，而是将主缆分别锚固在桥梁主跨跨中位置和边跨加劲梁两端。约瑟夫·朗金于 1870 年为弗朗兹—尤瑟夫(Franz-Joseph)铁路建造了世界上第一座跨度 22.8m 的自锚式悬索桥 Wrsowicer 桥，而查理斯·本德则从没有建造过这种桥梁。尽管他们关于自锚式悬索桥的构思是最早的，但对后来的桥梁设计并没有直接的影响。真正意义的自锚式悬索桥是在 20 世纪初的德国兴起并发展的。

1915 年，德国工程师在科隆的莱茵河上建造了第一座大跨度自锚式悬索桥即科隆—迪兹(Cologne-Deutz)桥，主跨 184.5m，桥塔为拱门造型，且铰支在承台上，见图 1-2。该桥在进行桥型方案选择时，从桥梁美学的角度考虑选择了悬索桥方案，因为担心地质条件不允许修建巨大的锚碇，创造性地采用了自锚式悬索桥结构体系。该桥的施工过程是先在临时木支架上铺设钢梁，然后架设主缆。主缆是由一节节的眼杆组成的链条，因此很容易锚固到加劲梁上。加劲梁在桥塔与跨中处设置施工临时铰，可以消除恒载产生的弯矩，成桥后用钢板铆接成连续梁。临时铰的设置起到了简化受力分析的作用，这在当时是十分必要的。科隆—迪兹桥在 1945 年被毁，而原来桥台上的钢箱梁仍保存至今。世界各国的桥梁工程师普遍认为科隆—迪兹桥主缆采用的眼杆链式结构是一个重要的创新，10 年后美国工程师又利用这种眼杆结构实现了自锚式悬索桥的悬臂施工法。科隆—迪兹桥的建造促成了自锚式悬索桥的兴起。位于美国宾夕法尼亚州匹兹堡跨越阿勒格尼河的 3 座自锚式悬索桥、塞尔维亚贝尔格莱德的亚历山大一世桥以及日本东京清州桥都效仿了科隆—迪兹桥的设计。

图 1-2　德国科隆—迪兹桥

1925～1928 年间美国在匹兹堡阿勒格尼河上相继修建了 3 座类似的自锚式悬索桥，表明自锚式悬索桥的应用在美国得到了认可。城市建筑委员会在规划第六、第七和第九条街时，基于桥位地质条件和景观考虑选择了自锚式悬索桥方案。匹兹堡桥效仿了科隆—迪兹桥的眼杆、链式主缆、拱形索塔和连续钢梁等构造，见图 1 3。

图 1-3 美国匹兹堡市阿勒格尼河第七街桥

这 3 座自锚式悬索桥的主跨约为 131～135m，比科隆—迪兹桥短了近 30%，但采用了一种独特的悬臂施工法。这种悬臂施工法基于其特殊的链式主缆和吊杆系统。主缆和吊杆不是采用通常的钢丝编制，而是用一种特殊的眼杆逐段相连而成的链式结构。眼杆是一片两头有圆孔的条形钢板，每段主缆由 9 片或 8 片眼杆并列组成，加上吊杆的两片眼杆，总计 19 片眼杆由一根钢制插销连接在一起，如图 1-3 所示。这种逐段相连的刚性链式主缆为悬臂施工法提供了必要条件。施工时先用支架法铺架边跨钢梁，然后将边跨主缆由边跨锚固端逐段栓接，并用临时压杆支撑，一直连接到塔顶。边跨完成后再施工主跨，每栓接一段眼杆即用一根临时压杆支撑，然后用桥面吊机悬拼一段加劲梁，连接好吊杆后进入下一阶段的施工。待全桥合龙后拆除临时压杆就完成了体系转换，形成自锚式悬索桥。图 1-4 是悬臂施工过程照片，图 1-5 为该桥的施工示意图。该桥的具体施工方法如下[4]：

图 1-4 美国匹兹堡市阿勒格尼河第七街桥施工照片

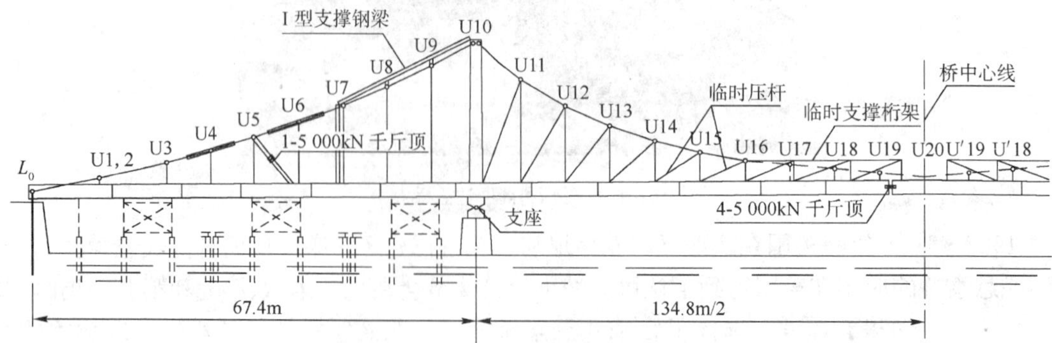

图 1-5 美国匹兹堡市阿勒格尼河第七街桥施工示意图(尺寸单位：m)

(1)边跨临时墩施工

首先施工边跨1～9号临时墩，其中1～3、5、6、8及9号墩在边跨架设完成后拆除，4、7号墩在边跨施工完成后仍保留，以作为边跨加劲梁的支承，待中跨加劲梁合龙后再拆除。

(2)边跨施工

在1～9号边跨临时墩上搭设支架，在支架上再铺设轨道，采用重约1 000kN的移动起重机将边跨加劲梁架设在支架上。边跨眼杆主缆锚固端逐段栓接，首先安装边跨第1、2段眼杆主缆，并将对应的3号吊杆安装就位。安装主缆第3～5段、5～7段主缆时，使用临时工字钢梁连接3～5号、5～7号节点，依靠临时杆件实现节点4和6的栓接。主缆7号节点至塔顶段的安装方法类似，使用了一根更长的I型支撑钢梁连接节点7至塔顶。为了实现中跨加劲梁的合龙，专门设计了一套可伸缩的构造系统，该系统采用5 000kN的千斤顶与杆件组成，既可受压也可受拉，在5号吊杆处垂直于主缆切线方向处连接主缆和加劲梁。该结构系统的作用是当中跨加劲梁悬臂挠度太大时，通过将塔往回拉以控制悬臂梁的次应力；同时可控制中跨加劲梁悬臂端的高程，以辅助中跨加劲梁合龙；并可通过调节该系统确保L_4和L_6处加劲梁下侧铰顺利连接，见图1-5。

需要说明的是，合龙前南侧加劲梁要向中跨方向移动30.48cm(12in)，从而确保主缆在跨中U20节点顺利连接合龙。在施工边跨时，边跨的4、5、6号吊杆下端未与加劲梁连接，并且在南侧桥塔处设置了滚动支座。待加劲梁向跨中移动完后，在滚动支座处采用临时板固定以防止进一步移动，桥梁北侧桥塔处则设置固定铰支座。

(3)中跨施工

施工中跨时，每栓接一段眼杆主缆即用一根斜向临时压杆支撑，然后用桥面吊机悬拼一段加劲梁，连接好吊杆后进入下一阶段的施工。当施工中跨跨中部分时，由于眼杆主缆与加劲梁之间的间距较小，无法设置临时压杆，必须采用临时支撑桁架。该桁架具有上弦杆及横撑，并将加劲梁作为下弦杆。合龙前南侧桥塔滚动支座处的固定钢板放松，该处支座变成滚动支座。在中跨加劲梁合龙处对称布置了4台5 000kN的千斤顶，从而使它们的合力通过加劲梁横截面重心。通过千斤顶将南侧加劲梁向南侧顶推，随着千斤顶顶推，开始将桥梁从悬臂体系向悬吊体系转换，加劲梁跨中向上抬高，同时加劲梁南端也逐渐移动到成桥位置；当千斤顶顶推的应力达到加劲梁在悬臂状态结构自重力作用下的应力时，中跨主缆悬臂施工时的临时压杆就会自动放松，从而实现了桥梁结构体系由悬臂状态向自锚式悬索桥体系的转换。然后安装35.56cm(14in)(比原先移动的1ft长了2in)中间合龙段，待合龙梁段两端被铆定后拆除千斤顶，完成全桥施工。该桥于1926年6月正式建成通车。

这种施工技术避免了在航道中布置支架，相比科隆—迪兹桥的施工有了很大进步。匹兹堡每一座桥的工期都在15个月以内。当1928年第六街桥通车时，该桥获得了美国钢结构协会评出的年度最美桥梁奖。目前，这3座桥仍在正常工作。在匹兹堡桥之后美国只修建了2座自锚式悬索桥：1933年建成的密苏里州跨径69m的小奈安瓜河(Little Niangua)桥和1939年建成的印第安纳州沃巴什河跨径107m的哈森威尔(Hutsonville)桥。

科隆—迪兹桥建成后的25年间德国在莱茵河上又修建了多座自锚式悬索桥，最著名的是1929年建成的主跨315m科隆—米尔海姆(Koln Mulheim)桥，跨径布置为85m＋315m＋85m，是当时欧洲跨径最大的悬索桥，并且该桥采用了现代的钢丝主缆，见图1-6。在1927年，最初设计评审团从38个竞争方案中选中了钢拱桥，主要是考虑桥型的美观，后来因为担心桥位区地质条件不能承担拱脚的推力，才要求改为自锚式悬索桥。非常遗憾的是，该桥于1945年在战争中被毁。1934年修建的科瑞菲尔德(Krefeld)桥也很有特色，该桥主缆没有在跨中连接，也是采用链式主缆和悬臂法施工。该桥主缆在跨中直接锚固于梁中，从某种意义上说已经孕育了现代斜拉桥的思想。科瑞菲尔德(Krefeld)桥1945年在战争中被毁，但战后仍按原设计重建，一直使用至今。

图1-6 德国科隆—米尔海姆(Koln Mulheim)桥

20世纪30年代初，一些工程师热衷于研究并采用自锚式悬索桥，并不是完全因为它没有锚碇，而是因为计算理论简单。美国和法国的一些文献都建议用弹性理论来计算自锚式悬索桥，那时人们已经知道挠度理论是悬索桥较为精确的计算方法，但是工程师们认为自锚式悬索桥加劲梁的轴力使其受力性能接近于更简便的弹性理论。基于这种思想，20世纪30年代美国和德国修建了许多座自锚式悬索桥，这也是当时自锚式悬索桥在欧洲、美国和日本得到广泛采用的原因之一。表1-1给出了近代主要自锚式悬索桥的技术参数[5]。

近代主要自锚式悬索桥技术参数 表1-1

桥址及桥名		建成年代	主跨跨径(m)	边跨跨径(m)	垂跨比	加劲梁
欧洲	Wrsowicer桥(德国)	1870	22.8	11.4	—	钢桁梁
	Muhlenthor桥(德国)	1899	42.0	19.7	1/7.3	钢桁梁
	Napageld桥(奥地利)	1910	36.0	21.0	1/9.0	钢桁梁
	科隆—迪兹桥(德国)	1915	184.5	92.2	1/8.6	钢板梁
	Lippstadt桥(德国)	1917	55.2	11.5	—	钢桁梁
	Admiral Scheer桥(德国)	1927	96.3	36.9	1/9.0	钢板梁
	Forst桥(德国)	1927	39.6	19.8	—	钢桁梁
	科隆—米尔海姆桥(德国)	1929	315.0	91.0	1/9.1	钢板梁
	King Alexander I桥(南斯拉夫)	1934	261.0	75.0	1/9.3	钢板梁
	Krefeld桥(德国)	1935	250.0	125.0	1/8.2	钢桁梁
	切尔西桥 (英国)	1937	107.3	52.7	1/8.8	钢板梁
美国	第七街桥(匹兹堡)	1926	134.8	67.5	1/8.1	钢板梁
	第九街桥(匹兹堡)	1927	131.1	65.5	1/8.1	钢板梁
	第六街桥(匹兹堡)	1928	131.1	65.5	1/8.1	钢板梁
	Little Niangua桥(密苏里州)	1933	68.6	34.3	1/9.0	工字梁
	Hutsonville桥(印第安纳州)	1939	106.7	45.7	—	工字梁
亚洲	清州桥(日本)	1928	91.5	45.8	1/7.1	钢箱梁

二、自锚式悬索桥沉寂中的发展

从 1954 年前联邦德国在杜伊斯堡建成最后一座跨度为 285.5m 的大跨度自锚式悬索桥起，到 1990 年日本建成主跨 300m 的此花大桥的 30 多年当中，世界上很少建造自锚式悬索桥，该类桥型进入了相对沉寂的阶段。其中主要的原因是 20 世纪 50 年代以后受到了斜拉桥迅速发展与普及的强烈冲击，这种冲击主要表现在三个方面：

(1)斜拉桥适用的地质条件与跨径范围完全覆盖了自锚式悬索桥。

(2)与广泛采用悬臂施工法的斜拉桥相比，自锚式悬索桥“先梁后缆”的施工方法使得自锚式悬索桥的造价相对较高，工期较长。

(3)相对于历史悠久的悬索桥造型，斜拉桥造型在这一时期具有一定的新颖性，因而乐于被采用。

自锚式悬索桥面临斜拉桥的有力竞争导致发展缓慢，但是也有桥梁工程师通过创造性地努力，不断推动了自锚式悬索桥的发展，其间，主要成就是法国工程师努力将 1928 年弗莱西奈发明的预应力混凝土技术应用于自锚式悬索桥。1943 年法国工程师巴迪克(Baticle)提出了混凝土加劲梁的自锚式悬索桥方案，并于 1950 年在法国建成了世界上第一座混凝土自锚式悬索桥——圣日耳曼(St. Germain)桥，该桥主跨 57.9m，边跨 21.8m。

20 世纪 50 年代，比利时工程师范德皮德(Vandepitte)对混凝土自锚式悬索桥也进行了深入的研究，于 1960 年设计并建成了安特卫普莫伯克(Merelbeke)桥，其桥型布置图见图 1-7。该桥主跨 100m，边跨 46m，主缆垂跨比 1/11.1，混凝土加劲梁高 1.93m，加劲梁横断面图见图 1-8。1965 年，范德皮德又在比利时安特卫普斯凯尔特(Scheldt)河大桥方案竞赛中提出了主跨 350m 的混凝土自锚式悬索桥方案。

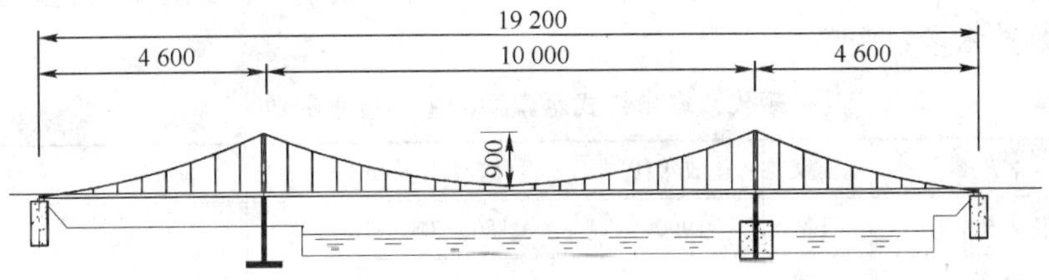

图 1-7　比利时安特卫普莫伯克(Merelbeke)桥桥型布置图(尺寸单位：cm)

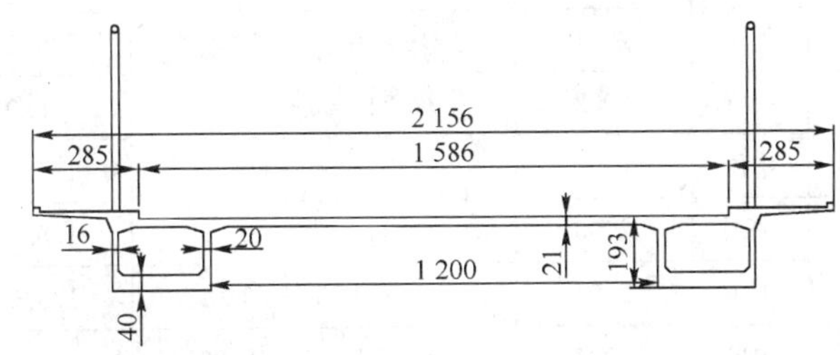

图 1-8　比利时安特卫普莫伯克(Merelbeke)桥混凝土加劲梁横断面图(尺寸单位：cm)

20 世纪 70 年代以后德国工程师施莱希(Schlaich)成功地建造了一系列混凝土自锚式悬索桥结构的人行桥。自锚式悬索桥加劲梁内存在强大的轴向压力，一方面，采用混凝土加劲梁可充分发挥其抗压性能好的优点；另一方面，加劲梁内的强大轴向压力同时也为自身提供了"免费的"预应力，因此，虽然混凝土加劲梁增加了结构体系的自重，但综合考虑还是具有一定的经济性。表 1-2 给出了这一时期内几座自锚式悬索桥的主要技术参数[5]。

自锚式悬索桥主要技术参数 表 1-2

桥名(桥址)	建成年代	主跨跨径(m)	边跨跨径(m)	垂跨比	加劲梁
St. Germain 桥(法国)	1950	57.9	21.8	—	混凝土箱梁
杜伊斯堡(duisburg)桥（德国）	1954	285.5	128.4	1/9.2	钢箱梁
Merelbeke 桥(比利时)	1960	100.0	46.0	1/11.1	混凝土箱梁
Rosenstein I 桥（德国）	1977	51.1	27.0	—	混凝土箱梁
Kelheim 桥（德国）	1987	61.8		—	混凝土箱梁
Necharstrasse 桥（德国）	1990	37.1	—	—	混凝土箱梁

三、现代自锚式悬索桥的发展

工程设计承载历史，桥梁结构体系的创新是桥梁设计师的永恒追求。随着时代的发展，现在人们不仅更注意桥梁结构自身的力学美，还特别注重桥梁建筑结构与环境的相互协调，追求结构与艺术的完美融合，追求结构与区域文化的深度契合。随着设计理论、架设技术和工程材料的进步，特别是传统的悬索桥越来越难以满足特定地形、地质条件下修建城市特殊景观桥梁的需要，人们开始重新关注自锚式悬索桥，并进行了新的尝试。现代自锚式悬索桥的开山之作是建于 1990 年主跨 300m 的日本此花大桥。随后，世界上其他国家也分别开始了自锚式悬索桥建设的新高潮，表 1-3、表 1-4 分别给出了 1990 年以来国内外主要的双塔、独塔现代自锚式悬索桥的主要技术参数[6~8]。

现代双塔自锚式悬索桥的主要技术参数 表 1-3

桥名	国家	建成年代	跨径布置(m)	垂跨比	加劲梁形式
日本此花大桥	日本	1990	120+300+120	1/6.0	钢箱梁
韩国永宗大桥	韩国	1999	125+300+125	1/5.0	钢桁梁
韩国 Sorok 岛桥	韩国	在建	110+250+110	1/5.0	钢箱梁
桂林丽泽桥	中国	2001	25+70+25	1/5.5	钢桁梁
大连市金石滩金湾大桥	中国	2002	24+60+24	1/8.0	混凝土边主梁
延吉市布尔哈通河局子街桥	中国	2003	69+162+69	1/7.0	混凝土边主梁
苏州竹园大桥	中国	2003	33+90+33	1/8.0	钢—混组合梁
抚顺市万新大桥	中国	2004	15+70+160+70+15	1/6.0	混凝土箱梁
天津子牙河大桥	中国	2004	48.05+115+48.05	1/6.05	钢箱梁
浙江金华康济大桥	中国	2004	36+100+36	1/7.5	钢—混组合梁
平湖市海盐塘桥	中国	2005	30+72+30	1/8.0	混凝土箱梁
江山市北关大桥	中国	2005	40+118+40	1/7.0	混凝土梁

续上表

桥 名	国家	建成年代	跨径布置(m)	垂跨比	加劲梁形式
永康溪心大桥	中国	2005	37+90+37	1/6.0	混凝土箱梁
安亭吴淞江人行桥	中国	2005	25+70+25	1/7.8	混凝土箱梁
长沙三汊矶湘江大桥	中国	2006	70+132+328+132+70	1/5.0	钢箱梁
吉林兰旗松花江大桥	中国	在建	12.5+90+240+90+12.5	1/8.0	混凝土箱梁

现代独塔自锚式悬索桥的主要技术参数 表 1-4

桥 名	国家	建成年代	跨径布置(m)	垂跨比	加劲梁形式
美国新奥克兰海湾大桥	美国	在建	180+385	1/12.6	钢箱梁(公铁两用)
佛山平胜大桥	中国	2006	39.64+5×40+30+350+30+29.60	1/12.5	钢、混凝土混合箱梁
广州猎德大桥	中国	在建	47+167+219+47	1/12.5	钢箱梁
南京长江隧道工程右汊大桥	中国	在建	35+77+60+248+35	1/12.4	钢、混凝土混合箱梁
青岛海湾大桥大沽河航道桥	中国	在建	80+190+260+80	1/12.5	钢箱梁

由表 1-3 和表 1-4 可以归纳出国内、外现代自锚式悬索桥如下特点：

(1)景观造型是桥梁设计的一个主要因素。

(2)桥位处地质条件不适合修建巨大锚碇。

(3)双塔桥跨度在 100～328m 范围之间，独塔桥跨度在 219～385m 范围之间。

(4)跨度越大，垂跨比越大；双塔桥垂跨比为 1/8～1/4，独塔桥垂跨比为 1/14～1/12。

自锚式悬索桥在 20 世纪初的兴起主要是德国和美国工程师的贡献，20 世纪末至今现代自锚式悬索桥的复兴则主要归功于日本、韩国和中国工程师的努力。日本此花大桥主跨 300m，结构设计采用了单索面斜吊索的主缆支承体系和自重较轻的钢箱梁；施工技术也有进步，采用了钢箱梁分段整体吊装和平行钢丝束的制缆技术。韩国永宗大桥跨度也达 300m，是世界上第一座公铁两用的自锚式悬索桥。中国自 2000 年以来，已建成了二十几座自锚式悬索桥，其中佛山平胜大桥是世界上首座采用独塔、四索面、混合梁的悬索桥，其主跨跨度 350m，也是目前世界上跨度最大的自锚式悬索桥。另外，美国新奥克兰海湾大桥的设计方案也包含了诸多有价值的技术创新，建成后将成为世界上跨度最大的自锚式悬索桥。

第三节 自锚式悬索桥的展望

日本此花大桥、韩国永宗大桥的建成表明自锚式悬索桥在中等跨径上可以和斜拉桥竞争。佛山平胜大桥、美国新奥克兰海湾大桥等一系列自锚式悬索桥的相继设计和建成标志着这一结构新颖、造型美观的桥型已得到进一步的发展、繁荣，同时也出现了一些新的特点和趋势[8]。

一、桥型布置

自锚式悬索桥桥型布置多种多样，目前主要有：双塔三跨，双塔单跨，单塔双跨，单塔单跨等，今后也可能建造多塔自锚式悬索桥。自锚式悬索桥技术经济指标合理的适用跨径范围以目前的技术水平来看在50～600m之间。随着技术的发展，在此范围内的技术经济优势必将更为显著。

二、结构体系

加劲梁的轴压力和架设方法一定程度上限制了自锚式悬索桥跨径的发展，为此有研究者提出了自锚式斜拉—悬索桥协作体系：斜拉区可采用混凝土梁，悬吊区为钢梁。这种桥型方案继承了自锚式悬索桥及斜拉桥的诸多优点，在大幅度降低造价的同时，提高了自锚式悬索桥的跨越能力，但如何解决斜拉索和吊索之间的刚度匀顺过渡问题，将是我们面对的关键技术难题。

三、加劲梁及缆吊系统

随着自锚式悬索桥跨度的不断增大，加劲梁的轴压力和缆索支承系统的体系转换已成为控制设计的关键，修建大跨度自锚式悬索桥将面临较大的挑战。因此，提高材料强度，增加跨越能力，减少恒载，研发新型材料，以及便捷体系转换和加快施工进度都是今后研究的重要课题。

四、架设方法

“先梁后缆”的施工方法已成为阻碍自锚式悬索桥广泛应用的一个主要因素，因此，研究加劲梁和主缆的架设方法，达到缩短工期和降低造价的目的，是一个重要的研究方向。

佛山平胜大桥初步设计施工比选方案借鉴斜拉桥的施工工艺，提出了斜拉扣挂法架设加劲梁。该方法就地现浇筑边墩和索塔，采用临时斜拉索拼装加劲梁，跨中合龙后安装主缆和吊索，体系逐步转换为自锚式悬索桥。该方法可以实现少支架甚至无支架架梁，施工干扰小，技术也相对成熟，但是，也同样存在体系转换的技术问题。该方法尚无工程实践，但不失为自锚式悬索桥可供比选的一种施工方法。

1925年美国匹兹堡的3座跨河桥梁采用链条式的主缆和临时压杆相结合，成功地实现了自锚式悬索桥的悬臂拼装，大大缩短了工期。自重大的链式主缆目前已被高强钢丝编制的主缆取代，但这种悬臂施工方法能否在目前的条件下加以改进而重新采用，也是值得研究的问题。

在科学技术高速发展的今天，自锚式悬索桥的设计理论和架设技术也将趋于完善。在新理论、新材料、新结构、新工艺和新设备的推动下，自锚式悬索桥跨越能力将不断提高，必将具有越来越强的竞争力。

参考文献

[1] 胡建华. 大跨度自锚式悬索桥结构体系及静动力性能研究[D]. 长沙：湖南大学土木工程学院，2006.

[2] 胡建华. 自锚式悬索桥结构体系的创新设计[J]. 北京交通大学学报，2006，30(6)：111-119.

[3] John A Ochsendorf, David P Billington. Self-anchored suspension bridges[J]. Journal of Bridge Engineering, 1999,4(3): 151-156.

[4] V R Covell. Erecting a Self-Anchored Suspension Bridge-Seventh Street Bridge at Pittsburgh[J]. Engineering News-Record, 1926, 97(18): 502-505.

[5] John A Ochsendorf. Self-anchored suspension bridges [D]. Candidacy: Princeton University,1998.

[6] 张哲. 混凝土自锚式悬索桥[M]. 北京: 人民交通出版社, 2003.

[7] Rafael Manzanarez, Marwan Nader, Sajid Abbas, etal. Design of the New SanFrancisco-Oakland Bay Bridge[J]. Structure, 2000, 103: 67-77.

[8] 胡建华. 湖南桥梁技术发展的回顾与展望[C]. 第16届全国桥梁学术年会论文集,2004: 87-97.

第二章　自锚式悬索桥结构设计

由于主缆锚固方式的不同，自锚式悬索桥与地锚式悬索桥有明显差异，其结构组成、构造处理及设计方法更有其特殊性，在设计中充分注意这些特点十分必要。

首先，本章结合国内外现有自锚式悬索桥的构造设计，详细阐述了自锚式悬索桥各结构组成部分的构造特点和设计构思。然后，分概念设计和构造设计两个部分，论述自锚式悬索桥的设计方法及原则。最后，为了便于读者深入了解自锚式悬索桥的结构设计，本章提供了部分国内外自锚式悬索桥实例。

第一节　自锚式悬索桥结构组成

一、桥 型 布 置

桥梁布置应充分结合自然条件及水文、通航等技术要求，既要考虑满足交通功能，又要兼顾经济和景观等因素，力求实用、经济、安全、美观、耐久。

自锚式悬索桥桥型布置多种多样，从悬吊布置上分目前有：双塔三跨，双塔单跨，单塔双跨，单塔单跨及多塔多跨等多种形式，但各种形式布置的加劲梁总是连续的，如图 2-1 所示。这些桥型的主要特点见表 2-1。

自锚式悬索桥桥型布置特点比较　　表 2-1

项　目	桥型布置				
	双塔三跨	双塔单跨	单塔双跨	单塔单跨	多塔多跨
桥跨布置	一般主跨均布置在河中	一般主跨布置在河中，边跨布置在两岸	一般两跨均布置在河中	一般主跨一跨过河	适用于河面较宽的情况
边跨形式	无需设辅助墩	需设辅助墩	无需设辅助墩	需设辅助墩	可设辅助墩，也可采用吊索悬吊
垂跨比	1/5～1/8	1/5～1/8	1/9～1/15	1/9～1/15	1/5 左右
加劲梁	不适用混合梁	适用混合梁	不适用混合梁	适用混合梁	不适用混合梁
体系转换	较复杂	较易	较复杂	较易	复杂
工程实例	德国科隆—迪兹桥 日本此花大桥 韩国永宗大桥 兰旗松花江大桥	德国科隆—米尔海姆桥 长沙三汊矶湘江大桥	美国新奥克兰海湾大桥 广州猎德大桥	佛山平胜大桥	湘潭湘江五桥

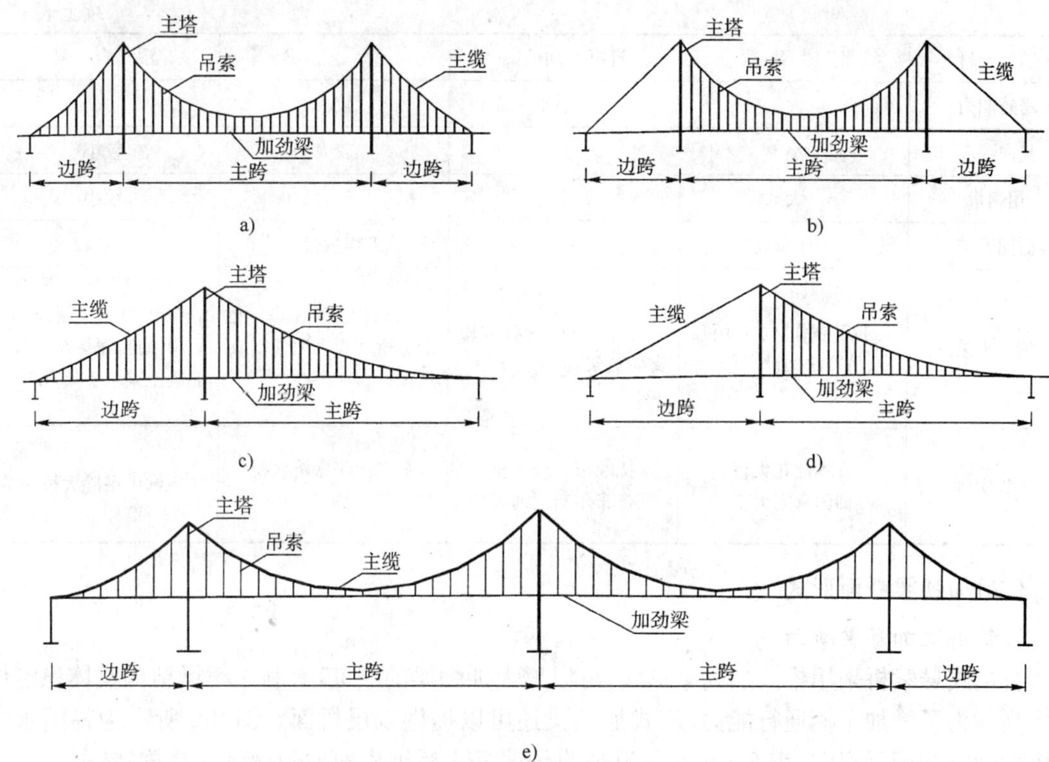

图 2-1 自锚式悬索桥桥型布置图

a)双塔三跨;b)双塔单跨;c)单塔双跨;d)单塔单跨;e)多塔多跨

自锚式悬索桥由加劲梁、索塔、缆吊系统及锚固系统共同组成。现分别从各主要构件的功能、设计注意事项等方面进行详细介绍。

二、加 劲 梁

自锚式悬索桥的加劲梁具有与传统地锚式悬索桥加劲梁相同的功能,即为车辆的行驶提供通道,承担加劲梁自重力和各种活载所产生的弯矩和剪力作用,并将加劲梁自重力及汽车荷载、人群荷载、风荷载等通过吊索传递给主缆[1];同时,自锚式悬索桥的加劲梁还要承担由端部主缆锚固所引起的轴向压力作用,加劲梁属于压弯构件。

(一)加劲梁结构形式及特点

目前自锚式悬索桥的加劲梁一般采用钢加劲梁、混凝土加劲梁、组合梁和混合梁四种类型,各种加劲梁结构形式的主要特点见表 2-2。

自锚式悬索桥加劲梁结构形式对比 表 2-2

项　目	钢加劲梁	混凝土加劲梁	组合梁	混合梁
适用的结构体系	各种体系	各种体系	双塔三跨 独塔双跨	双塔单跨 独塔单跨
典型断面	箱梁、桁梁	箱梁、肋板式	箱梁、肋板式	箱梁

续上表

项　目	钢加劲梁	混凝土加劲梁	组合梁	混合梁
跨越能力	大	小	较大	大
竖向刚度	小	大	较大	较小
用钢量	大	小	较大	较小
后期养护	工作量大	工作量小	工作量较小	工作量较大
施工工艺	工厂制作，可采用顶推、吊装法架设	现场浇筑，一般采用支架法架设	钢结构工厂制作，混凝土桥面板采用预制或现浇	钢结构工厂制作，可采用顶推、吊装法架设，混凝土梁段支架现浇
工程实例	日本此花大桥 韩国永宗大桥	抚顺市万新大桥 延吉布尔哈通河大桥	浙江金华康济大桥 苏州竹园大桥	佛山平胜大桥

(二)加劲梁断面形式

1. 钢桁架加劲梁断面

自锚式悬索桥采用桁式加劲梁形式，可以增大加劲梁的刚度，有利于桥梁结构整体稳定性的提高。为了增加车辆通行能力，桁式加劲梁还可以提供双层桥面。图 2-2 所示为韩国永宗大桥加劲梁断面示意图，表 2-3 列出了几座自锚式悬索桥钢桁架加劲梁设计参数。

自锚式悬索桥钢桁架加劲梁设计参数统计　　表 2-3

桥　名	主跨跨径(m)	梁高(m)	梁宽(m)	高跨比
韩国永宗大桥(双层桥面)	300	12.00	41.0	1/25.0
桂林丽泽桥(单层桥面)	70	1.72	25.5	1/40.7
克瑞菲尔德桥	250	6.34	—	1/39.4

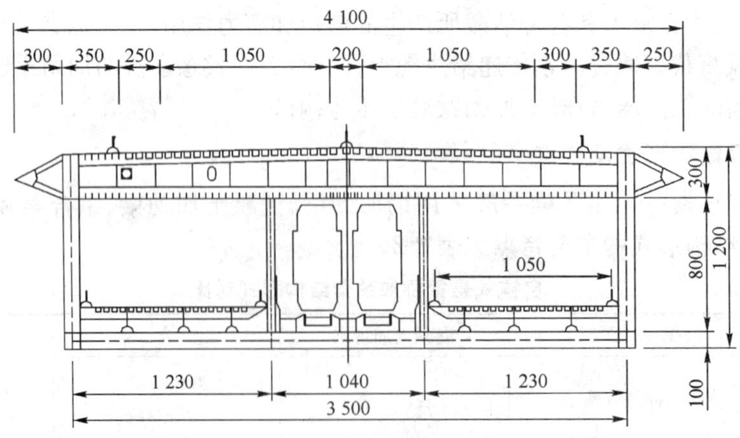

图 2-2　韩国永宗大桥加劲梁横断面图(尺寸单位:cm)

2. 闭口钢箱加劲梁断面

闭口钢箱梁断面具有抗扭刚度大、气动稳定性好的特点，在现代大跨度自锚式悬索桥设计中经常被采用，如图 2-3～图 2-5 所示。表 2-4 列出了几座自锚式悬索桥闭口钢箱梁断面的设计参数。

自锚式悬索桥闭口钢箱梁加劲梁设计参数统计 表 2-4

桥 名	主跨跨径(m)	梁高(m)	梁宽(m)	高 跨 比
日本此花大桥	300	3.17	26.50	1/94.6
广州猎德大桥	219	3.50	36.10	1/62.6
长沙三汊矶湘江大桥	328	3.60	35.00	1/91.1

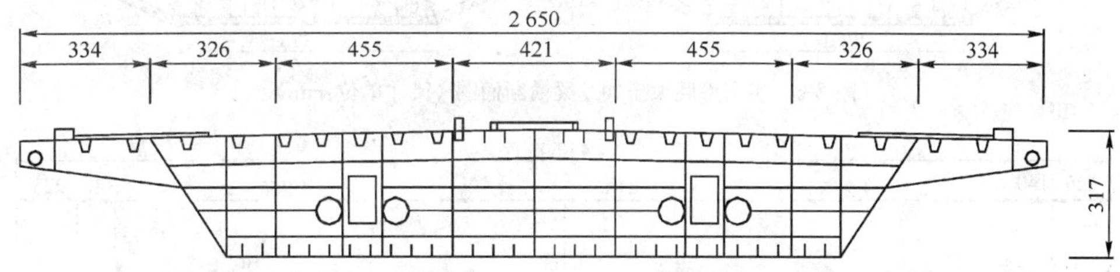

图 2-3 日本此花大桥加劲梁横断面图(尺寸单位:cm)

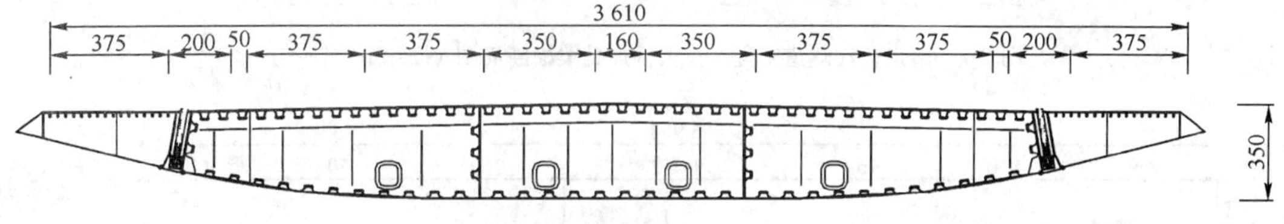

图 2-4 广州猎德大桥加劲梁横断面图(尺寸单位:cm)

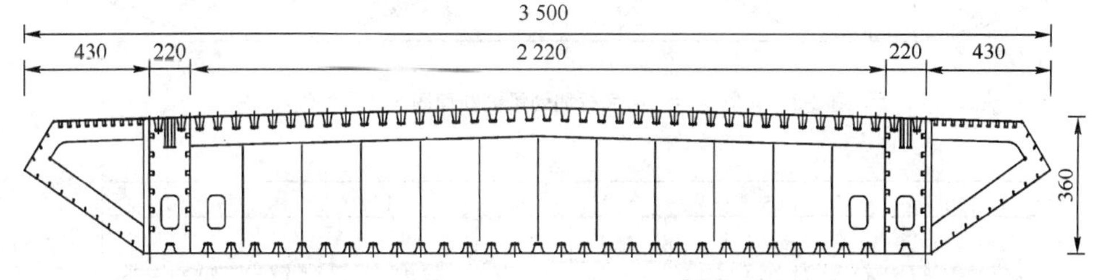

图 2-5 长沙三汊矶湘江大桥加劲梁横断面图（尺寸单位:cm）

3. 分离式双箱钢加劲梁断面

当桥梁设计需要满足较大的交通量时，可采用双幅桥面加劲梁或中央开槽加劲梁断面形式。如已建成的佛山平胜大桥采用双幅加劲梁桥面，如图 2-6 所示；正在建设的新奥克兰海湾大桥、南京长江隧道工程右汊大桥、青岛海湾大桥大沽河航道桥则采用了中央开槽的加劲梁断面形式，如图 2-7～图 2-9。表 2-5 列出了国内外几座自锚式悬索桥分离式双箱钢加劲梁的设计参数。

自锚式悬索桥分离式双箱钢加劲梁设计参数统计　　表 2-5

桥　　名	桥梁主跨(m)	梁高(m)	单幅梁宽(m)	高跨比	净间距(m)
佛山平胜大桥	350	3.50	26.10	1/100.0	3.8
新奥克兰海湾大桥	385	5.50	27.88	1/70.0	14.1
南京长江隧道工程右汊大桥	248	3.00	16.20	1/82.7	8.2
青岛海湾大桥大沽河航道桥	260	3.60	17.98	1/72.2	11.0

注：净间距为分离双箱的内侧净间距。

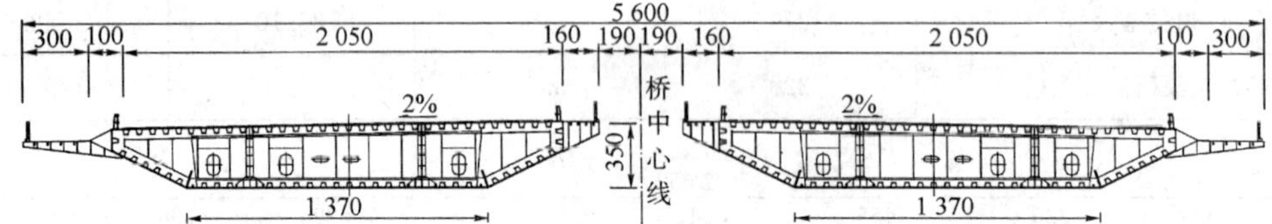

图 2-6　佛山平胜大桥加劲梁横断面图（尺寸单位：cm）

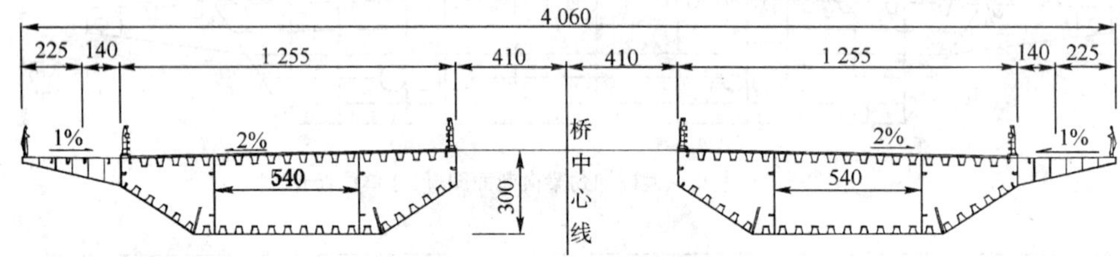

图 2-7　南京长江隧道工程右汊大桥加劲梁横断面图（尺寸单位：cm）

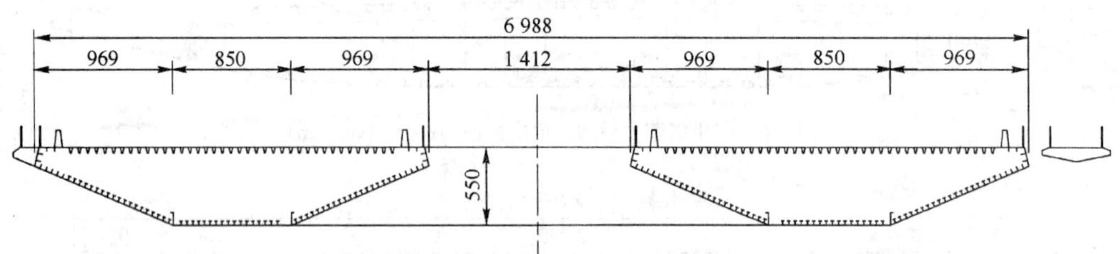

图 2-8　新奥克兰海湾大桥加劲梁横断面图（尺寸单位：cm）

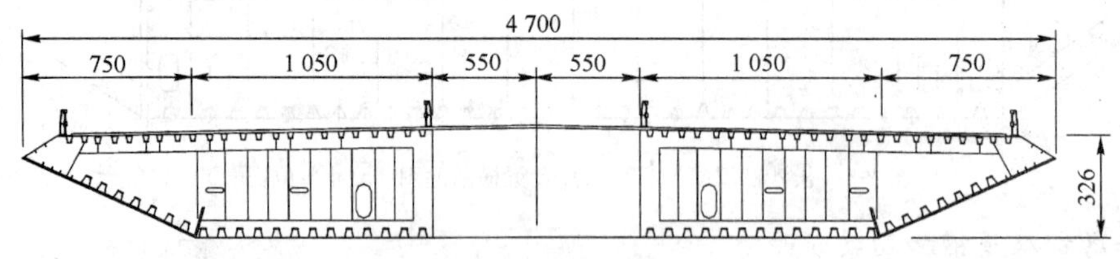

图 2-9　青岛海湾大桥大沽河航道桥加劲梁横断面图（尺寸单位：cm）

4. 钢—混凝土组合梁断面

对于中小跨度自锚式悬索桥而言，钢—混凝土组合梁可以充分发挥钢和混凝土各自的力学性能，是比较好的一种方案。图 2-10 所示为苏州竹园大桥加劲梁横断面图，图 2-11 所示为浙江金华康济大桥加劲梁横断面图。表 2-6 给出了部分自锚式悬索桥钢—混凝土组合梁的设计参数。

自锚式悬索桥钢—混凝土组合梁设计参数统计　　表 2-6

桥　　名	桥梁主跨(m)	梁高(m)	梁宽(m)	加劲梁高跨比
浙江金华康济大桥	100	2.35	31.5	1/42.6
苏州竹园大桥	90	2.45	37.0	1/36.7

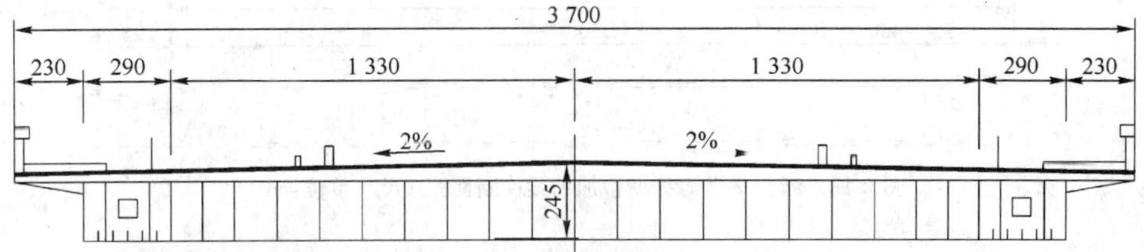

图 2-10　苏州竹园大桥加劲梁横断面图（尺寸单位：cm）

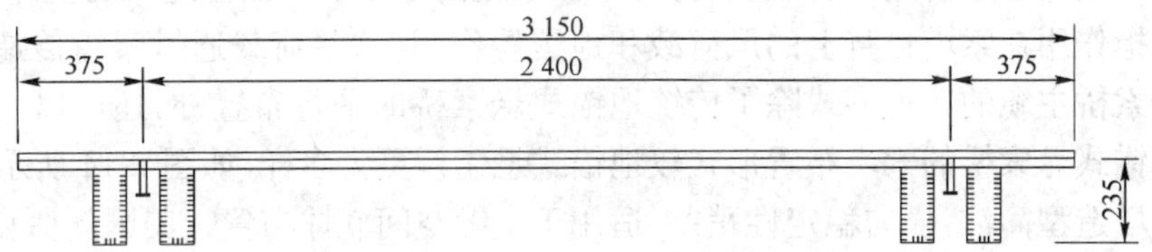

图 2-11　浙江金华康济大桥加劲梁横断面图（尺寸单位：cm）

5. 混凝土加劲梁断面

混凝土加劲梁也广泛应用于自锚式悬索桥，如吉林兰旗松花江大桥、抚顺市万新大桥及浙江江山北关大桥等。表 2-7 列出了国内几座自锚式悬索桥混凝土加劲梁的设计参数。从表 2-7 可以看出，混凝土加劲梁的适用范围较广，跨径范围为 $L=60\sim240$m，加劲梁梁高范围为 $H=0.75\sim2.50$m。图 2-12、图 2-13 分别为国内两座自锚式悬索桥的混凝土加劲梁断面图。

自锚式悬索桥混凝土加劲梁设计参数统计　　表 2-7

桥　　名	桥梁主跨(m)	梁高(m)	梁宽(m)	高跨比
吉林兰旗松花江大桥	240	2.50	27.00	1/96.0
抚顺市万新大桥	160	2.50	41.00	1/64.0
浙江江山北关大桥	118	2.00	24.00	1/59.0
延吉市布尔哈通河局子街桥	162	2.10	21.00	1/77.1
大连市金石滩金湾大桥	60	1.00	12.50	1/60.0
安亭吴淞江人行桥	70	0.75	8.00	1/93.3
平湖市海盐塘桥	72	1.74	40.00	1/41.4

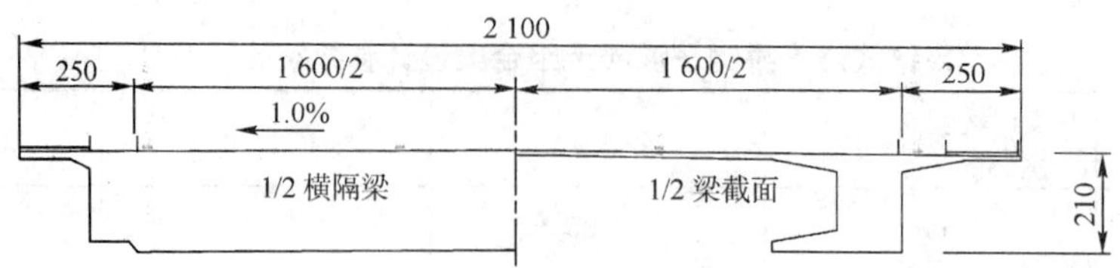

图 2-12 延吉市布尔哈通河局子街桥加劲梁横断面图（尺寸单位：cm）

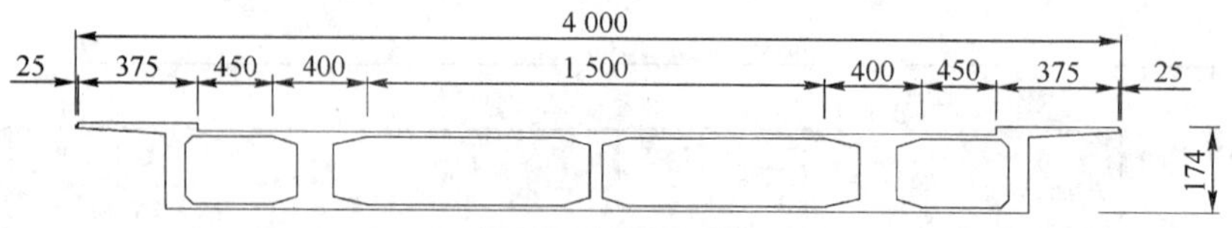

图 2-13 浙江平湖海盐塘桥加劲梁横断面图（尺寸单位：cm）

三、索　　塔

索塔是自锚式悬索桥重要的承重构件，不仅承担由主缆在塔顶传递来的全部恒载和活载，同时还要承担作用在索塔自身上的风荷载和地震等作用，这些荷载通过索塔传递给基础。由于自锚式悬索桥主缆的布置形式除了传统地锚式悬索桥的平行布置外，还可以呈空间立体布置，因此，自锚式悬索桥的索塔布置形式较地锚式悬索桥更为多样，如图 2-14 所示。

柱式索塔造型简洁，横向稳定性稍差，适用于主缆空间立体布置。美国新奥克兰海湾大桥就是采用单柱式索塔，但该索塔实际上由 4 个钢柱拼成一个圆形，钢柱间设剪力连接件，巧妙地解决了横向稳定及抗震问题，如图 2-15 所示。另外，正在建设的青岛海湾大桥大沽河航道桥和南京长江隧道工程右汉大桥均采用了单柱式索塔，如图 2-16、图 2-17 所示。门式索塔横向稳定性好，适用于主缆平行布置，是目前自锚式悬索桥最常用的索塔形式；主缆 4 索面布置的佛山平胜大桥采用了三柱式索塔，如图 2-18 所示。A 形、菱形、钻石形索塔刚度大，构造较复杂，适用于主缆空间立体布置，如韩国永宗大桥采用菱形索塔，如图 2-19 所示；此外，菱形和钻石形索塔可以减小塔墩的宽度，从而降低索塔基础的造价。

索塔的材料可以采用混凝土或钢材。由于自锚式悬索桥的跨径一般不会做得太大，其主缆在塔顶产生的水平向不平衡力较小，从而索塔产生的偏心较小，这样 $P-\Delta$ 效应引起的弯矩值较小，故自锚式悬索桥的索塔材料主要以混凝土为主。索塔截面多数为箱形，一般由塔顶至塔底以一定坡度扩大。此外，为了追求桥梁造型，在以上 5 种基本索塔形式的基础上演化出一些造型新颖的索塔，如图 2-20、图 2-21 所列出的国内两座自锚式悬索桥的索塔构造图。

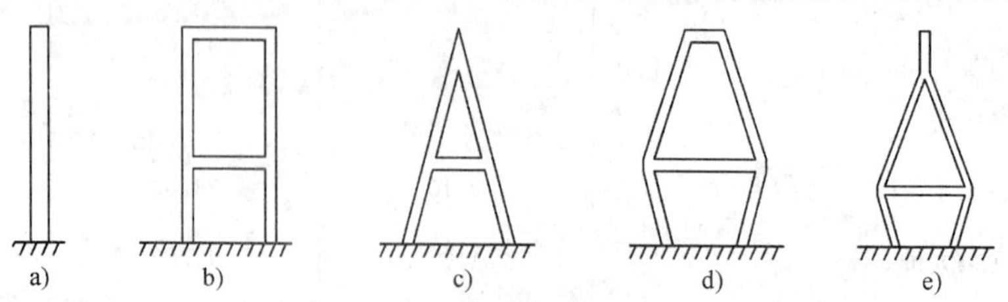

图 2-14 索塔横向布置形式

a)柱式塔；b)门式塔；c)A 形塔；d)菱形塔；e)钻石形塔

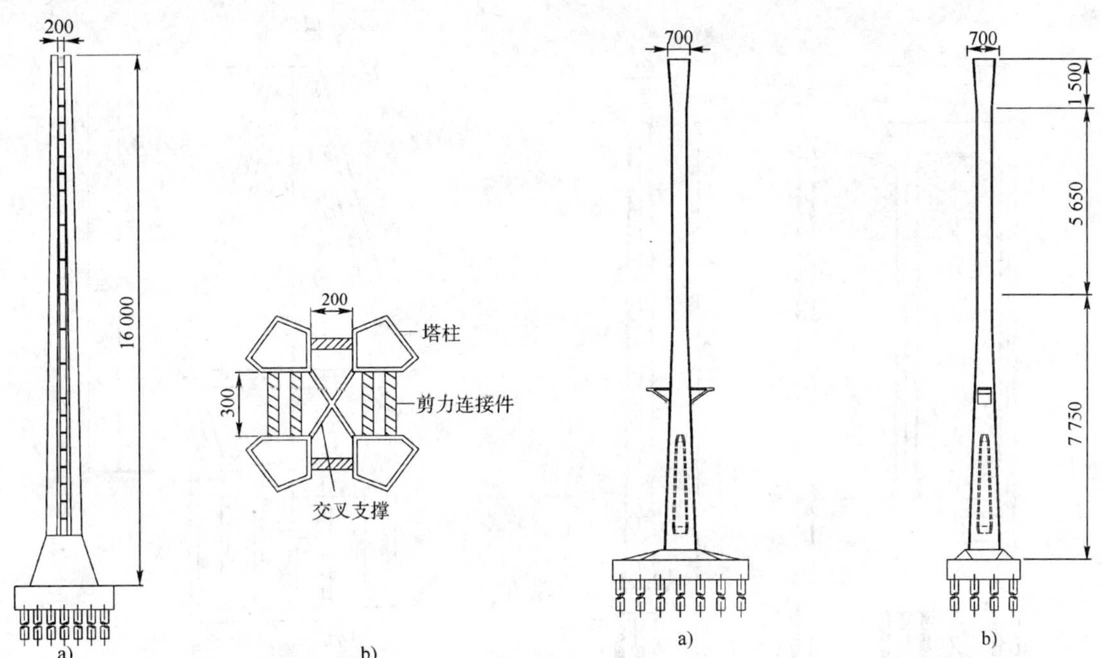

图 2-15　新奥克兰海湾大桥索塔构造图（尺寸单位：cm）
a)立面图；b)横断面

图2-16　青岛海湾大桥大沽河航道桥索塔构造图（尺寸单位：cm）
a)立面图；b)侧面图

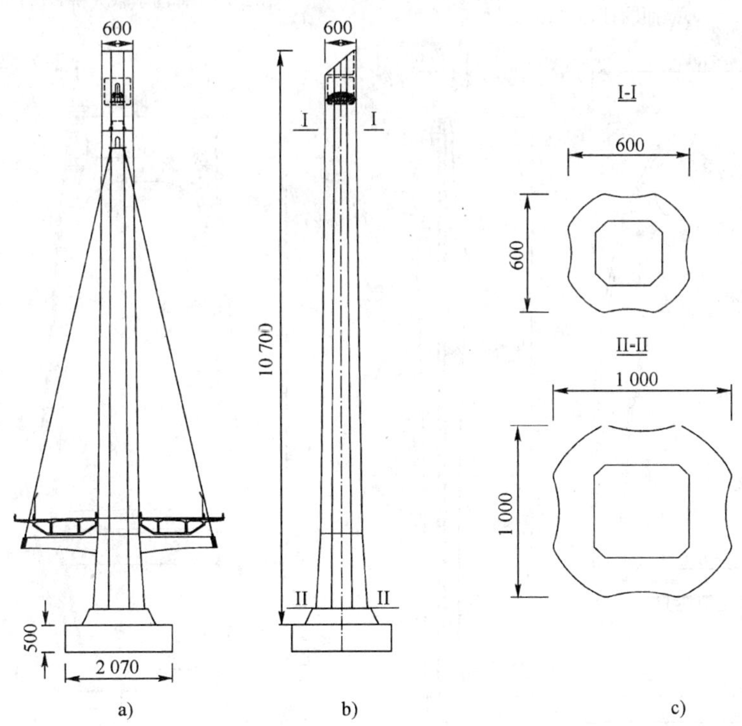

图 2-17　南京长江隧道工程右汊大桥索塔构造图（尺寸单位：cm）
a)立面图；b)侧面图；c)索塔横断面图

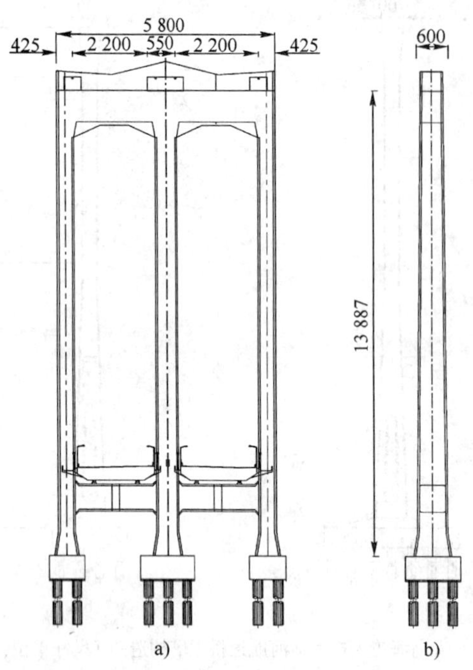

图 2-18 佛山平胜大桥三柱式索塔构造图(尺寸单位:cm)
a)立面图;b)侧面图

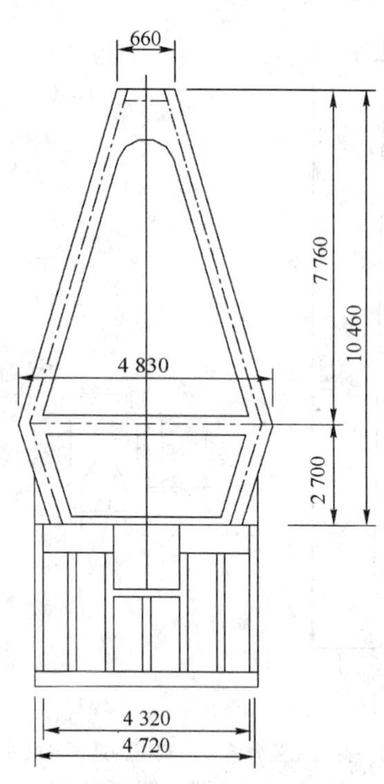

图 2-19 韩国永宗大桥索塔构造图(尺寸单位:cm)

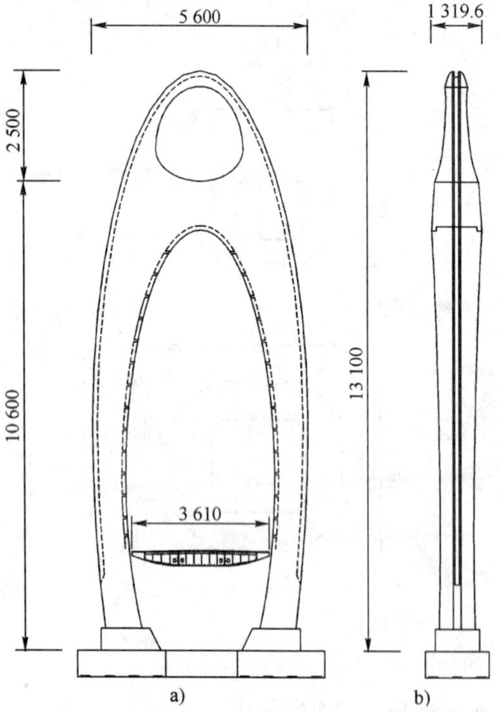

图 2-20 广州猎德大桥索塔构造图(尺寸单位:cm)
a)立面图;b)侧面图

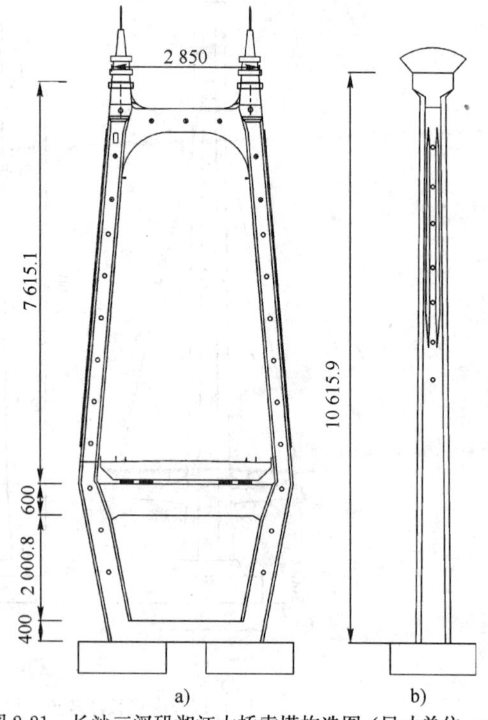

图 2-21 长沙三汊矶湘江大桥索塔构造图(尺寸单位:cm)
a)立面图;b)侧面图

四、主　　缆

主缆是自锚式悬索桥的主要承重构件，除承受自重力和吊索重力外，还通过吊索承受加劲梁、桥面系恒载及活载。自锚式悬索桥主缆锚固于加劲梁上，锚固构造尺寸受限制，主缆每根束股的钢丝数不宜过少；另一方面，当跨度不大、主缆束股数较少时应尽量选用规则的正六边形，以利于主缆截面成型。主缆外表面越接近圆形，索夹安装越方便、索夹与主缆钢丝之间的摩擦面更容易得到保证。为使主缆各束股受力均匀，束股长度的少量调整不可避免，束股端部锚头应保留适当的调整长度。

(一)主缆结构

自锚式悬索桥的主缆由平行高强钢丝束股合成，每根束股由几十根乃至几百根平行钢丝组成。主缆外形多按六角形配置，一般有平顶型和尖顶型两种，如图 2-22 所示。

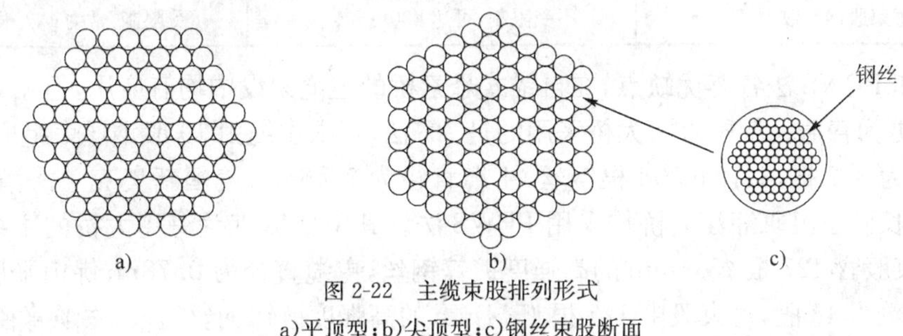

图 2-22　主缆束股排列形式

a)平顶型；b)尖顶型；c)钢丝束股断面

主缆通常采用镀锌钢丝，为了进一步增强防腐蚀性能，一般在主缆周围涂以锌粉膏等防蚀剂，再用镀锌钢丝缠绕，然后在上面涂装油漆，形成双重防锈蚀体系。为了防水，主缆箍处产生的间隙要填充密实材料。在锚固区，由于主缆分散开来，无法用镀锌钢丝缠绕，常在锚箱内采用吹风除湿措施，保持锚箱内空气干燥。

另外，环氧喷涂钢绞线简称 ESC 钢绞线)，由于其良好的防腐性能，也在自锚式悬索桥中有所应用。它是通过静电喷涂的方法，使普通钢绞线的每根钢丝周围形成一层熔融键结型环氧保护层，从而较好增强了钢绞线的防腐能力。还有环氧涂层填充型钢绞线则是在每根钢丝之间采用环氧树脂填充密实，每根钢丝之间所充填的环氧树脂和外围的环氧树脂能够防止钢丝间的移位，避免钢丝产生互相摩蚀；而且能够阻挡外围腐蚀介质的渗入，防止微动摩擦腐蚀的产生。

(二)主缆编制方法

目前主缆的架设一般有两种方法，即空中编缆法(AS 法)和预制丝股法(PPWS 法)。

空中编缆法(AS 法)由美国人 J. A. 罗勃林在 1844 年首先提出，该方法利用两个锚碇间的牵引系统，由在空中行走的纺丝轮带着高强钢丝来回纺丝形成索股，是一种现场制作平行钢丝索股的施工方法。

预制丝股法(PPWS 法)是在现场或工厂中将几十根到百余根的平行钢丝扎成索股，在两端装上锚头，再缠绕在卷筒上运至现场展开并进行架设的方法。此方法是在 20 世纪 60 年代提出的，目前应用非常广泛。两种方法的技术特点对比见表 2-8。

AS法与PPWS法的比较 表2-8

项目		AS法	PPWS法
质量控制	钢丝平行度	较好	好
	孔隙率	较大(20%～23%)	较小(17%～18%)
	钢丝镀锌	磨损大	磨损小
工期		较长	较短
锚固空间		较小	较大
运输与起吊设备		轻型	重型
主缆架设受天气影响		大	小
主缆架设抗风能力		较弱	较强
每束股钢丝数		不受限制，可达400～500根	受限制，常为127根或91根

AS法和PPWS法各有优缺点，在自锚式悬索桥的主缆架设中均有应用，但相对而言，PPWS法使用更为普遍。韩国永宗大桥采用的是AS法，每根主缆由19股钢丝束组成，每股钢丝束中的钢丝为332根，共计6 308根钢丝，主缆直径为0.46m。美国新奥克兰海湾大桥、佛山平胜大桥和长沙三汊矶湘江大桥均采用PPWS法。其中新奥克兰海湾大桥的主缆由137束股组成，每束股含127根ϕ5.4mm的高强度镀锌钢丝，主缆直径为0.78m；佛山平胜大桥每根主缆的束股数为48股，每束股由127根ϕ5.1mm的高强度镀锌钢丝组成，主缆直径为0.44m。

(三)主缆的布置形式

悬索桥主缆的布置形式一般采用双主缆平行布置，如图2-23a)所示。长沙三汊矶湘江大桥、苏州竹园大桥等均采用这种主缆形式。为了满足结构新颖和美观的需要，自锚式悬索桥的主缆还可采用空间立体布置，如图2-23b)所示。目前采用这种主缆形式的有韩国永宗大桥、美国新奥克兰海湾大桥、南京长江右汊大桥、广州猎德大桥和青岛海湾大桥大沽河航道桥等。主缆空间立体布置与平行布置最大的不同在于立体布置的主缆导致吊索在横桥向是倾斜的，因此吊索索夹必须可以旋转，塔顶鞍座槽口也必须适应施工过程主缆横向切线角的不断变化，否则会使主缆产生摩阻力和扭转。

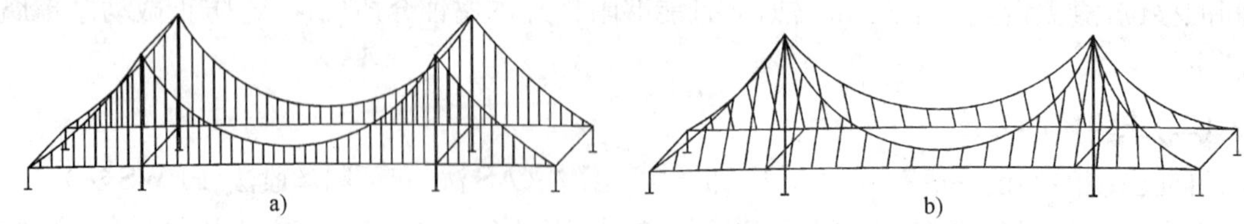

图2-23 主缆布置形式
a)平行布置；b)空间立体布置

除上述两种主要的布置形式外，目前已建成的自锚式悬索桥中，佛山平胜大桥是唯一采用平行4主缆布置的悬索桥，如图2-24所示。此外，还有少数自锚式悬索桥采用单主缆单索面布置，例如，日本此花大桥。

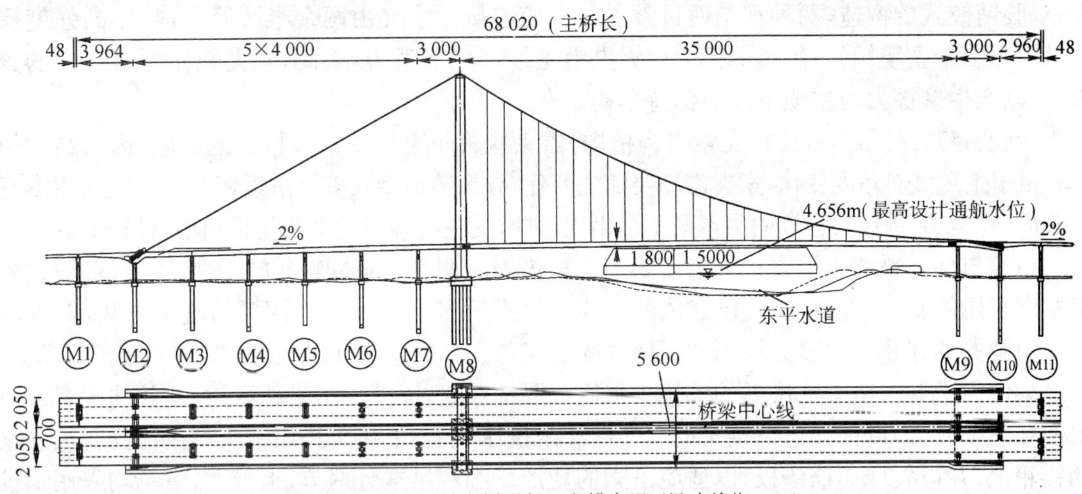

图 2-24　佛山平胜大桥平行四主缆布置（尺寸单位：cm）

五、吊　　索

吊索也称吊杆，其上端通过索夹与主缆相连，下端通过锚具与加劲梁连接。吊索作用就是将加劲梁恒载和活载传递到主缆。

（一）吊索材料

吊索材料，除了抗拉强度要求外，为便于架设还要求具有一定的柔性。因此，吊索一般采用钢丝绳或平行钢丝索制作。对于较短吊杆，为了改善其疲劳性能则可采用刚性吊杆。

佛山平胜大桥的柔性吊索采用 73ϕ5.1mm 的镀锌高强钢丝平行集束索体；刚性吊索采用材质为 40CrNiMoA 的钢棒。

（二）吊索的布置形式

吊索的布置形式有直吊索和斜吊索两种，如图 2-25 所示。吊索上端通过索夹与主缆相连，下端通过锚具与加劲梁连接。

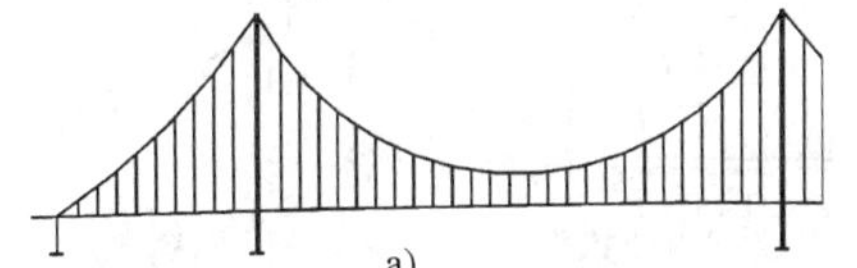

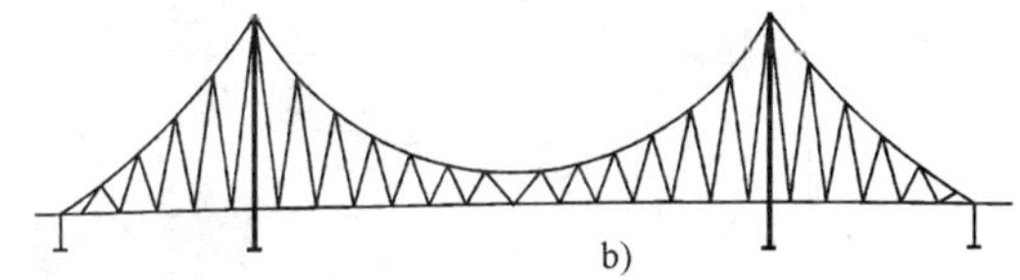

图 2-25　吊索布置形式

a)直吊索；b)斜吊索

传统悬索桥的吊索是竖直的。斜吊索首创于英国，在欧洲国家中流行。目前，桥梁界对斜吊索存在不同看法，对其利弊尚在探索和研究中。与直吊索相比，斜吊索能提高桥梁结构的整体刚度，可增加桥梁结构阻尼比以减小其在风、汽车等荷载作用下的振动响应。值得注意的是在主跨 1/4～3/4 范围内，斜吊索的活载应力幅较大，容易引起疲劳问题；此外，斜吊索还容易松弛。

（三）吊索与索夹、加劲梁的连接

吊索与索夹的连接方式一般可分为四股骑跨式和双股销铰式两种，对于小跨径的桥梁、密索体系或桥梁宽度不大时，吊索索力较小，也可以采用单股销铰式。图 2-26 所示为四股骑跨式、双股销铰式的构造,两种都是通过索夹与主缆连接。索夹由两个半圆筒合成,用高强度螺栓紧固。由于主缆倾斜,吊索的拉力使索夹沿主缆产生下滑力,因此,索夹螺栓要有一定的紧固力,以产生摩擦力与主缆下滑力保持平衡。

四股骑跨式的吊索直接挂在索夹沟槽内,索夹应力不直接受吊索拉力的影响,因而结构简单。由于主缆倾斜角度变化,索夹沟槽要随之变化,导致铸造型式多。吊索弯曲会引起吊索本身弯曲应力。双股销铰式连接的吊索则不会出现弯曲,受主缆倾斜角度变化影响小,且易于更换。

吊索与加劲梁的连接方式有销铰固定式和锚固式两种,具体连接方式的选取与自锚式悬索桥所采用的施工方法有关。已建成的自锚式悬索桥多采用"先梁后缆"的施工方法,对应吊索与加劲梁的连接方式多为锚固式。销铰固定式如图 2-26a)所示,锚固式如图 2-26b)所示。

如佛山平胜大桥柔性吊索的上接头采用双股销铰式,以减少吊索的弯折,销铰均配有SF-1聚四氟乙烯衬套,以保证销铰接头的灵活性和耐挤压性能;下接头采用锚头直接锚固在加劲梁的锚箱上,并设置球面锚垫板,以适应吊索的变形。刚性吊索分两节,上节上、下端均采用销铰接头,并配 SFT-3 聚四氟乙烯衬套;下节上端为叉形耳板与上节连接,下节下端采用螺母锚固在锚垫板上,并设置球面锚垫板。在吊索锚口处设置连接筒过渡段,以改善锚口的弯折疲劳影响和保护 PE 与锚头之间裸露的吊索钢丝。整个刚性吊索上下锚头均采用冷铸锚,上锚头由锚杯与连接板螺纹连接,下锚头采用张拉端锚具与加劲梁锚箱连接。

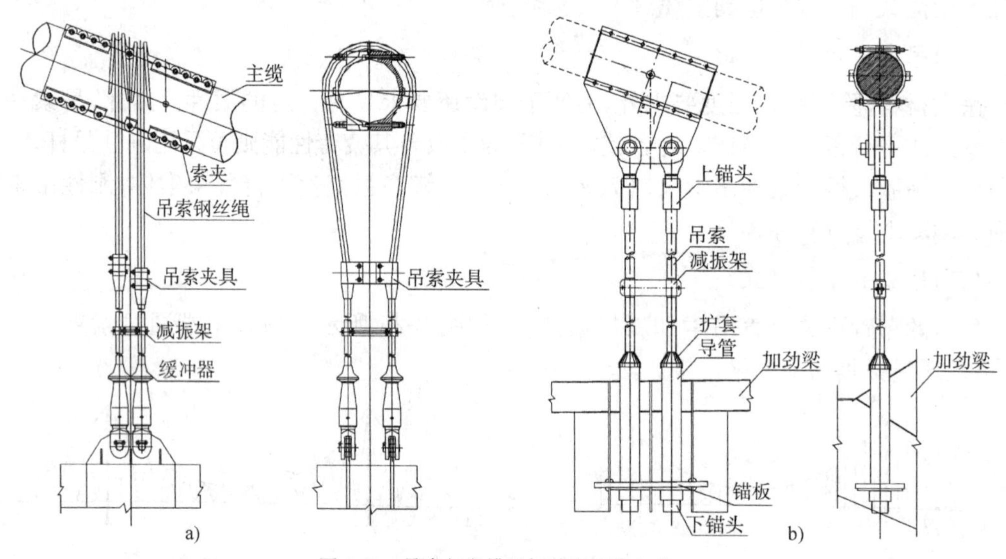

图 2-26 吊索与主缆及加劲梁连接方式

a)骑跨式;b)销铰式

六、鞍 座

鞍座按其使用功能可分为塔顶鞍座和散索鞍(套)。塔顶鞍座的作用是将主缆传来的巨大竖向力均匀分布到塔顶截面,而散索鞍(套)的主要功能是改变主缆方向,并把主缆的钢丝束股在水平及竖直方向分散开来,然后把这些钢丝束股引入各自的锚固位置。悬索桥的鞍座早期多为大型铸钢构件,鞍座的尺寸巨大,需要特殊设备进行加工。近年来悬索桥的鞍座也有采用焊接钢结构,比较轻型。通常鞍座底部应与塔顶箱体吻合,且两者内部格状加劲肋板位置也尽可能一致，以使鞍座上竖直力直接传给塔柱。自锚式悬索桥塔顶鞍座除了具备承缆槽、竖向与侧向受力要求、纵向预偏等功能外，由于主缆切线角大，相对于同等主缆直径而言，其鞍座的长度与高度更大一些，相应的竖向反力与主缆水平拉力的比值也更大。

自锚式悬索桥一般采用散束套散开主缆更合适一些。若采用散束鞍座，需要提供散束鞍座支点，锚固附近的局部受力会更复杂。散束套与索夹相似，由两半构成，散束点以上为直段，散束点以下呈漏斗状。主缆架设前，在散束套前端附近安放主缆成型器，临时固定主缆各束股的相对位置，束股架设完毕，安装散束套，因此时各束股拉力并不大，散束套左右两半安装对合并不困难，之后张拉高强螺杆，并于架设梁段前撤除主缆成型器。下面分别介绍塔顶鞍座和散束鞍（套）实例。

（一）塔顶鞍座

塔顶鞍座主要由鞍槽、腹板、底板及横向加劲肋板等部分组成。鞍槽的纵向半径一般不应小于主缆直径的 8～12 倍。但为了避免主缆钢丝被鞍槽口所伤，故在主缆出入鞍槽口处宜将鞍槽在纵向的圆弧半径局部略减小一些。由于主缆在索塔两侧（即中跨与边跨）的倾斜度一般不同，因此塔顶鞍座的鞍槽纵向圆弧也应按照主缆倾斜度来设定，从而使塔顶鞍座在纵向的外形成为非对称。

图 2-27 为美国新奥克兰海湾大桥的塔顶鞍座示意图，由于其主缆采用空间立体布置，因此其上下游两侧主缆共用一个塔顶鞍座。

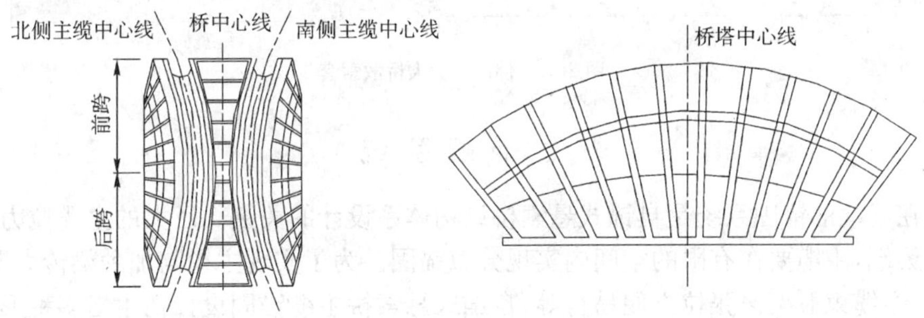

图 2-27　美国新奥克兰海湾大桥塔顶鞍座

佛山平胜大桥塔顶鞍座采用全铸型结构，如图 2-28 所示，分前后两半，吊装就位后两部分采用 M30 的高强螺栓连接。当鞍槽内的隔板和索股全部就位并调股以后，顶部用锌质填块填

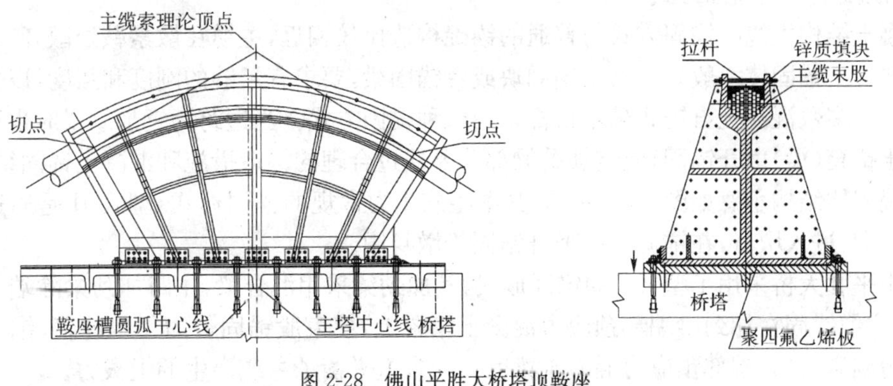

图 2-28　佛山平胜大桥塔顶鞍座

平，再把鞍槽侧壁用拉杆上紧。为减轻施工时调整鞍座位置的顶推摩阻力，鞍体下设聚四氟乙烯滑板，并要求作润滑处理，以适应施工中的相对位移。

(二) 散索鞍(套)

散索鞍(套)的功能是满足主缆转向及散索的功能要求。由于温度变化以及活载引起主缆拉力变化，主缆长度也要相应变化，因此散索鞍座一般采用辊轴、摇轴等来作支承，或做成摆柱结构，以便散索鞍座本身能原地转动并以此来调节主缆长度。如果主缆进入锚固系统前只有散索要求而无转向要求时，可以采用喇叭形散索套来代替散索鞍。

佛山平胜大桥和顺岸的散索套如图 2-29 所示，其上、下套体均采用全铸结构，下套体与底座板间设不锈钢滑板，以适应施工中的滑移和成桥后主缆在活载作用下的微量滑移。主缆张拉至空缆线形后盖上上套体，安装挡块，上紧高强螺栓。

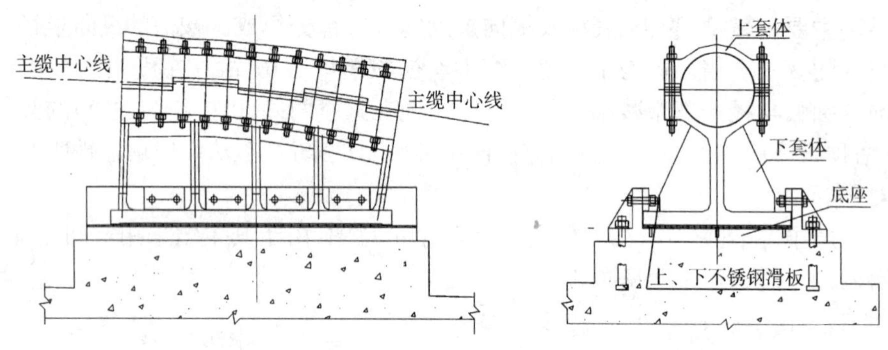

图 2-29　佛山平胜大桥散索套

七、锚 固 系 统

主缆在梁端的锚固系统是自锚式悬索桥结构体系设计的关键。巨大的主缆拉力集中作用于加劲梁梁端，主缆要在有限的空间内实现分束锚固。为了实现主缆与加劲梁传力顺畅、主缆锚固可靠、主缆束股架设张拉方便易行等，自锚式悬索桥主缆锚固设计衍生出多种形式。

(一)锚固方式分类

自锚式悬索桥的锚固方式主要有以下三种形式：

(1)混凝土结构锚固方式

混凝土结构主缆的锚固方式与普通的锚碇构造比较相近，主缆在散索鞍处散开，分别锚固在锚固体上。锚固体一般采用的是锚固块或者锚固梁，要求有足够的刚度和强度，以传递主缆的拉力。大多数混凝土自锚式悬索桥都采用这种锚固方式。当边跨为钢加劲梁时也可以设计成混凝土锚箱(梁)散开锚固，但钢加劲梁部分要通过合理的构造措施和混凝土锚固结构连接。混凝土锚固体结构示意如图 2-30 所示，其中型式 I 为常规的锚固形式，型式 II 是通过转索鞍使主缆转向，进入墩身，在锚固墩中散开锚固于墩身中。

佛山平胜大桥采用了型式 I 的锚固形式，其加劲梁采用混合梁，主跨加劲梁除端部以外为钢箱梁，主缆锚固在加劲梁端部预应力混凝土箱梁上，使束股锚固传力得以改善，锚固净空要求容易得到满足，且端部预应力混凝土梁巨大的自重平衡了主缆产生的上拔力。

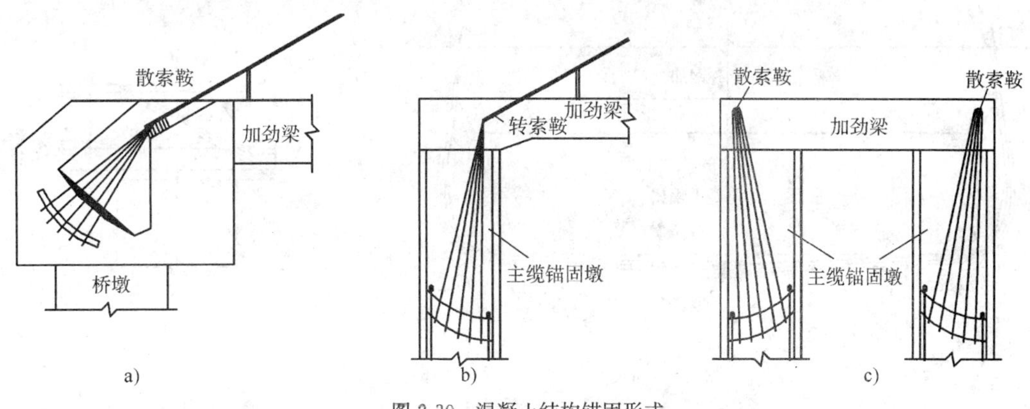

图 2-30　混凝土结构锚固形式

a)锚固型式 I；b)锚固型式 II 立面；c)锚固型式 II 侧面

(2)钢结构锚固方式

主缆进入钢结构锚固体，通过散索鞍散开分别锚固在锚固面上。锚固体通过高强螺栓或者焊缝与钢箱梁的顶板、底板和腹板相连，将水平分力传递给全截面，锚固示意图如图 2-31。这种锚固方式往往需要在钢箱梁内设置配重，并且桥墩处可能还有必要设置抗拉支座。

日本此花大桥为单主缆，锚固体位于钢箱梁中室，用螺栓与两侧边室的腹板相连，向全截面传力；而韩国永宗大桥为双主缆，锚固体位于两边室中。长沙三汊矶湘江大桥则在加劲梁对应主缆锚固位置设 2 道纵腹板，形成带边肋的箱形截面，消除了主缆拉力对箱梁腹板的偏心弯矩。绍兴滨海大桥主缆拉力相对较小，在箱梁纵腹板外侧设置主缆锚箱实现主缆分束锚固，钢梁锚固节段内腔灌注混凝土压重。

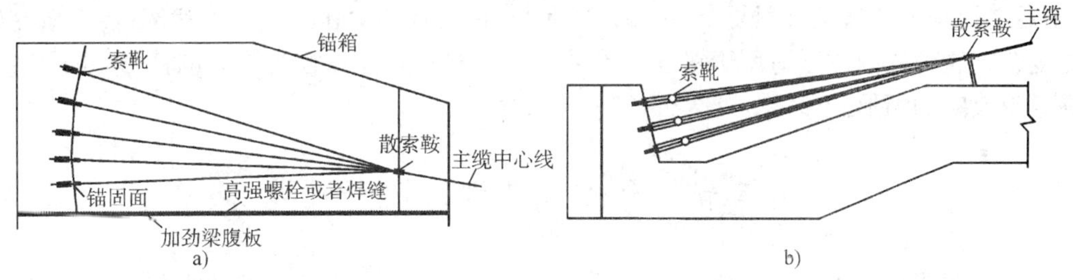

图 2-31　钢结构锚固形式

a)平面；b)立面

(3)环形锚固方式

主缆束股连续绕在梁端的锚固跨上，并连接成为环形，束股的转向通过转索鞍来实现。索鞍由箱梁支承，设计成可移动的，以平衡两主缆的索力差；也可以设计成不能移动的。在施工期间，两主缆索力差异可通过调整塔顶鞍座来平衡。环形锚固示意如图 2-32 所示。我国抚顺市万新大桥和美国新奥克兰海湾大桥均采用这种锚固方式。

(二)锚固方式的特点

对于小跨径的自锚式悬索桥，主缆锚固可直接采用主缆不散开的单束整体锚固形式，结构简单，施工方便，可以借鉴斜拉桥斜拉索的锚箱式索梁锚固结构和锚管式索梁锚固结构。

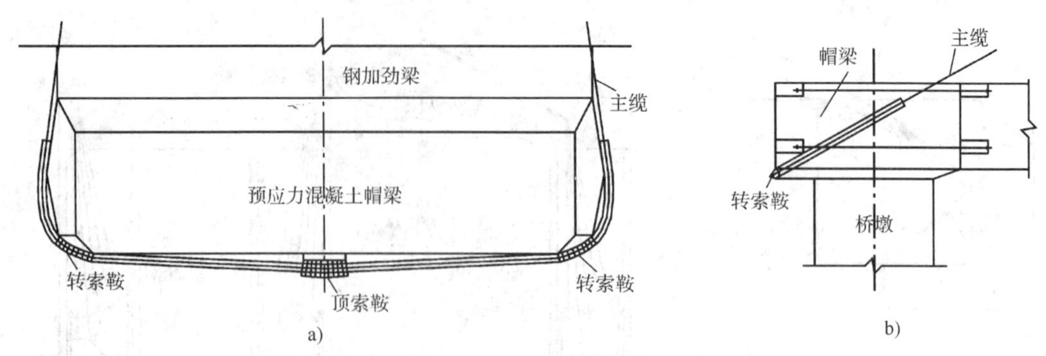

图 2-32 新奥克兰海湾大桥梁端环形锚固形式

a)平面;b)立面

混凝土结构锚固系统实际上是一种类似于普通地锚式悬索桥锚碇的构造形式,同时具有自锚式悬索桥锚固结构受力特点的锚固系统。这种锚固系统主缆用料较经济,结构安全可靠。对于型式Ⅱ锚固方式,由于梁与墩刚接在一起,梁的水平位移受墩的限制,所以一般只适用于墩高很高且类似于刚构桥墩的自锚式悬索桥;不同于刚构桥墩的是刚构桥墩受压弯,而自锚式悬索桥的锚固墩很可能受拉弯。混凝土结构锚固系统的缺点是主缆散开需要很大的空间,无论是型式Ⅰ还是型式Ⅱ体积都很大,处理不好会影响美观。锚固体局部受力也很大,锚下应力相当复杂,并且混凝土结构存在开裂的问题。这种锚固系统适用于中、大跨径的自锚式悬索桥。

钢结构锚固系统体积相对较小,抗震能力较强,但锚固体结构处理复杂,特别要注意板件的局部稳定问题。这种锚固系统适用中、大跨径的自锚式悬索桥。

主缆环形锚固系统可以最大限度地减小锚固结构的尺寸,整体结构更加美观,抗震性能好;不足之处是主缆施工过程复杂,主缆用钢量增加;锚固体处于三向受力状态,转索鞍处局部受力复杂。这种锚固体系适用于锚固处受洪水位影响和其他高程受限制的情形,也适用于有更高景观效应的情形。

第二节 自锚式悬索桥概念设计

桥梁方案概念设计应以结构为本,力求创新,并充分结合自然条件及水利、通航等技术要求;既要考虑满足交通功能,又兼顾经济和景观等因素,力求桥型方案经济、安全、美观、新颖;同时还应优先采用新技术、新结构、新工艺、新材料,以充分展示社会发展的时代风貌。

一、桥型方案概念设计原则

桥梁方案概念设计原则一般需要考虑以下几个方面的因素,如自然环境条件、社会环境条件、人文环境条件、投资与工期要求以及建设标准等。

(一)自然环境条件

自然环境是桥梁方案设计首先考虑的问题,直接决定桥型方案的取舍。如软土地基是不适宜建有推力拱的,也不适合修建地锚式悬索桥等。自然环境对桥梁方案概念设计的影响主要体现在以下几个方面:

1.航运与水利条件

航运与水利条件对桥型方案选择的影响主要表现在对桥型结构总体布置的影响，决定了桥梁的泄洪能力和船舶的撞击水准；同时也会对基础型式和墩位的选择产生影响，是桥梁方案概念设计阶段应进行重点考虑的因素。

2.地质条件

桥位地质条件对桥型选择具有重要的影响。地质条件良好的桥位适合修建各种类型的桥梁，而地质条件比较差的桥位则对桥型选择有一定的限制。如早期出现的近代自锚式悬索桥，在很大程度上是因为桥位处软土地基条件不适合修建地锚式悬索桥。

3.风环境

随着桥梁跨度的增加，桥型方案设计越来越重视风的影响。风环境对桥梁的影响主要包括静风荷载、颤振稳定性、涡激振动以及风致抖振响应等。从桥梁结构抗风设计的角度考虑，提高结构的竖弯和扭转振动基频比有利于提高结构的抗风性能，改善加劲梁断面气动性能有利于提高结构的气动稳定性（如选用流线型断面、中央开槽断面等），增加结构的阻尼比可降低结构风致振动的响应；另外，风对桥梁施工过程的稳定性与安全性也不容忽视，这些均应在桥梁方案概念设计阶段进行考虑。

4.地震

地震对桥梁结构方案的选择也具有重要的影响，特别是桥址区域的地震设防烈度要求较高时。在这种条件下，桥型方案的选择往往要从结构体系的角度来考虑提高结构的抗震能力。如1989年被地震破坏的奥克兰海湾桥的重建（图2-33），桥梁设计者面临两个挑战：地震与公众的要求。从工程的角度考虑，最简单的方法就是在现有结构的基础上设计一系列桁架梁来修复被地震破坏的部分；而公众则希望新建桥梁能成为奥克兰海湾地区的新标志。正在建设的美国新奥克兰海湾大桥在重视造型设计的同时也重点考虑了强地震对桥梁的影响，采用由4个钢柱通过剪力连接件连接而组成的单柱式索塔，巧妙地解决了横向稳定性及抗震问题[2]，值得桥梁设计者借鉴，见图2-15。

图2-33　1989年被地震破坏的奥克兰海湾桥

(二)社会环境条件

社会环境对桥型方案选择的影响越来越大，特别是城市桥梁的建设。桥梁一旦建成，就会成为城市的一个有机组成部分，必须要满足市民的心理需求。国内曾有多座桥梁在方案设计阶段是通过网上市民投票来选择的。社会环境对桥型方案的影响还表现在桥位附近已建桥梁桥型会对新桥桥型方案构思产生影响，如一般会要求新建桥型不能与已建桥梁雷同等。

(三)人文环境条件

不同地区会有长期以来形成的约定俗成的文化生活习俗，具有一定的历史性和地域性。

工程设计承载历史，桥型方案设计有必要从研究当地的历史、文化出发，构思桥型方案，并与区域文化完美融合。

(四)投资与工期要求

投资与工期要求往往是影响桥型方案设计的重要因素之一，桥型方案的概念设计在很大程度上是经济性与各种因素之间的一种平衡需要，通过设计者的专业知识与灵感来实现这几者之间的完美结合。如已建成的佛山平胜大桥招标文件中要求：因水利和通航需要主跨必须一跨跨越平洲水道和两岸堤防，跨径要求不能小于350m；工期不得长于26个月；桥型方案也不得和上下游已建桥梁雷同。故在方案概念设计阶段综合考虑结构经济性与桥梁造型之间平衡，提出了主跨采用钢加劲梁，边跨采用混凝土加劲梁的构思，在此基础上进一步提出了顶推施工方法，既节约了工程造价又缩短了工期，实现了多种因素之间的平衡[3]。

(五)工程技术标准

桥梁方案概念设计的基础是符合相应技术标准的要求，其中主要的工程技术标准包括道路等级、设计车速、车道宽度、设计荷载、基本风速和基本烈度等几个方面。《公路工程技术标准》(JTJ B01—2003)对公路工程中各级公路的主要技术标准进行了规定。

综上所述，桥梁方案概念设计是一个综合性的系统工程。所要考虑的这些因素除工程技术指标外，大部分无法采用定量的方法来进行判定，更倾向于艺术创造，只不过这种艺术创造是基于工程结构的技术理性。

二、自锚式悬索桥概念设计内容

(一)总体设计

1.桥跨布置

桥梁如何分孔，不仅影响到桥梁的使用效果和施工难易，而且很大程度上影响到桥梁的总造价，因而是桥梁方案设计中最为关键且必须首先解决的问题。

自锚式悬索桥的跨径适应范围较大，具有技术经济优势的跨径范围在50～600m之间；且结构形式多样，可以是独塔自锚式悬索桥，也可以是双塔自锚式悬索桥。与传统地锚式悬索桥不同的是，在进行方案总体设计时，必须重点考虑其加劲梁的施工方案，不同的加劲梁施工方案将直接影响总体方案的可行性与经济性，最终也将会影响桥梁的安全性，必须引起重视[4]。

位于通航河道上的自锚式悬索桥的主跨跨径应首先满足航道标准规定的桥下净空要求，在可能的条件下也可适当放大，以方便通航，避免船撞事故的发生；其次，在考虑技术性、经济性以及其他相关要求(如防洪影响)等因素的前提下，合理进行跨度匹配，以节约工程造价。如佛山平胜大桥在进行方案设计时，因水利和通航需要主跨必须一跨跨越平洲水道和两岸堤防。

2.边主跨比

边主跨比是自锚式悬索桥概念设计的重要问题，应着眼总体桥型布置的协调和结构整体受力合理，兼顾锚固构造尺寸要求和加劲梁端部压重等因素综合考虑。表2-9列出了国内外部分自锚式悬索桥的边主跨比例。从表2-9可以看出，双塔自锚式悬索桥的边主跨比例一般为 1/2～1/3；独塔自锚式悬索桥的边主跨的比值一般为 1/1～1/2。

自锚式悬索桥的边主跨比例　　表 2-9

结构形式	桥　名	跨径布置(m)	边主跨比	边跨内有无辅助墩
双塔自锚式悬索桥	日本此花大桥	120＋300＋120	1/2.5	无
	韩国永宗大桥	125＋300＋125	1/2.4	无
	韩国 Sorok 岛桥	110＋250＋110	1/2.3	无
	长沙三汊矶湘江大桥	70＋132＋328＋132＋70	1/2.4	有
	桂林丽泽桥	25＋70＋25	1/2.8	无
	苏州竹园大桥	33＋90＋33	1/2.7	无
	安亭吴淞江人行桥	25＋70＋25	1/2.8	无
	天津子牙河大桥	48.05＋115＋48.05	1/2.4	无
	浙江金华康济大桥	36＋100＋36	1/2.8	无
	大连金石滩金湾大桥	24＋60＋24	1/2.5	无
	吉林兰旗松花江大桥	12.5＋90＋240＋90＋12.5	1/2.7	有
	抚顺万新大桥	15＋70＋160＋70＋15	1/2.3	无
	永康溪心大桥	37＋90＋37	1/2.4	无
	江山北关大桥	40＋118＋40	1/3.0	无
	延吉市布尔哈通河局子街桥	69＋162＋69	1/2.3	无
	平湖市海盐塘桥	30＋72＋30	1/2.4	无
独塔自锚式悬索桥	美国新奥克兰海湾大桥	180＋385	1/2.1	无
	佛山平胜大桥	39.64＋5x40＋30＋350＋30＋29.60	1/1.5	有
	广州猎德大桥	47＋167＋219＋47	1/1.3	无
	南京长江隧道工程右汊大桥	35＋77＋60＋248＋35	1/1.8	有
	青岛海湾大桥大沽河航道桥	80＋190＋260＋80	1/1.4	无

3. 主缆垂跨比

主缆垂跨比直接决定主缆的拉力，同时，自锚式悬索桥的主缆拉力会对加劲梁产生巨大的轴向压力，从而给自锚式悬索桥带来了一系列新的问题。自锚式悬索桥主缆垂跨比的选择要考虑如下几个主要因素：主缆拉力、加劲梁轴压力、主缆锚固、桥梁整体竖向刚度等。

主缆拉力的大小将直接影响主缆截面面积，从而影响整个主缆的造价，因此，在选择垂跨比时，必须考虑主缆拉力这一因素。对于自锚式悬索桥而言，由于主缆锚固在加劲梁的两端，加劲梁将承担由主缆传递来的巨大轴向压力，故加劲梁的稳定问题应在选择主缆垂跨比时给予关注。自锚式悬索桥主缆锚固问题也是主缆垂跨比选择时要考虑的因素之一,选择合适的主缆垂跨比将有效降低主缆在加劲梁梁端锚固的难度,从而改善加劲梁锚固端的受力性能。自锚式悬索桥的整体竖向刚度由主缆轴向刚度、主缆几何刚度以及加劲梁竖向刚度三部分构成。当加劲梁刚度较大(如采用桁架梁)时,加劲梁对桥梁整体的竖向刚度的贡献较大,此时,主缆可采用较大的垂跨比;当加劲梁刚度较小(如采用箱形断面、Π 形断面)时,加劲梁对桥梁整体的竖向刚度贡献较小,主缆可采用较小的垂跨比,以增加桥梁结构的整体刚度。

垂跨比的变化对结构刚度的影响比较大,对结构最不利弯矩的影响相对比较小。但由于增大垂跨比可以减小主缆的恒载索力,从而减小加劲梁中的压力,总体说来增大主缆垂跨比对增大结构刚度、减小结构受力有利,因此自锚式悬索桥通常采用较大的垂跨比,这主要由结构的合理布置、结构比例协调、景观效果等决定。

一般而言,自锚式悬索桥较小的边跨跨度对增大结构刚度、减小结构受力有利。但是过小的边跨会增大锚固处主缆的竖向分力,导致结构压重困难。

双塔自锚式悬索桥主缆垂跨比通常选用 1/8～1/4。当跨度较大时,一般宜选用较大的垂跨比;跨度较小时,宜选用较小的垂跨比。这一点与传统的地锚式悬索桥主缆垂跨比的确定存在一定的差别。传统地锚式悬索桥主缆垂跨比通常取值为 1/12～1/8,在此范围内具有较为理想的结构总体刚度和经济指标。独塔自锚式悬索桥主缆垂跨比采用主跨主缆的跨中垂度与主跨之比来定义,通常为 1/15～1/12。

4.加劲梁支承体系

自锚式悬索桥由于主缆锚固在加劲梁两端,故加劲梁必须为连续体系,以利于加劲梁轴向力的传递。加劲梁的支承体系对桥梁的整体稳定性有较大的影响,故加劲梁在桥塔处一般应设置竖向支承和横向抗风支座以及抗扭约束支承,在辅助墩(若有)及过渡墩上应设置竖向抗压支座、横向限位支座;如果有需要还需考虑在加劲梁锚固端设置抗拉支座或抗拉预应力束等装置,以平衡主缆在该处引起的上拔力。从提高结构抗震性能的角度考虑,可在塔、梁交接处设置纵向弹性索或纵向阻尼器,加劲梁在塔、梁交接处的纵向约束可通过对结构的抗风性能、抗震性能的动力优化设计来确定。

(二)加劲梁设计

自锚式悬索桥加劲梁不仅要承受结构自重、活载等引起的荷载,而且还要承担由主缆传递来的巨大的轴向压力,因此,自锚式悬索桥加劲梁设计不仅要满足结构自重、活载等引起的内力,还要重点考虑主缆的轴向压力引起的加劲梁的整体稳定、局部屈曲等问题,同时,还要特别考虑加劲梁的施工方法。对于自锚式悬索桥,加劲梁的抗弯刚度对结构总体刚度的影响比较大,增大加劲梁的刚度可以比较明显的减小梁中的应力,这与大跨度地锚式悬索桥中主缆重力刚度占结构总体刚度绝大部分不同,因此,在自锚式悬索桥的设计中,一般应适当加大加劲梁的竖向抗弯刚度。

加劲梁设计时主要考虑的因素有:轴向刚度;竖向抗弯刚度;侧向抗弯刚度;扭转刚度;加劲梁的整体稳定;加劲梁的局部稳定;加劲梁的施工方法等。

(三)索塔设计

自锚式悬索桥索塔具有如下三个基本功能:将主缆通过塔顶鞍座传递来的巨大轴压力传

给基础;承担外荷载(温度、风荷载、地震等)引起的沿桥纵向、横向的内力;景观的功能。实际上自锚式悬索桥桥塔设计在满足力学性能的前提下,索塔的造型设计至关重要,往往会决定一个方案能否被最终采纳。

对于双塔自锚式悬索桥,索塔塔高(桥面以上)的选择往往可直接由选定的主缆垂跨比来决定。独塔自锚式悬索桥的桥塔高度(桥面以上)的选择还应考虑梁端主缆锚固力的合理分配,确定一个合理的塔高与主跨之比,以实现加劲梁梁端轴压力与上拔力的合理比例。国内外已建和正在建设的几座独塔自锚式悬索桥,塔高(桥面以上)与主跨之比为 0.27～0.40,如已建成的佛山平胜大桥塔高(桥面以上)与主跨之比为 0.34。

(四)缆吊系统设计

自锚式悬索桥的主缆构造与传统地锚式悬索桥相同,其缆吊系统包括主缆及吊索等。但自锚式悬索桥的主缆既可采用平行布置,也可采用空间立体布置,这与传统地锚式悬索桥是不同的。自锚式悬索桥吊索的功能和构造与传统地锚式悬索桥相同。在进行自锚式悬索桥方案设计时,可根据假定的恒载与活载集度,并考虑一定的安全系数来近似估算主缆及吊索的截面面积。

(五)锚固系统设计

自锚式悬索桥的锚固结构水平方向的传力途径是:主缆→锚头→锚固体→传剪构造→加劲梁。锚固系统的设计应特别注意:保证连接的可靠和安全,避免锚固结构应力集中,各构件受力明确,使强大的集中力在加劲梁中迅速分散;保证锚固体的刚度,避免引起影响安全和使用的变形;保证加劲梁安全,主缆在梁端的锚固结构应该尽量减少,避免对加劲梁的削弱以及对主要受力构件的切断;保证锚固区设置合理有效的构造来平衡主缆的竖向分力,配重的设置应尽量靠近锚点以提高效率;防止局部破坏,加强锚固结构附近的桥面板、腹板、底板等构件。总之,自锚式悬索桥的锚固结构不仅要设计合理,还要注意考虑实际的加工工艺水平和施工与养护方便等因素。

(六)锚跨设计

由于自锚式悬索桥的主缆是锚固在加劲梁两端,加劲梁除了承担由主缆传递过来的巨大的水平轴力外,还要承担主缆产生的向上竖向拉力。桥型整体布置设计时,边跨以外设置连续外伸的锚跨,对提高结构整体刚度和解决主缆锚固处的压重问题特别有利,是一种值得提倡的自锚式悬索桥结构体系。

自锚式悬索桥加劲梁在主缆锚固范围外再连续地伸出一跨或多跨,对减小与锚跨相邻的边跨或主跨的竖向挠度非常有效,并且对减小主缆在梁端锚固处的压重也非常有利。因此对自锚式悬索桥的设计,如条件允许时,应将加劲梁向主缆锚固外延伸一跨或多跨,以改善结构的受力特性。如佛山平胜大桥设计时充分利用两岸混凝土加劲梁作为锚跨,锚跨跨径布置为 39.64m+40m,锚跨梁高由 3.5m 渐变至 7.5m,再由 7.5m 渐变至 2.0m 与引桥顺畅连接。考虑到主缆锚固所需空间,单幅桥桥宽由 23.25m 渐变至 29.25m,由此增加的自重恒载足以抵抗主缆所产生的上拔力,同时加宽的外侧与人行悬梯连接,使结构平顺合理。佛山平胜大桥锚跨结构设计如图 2-34 所示。

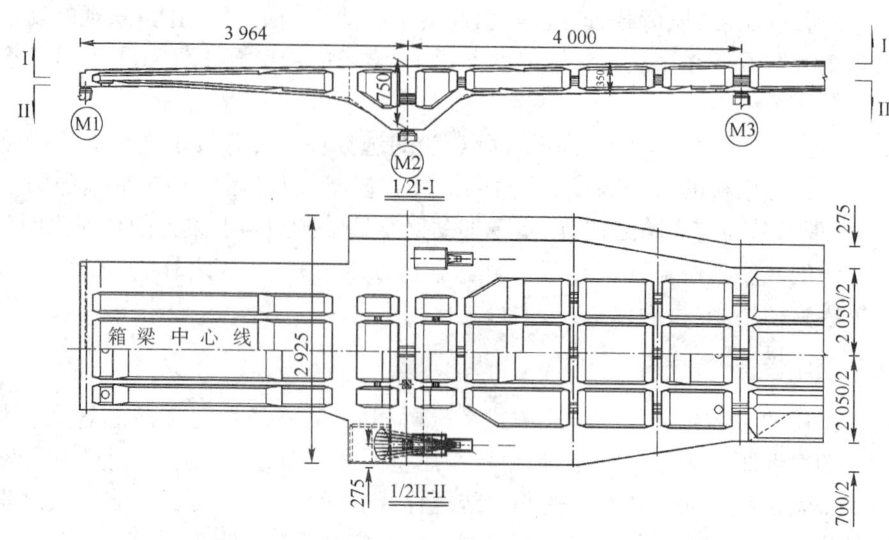

图 2-34　佛山平胜大桥锚跨结构(尺寸单位:cm)

(七)动力优化设计

桥梁结构的动力特性包括自振频率和振型等,它反映了桥梁结构的刚度大小和刚度分布的合理性,是桥梁结构振动响应分析、抗震设计和抗风稳定性研究的基础。

桥梁抗震设计通常采用反应谱理论和时程分析方法,需要考察结构的固有频率要求覆盖地震的卓越频率,通常需要计算几百阶振型的结构反应。一般而言,结构总体刚度越小其抗震性能越好。桥梁抗风研究同样关注结构的动力特性,桥梁颤振往往是低阶扭转振型和竖向振型的组合;一阶扭转振动频率与一阶竖向振动频率比值越大,桥梁具有更好的抗风稳定性;桥梁抖振则需要考虑多振型的参与。因此,桥梁结构的动力特性是需要特别注意的重要内容。

自锚式悬索桥的加劲梁承受由主缆传来的巨大轴向压力,减小了加劲梁的刚度,这是自锚式悬索桥区别于地锚式悬索桥的基本特点。为了避免动力失效和减小动力反应,必须对结构进行动力优化设计,通常参数研究是动力优化设计的一个重要手段。

动力优化设计常采用有限元分析,依此可得到垂跨比、恒载集度、加劲梁刚度、主塔刚度、主缆刚度等结构参数变化对悬索桥动力特性的影响规律。

三、自锚式悬索桥概念设计示例——湘潭湘江大桥方案构思

本小节以湘潭湘江大桥的方案设计构思为例来介绍自锚式悬索桥的概念设计过程[5]。该桥方案构思的设计理念是要以人为本、美观新颖、安全经济,结合湘潭城市发展、自然人文环境,充分展示湘潭历史文化名城和现代化工业城市的风采。

(一)概念设计原则

1. 自然环境条件

桥址处两岸为不对称丘陵地貌,北岸引道下穿铁路后经过地势较高的山丘接芙蓉东路,南岸引道穿越河滩后进入丘陵地段接天易公路。桥位河床常水位水面宽约 770m,枯水位水面宽

约 505m，堤到堤宽约 950m。河床系单式断面，河床由南往北逐渐加深，主河槽靠北侧，高程介于 21～27m 之间。桥位区内地质构造较为简单，无断裂构造，发生地质灾害的可能性较小。下伏基岩为红砂岩，岩层为单斜构造。

2. 社会环境条件

湘潭湘江河段上已建有双曲拱桥、连续梁桥、斜拉桥、斜拉拱桥、桁架梁等桥梁，为了丰富湘潭市桥梁建设的多样性，业主要求设计方案必须符合“一桥一景”的景观原则。

3. 人文环境条件

湘潭“莲文化”源远流长，从先秦至今已有二千多年的历史，是湖湘文化的重要组成部分。湖湘文化孕育了无数名人志士，毛泽东就是湖湘“莲文化”的骄傲。

4. 主要技术指标

(1)设计车速：60km/h；

(2)设计荷载：汽车荷载为城市—A 级，人群荷载为 4.0kN/m^2；

(3)桥梁宽度：双向 6 车道，主桥桥宽 27m，两侧各设 2.0m 人行道；

(4)通航要求：Ⅲ级航道，通航净空 90m×10m；

(5)地震基本烈度：区域地震动峰值加速度小于 0.05g，反应谱特征周期 0.35s；

(6)设计基准风速：$v_{10}=25$m/s。

该桥方案设计构思的主题是“昭潭莲韵”，与湘潭“莲文化”相呼应。主桥采用三塔自锚式悬索桥，索塔的“莲花花瓣”造型，形似三朵莲花耸立在湘江之上，见图 2-35；塔身采用分离式四肢结构，有通透沉稳美感。

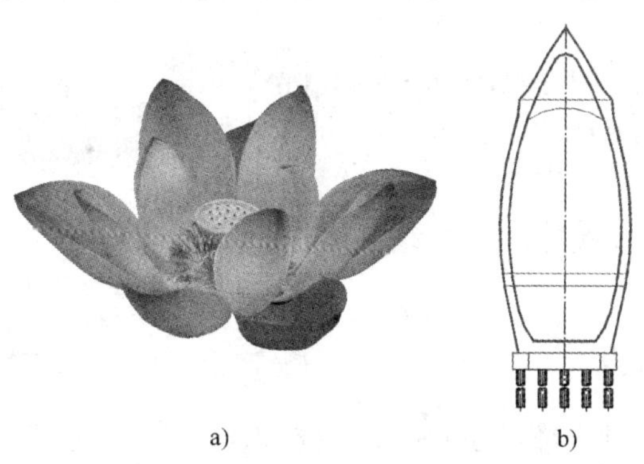

a)　　b)　　c)

图 2-35　索塔“莲花”造型衍变

a)莲花；b)莲花状索塔；c)索塔造型效果图

(二)方案设计构思

湘潭湘江大桥方案设计中主桥为三塔自锚式悬索桥，跨径布置为 45m＋72m＋180m＋180m＋72m＋45m，总体布置见图 2-36，设计方案效果图见图 2-37。主跨、边跨采用钢箱梁，锚跨采用混凝土结构。索塔采用弧形塔柱，纵向呈分离式，三个索塔不等高设计，中塔塔柱高 80m，其中主体结构高 62m，顶部装饰高 18m，边塔塔柱高 71m，其中主体结构高 56m，顶部装饰高 15m。塔身外观呈含苞欲放的莲花花瓣造型，赋昭潭莲韵之意。横断面为两个分离的劲性骨架外包混凝土构成的矩形断面。上下横梁则采用预应力混凝土梁，上横梁设鞍座。主缆采用两根连续的平行主缆，吊索索面呈平行设置。主缆锚固在桥梁两侧的锚跨区域。人行道、非机动车道设置在吊索区以外，机动车道设置在吊索区以内，远期非机动车道可改为机动车道。

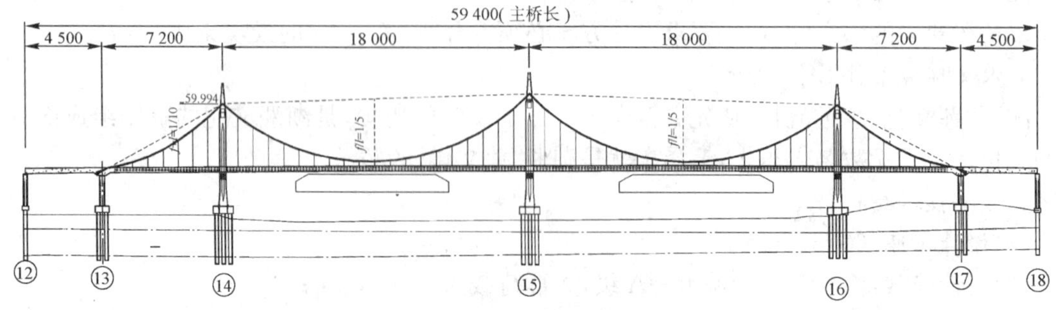

图 2-36　三塔自锚式悬索桥方案总体布置图(尺寸单位:cm)

a)

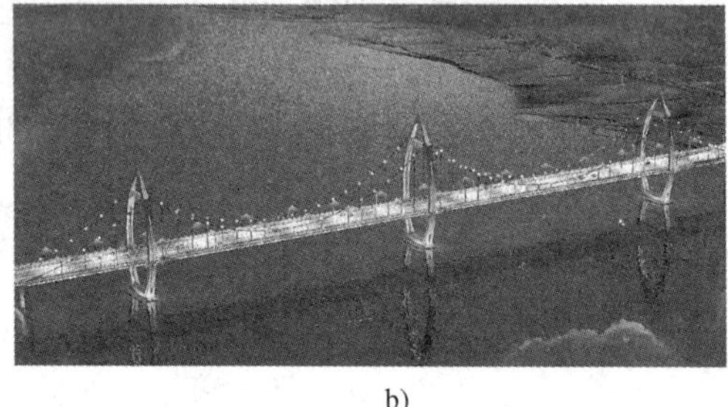

b)

图 2-37　湘潭湘江五桥三塔自锚式悬索桥方案效果图

a)总体效果;b)俯视效果

第三节　自锚式悬索桥结构设计

一、设计步骤

虽然自锚式与地锚式悬索桥的差别只是主缆锚固方式的不同，但结构的性能、设计方法和施工工艺却因此大为不同。自锚式悬索桥由于需要通过加劲梁承担主缆的水平分力，使得加劲梁成为承受强大轴向力的压弯构件；施工时也一般先架设加劲梁，然后架设主缆，再逐步张拉吊索，使加劲梁自重逐步传递至主缆，从而形成悬吊结构；其特有的结构特性和力学行为决定其有着独特的结构设计方法，特别是加劲梁中强大轴向力的存在导致其在结构静动力特性、极限承载力、加劲梁局部稳定和所谓的合理成桥状态的问题与常规地锚式悬索桥大为不同。

考虑自锚式悬索桥的特点，结构设计一般可分为三个步骤：结构尺寸优化阶段，试验研究与验证阶段，施工详图设计阶段[6,7]。

1. 结构尺寸优化阶段

完成概念设计以后，就可以展开加劲梁、缆吊系统、索塔及锚跨等主要结构尺寸的优化设计。

(1)根据初步设计拟定的结构尺寸，进行静、动力分析，目前分析方法主要有基于有限元法的电算程序和基于经典理论的近似计算法；

(2)关键结构设计与创新技术的确认；

(3)按现行规范进行结构承载能力和正常使用两个极限状态的验算，并根据计算结果进行优化设计。

在优化设计过程中，可遵循先整体后局部，先静力后动力的原则进行。

2. 试验研究与验证阶段

虽然自锚式悬索桥出现得较早，但国内外尚无系统的技术和规范支撑。一般应针对结构的关键构造和创新，选择进行风洞试验、抗震试验、局部稳定试验及特殊构造模型试验等，用试验进行设计验证。

3. 施工详图设计阶段

结构计算和模型试验均满足要求以后，最后可进行自锚式悬索桥加劲梁、缆吊系统、索塔及基础等结构详图设计。

二、设计关键技术问题

虽然自锚式悬索桥出现得很早，但相关研究和文献较少，特别是关于自锚式悬索桥的结构性能、力学行为、设计方法及施工工艺等资料更少，现结合佛山平胜大桥设计针对相关设计关键技术进行说明[7,8]。

1. 合理成桥状态确定

自锚式悬索桥的合理成桥状态是桥梁结构经济技术指标合理的结构受力状态和几何形状。对于采用"先梁后缆"施工的自锚式悬索桥，通过张拉吊索的方法来实现体系转换时，梁、塔和主缆的内力在体系转换过程中会发生内力重分配，而这种内力重分配又会对最终的结构状态产生影响，因此，在设计中确定其合理的成桥状态时，必须考虑施工方法的影响。此外，对于钢加劲梁，存在着因弹性压缩引起结构几何位置变化的问题，对于采用混凝土材料的加劲梁和桥塔，由于收缩、徐变效应会引起主梁梁段缩短、桥塔塔顶高程降低等问题，从而影响主缆线形、主梁线形和内力，这种影响效应反过来又会影响桥梁的内力与变形。与斜拉桥类似，自锚式悬索桥也存在一个合理成桥状态确定的问题。

佛山平胜大桥合理成桥状态的钢加劲梁目标设计线形是拱度为 30cm 的线形，主缆目标线形是垂度 28m。钢加劲梁和主缆的线形是以通车以后 3 年的线形(即设计线形，拱度为 30cm 的线形)为控制值，因此，必须考虑收缩徐变，并把其影响记入刚成桥时的线形(即成桥线形)中。平胜大桥加劲梁和顺岸收缩徐变位移值为 7mm，北滘岸 68mm，桥塔 42mm，收缩徐变使跨中主梁高程下降 23cm，所以，成桥线形是在设计线形反拱 30cm 的基础上再反拱 23cm，共计 53cm。

2. 钢箱梁整体与局部稳定设计

自锚式悬索桥的加劲梁不仅要承受强大的轴力，而且还要承受较大的弯矩，属于压弯构件，在受力特点上与斜拉桥的主梁受力相似。当采用钢箱梁加劲梁时，必须考虑其整体稳定性与局部稳定性。目前钢箱梁整体与局部稳定的设计大都参考国外一些桥梁设计规范[日本本州四国联络桥《上部结构设计标准-同解说》(1989)、美国 AASHTO 规范、英国 BS5400 规范等]进行计算并进行模型试验，然后综合比较予以确定。局部稳定模型试验的主要目的是考察钢箱梁各构件的应力分布情况，验证其局部稳定能力、超载能力、破坏形态，并由此判断结构的安全储备，为设计提供对结构局部失稳和对实际安全度的认识。

佛山平胜大桥单幅加劲梁在最不利荷载作用下承受的轴力约105 000kN，加劲梁截面采用扁平钢箱梁，其顶板、底板、腹板及纵隔板的厚度和抗弯刚度均较小，必须解决在强大轴力和车轮荷载作用下局部屈曲，和可能引起全桥整体失稳的问题。我国现行的规范未对钢箱梁承压翼板的局部稳定计算作出明确的规定，这给设计带来了较大困难。在对各种规范进行分析比较的基础上，推荐了自锚式悬索桥钢箱梁各板件的局部屈曲验算的相应规范。

3.混合梁钢—混结合段设计

若采用主跨为钢箱梁、边跨为混凝土梁的混合梁体系，则必须解决钢—混结合段的连接问题。钢—混凝土结合段的作用是保证钢加劲梁和混凝土加劲梁之间刚度过渡的匀顺性和力传递的顺畅性，通常是通过剪力连接件使钢和混凝土形成一体，共同工作的。剪力连接件的主要作用是抵抗钢和混凝土两者之间的滑移和分离。目前，栓钉是应用最为广泛的剪力连接件，其他还有方钢连接件、槽钢连接件、马蹄形连接件、弯起钢筋连接件等，PBL键则是近年来出现的一种新型剪力连接件。

佛山平胜大桥的加劲梁首次采用了混合梁，混合梁的突出优点是能充分适应桥位地形，减小边跨跨度，有效节省投资；突出特点是增加了边跨加劲梁的重量和刚度，减小主缆内力和变形以及边跨端支点的负反力，从而增加悬索桥的跨越能力，有效地发挥了钢和混凝土材料的特性。

4.收缩、徐变效应分析

混凝土加劲梁随时间而变化的收缩、徐变受到内部配筋的约束会导致内力的重分布。同时，由于自锚式悬索桥的主缆是锚固在加劲梁上，主缆、吊索和加劲梁组成一个相互连接的自平衡体系，主缆将缆力传递给加劲梁，加劲梁承受了很大的压力，加劲梁的收缩、徐变必然引起主缆和吊索的内力变化，即从前期结构继承下来的应力状态所产生的徐变受到后期结构的约束，从而导致结构内力和支点反力的重分布。此外，由于混凝土收缩徐变还会使得索塔变矮，主缆因此发生下垂，导致加劲梁产生较大的弯矩和变形。因此，对于自锚式悬索桥，必须考虑混凝土收缩徐变的影响[9]。

佛山平胜大桥采用初应变法，推导出考虑混凝土加荷龄期的结构收缩徐变效应分析的有限元表达式，编写计算机程序，研究了混凝土收缩、徐变效应对自锚式悬索桥结构的影响，得到以下几点结论：

(1)对于有混凝土梁段的自锚式悬索桥，混凝土的收缩徐变对结构线形的影响比对结构内力的影响更为显著，特别是混凝土收缩徐变引起加劲梁大幅度的下挠，已达到不可忽视的程度，可能直接影响到行车安全与舒适度。

(2)随着计算终止时间的延长，结构对于混凝土收缩徐变的响应表现得更为明显，与以往收缩徐变终止时间通常取值3年相比，计算终止时间取30年时，混凝土收缩徐变对结构的影响要增大很多，因此，计算混凝土收缩徐变对结构的响应时，应结合结构的具体形式酌情选取。

(3)随着计算龄期的增加，混凝土收缩徐变对于结构的影响逐渐减弱，可见，在施工工期允许的情况下，增加混凝土构件的龄期，是控制混凝土收缩徐变影响比较有效的方法。

(4)对于独塔单跨自锚式悬索桥或不等跨自锚式悬索桥，可以通过设置塔顶成桥鞍座预偏量或成桥后调整塔顶鞍座纵向位置的方式，来有效地控制混凝土收缩徐变对桥塔的不利影响。

5. 主缆锚固体系设计

自锚式悬索桥与传统悬索桥的最大差别之一就是主缆锚固系统的差别，自锚体系的设计必然成为自锚式悬索桥的关键。佛山平胜大桥主缆锚固体系设计通过巧妙地设置两岸混凝土锚跨，并分别与钢加劲梁和混凝土加劲梁连成一体，从而有效地利用混凝土锚跨克服主缆强大的上拔力，并解决了主缆在梁上集中锚固的难题；同时又让其水平分力使混凝土加劲梁的上下缘有较大的压应力储备，进而节省了预应力钢束的数量，有效地节省了造价。

6. 抗震性能设计

随着自锚式悬索桥跨径的不断增大，抗震减震已成为自锚式悬索桥设计的重要内容。自锚式悬索桥在地震作用下有着与地锚式悬索桥相类似的特性，也就是桥面会产生较大的纵向位移以及塔底会受到较大的弯矩作用。在抗震分析的基础上，选定合理的结构体系，采用一定的减震技术，有效地控制塔、梁在地振作用下的反应。

佛山平胜大桥抗震减震设计通过构建三种结构体系模型，分别采用反应谱理论和时程分析法进行抗震性能研究，合理确定了抗震设计结构体系。

7. 抗风性能设计

自锚式悬索桥的风致振动可能存在的主要问题有：塔柱、吊索与缆索有可能出现驰振现象，当缆索串列布置时，可能发生尾流驰振现象；颤振稳定性问题；大跨度桥梁在脉动风作用下的抖振响应问题；钢加劲梁以及缆索的涡激共振问题。针对大跨度自锚式悬索桥可能存在的上述风致振动问题，一方面，可以通过理论分析预测桥梁的抗风稳定性；另一方面，通过风洞试验研究，优化桥梁断面和设计参数，验证和改善加劲梁的气动性能。

佛山平胜大桥由于采用分离双桥面、四索面的设计，造成串列双桥面以及串列双主缆之间存在气动干扰效应，必须经过风洞试验和结构参数分析进行动力优化设计。

第四节　双塔自锚式悬索桥示例

一、日本此花大桥

早在1961年，莱昂哈特就提出了一个单索面、斜吊索的悬索桥设计方案，30年后，日本建成了此花大桥，实现了他的构想。日本此花大桥原名大阪北港联络桥，是自1955年以来修建的第一座大型自锚式悬索桥，也是目前世界上唯一的斜吊索自锚式悬索桥，于1990年建成通车[10]，见图2-38。

图2-38　日本此花大桥

此花大桥的创新性设计体现了设计者对自锚式悬索桥有了更为深入的思考。除自锚特点之外，该桥还是第一座单索面大跨径悬索桥，主桥跨径布置为120m+300m+120m，主缆垂跨比为1/6，总体布置图见图2-39。该桥采用单主缆，包含30根束股，每束184丝，预制钢丝束股法(PPWS)施工。主缆和斜吊索沿车道中心线在同一个竖直面内，吊索做成倾斜形，体现了英式悬索桥的特点。加劲梁高3.17m，高跨比为1∶95，使得该桥外形非常轻巧，结构自重力约为8.7kN/m²，与通常的300m跨径钢桥恒载10～20kN/m²相比是非常小的。

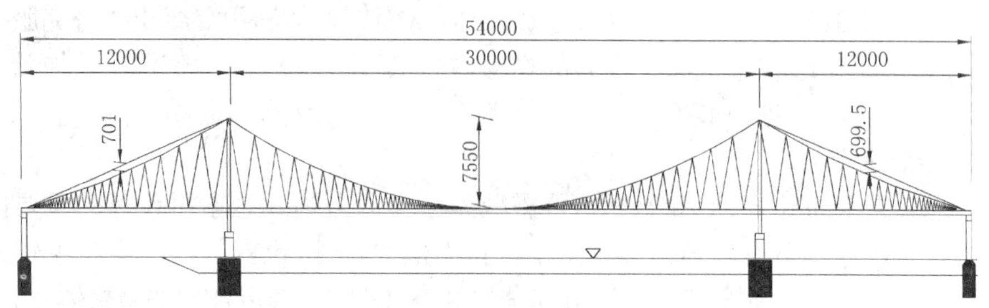

图2-39　日本此花大桥总体布置图(尺寸单位：cm)

日本此花大桥在结构设计与架设技术方面均有创新。

(1)施工方法。加劲梁架设采用节段吊装法，先把钢箱梁预制成5大块，最大节段重力约27000kN，通过浮吊就位。在主跨内先架设2个临时墩以支撑加劲梁，待加劲梁安装就位后架设缆吊系统。

(2)斜吊索的使用。斜吊索的初张力避免了施加荷载后缆索松弛，并且可用来调整加劲梁内力，同时取得了较好的景观效果。

(3)钢箱梁的应用。箱形加劲梁具有足够抵抗矩来抵抗两临时墩之间120m跨径内的弯矩，有效地减少了临时支架的使用量。当然，封闭的箱形结构也提供了很好的空气动力特性和扭转惯矩，从而实现单索面总体构思。

二、韩国永宗大桥

2000年建成通车的韩国永宗大桥位于韩国汉城仁川国际机场通往汉城市区的高速公路上，是世界上第一座双层公铁两用自锚式悬索桥，总造价为3.65亿美元[11]，见图2-40。

图2-40　韩国永宗大桥

韩国永宗大桥的设计思想主要是考虑交通功能和文化象征。该桥具有双层桥面，上层设有6条公路车道，下层设有4条公路车道和双线轨道。桥梁结构方案设计时主要考虑现场条件限制与工期要求，鉴于斜拉桥和地锚式悬索桥的施工工期较长，选择了自锚式悬索桥。

韩国永宗大桥主桥跨径布置为125m+300m+125m，主缆垂跨比为1/5，见图2-41。索塔设计为花瓶形，承台以上高104.6m，索塔布置图见图2-19。主缆采用空中纺线法制索，直径46.7cm，主缆在索塔顶的横向间距受塔型限制，仅为6.6m；而在跨中则扩展到与梁宽相同，主缆呈三维空间曲线，吊索形成曲面。加劲梁为三跨连续，桁式加劲梁，梁高12m，宽35m。加劲梁的上层桥面系为钢箱，以承受巨大的水平轴力，见图2-2。箱高3m，连同风嘴总宽41m。加劲梁施工采用30 000kN的海上浮吊架设，分为8个节段，全部放在临时排架或塔上，然后安装缆吊系统。

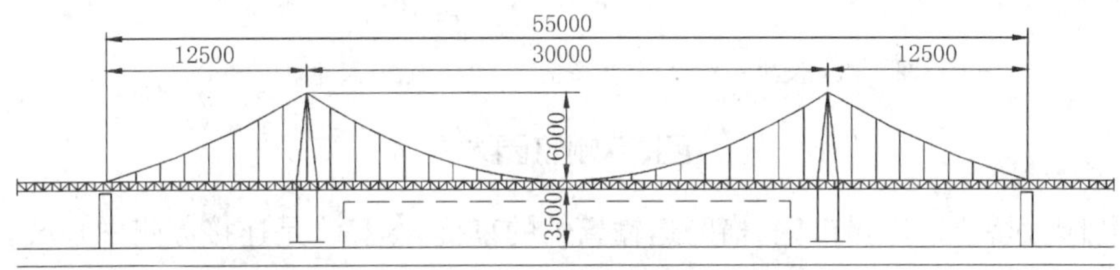

图2-41　韩国永宗大桥总体布置图(尺寸单位:cm)

韩国永宗大桥结构设计颇有特色，为了减小加劲梁中主缆产生的轴向力，主缆的垂跨比增大到1/5，较日本此花大桥主缆垂度增加了20%。主缆采用空间索，从塔顶到加劲梁跨中呈空间三维曲线，增加了桥梁的横向稳定性。加劲梁采用双层桁架体系，在没有主缆的情况下较容易施工。加劲梁和主缆均采用了防护系统，其中，加劲梁采用抽湿防护，只要传感器测得相对湿度高于50%时，抽湿系统自动开始工作，直至相对湿度降至40%以下；主缆防护采用“S”形钢丝缠绕，再设涂装，并采用了干燥空气送风除湿体系。

三、长沙三汊矶湘江大桥

长沙三汊矶湘江大桥是长沙市二环线跨越湘江的一座特大桥。大桥主跨布置为70m+132m+328m+132m+70m，全长1 577 m，总造价为3.9亿元[12]，见图2-42。

主桥结构体系为5跨钢箱梁的双塔双索面自锚式悬索桥，其总体布置示意见图2-43。主缆垂跨比中跨为1/5，边跨为1/12.4，由37束预制索股组成，每束预制索股由127丝直径为5.1 mm的镀锌高强钢丝组成，采用预制平行钢丝束(PPWS)法施工。加劲梁形式为单箱5室扁平闭口钢箱梁，采用Q345d钢，桥面板为正交异性板。梁高为3.6 m，梁宽为35 m，高宽比为1/9.72。全桥箱梁分标准梁段、索塔附近梁段、主缆锚固段及压重节段。横隔板采用实腹板结构，间距为3 m。吊索与主缆连接方式为销接式，吊索在钢箱梁上的锚固采用锚拉板和销接的结构形式。锚拉板焊接在横隔板所在位置上，且在钢箱内设置了纵横向的加劲板。

图2-42　长沙三汊矶湘江大桥

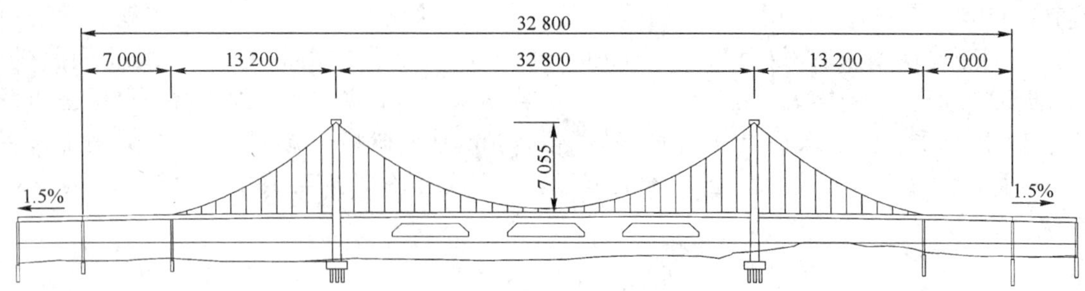

图 2-43 长沙三汊矶湘江大桥主桥总体布置图(尺寸单位:cm)

四、苏州竹园大桥

苏州竹园大桥位于苏州市区,横跨运输繁忙的京杭大运河,是连接苏州中心城区和新区的重要纽带,大桥全长 378m,2004 年建成[13],见图 2-44。

图 2-44 苏州竹园大桥

主桥为三跨自锚式悬索桥,跨径布置为 33m+90m+33m,垂跨比为 1/8,桥梁全宽 37m,如图 2-45 所示。加劲梁采用钢—混凝土组合梁,标准梁高 2.45m。索塔为钢筋混凝土结构,塔高 26m,采用独立的半弓弦形结构。加劲梁纵向为全飘浮体系,塔梁分离,横桥向在塔内侧设横向限位装置。加劲梁除边跨锚固段采用混凝土截面形式外,其余均为组合截面,由二根箱形钢主梁和钢横梁、小纵梁组成的钢构架与 0.25m 厚的混凝土桥面板形成整体组合截面,见图 2-10。全桥共设两根主缆,横向间距 29.5m,总索力约为 30 000kN/根,采用 19 股平行钢丝成品索(不带外护套)编制而成,每股由 61 丝 $\phi 7$ 的钢丝组成,冷铸锚锚固体系。

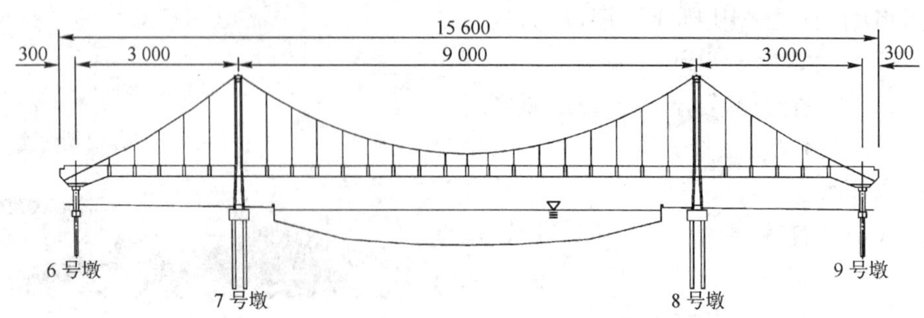

图 2-45 苏州竹园大桥总体布置图(尺寸单位:cm)

苏州竹园大桥加劲梁架设采用了独特的临时锚碇法。临时锚碇是施工期间的临时抗拉力结构，位于靠主桥侧的引桥桥墩之间，采用地下连续墙和抗拔钻孔桩组合的结构形式。在上部结构的钢梁全部合龙、主缆自锚后，解除临时锚杆。在钢梁自锚前，锚杆拉力根据施工控制的要求进行了调整。

第五节 独塔自锚式悬索桥示例

佛山平胜大桥首次采用独塔结构体系，丰富了悬索桥的结构形式，起到了良好的典型示范效应，使得许多城市桥梁在进行方案设计时都采用了这一桥型。

一、佛山平胜大桥

(一)工程概况

佛山平胜大桥是广东省佛山市快速环线上的一座特大型城市桥梁，见图 2-46。主桥桥梁宽度为 2×26.1m，双向 10 车道，中央分隔带宽 8m，两侧各设 2.75m 人行道。桥梁跨越西江航运干线平洲水道，桥轴线与河流交角约为 68°，通航净空要求为 150m×18m[14]。

桥址位于珠江三角洲，属台风影响区，设计基本风速 29.9m/s，历史最大风速达34m/s；地震动参数 50 年超越概率 10%峰值加速度 0.113g。桥位区覆盖层以中细砂、粉质黏土、砾砂夹卵石等为主，厚约 10～18m；下伏基岩为粉砂质泥岩，强风化层厚 2～4m，其下为弱风化、微风化岩；微风化岩岩石较坚硬，饱和单轴极限抗压强度大于 12MPa。

图 2-46 佛山平胜大桥

佛山平胜大桥受桥位通航净空、防洪、地形、地质等因素的制约，主跨必须一跨跨越平洲水道和两岸堤防，跨径要求不能小于 350m；同时要求建设工期不得长于 26 个月，桥型方案也不得和上下游已建桥梁雷同。

(二)主要技术标准

(1)设计车速：100km/h；

(2)设计荷载：汽车荷载为汽车—超 20 级，挂车—120，城市—A 级验算；人群荷载为 3.5kN/m^2；

(3)桥梁宽度：双向 10 车道，主桥桥宽 56m，两侧各设 2.75m 人行道；

(4)通航要求：Ⅱ级航道，通航净空 150m×18m；

(5)地震基本烈度：50 年 10%超越概率峰值加速度 0.113g，100 年 2%超越概率峰值加速度 0.240g；

(6)基本风速：v_{10}＝29.9m/s。

(三)方案构思

鉴于桥位控制条件,结合航运繁忙安全和不得长于 26 个月工期的要求,若考虑悬吊结构,对于斜拉桥方案 350m 以上跨度,选用钢加劲梁是比较适宜的。而对于悬索桥方案 350m 跨度采用常规地锚结构显然是不经济的,因此,提出了自锚式结构形式,并就独塔自锚式悬索桥与双塔自锚式悬索桥进行了论证;同时针对加劲梁,又提出了混合梁与常规钢箱梁进行比较。

斜拉桥方案由于不得不采用为平衡主跨的 210m 边跨,导致造价偏高,工期相对较长;双塔自锚式悬索桥方案虽然造价相对较省,但由于加劲梁的施工受索塔制约,导致工期相对独塔方案较长。独塔自锚式悬索桥方案则具有明显优势:

(1)能最好地适应场地建桥条件,主跨一跨过河后,两岸滩地采用小孔配置从而节省了造价;

(2)采用独塔结构,能使加劲梁可采用顶推法与索塔同时施工,工期最短;

(3)技术有创新,造型独特,景观效果好,能成为标志性建筑。

根据桥位处建设条件,结合目前桥梁技术发展的水平,综合考虑经济实用、施工便捷、景观效果等因素,佛山平胜大桥最终选用 350m 独塔自锚式悬索桥方案。

(四)结构设计

1. 总体布置

主桥总体布置:39.64m+5×40m+30m(混凝土加劲梁及锚跨)+350m(钢加劲梁)+30m+29.60m(混凝土锚跨),主桥两端设置 GQF—MZL480 型伸缩缝,主桥全长 680.20m,总体布置见图 2-47。

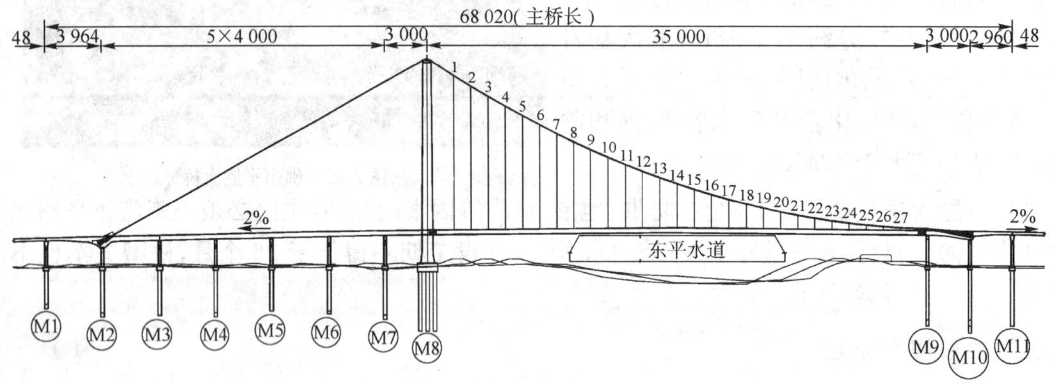

图 2-47 佛山平胜大桥总体布置图(尺寸单位:cm)

2. 垂跨比

主桥由 4 跨组成,分别为锚跨、边跨(混凝土加劲梁)、主跨(钢箱加劲梁)、锚跨。边跨理论跨径 224m,主跨理论跨径 350m。

对于自锚式悬索桥合理的主缆垂跨比直接影响到结构的受力状态、构造设计以及经济技术指标,综合考虑主缆拉力、整体刚度、塔高等因素,特别是通过主缆锚固处水平轴向压力和竖直上拔力的参数分析及优化后,主跨的理论垂跨比选定为 1/12.5。

3.索塔

索塔设计采用三柱门式塔柱，塔柱自承台以上高138.87m，设上、下两道横梁。上横梁顶、底均设置装饰墙，索塔顶部装饰墙横桥向采用圆弧过渡构成佛山市的“山”字造型。左、右两边塔柱横向等宽4.5m，索塔底部由4.5m变为6.5m；顺桥向由塔顶6.0m渐变为8.0m。中塔柱横向等宽6.0m，顺桥向宽度由塔顶6.0m渐变为8.0m。塔柱均为箱形结构，三塔柱中心间距为2×26.75m，索塔构造见图2-18。

4.加劲梁

加劲梁采用混合梁。主跨采用单箱3室全焊钢加劲梁，正交异性板结构，见图2-6。梁高3.50m，顶板厚16～20mm底板厚14～20mm，腹板厚16mm，顶、底板U形加劲肋厚10mm。横隔板标准间距3.0m，除钢—混结合段、吊索处横隔板厚为12mm外，其余板厚均为10mm。纵隔板为实体式构造，板厚16mm，板式加劲。

边跨采用C50混凝土加劲梁，外形与主跨钢加劲梁一致。半幅桥标准断面采用单箱3室。梁高3.50m，顶板宽23.25m，底板宽13.70m，腹板厚45cm，顶底板厚为26cm，为加强混凝土加劲梁与钢箱梁的连接，在距索塔中心线10m长范围内顶底板加厚至50cm。

5.缆吊系统

主缆采用预制平行钢丝索股逐根架设的施工方法(PPWS)。主缆共4根，每根含48股索股，每股由127ϕ5.1的镀锌高强钢丝组成。索股锚头采用套筒式热铸锚，直接锚固在锚跨的锚固面上。

吊索标准间距为12m，吊索锚固于钢加劲梁腹板侧的吊索锚箱上。柔性吊索采用73ϕ5.1的镀锌高强钢丝平行集束索体；刚性吊索采用材质为40CrNiMoA的钢棒。柔性吊索的上接头采用铰销接头，以减少吊索的弯折，下接头采用锚头直接锚固在加劲梁的锚箱上，吊索采用冷铸锚并设置球面锚垫板，以适应吊索的变形。刚性吊索分两节，上节上下均采用铰销接头，下节上端为叉形耳板与上节连接，下端采用螺母锚固在锚垫板上，并设置球面锚垫板。

塔顶鞍座采用全铸型结构，分前后两半；散索套上下套体均采用全铸结构，下套体与底座板间设不锈钢滑板以适用施工中的滑移和成桥后主缆在活载作用下的微量滑移。

6.钢—混凝土结合段

钢—混凝土结合段的结合面设在主跨距M8和M9号墩中心线各2.50m处，见图5-52。过渡段钢箱梁采用U肋上Π形加劲的方式，长3.75m；顶、底板厚28mm，纵隔板及外腹板厚16mm；结合段内设两道横隔板，间距1.50m；顶底板和腹板带肋条，都伸入混凝土梁，在肋条上开孔，穿钢筋形成PBL剪力键，通过PBL剪力键和混凝土梁连接；此外钢梁和混凝土梁间设60mm厚钢板作为承压板，并通过剪力钉和纵向预应力与混凝土梁连接。

7.锚跨

设计充分利用两岸混凝土加劲梁作为锚碇，且称之为锚跨。锚跨跨径布置为39.64m+40m，除考虑承受强大的水平力外，还考虑其需承受较大的上拔力，因此在主缆的锚固位置梁高由3.5m渐变至7.5m，再由7.5m渐变至2.0m与引桥顺畅连接。考虑到主缆锚固所需空间，半幅桥桥宽由23.25m渐变至29.25m，由此增加的自重恒载足以抵抗主缆所产生的上拔力，同时加宽的外侧与人行悬梯连接。锚跨结构设计如图2-36所示。

(五)施工工艺

根据桥位处建设条件,佛山平胜大桥采用了顶推法架设加劲梁和接长杆逐步张拉吊索、调索的体系转换工艺。

1. 顶推法架设钢加劲梁施工技术

混凝土梁顶推法施工工艺自20世纪70年代发展到今天已经相当成熟,但钢箱梁的顶推法架设目前国内尚无先例。作者曾经设计采用顶推法施工了梁桥、斜拉桥、拱桥;自然想到能否采用顶推法施工悬索桥。

根据桥位处通航要求,佛山平胜大桥决定采用多点顶推法架设加劲梁。由于航运要求,顶推临时墩的跨径布置为30.5m+2×78m+45m+37.5m,其最大跨径为78.0m,从而使得临时墩顶单点反力达6 950kN,这对钢箱梁的局部受力提出了严峻考验。顶推设计时在尽量减小一期恒载的前提下,还特别对钢箱梁进行了局部加劲处理,并对滑道设计进行了重点研究;一方面尽量加大滑道尺寸,增加接触面以减小面荷载,另一方面根据钢箱梁的允许变形设计了能适应这一变形的自适应滑道系统。

2. 张拉吊索体系转换施工技术

对于自锚式悬索桥而言,体系转换的目的是使桥梁结构由初始状态到达设计成桥状态,该过程的合理性直接影响到各工况结构安全、工期和投资等,因而是自锚式悬索桥最重要的关键技术。通过对各种体系转换方法的研究,结合独塔、单主跨、多外伸跨和主跨为钢箱梁的结构特点,佛山平胜大桥确定采用张拉吊索法进行体系转换。

张拉吊索法可以采用多种吊索张拉方案来实现体系转换。从结构安全、造价经济、工期合理出发,着眼于加劲梁应力、索塔位移、吊索控制张拉吨位等,佛山平胜大桥设计过程中进行了多种方案比选研究,并通过对施工过程进行精确模拟,最终采用了多点同步连续调索法实现了加劲梁、主缆设计线形精确控制的目标。

二、广州猎德大桥

(一)工程概况

猎德大桥位于广州市新光快速路,为双向6车道Ⅰ级城市主干道,两侧设人行道、自行车道。人行道置于索区外侧,直接与滨江路人行景观带相连。大桥桥跨布置为:47m+167m+219m+47m=480m,工程造价约3亿元[15],大桥效果图见图2-48。

(二)主要技术标准

(1)设计车速:80km/h;

(2)设计荷载:汽车荷载为城—A级;

(3)桥梁宽度:双向6车道,主桥桥宽36.1m,两侧设行人、自行车道,宽3.75m;

(4)通航要求:Ⅱ级航道,通航净空180m×10m;

(5)地震基本烈度:地震动峰值加速度为0.1g,地震动反映谱特征周期为0.35s;

图2-48 广州猎德大桥效果图

(6)基本风速：v_{10}＝31.3m/s。

(三)结构设计

1.总体布置

主桥采用独塔两跨自锚式悬索桥，主边跨比1/0.76的不对称结构，桥跨布置为47m＋167m＋219m＋47m，主缆为空间索布置，见图2-49。

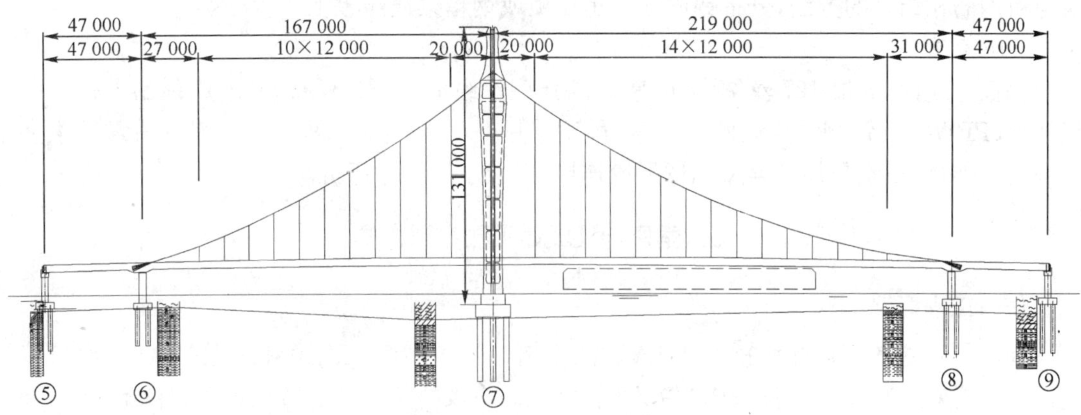

图2-49　广州猎德大桥总体布置图(尺寸单位：mm)

2.垂跨比

全桥共设两根主缆，塔顶主缆间距为4m，主缆经散索套(鞍)直接锚于梁端，锚固点中心在横向相距27.1m，主缆呈非对称空间布置。主缆主跨跨度为213.8m，矢高为16.74m，垂跨比为1/12.5，主缆边跨跨度为161.8m。

3.索塔

索塔基础采用12D250cm钻孔灌注桩。每个塔柱单独设置6m厚承台，承台间加设横向联系梁。

索塔结构外形新颖，外观似两个贝壳状弧形壳体相扣，像一只直立的贝壳，寓意“珠江之贝”。其内外轮廓分别为椭圆组合而成，顶部开孔。塔高131m，其中主体结构高106m，顶部装饰高25m。塔柱横断面为似梯形，横向全宽8.2～20.6m，外侧2m宽，设有1.2m深凹槽，内侧8.8～11.9m宽，设有1m深凹槽，并每隔5m设50cm厚装饰隔板。索塔构造图见图2-20。

塔柱截面为单箱单室预应力混凝土结构，壁厚1～2m，根部设10m实体渐变过渡段，水面以下采用矩形截面。塔顶横梁高10m，最宽处12.15m，为单箱3室预应力混凝土结构。在塔顶鞍座对应位置设1.5m厚横隔板。其余位置设1.0m厚横隔板，共设4道。顶部装饰采用空间网架结构形成基本轮廓后用6mm厚钢板装饰而成。塔柱内均设电梯和检修爬梯，并在塔顶设置了观光空间。

4.加劲梁

加劲梁采用钢箱梁。全桥共分31个钢箱节段，其中标准节段共26个。钢梁标准节段长度为12m，标准断面尺寸图见图2-4，钢箱梁横向宽36.1m，吊索锚点横向间距27.1m。吊索锚点间为单箱3室截面，中间箱宽8.4m，边箱宽9.4m，共设置4道腹板。箱梁顶面设2%的双向横坡，桥梁对称中心线处梁高3.5m。锚跨混凝土箱梁采用单箱多室斜腹板断面。

5. 钢—混凝土结合段

钢—混结合段长度为 2 m,端隔板采用 60 mm 厚钢板。过渡段钢箱梁采用“U”形肋上加焊“Π”形加劲的方式,主跨和副跨过渡段箱梁长均为 1 040cm,为了保证混凝土梁及钢梁之间的剪力传递以及防止钢板与混凝土之间的剥离,在钢箱梁顶、底板上加焊 PBL 传剪板,腹板延伸段设有 PBL 剪力键,边腹板和承压钢板上布置了圆柱墩头剪力钉。结合段预应力采用钢绞线与粗钢筋相结合的方法,分批锚固在端承压板或钢箱梁横隔板上。

6. 缆索系统

每根主缆由 33 根 127 丝 ϕ5.3 的镀锌高强钢丝组成,直径 379mm,采用预制平行索股逐根架设(PPWS)。每侧吊点设两根吊索,吊索采用 6×55SWS+IWR 钢丝绳。吊索与索夹采用骑跨式连接,吊索与加劲梁采用球形铰连接,以减小吊索的弯折。

三、南京长江隧道工程右汊大桥

(一)工程概况

南京长江隧道距长江大桥约 10km。江南出口接主城滨江大道和纬七路;江北出口接江北滨江大道和浦珠路。工程采用“左汊盾构隧道+右汊桥梁”方案,隧道埋深在江下 11～22m,工程总长约 6 165m。右汊桥梁主桥设计为独塔自锚式悬索桥,全长 455m[16],其效果图见图 2-50。

图 2-50 南京长江隧道工程右汊大桥效果图

(二)主要技术标准

(1)设计车速:80km/h;

(2)设计荷载:汽车荷载为城—A 级;人群荷载为 4.0kN/m^2;

(3)桥梁宽度:双向 6 车道,主桥桥宽 40.6m,两侧设行人行道,宽 2.0m;

(4)通航要求:II 级航道,通航净空宽 150m ×10m;

(5)地震基本烈度:按 100 年基准期超越概率 10%的地震动参数设防,按超越概率 2%的地震动参数验算;

(6)基本风速:v_{10}=27.1m/s。

(三)结构设计

1. 总体布置

主桥跨径布置为 35m+77m+60m+248m+35m,见图 2-51。边跨设有一个辅助墩,主跨跨径为 248m。加劲梁分为两幅设置,净距为 8.2m,两幅单箱梁之间通过多道横梁连为一体,形成纵横梁体系。

2. 垂跨比

设计成桥状态下,中跨主缆理论垂度为 19.670m,垂跨比为 1/12.4;边跨主缆理论垂度为 8.402m,垂跨比为 1/15.8。

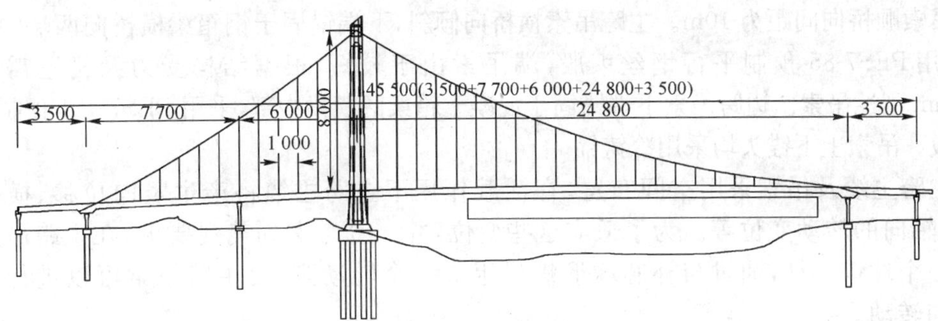

图 2-51 南京长江隧道右汊桥总体布置图(尺寸单位:cm)

3. 索塔

索塔为独柱型,塔高 107m,位于两幅加劲梁的中间。索塔在加劲梁下方设置一道横挑梁,对加劲梁提供竖向支承。在索塔横挑梁端部设置有一对斜拉索,该斜拉索穿过加劲梁锚固在索塔上。

索塔截面一般为空心截面,截面外轮廓由多段凹或凸的圆弧线围成,见图 2-17。索塔底部 3m 段为塔座,采用实心圆形截面,塔座底截面直径 14.3m,塔座顶截面直径 11.3m。塔身在塔座顶部的截面外轮廓尺寸为顺桥向宽 10m,横桥向宽 10m,壁厚 2m。塔身在塔座顶部 16m 处的截面外轮廓尺寸为顺桥向宽 8m,横桥向宽 8m,壁厚 1.5m。塔身在塔座顶部 91.2m 处及以上部分的截面外轮廓尺寸为顺桥向宽 6m,横桥向宽 6m,壁厚 1.2m。

索塔横挑梁采用钢箱梁,横挑梁端部梁高 2m,根部梁高 3m,宽 2m。索塔基础采用 14*D* 2.5m 钻孔灌注桩。承台为八角形,横桥向总宽度 20.7m,顺桥向总宽度 19.226m,厚 5m。

4. 加劲梁

主跨加劲梁采用分离式钢箱加劲梁,梁高 3m,梁宽(单幅桥)16.2m,见图 2-7。在吊索处均设置吊索横梁,纵向间距 10m,分别与两幅加劲梁相连接;吊索横梁为钢箱梁,高 3m,宽 3m。

边跨及锚跨加劲梁采用预应力混凝土箱梁,梁高 2.965m,梁宽(单幅桥)在一般位置为 14.8m,在索塔处及 11 号主缆锚固墩处适当加宽,见图 2-52。在吊索处均设置吊索横梁,纵向间距 10m,分别与两幅加劲梁相连接;吊索横梁为预应力混凝土工字形截面梁,高 2.965m,宽 2m。

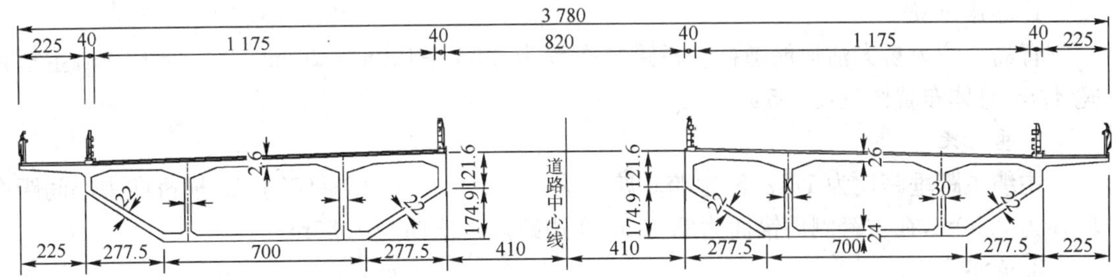

图 2-52 边跨及锚跨混凝土加劲梁标准断面(尺寸单位:cm)

5. 缆吊系统

全桥共设两根主缆,每根主缆由 55 根 127 丝 $\phi5$ 的镀锌高强钢丝组成。主缆采用预制平行索股架设的方法(PPWS)。

吊索顺桥向间距为10m。主跨吊索横桥向倾斜，下端锚固于钢箱梁横桥向两端的钢锚箱内，采用PES7-85预制平行钢丝束股，端吊索由于较短，根据结构受力及构造需要采用ϕ140mm刚性吊索。边跨吊索下端锚固于混凝土箱梁的横梁中部，采用PES7-121预制平行钢丝束股。吊索上下锚头均采用冷铸锚。

主跨主缆及吊索采用空间布置，在活载作用下主跨主缆将产生竖向位移、横桥向位移、绕轴向的转动变位等。为了适应这些变位，并充分考虑到美观要求，在主跨吊索上端设置一个球铰螺杆，通过与补芯球形螺母组成一个转动副，使主跨吊索可以进行适量的横桥向转动。

四、青岛海湾大桥大沽河航道桥

(一)工程概况

青岛海湾大桥位于胶州湾内湾，东起308国道，沿李村河于河口入海，入海后向西南方向跨过胶州湾，在黄岛侧大殷家一带上岸，工程全线长约28.3km。青岛海湾大桥工程由3座主桥和引桥组成，大沽河航道桥是其中一座，为主跨260m的独塔自锚式悬索桥[17]，其效果图见图2-53。

(二)主要技术标准

(1)设计车速：80km/h；

(2)设计荷载：汽车荷载为城—A级，公路—I级；船舶撞击荷载：为3 000t级船舶防撞；

(3)桥梁宽度：双向6车道，主桥桥宽47m，两侧人行道宽2.0m；

(4)通航要求：按10 000t级散货船要求，通航净空190m×48.5m；

(5)地震基本烈度：按VI度设防；

(6)基本风速：v_{10}=33.9m/s。

图2-53　青岛海湾大桥大沽河航道桥效果图

(三)结构设计

1. 总体布置

青岛海湾大桥大沽河航道桥主桥跨径布置为：80m+190m+260m+80m=610m，主桥桥宽47m，总体布置图见图2-54。

2. 垂跨比

主缆主跨垂跨比为1/12.5，边跨垂跨比为1/17.8，主缆为空间双索面，横桥向中心间距在塔顶为2.50m，在主跨侧后锚面为6.50m，在边跨侧后锚面为7.80m。

3. 索塔

塔身为独柱型塔，混凝土结构，总高149m，见图2-17。截面采用哑铃形，根部尺寸为10m×10m，从下向上截面尺寸逐渐缩小，至93m高度处截面尺寸缩减为5m×5m，等截面向上至离塔顶15m处逐渐打开，至塔顶截面尺寸为7m×7m，以满足塔顶鞍座构造尺寸的要求。索塔在高度5～35m范围内采用空心截面，壁厚2.0m，其余各段塔身均为实心截面。

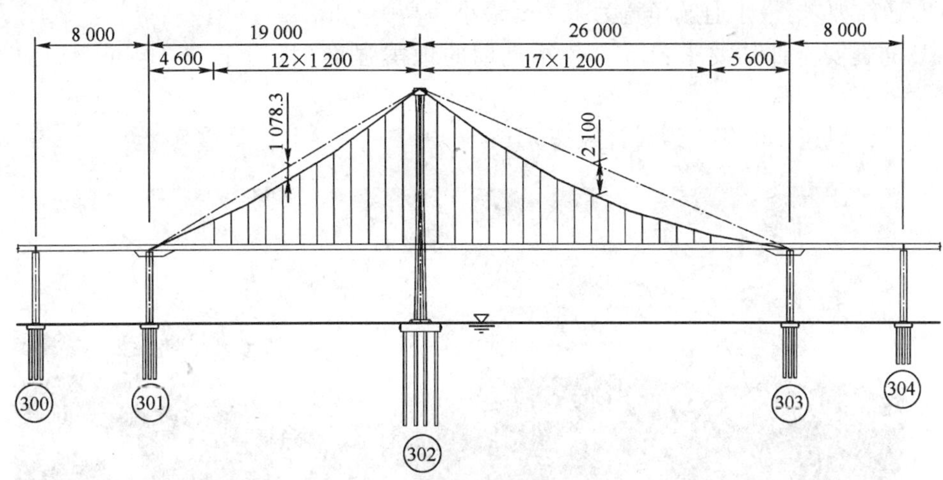

图 2-54　青岛海湾大桥大沽河航道桥总体布置图(尺寸单位:cm)

为提高全桥的抗扭刚度,改善结构的动力特性,在索塔两侧设置三角撑对加劲梁提供竖向约束。考虑到景观效果,三角撑采用轻型的钢结构桁架。桁架的直杆及斜杆都采用焊接箱形结构,箱高 1.2m,宽 2m,板厚采用 40mm。

4. 加劲梁

加劲梁为中央开槽的钢箱加劲梁,梁全宽为 47.00m,单幅桥宽 18m,桥轴线处梁高为 3.60m,锚固段加厚至 8m。加劲梁标准断面图见图 2-9。在吊索处均设置吊索横梁,分别与两幅加劲梁相连接;吊索横梁为钢箱梁。

5. 缆索系统

全桥共设两根主缆,采用预制平行钢丝索股。每根主缆由 61 根 127 丝 ϕ5.1 的镀锌高强钢丝组成。吊点顺桥向间距为 12m,吊索采用 PES5-121 平行钢丝索股,每侧吊点设两根。吊索上端为销接式连接,下端为承压式连接。上端销接接头带有关节轴承,以减小吊索的弯折。

五、美国新奥克兰海湾大桥

(一)工程概况

新奥克兰海湾大桥位于巴拉圭查岛和奥克兰之间,全长 3.54km,桥梁宽度为69.88m,双向 10 车道,中央分隔带宽 14.12m,一侧设置 4.8m 自行车及人行道[18,19],其效果图见图 2-55。

1989 年的洛马普列塔大地震(里氏 7.1 级)使得奥克兰海湾大桥的东跨结构发生了严重破坏。新奥克兰海湾大桥按 150 年设计基准期进行设计,抗震设防要求较高,其抗震设计由抗震安全评估和抗震功能评估来界定。抗震安全评估是针对 1 500 年一遇(相当于 100 年 6.45%的超越概率)的地震而言,而抗震功能评估是针对 475 年一遇(相当于 50 年 10%的超越概率)的地震而言。抗震安全评估成为该桥的设计控制因素。

(二)主要技术标准

(1)桥梁宽度:单幅 5 车道,单幅桥宽 25m,一侧设置行自行车及人行道,宽 4.8m;

(2)通航要求:最小通航净宽为152m,最小净高为42m;

(3)抗震安全评估要求:1 500年重现期的地震强度(相当于100年6.45%的超越概率);

(4)设计风速:50年一遇设计风速31m/s。

图2-55 新奥克兰海湾大桥设计方案效果图

(三)结构设计

1.总体布置

主桥总体布置为12m+180m+385m+80m,全长657m。加劲梁为分离式双箱梁,两幅箱梁间净距14.12m,总体布置图见图2-56。

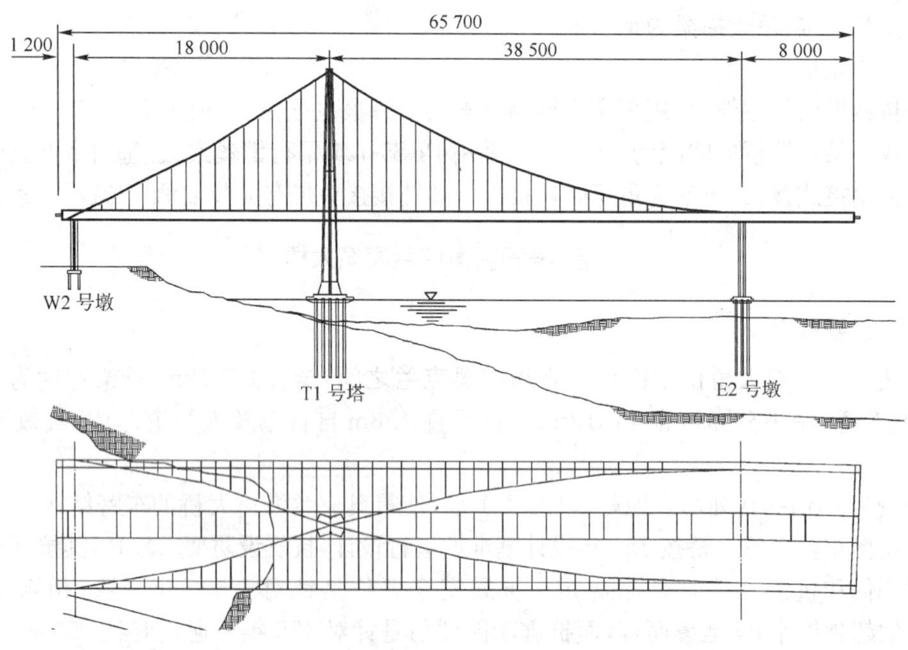

图2-56 新奥克兰海湾大桥总体布置图(尺寸单位:cm)

2.索塔及桥墩

索塔采用独柱式钢塔,塔高160m,见图2-15。钢塔由四根钢柱组成,钢柱壁厚20mm,钢柱之间由剪力连接件连接，钢柱内浇筑混凝土。索塔基础采用13根$D2.5$m钢管桩，承台为八角形，高6.5m。

东侧桥墩为预应力混凝土墩柱，基础采用$D2.5$m的钢管桩，桩长100m，管内上部55m填充黏土，下面部分填充混凝土。西侧桥墩采用钢筋混凝土墩柱外包钢壳，基础为扩大基础。此外，在西侧桥墩处设计了一个抗拉系统以抵抗地震时产生的上拔力，抗拉系统由28根拉索组成，每根拉索有61束直径为15mm的钢绞线，拉索直接锚固到基础上。东侧桥墩处，箱梁支承在支座上，另设有剪力栓和拉杆以承受横向荷载和上拔力。

3. 加劲梁

主桥采用分离式双箱梁，正交异性板桥面，见图2-8。两箱之间用10m宽、2.5m高、30m间距的横梁相连。箱梁内横隔板间距为5m，与吊索间距匹配。钢箱梁为悬浮结构，与塔无纵、横向水平联结。

4. 缆吊系统

全桥共设2根主缆，直径0.78m，由17 400根$\phi 5.4$平行高强镀锌钢丝组成。主缆采用预制平行钢丝索股逐根架设的施工方法(PPWS)，主缆及吊索系统见图2-57。在大桥东侧，主缆的各根索股被锚固在主梁上，见图2-58；在西侧，主缆通过两个转索鞍和一个塔顶鞍座，连续地环接在西侧锚固门架的帽梁上，见图2-32、图2-58。

吊索在塔顶集中在桥中线，主缆由一个双槽转索鞍作为支撑，到梁端则分散到梁外侧，横向间距72m。主缆形成两个倾斜面，可有效地提高加劲梁的横向抗震刚度和抗风稳定性。

图2-57　新奥克兰海湾大桥主缆及吊索系统

a)

b)

图2-58　新奥克兰海湾大桥锚固系统

a)加劲梁西侧端部主缆环绕系统；b)加劲梁东侧端部主缆锚固构造

参考文献

[1] 尼尔斯J吉姆辛著.缆索支承桥梁—概念与设计(第二版)[M].金增洪译.北京：中国铁道出版社，2002.

[2] C C McDaniel, Chia-Ming Uang, F Seible. Cyclic testing of built-up steel shear links for the new Bay Bridge[J]. Journal of Structural Engineering, 2003, 129(6): 801-809.

[3] 胡建华.自锚式悬索桥结构体系的创新设计[J].北京交通大学学报,2006,30(6):111-119.

[4] 胡建华,陈冠雄.佛山平胜大桥设计构思与创新技术[J].桥梁建设,2006,2:28-57.

[5] 湖南省交通规划勘察设计院.湘潭市湘江五大桥方案设计，2006.

[6] 胡建华,刘榕.自锚式悬索桥结构体系的关键技术[J].桥梁建设,2006,5:32-35.

[7] 胡建华.大跨度自锚式悬索桥结构体系及静动力性能研究[D].长沙：湖南大学土木工程学院,2006.

[8] 胡建华,廖建宏,向建军.多塔斜拉桥关键技术研究[J].中外公路,2002.22,3:32-36.

[9] 胡建华,唐茂林,刘榕,王忠彬.自锚式悬索桥收缩徐变效应分析[J].重庆交通大学学报,2007,26,5:5-76.

[10] M Kamei, T Maruyama, H Tanaka, Konohana Bridge. Japan[J]. Structural Engineering International, 1992, 2(1): 4-6.

[11] Kwon S D, Chang S P and Kim Y S. Aerodynamic stability of self-anchored double deck suspension bridge[J]. Journal of Wind Engineering and Industrial Aerodynamics, 1995, 54 (2) : 25-34.

[12] 卢亚洲.湘江三汊矶自锚式悬索桥结构静动力分析与研究[D].长沙：长沙理工大学,2007.

[13] 苏州市市政设计院，上海同济大学桥梁设计研究院.苏州竹园大桥施工图设计，2002.

[14] 湖南省交通规划勘察设计院.佛山平胜大桥施工图设计，2004.

[15] 孙叔禹.广州猎德大桥主桥设计[J].山西建筑，2007，33(22)：299-300 .

[16] 中铁第四勘察设计院集团有限公司.南京长江隧道工程右汊大桥施工图设计，2007.

[17] 中交公路规划设计院有限公司，山东省交通规划设计院.青岛海湾大桥大沽河航道桥施工图设计，2007.

[18] Man-Chung Tang, Rafael Manzanarez, San Francisco-Oakland Bay Bridge Design Concepts And Alternatives [C]. Proceedings of the 2001 Structural Congress and Exposition. 2001.

[19] Sun John, Manzanarez Rafael, Nader Marwan. Design of Looping Cable Anchorage System for New San Francisco-Oakland Bay Bridge Main Suspension Span[J]. Journal of Bridge Engineering, 2002, 7(6): 315-324.

第三章　自锚式悬索桥静力理论与分析

自锚式悬索桥属于柔性结构，其主缆具有较强的几何非线性，这方面与地锚式悬索桥有着共同之处。但是，自锚式悬索桥在主缆成桥状态精确计算（尤其是空间主缆）、施工过程模拟分析以及稳定性分析等方面，与地锚式悬索桥都有着很大的不同。

本章首先介绍了悬索桥的静力计算理论，推导了空间两节点索单元，提出了自锚式悬索桥主缆成桥线形的计算方法；然后，基于几何非线性理论和主缆成桥线形，提出了自锚式悬索桥施工过程模拟迭代算法，开展了静力参数分析；最后，讨论了自锚式悬索桥的稳定性问题，提出了自锚式悬索桥极限承载力的计算方法。

第一节　计 算 理 论

一、计算理论的发展

随着桥梁建造技术的不断发展，悬索桥的计算理论主要经历了弹性理论、挠度理论和非线性有限元理论三个发展阶段[1,2]。

1. 弹性理论（19 世纪末～20 世纪初）

弹性理论是悬索桥最古老的计算理论，它将悬索桥看作主缆与加劲梁的结合体，是建立在超静定结构分析基础上的一种方法。弹性理论只考虑由荷载产生的截面内力之间的平衡，其特点是恒载与活载的作用没有本质上的区别。

2. 挠度理论（20 世纪初～20 世纪 80 年代）

挠度理论在基本计算式中开始引入这样一个假定：当悬索桥因活载产生竖向变形时，原有恒载已产生的主缆轴力由于变形的关系产生新的抗力。这个理论最早运用于美国曼哈顿桥。挠度理论的出现随即改变了悬索桥的跨度，使悬索桥跨度跃上了千米大关。

3. 非线性有限元理论（20 世纪 80 年代以来）

随着计算机的迅速发展和广泛应用，为了能更快速和更精确地来分析结构的受力行为，非线性有限元理论也就应运而生。

悬索桥的 3 种计算理论的比较见表 3-1。

悬索桥计算理论比较　　表 3-1

比较项目	适用范围	变形大小	主缆轴力
弹性理论	加劲梁刚度较大的小跨度悬索桥	微小变形	不考虑主缆的初始轴力
挠度理论	吊索竖直布置的大跨度悬索桥	有限变形	主缆的水平分力为定值
非线性有限元理论	任意形状的大跨度悬索桥	有限变形	主缆的水平分力有变化

二、弹 性 理 论

在19世纪以前,悬索桥还没有合适的力学分析方法。1823年,法国的Navier开始总结发表了无加劲梁悬索桥的计算理论,1858年,英国的Rankine又提出了有加劲梁悬索桥的计算理论,这些理论最后经Steinman整理成了"弹性理论"的标准形式。该理论认为,缆索承受自重及全部桥面恒载,它的几何形状是二次抛物线,这一线形不因后来作用于桥面上的活载而发生任何变化。根据这一理论,在计算加劲梁由于活载所产生的弯矩M时,其计算模型与活载作用之前是相同的,如图3-1所示。根据平衡条件,可得:

$$M = M_0 - H_p y \tag{3-1}$$

式中:M_0——为相应简支梁的活载弯矩;

H_p——为活载作用下的主缆水平分力;

y——为主缆承受活载前的纵坐标值。

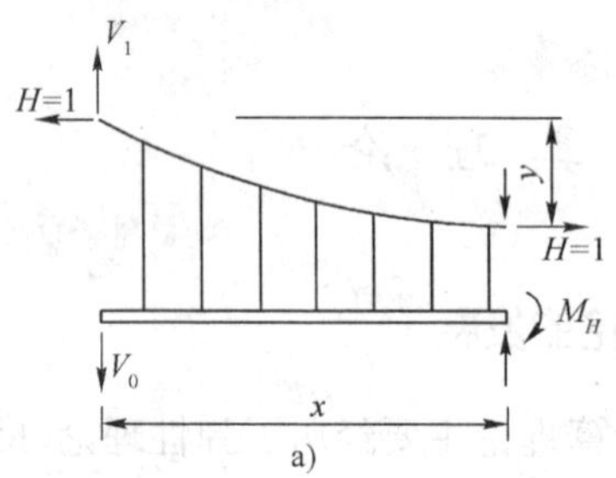

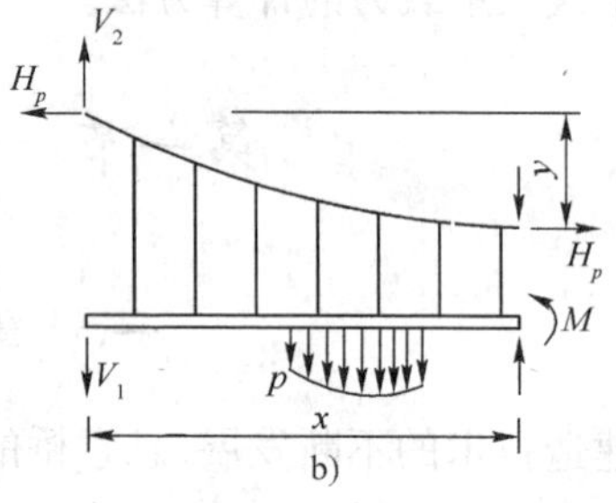

图3-1 按弹性理论进行悬索桥内力分析

a)基本结构;b)活载作用在基本结构上

弹性理论在这一时期主导了悬索桥设计,这反映在以当时世界上跨度最大的美国布鲁克林桥为代表的悬索桥都采用这个理论进行分析计算。弹性理论有两个非常显著的缺陷,一是没有考虑到恒载对悬索桥刚度的有利影响;二是没有考虑非线性大位移影响。尽管按弹性理论进行设计偏于安全,但却严重浪费了材料。这是因为悬索桥的主要承重构件缆索是受拉构件,当考虑了上述因素后,其内力和位移值都将显著减小,这种情况在跨度愈大、加劲梁愈柔、活恒载比值愈小等情况下表现愈显著。关于这一点可从Steinman对弹性理论和后述的挠度理论的研究比较中可以看出,见表3-2。因此,弹性理论并不适用于大跨度悬索桥的内力分析。

弹性理论与挠度理论计算结果比较 表3-2

桥　名	跨度(m)	弹性理论与挠度理论计算结果之比	
		1/4跨处弯矩	1/2跨处弯矩
甫洛莲那波利斯桥	340	125%	159%
费城—坎母登桥	533	152%	161%
芒特—霍普桥	366	200%	154%

三、挠 度 理 论

随着悬索桥跨径的不断增大,加劲梁的刚度相对来说是不断降低,对于主缆这种柔性悬挂构件，其非线性行为已表现明显。1888 年，奥地利 Melan 教授提出了“挠度理论”。该理论认为：主缆在恒载作用下取得平衡时的几何形状（二次抛物线）会因活载的作用而发生改变，同时，主缆因活载作用而增加的缆索拉力所引起的伸长量也应当在计算中予以考虑。1909 年建成的纽约曼哈顿桥是成功运用这一理论的第一座大跨度悬索桥。随后，该理论被广泛应用于美国 20 世纪 30 年代所建的华盛顿桥、金门桥以及英国 60 年代所建的福斯桥、塞文桥等诸多悬索桥的设计中。

现用图 3-2 来说明挠度理论和弹性理论的不同之处。图中用虚线表示主缆在恒载时的平衡位置，用实线表示主缆在恒载和活载共同作用时的平衡位置。由图 3-2a）可以看出在活载作用下主缆的几何形状发生了变化。取一隔离体如图 3-2b）所示，根据静力平衡条件，可得：

$$M = M_0 - H_p y - (H_q + H_p) v \tag{3-2}$$

式中：H_q——恒载作用下的主缆水平分力；

v——主缆因活载作用而产生的挠度。

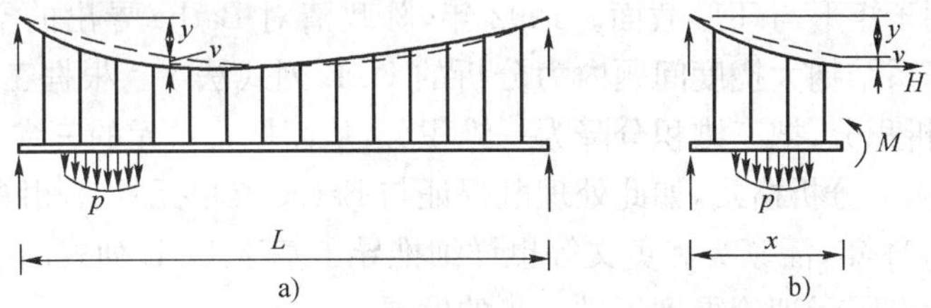

图 3-2　按挠度理论进行悬索桥内力分析

a）活载作用下的主缆线形变化；b）分析模型

式（3-2）与式（3-1）的差异就在于$-(H_q+H_p)v$这一项。虽然 v 值并不会很大，但是 H_q 往往很大，故必须把$-(H_q+H_p)v$这一项列入计算中。而考虑$-(H_q+H_p)v$的效应，就是挠度理论的主要特征。

挠度理论考虑了主缆的几何非线性，因此叠加原理以及影响线加载法就不再适用，从而导致建立的非线性微分方程求解较困难。为寻找解决办法，国内外学者提出了很多近似求解方法。

式（3-2）是地锚式悬索桥的加劲梁弯矩表达式。就自锚式悬索桥而言，由于在加劲梁中存在巨大的轴向力，当加劲梁产生挠曲时，该轴向力将在加劲梁中产生附加弯矩。假设轴向力作用在加劲梁的形心且加劲梁最初是水平的，则由轴向力产生的附加弯矩为$(H_q+H_p)v=0$，把这一项加到式（3-2）中，即可得到自锚式悬索桥加劲梁的弯矩表达式为：

$$M = M_0 - H_p y \tag{3-3}$$

很明显，由挠度理论和弹性理论导出的自锚式悬索桥加劲梁的弯矩表达式完全相同，这说明可以用简单的弹性理论来分析自锚式悬索桥。

挠度理论在大跨度悬索桥的发展过程中起到了重要的作用，至今仍不失为分析悬索桥的较简单实用的方法。但由于其基本假设中忽略了吊索的倾斜与伸长而被假定为一张刚性薄膜，主缆节点的水平位移、塔的变形和加劲梁的剪切变形等因素被忽略，使其分析结果的精度受到限制；同时，由挠度理论建立的微分方程求解较繁琐，也不适合计算机运算，因此，对于大跨度且结构复杂的悬索桥而言，最好采用非线性有限元理论进行分析。

四、非线性有限元理论

当现代悬索桥的跨径进一步增大时，其加劲梁的刚度相对不断减小，采用挠度理论引起的误差已不容忽略。随着计算机技术和有限元理论的发展，非线性有限元理论开始出现并应用于现代悬索桥的结构分析中。

20 世纪 60 年代以后，Brotton 引进矩阵将整个悬索桥当作平面构架结构来分析，建立起刚度方程并用松弛法进行求解；Saafan 建立了结构构架大位移理论，推导出了平面梁单元的切线刚度矩阵；Poskitt 引入了 Newton-Raphson 法来求解非线性方程组；Fleming 将稳定函数及动坐标法引入计算，并改进了 Newton-Raphson 迭代算法，使之与荷载增量法相结合，提高了计算的精度和收敛速度。

1979 年，Bathe[3]推导了与 T. L 列式法和 U. L 列式法求解格式配套的空间梁单元的刚度矩阵，并用欧拉角来描述空间梁单元的坐标转换，但他的单元刚度矩阵仍要计算三维积分，计算效率低，且只能用于矩形与环形截面。1992 年，陈政清对 Bathe 导出的空间梁单元进行了改进，提出了空间杆系结构大挠度问题内力分析的 U. L 列式法[4]。根据工程实际，在推导中引入沿梁截面的解析积分，把三维积分降为一维积分，从而把梁单元的三维应力分析格式推广到工程通用的截面内力分析格式，如此处理既保证与 Bathe 梁单元具有相同的精度，又大大减少了计算工作量；1994 年，潘家英和黄文等也详细推导了基于 U. L 列式的空间梁单元的刚度矩阵，从而使非线性有限元理论得到了进一步的发展。

近年来，不少学者提出了梁单元几何非线性分析的 C. R 列式法。C. R 列式法与 U. L 列式法在参考位形的选取上相同，仅与 U. L 列式法在具体算法上存在差异，可以说是 U. L 列式法的一种改进。CR 列式法在扣除单元刚体转角方面，较 U. L 列式法精确。

在索单元的几何非线性分析方面，早期用解析法对索进行计算，该法仅适合于结构体系和受力较简单的场合。在有限元法出现后，则将索模拟成杆单元、多节点曲线索单元、多项式插值函数曲线索单元、两节点抛物线索单元、两节点悬链线索单元等，使索的计算精度不断获得提高。

总之，非线性有限元理论可以把悬索桥结构分析方法统一到一般的非线性有限元法中去，将悬索桥离散为杆系结构，按非线性杆系有限元进行求解。非线性有限元理论将挠度理论求解需要的那些假定完全摆脱，可以处理任意形式的初始问题及边界条件，可以考虑吊索的倾斜与伸长、塔柱变形、缆索节点的水平位移、加劲梁的水平位移与剪切变形等任何非线性因素，对所分析的对象可以采取更符合实际的计算模型，从而使悬索桥的分析计算更为精确，已成为目前大跨度悬索桥分析计算普遍采用的方法。

第二节　两节点空间索单元

在非线性杆系结构有限元中，空间梁、杆单元的推导、应用以及非线性有限元平衡方程的求解已相对较成熟，而在体现悬索桥强非线性的索单元方面，仍处在不断完善及改进当中，作者也在这方面做了些工作，现介绍如下。

本节基于索的基本假定和悬链线平衡方程，采用索段分析及迭代方法，导出了两节点空间悬链线索单元[5]。该索单元克服了采用杆单元、抛物线索单元模拟索的计算精度不高以及多节点曲线索单元使用不便等问题，具有精度高、使用方便的特点，可为大跨度悬索桥、斜拉桥及张拉结构等几何非线性较强的结构进行精确分析提供有力的计算工具。

一、索的平衡方程

在推导索的计算理论时，通常采用下列基本假定：

(1)索的材料符合胡克定律。

(2)索的面积在外荷载作用下变化量微小，抗拉刚度不因此而发生变化。

(3)索是理想柔性的，既不能受压也不能受弯。

图 3-3 表示承受两个方向任意分布荷载 $q_x(x)$ 和 $q_z(x)$ 作用的一根悬索。根据假定(3)，索的张力 T 只能沿索的切线方向作用，由微分单元的静力平衡条件可得：

$$\sum X=0,\frac{\mathrm{d}H}{\mathrm{d}x}\mathrm{d}x+q_x\mathrm{d}x=0 \tag{3-4}$$

$$\sum Z=0,\frac{\mathrm{d}}{\mathrm{d}x}\left(H\frac{\mathrm{d}z}{\mathrm{d}x}\right)\mathrm{d}x-q_z\mathrm{d}x=0 \tag{3-5}$$

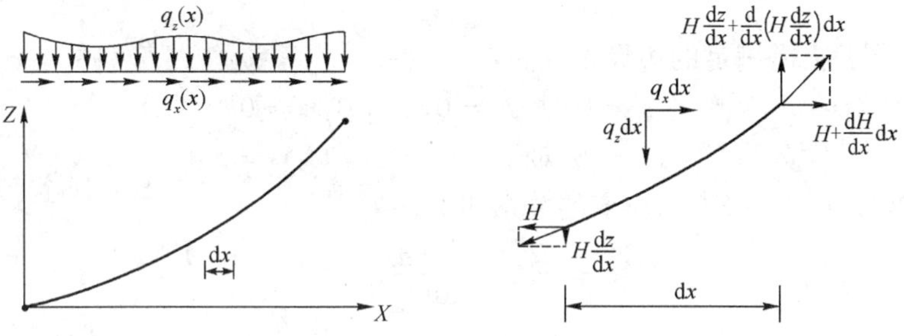

图 3-3 任意荷载作用下的索段微分单元

在常见的实际工程中，一般悬索桥的主缆主要承受竖向荷载作用，即 $q_x=0$，根据式(3-4)得出主缆的水平张力 H 为常量，因而式(3-5)可以写成：

$$H\frac{\mathrm{d}^2z}{\mathrm{d}x^2}-q_z=0 \tag{3-6}$$

若 q 沿任意的曲线 s 分布，则有：

$$q_z\mathrm{d}x=q\mathrm{d}s,\mathrm{d}s=\sqrt{\mathrm{d}x^2+\mathrm{d}z^2} \tag{3-7}$$

将上式代入式(3-6)，得：

$$H\frac{\mathrm{d}^2z}{\mathrm{d}x^2}-q\sqrt{1+\left(\frac{\mathrm{d}z}{\mathrm{d}x}\right)^2}=0 \tag{3-8}$$

如果 $q=0$，则索曲线为直线；如果 q 沿索的跨度均布，则索曲线为抛物线；如果 q 沿索曲线均布，则索曲线为悬链线。

二、沿索曲线均布荷载作用下的索段分析

对于一般的索结构而言，可将其离散为多个索段(索单元)。对于每个索段而言，所承受的荷载有两种：一是索单元间沿弧长均布的主缆自重力；二是索端力。在沿索曲线均布荷载 q 作

用下，索的水平张力 H 是常数，索的线形为悬链线。

图 3-4 所示为一沿索曲线均布荷载 q 作用下的柔性索段 IJ，弹性模量为 E，截面面积为 A，索段两端点跨长为 L，高差为 C，索段的无应力长度为 S_0，变形后的索长为 S。索端受力如图所示，切向张力为 T。索段上的一点 P 在索段变形前的无应力索长轮廓线上的拉格朗日坐标为 s（笛卡儿坐标系和拉格朗日坐标系原点都为索段的左端点），在自重 q 作用下，这一点移动到笛卡儿坐标(x,y)和索段轮廓线的拉格朗日坐标 r。

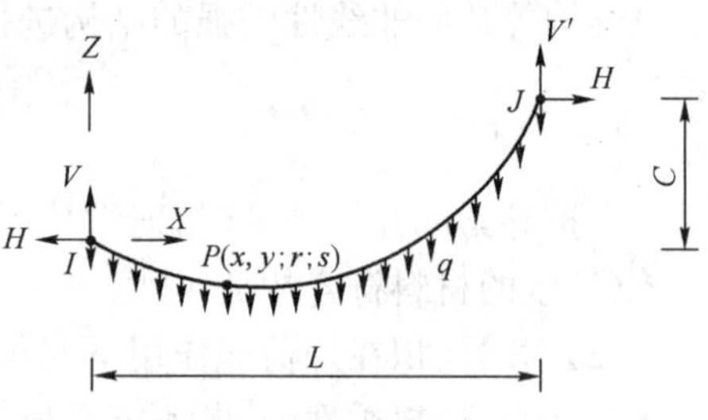

图 3-4　沿索曲线均布荷载作用下的索段

根据静力平衡条件，有：

$$\begin{cases} T\dfrac{\mathrm{d}x}{\mathrm{d}r}=H \\ T\left(-\dfrac{\mathrm{d}z}{\mathrm{d}r}\right)=V-W \end{cases} \tag{3-9}$$

式中：T——张力；

$W=qs$。

在索段端点 I、J 需满足的边界条件为：

$$\begin{cases} s=0\text{ 时}, x=0, z=0, r=0 \\ s=S_0\text{ 时}, x=L, z=C, r=S \end{cases} \tag{3-10}$$

根据假定(1)和(2)，张力与应变的关系如下：

$$T=EA\varepsilon=EA\left(\frac{\mathrm{d}r-\mathrm{d}s}{\mathrm{d}s}\right)=EA\left(\frac{\mathrm{d}r}{\mathrm{d}s}-1\right) \tag{3-11}$$

于是有：

$$\mathrm{d}r=\left(\frac{T}{EA}+1\right)\mathrm{d}s \tag{3-12}$$

可以看出，索的张力 T、坐标 x 和 y，都是拉格朗日坐标 s 的函数。由式(3-9)容易得到：

$$T(s)=\sqrt{H^2+(V-W)^2} \tag{3-13}$$

将式(3-12)和式(3-13)代入式(3-9)，并在$(0,\ S_0)$区间内直接积分，可得到：

$$L=\frac{HS_0}{EA}+\frac{H}{q}\ln\frac{V+\sqrt{H^2+V^2}}{(V-W)+\sqrt{H^2+(V-W)^2}} \tag{3-14}$$

$$C=\frac{WS_0-2VS_0}{2EA}-\frac{1}{q}\left[\sqrt{H^2+V^2}-\sqrt{H^2+(V-W)^2}\right] \tag{3-15}$$

由式(3-14)、式(3-15)可知，一个无应力长度给定的索段，其端点内力 H、V 与线形参数 L、C 之间形成一一对应关系，即内力一旦确定，线形也确定下来，反之亦然。在有限元法中，一般通过建立刚度矩阵先求解出位移，即索的线形参数 L、C，然后再计算索的内力，即 H、V，这样就必须对式(3-14)、式(3-15)进行柔性迭代得到。

三、索单元的柔性迭代分析

现在来考虑图 3-5 所示竖直平面 X_1Z_1 内的悬链线索单元 IJ（Z_1 竖直向上），弹性模量为

E,截面面积为 A,索单元的无应力长度为 S_0,变形后的索长为 S,T_I、T_J 分别为节点 I、J 的切向张力,其他符号如图所示。对照式(3-14)、式(3-15)并化简后得:

$$L=-H_I\left[\frac{S_0}{EA}+\frac{1}{q}\ln\left(\frac{V_I+T_I}{T_J-V_J}\right)\right] \tag{3-16}$$

$$C=\frac{1}{2EAq}(T_J^2-T_I^2)+\frac{T_J-T_I}{q} \tag{3-17}$$

其中:

$$\begin{cases}V_J=-V_I+W\\ H_J=-H_I\\ T_I=\sqrt{H_I^2+V_I^2}\\ T_J=\sqrt{H_J^2+V_J^2}\end{cases} \tag{3-18}$$

式(3-16)、式(3-17)可以看成是 H_I 和 V_I 的函数,于是 L 和 C 的变化量可用对 H_I 和 V_I 的一阶增量表示如下:

$$\begin{cases}\delta L^i=\left(\dfrac{\partial L}{\partial H_I}\right)_i\delta H_I^i+\left(\dfrac{\partial L}{\partial V_I}\right)_i\delta V_I^i\\ \delta C^i=\left(\dfrac{\partial C}{\partial H_I}\right)_i\delta H_I^i+\left(\dfrac{\partial C}{\partial V_I}\right)_i\delta V_I^i\end{cases} \tag{3-19}$$

式中:角标 i——第 i 步迭代。

图 3-6 表示的是处于第 i 个迭代步索单元的变形情况,H_I^i 和 V_I^i 表示节点 I 端内力,L^i 和 C^i 根据式(3-16)、式(3-17)得到。如果 $|J^iJ|$ 超过某个允许值,继续第 $i+1$ 步迭代,此时的 H_I 和 V_I 可表示为:

$$\begin{cases}H_I^{i+1}=H_I^i+\delta H_I^i=H_I^i+\alpha_1^i\delta L^i+\alpha_2^i\delta C^i\\ V_I^{i+1}=V_I^i+\delta V_I^i=V_I^i+\alpha_3^i\delta L^i+\alpha_4^i\delta C\end{cases} \tag{3-20}$$

式中:α_1^i、α_2^i、α_3^i、α_4^i——修正系数。

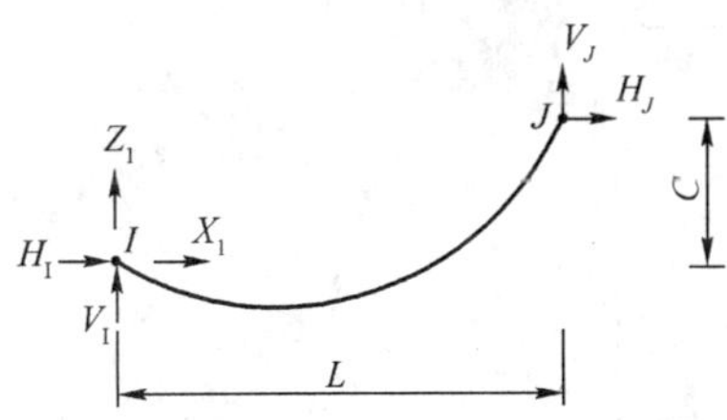

图 3-5　竖直平面 X_1Z_1 内的索单元

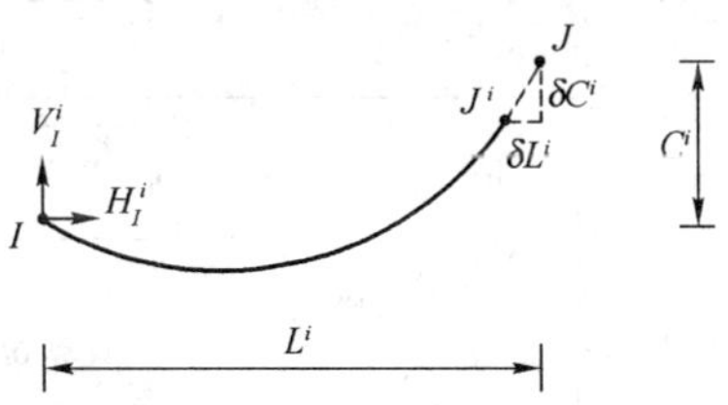

图 3-6　第 i 迭代步索单元的参数

将式(3-19)写成如下形式:

$$\begin{cases}\delta L^i=\xi_1^i\delta H_I^i+\xi_2^i\delta V_I^i\\ \delta C^i=\xi_3^i\delta H_I^i+\xi_4^i\delta V_I^i\end{cases} \tag{3-21}$$

比较式(3-21)和式(3-19),可以得到

$$\xi_1^i=\left(\frac{\partial L}{\partial H_I}\right)_i=\frac{L^i}{H_I^i}+\frac{1}{q}\left(\frac{V_J^i}{T_J^i}+\frac{V_I^i}{T_I^i}\right) \tag{3-22}$$

$$\xi_2^i = \left(\frac{\partial L}{\partial V_I}\right)_i = \frac{H_I^i}{q}\left(\frac{1}{T_J^i} - \frac{1}{T_I^i}\right) \tag{3-23}$$

$$\xi_3^i = \left(\frac{\partial C}{\partial H_I}\right)_i = \frac{H_I^i}{q}\left(\frac{1}{T_J^i} - \frac{1}{T_I^i}\right) \tag{3-24}$$

$$\xi_4^i = \left(\frac{\partial C}{\partial V_I}\right)_i = -\frac{S_0}{EA} - \frac{1}{q}\left(\frac{V_J^i}{T_J^i} + \frac{V_I^i}{T_I^i}\right) \tag{3-25}$$

由式(3-21)和式(3-20)可得 α_1^i、α_2^i、α_3^i、α_4^i 和 ξ_1^i、ξ_2^i、ξ_3^i、ξ_4^i 的关系如下：

$$\alpha_1^i = \xi_4^i/d_i;\alpha_2^i = -\xi_3^i/d_i;\alpha_3^i = -\xi_2^i/d_i;\alpha_4^i = \xi_1^i/d_i \tag{3-26}$$

其中，$d_i=\xi_1^i\xi_4^i-\xi_2^i\xi_3^i$。

为了使得迭代过程快速收敛，H_I 和 V_I 的初始值可按如下取值：

$$H_I=-\frac{qL}{2\beta};\ V_I=\frac{q}{2}\left[-C\,\frac{\cosh\beta}{\sinh\beta}+S_0\right] \tag{3-27}$$

上述计算式可由索的悬链线方程和静力平衡条件得到。β 可近似由下式确定：

$$\beta=\left[6\left(\left(\frac{S_0^2-C^2}{L^2}\right)^{1/2}-1\right)\right]^{1/2} \tag{3-28}$$

迭代收敛后，即可得到 H_I 和 V_I，由式(3-18)就可以得到 H_J、V_J、T_I 和 T_J。迭代计算流程如图 3-7 所示。

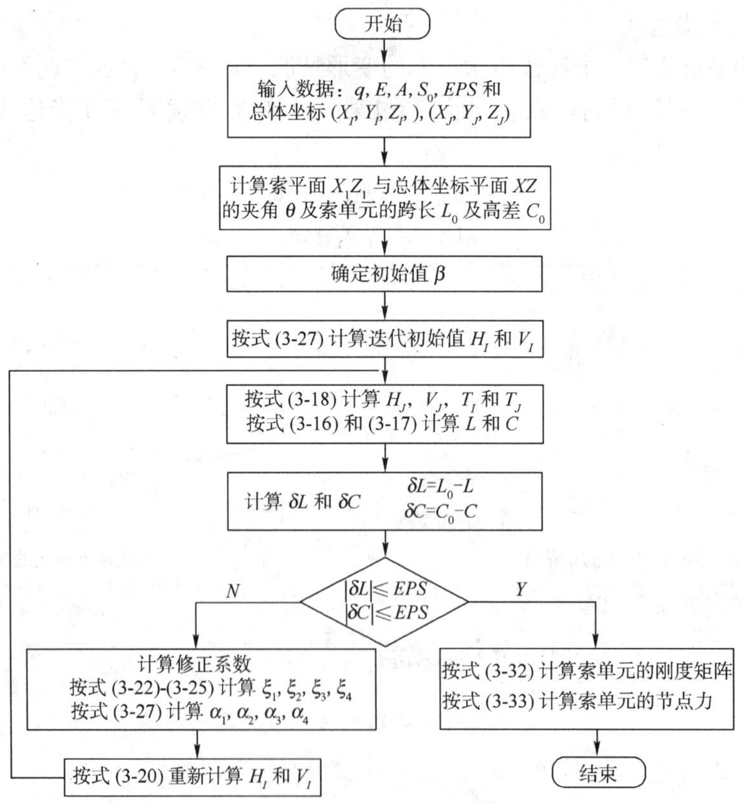

图 3-7 索单元的迭代计算流程

四、索单元的刚度矩阵及节点力

根据式(3-20)，在竖直索平面 X_1Z_1 内，单元的节点力与节点位移增量的关系可描述如下(注意 $\alpha_2=\alpha_3$)：

$$\{\delta F\}=[k']\{\delta u\} \tag{3-29}$$

式中：$\{\delta F\}=\{\delta F_x^I \quad \delta F_y^I \quad \delta F_z^I \quad \delta F_x^J \quad \delta F_y^J \quad \delta F_z^J\}^T$——单元力列阵；

$\{\delta u\}=\{\delta u^I \quad \delta v^I \quad \delta w^I \quad \delta u^J \quad \delta v^J \quad \delta w^J\}^T$——节点位移增量列阵；

$$[k']=\begin{bmatrix} -\alpha_1 & 0 & -\alpha_2 & \alpha_1 & 0 & \alpha_2 \\ 0 & 0 & 0 & 0 & 0 & 0 \\ -\alpha_2 & 0 & -\alpha_4 & \alpha_2 & 0 & \alpha_4 \\ \alpha_1 & 0 & \alpha_2 & -\alpha_1 & 0 & -\alpha_2 \\ 0 & 0 & 0 & 0 & 0 & 0 \\ \alpha_2 & 0 & \alpha_4 & -\alpha_2 & 0 & -\alpha_4 \end{bmatrix}$$——局部坐标系中的单元刚度矩阵。

通过坐标转换，可将索单元局部坐标系 X_1Z_1 下的刚度矩阵$[k']$转换到总体坐标系 XYZ 中去。其中，总体坐标系 XYZ 的 Z 方向与局部坐标系 X_1Z_1 的 Z_1 方向始终保持一致，索平面 X_1Z_1 与总体坐标平面 XZ 之间的夹角为 θ，则转换矩阵$[R]$为：

$$[R]=\begin{bmatrix} t & 0 \\ 0 & t \end{bmatrix} \tag{3-30}$$

其中：

$$[t]=\begin{bmatrix} \cos\theta & \sin\theta & 0 \\ -\sin\theta & \cos\theta & 0 \\ 0 & 0 & 1 \end{bmatrix} \tag{3-31}$$

从而总体坐标系下索单元的刚度矩阵和节点力分别可写为：

$$[k]=[R]^T[k'][R] \tag{3-32}$$

$$\{F\}=[R]^T\{\Phi\} \tag{3-33}$$

式中：$\{\Phi\}=\{H_I \quad 0 \quad V_I \quad H_J \quad 0 \quad V_J\}^T$

第三节　自锚式悬索桥主缆成桥线形计算

悬索桥的成桥线形直接影响结构内力、桥梁使用功能(如行车舒适性)以及桥梁景观等，因此有必要根据一些设计控制参数，例如主缆垂跨比、通航净空、最短吊索长度等，来精确计算恒载状态下悬索桥的主缆线形。对于自锚式悬索桥，加劲梁承受来自主缆的巨大轴向压力，导致锚固点向跨中移动，因此，自锚式悬索桥的主缆成桥线形计算必须考虑加劲梁的压缩变形影响。此外，对于主缆空间布置的悬索桥，由于主缆和吊索形成了一个三维的索系，可大大提高桥梁的横向刚度和抗扭刚度，但也为主缆成桥线形的计算带来了难度。

本节首先介绍悬索桥主缆线形计算的传统抛物线方法以及分段悬链线方法，并将平面主缆线形的分段悬链线方法推广到空间主缆线形的计算中，提出了空间主缆悬索桥成桥状态主缆线形分析的精确计算方法。在此数值分析的基础上,结合有限元方法,提出了自锚式悬索桥主缆成桥线形的计算方法。最后通过算例验证了本文方法的正确性。

一、悬索桥主缆线形计算的传统抛物线方法

传统的悬索桥主缆线形计算理论对于荷载的假定如下:主缆自重与加劲梁等其他恒载相比较小,所有恒载可简化为沿跨度均布,不考虑主缆的伸长对均布荷载的影响等。在这样的假定下,各跨主缆曲线的几何形状为抛物线。如图 3-8 所示,设沿跨度均布荷载为 q,跨中垂度为 f,左右两塔的高差为 C,则支点处的边界条件为:

$$x=0,z=0;x=L,z=C \tag{3-34}$$

对式(3-6)积分两次并考虑上述边界条件得到:

$$z=-\frac{wx}{2H}(L-x)+\frac{C}{L}x \tag{3-35}$$

跨中点的几何条件如下:

$$x=\frac{L}{2},\quad z=\frac{C}{2}-f \tag{3-36}$$

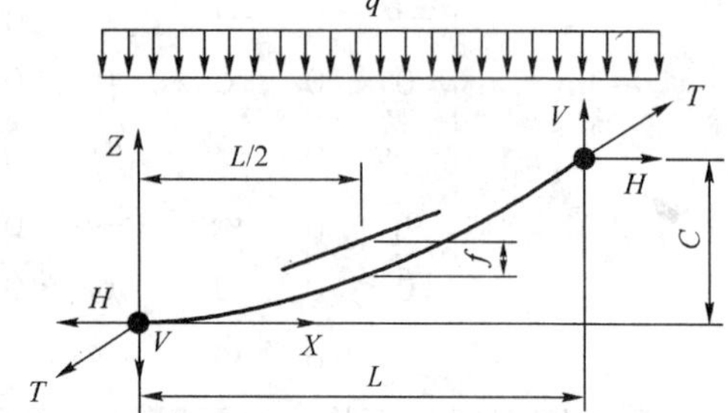

图 3-8 抛物线索计算图式

将式(3-36)代入式(3-35)得到主缆张力的水平分量如下:

$$H=\frac{qL^2}{8f} \tag{3-37}$$

将式(3-37)代入式(3-35),得到:

$$z=-\frac{4fx}{L^2}(L-x)+\frac{C}{L}x \tag{3-38}$$

上式即为传统抛物线理论的主缆曲线方程,主缆的形状长度为:

$$S=\int_0^L \mathrm{d}s=\int_0^L\left[1+\left(\frac{\mathrm{d}z}{\mathrm{d}x}\right)^2\right]^{1/2}\mathrm{d}x \tag{3-39}$$

将式(3-38)代入式(3-39),并令 $C_1=\dfrac{C+4f}{L}$、$C_2=\dfrac{C-4f}{L}$,则抛物线主缆的精确长度为

$$S=\frac{L^2}{16f}\left[C_1\sqrt{1+C_1^2}-C_2\sqrt{1+C_2^2}+\ln\frac{C_1+\sqrt{1+C_1^2}}{C_2+\sqrt{1+C_2^2}}\right] \tag{3-40}$$

主缆曲线上任意点的拉力竖向分量及张力为:

$$\left.\begin{aligned}V(x)&=\frac{qL}{2}\left(1-2\frac{x}{L}\right)-H\frac{C}{L}\\T(x)&=H\left\{1+\left[\frac{qL}{2H}\left(1-2\frac{x}{L}\right)-\frac{C}{L}\right]^2\right\}^{1/2}=H\left\{1+\left[\frac{C-4f}{L}+\frac{8fx}{L^2}\right]^2\right\}^{1/2}\end{aligned}\right\} \tag{3-41}$$

由此可得,主缆最大拉力为:

$$T_{\max}=H\left[1+\left(\frac{qL}{2H}+\frac{C}{L}\right)^2\right]^{1/2}=H(1+C_1^2)^{1/2} \tag{3-42}$$

抛物线主缆的精确弹性伸长量为:

$$\Delta S=\int\frac{T\mathrm{d}s}{EA}=\int_0^x\frac{T(x)}{EA}\mathrm{d}x=\int_0^x\frac{H\mathrm{d}s/\mathrm{d}x}{EA}\mathrm{d}x=\int_0^x\frac{H\mathrm{d}s}{EA}=\frac{HS}{EA} \tag{3-43}$$

如果将$\sqrt{1+(\mathrm{d}z/\mathrm{d}x)^2}$按级数展开，仅取展开式前两项代入式(3-39)积分得近似索长为：

$$S=L\left(1+\frac{C^2}{2L^2}+\frac{8f^2}{3L^2}\right) \tag{3-44}$$

如果取前三项积分得近似索长为：

$$S=L\left(1+\frac{C^2}{2L^2}+\frac{8f^2}{3L^2}-\frac{C^4}{8L^4}-\frac{32f^4}{5L^4}-\frac{4C^2f^2}{L^4}-\frac{64f^3C}{3L^4}\right) \tag{3-45}$$

当两塔等高，则$C=0$，式(3-40)、式(3-44)和式(3-45)分别变为：

$$S=\frac{L}{2}\sqrt{1+\frac{16f^2}{L^2}}+\frac{L^2}{8f}\ln\left(\frac{4f}{L}+\sqrt{1+\frac{16f^2}{L^2}}\right) \tag{3-46}$$

$$S=L\left(1+\frac{8f^2}{3L^2}\right) \tag{3-47}$$

$$S=L\left(1+\frac{8f^2}{3L^2}-\frac{32f^4}{5L^4}\right) \tag{3-48}$$

式(3-47)和式(3-48)就是常用的抛物线索长近似公式。主缆线形计算的传统抛物线法有许多假定，是一种近似方法。在跨度不大的情况下，用传统抛物线法确定悬索桥恒载作用下主缆的几何形状和内力，是一种实用的方法。

二、悬索桥主缆线形计算的分段悬链线方法

对于大跨度悬索桥来说，传统的主缆线形抛物线计算理论存在一定的误差。因为在桥梁全跨内的恒载并非均匀分布，而且随着跨度的增加，这种不均匀性将更加明显。这主要体现在：近塔处具有较长的无吊索区，吊索较长，并且要承担端部加劲梁段的重量，张力一般较其他索大；随着跨度的增加，主缆自重力在恒载中所占的比例逐渐增加，沿索分布的成分加大，所以将主缆承受的荷载简化为沿跨度均布有很大的近似性。

为了提高大跨度悬索桥的设计、施工和架设精度，有必要考虑荷载的实际分布情况，精确计算悬索桥的主缆线形。对于悬索桥的主缆而言，所受的荷载有两种，一是吊索间沿弧长均布的主缆自重力(包括缠丝及防护、主缆检修道重力)；二是由吊索所传递的集中荷载(索夹、吊索及锚具等自重力和通过吊索传递的加劲梁恒载等)及施工临时集中荷载(如缆载吊机)。因此，悬索桥的主缆受力图式可简化为沿弧长分布的均布荷载q和吊索处集中荷载Q_i、F_i的柔性索，如图3-9，主缆线形计算即转化为求这种索结构的索长、内力及线形问题。

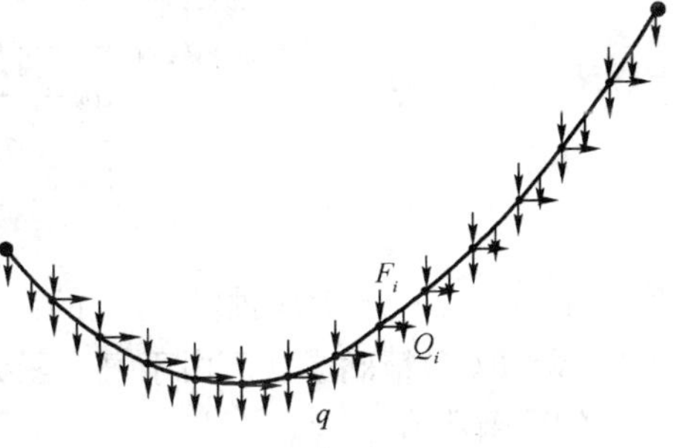

图3-9　主缆受力图式

主缆的自重力(包括缠丝及防护、主缆检修道重力)均布荷载集度又包括两部分，一部分是主缆无应力状态下的自重力均布荷载，如平行钢丝的无应力状态下的自重力均布荷载集度可通过钢丝的直径计算出来，这一部分自重占了主缆自重的绝大部分(一般在95%以上)；另一部分是主缆成桥形状长度下的自重力均布荷载，如缠丝及防护、主缆检修道等效均布荷载，这一部分在主缆自重中所占的比重较小。考虑到主缆的弹性变形较小和第二部分自重在主缆自

重中所占的分量，并且计算时还可以进行数据等效处理，因此在公式推导及应用中主缆的自重力均布荷载都指的是主缆无应力状态下的自重力均布荷载。在主缆弹性变形前后，自重满足质量守恒定律。

下面基于第二节的沿索曲线均布荷载作用下的索段分析，根据各吊点处的力学平衡条件、变形相容条件推导计算主缆的内力和线形的精确计算公式。计算中，主缆自重满足质量守恒定律。

(一)索段线形计算的数值方法

在索段左端点内力给定的情况下，索段线形计算主要需解决两类问题：(1)已知索段的无应力长度，求索段的跨度、两端点高差，即式(3-14)和式(3-15)中 S_0 已知，求 L、C；(2)已知索段的跨度，求索段的无应力长度、两端点高差，即在式(3-14)和式(3-15)中 L 已知，求 S_0、C。前者在悬索桥的空缆线形和加劲梁吊装线形计算中将会遇到，后者在悬索桥的成桥理论线形计算中将会遇到。由于 V、H 已知，前者计算简单，可以直接将 V、H 及 S_0 代入式(3-14)和式(3-15)求得 L、C；后者却需要求解非线性方程。下面主要介绍第(2)类问题的求解方法。

为了避开求解非线性方程问题，忽略掉索变形前后自重总量 q 必须改变这一事实，认为索的自重沿索分布在变形前后均为 q，对式(3-8)直接积分可得到纵向坐标 x 和竖向坐标 z 的显式关系，因此，由已知的 L 可直接算出 C，从而计算出索段线形，再由线形积分求出索长。这样处理有一定的误差。本文采用连分式方法来求解非线性方程式(3-14)，其原理和求解过程介绍如下。

方程式(3-14)中 S_0 为未知数，即求解式 $f(S_0)=0$；设函数 f 的曲线为 $Y=f(X)$，则其反函数为 $X=F(Y)$，因此 $S_0=F(0)$。所以只要求得 $Y=f(X)$ 的反函数 $X=F(Y)$，其解就自然得到。

选取初值 X_0，设函数的反函数可用函数曲线上的初值点(X_0,Y_0)和另外 $n-1$ 个点(X_1,Y_1)、(X_2,Y_2)、…、(X_{n-1},Y_{n-1})表示为下列连分式的形式：

$$X=a_0+\cfrac{Y-Y_0}{a_1+\cfrac{Y-Y_1}{a_2+\cfrac{Y-Y_2}{a_3+\cfrac{Y-Y_3}{a_4+\cdots\cfrac{}{a_{n-1}+\cfrac{Y-Y_{n-1}}{a_n}}}}}},\quad a_0=X_0 \tag{3-49}$$

其中 a_n、a_{n-1}、…、a_1 为调整连分式的系数，使得连分式分别在 X、X_{n-1}、X_{n-2}、…、X_1 点表示反函数 $X=F(Y)$ 精确成立。由于每个函数点都具有一个调整系数，所以用连分式可精确表达任意点的反函数值。

由式(3-49)，满足方程 $f(X)=0$ 的近似根为：

$$S'_0=a_0+\cfrac{-Y_0}{a_1+\cfrac{-Y_1}{a_2+\cfrac{-Y_2}{a_3+\cfrac{-Y_3}{a_4+\cdots\cfrac{}{a_{n-1}+\cfrac{-Y_{n-1}}{a_n}}}}}} \tag{3-50}$$

如果误差 $E=f(S'_0)$ 不在预先给定的精度要求范围 ε 内，即 $|E|>\varepsilon$，则令 $S_0=S'_0$，重作连分式反函数，直到误差 E 在要求的范围内，即连分式反函数中的 $Y=\varepsilon$ 为止。因此，求方程的根，关键在于求调整系数 a_1、a_2、…、a_n。

将 (X,Y) 看作第 n 点 (X_n,Y_n)，将 n 点 (X_1,Y_1)、(X_2,Y_2)、…、(X_n,Y_n) 代入式(3-49)，可得下列递推式：

$$\begin{cases} a_0 = X_0, g_{0n} = X_n \\ g_{i+1,n} = \dfrac{Y_n - Y_i}{g_{in} - a_i}, i = 0,1,\cdots,n-1 \\ a_n = g_{nn} \end{cases} \tag{3-51}$$

综上所述，非线性方程(3-14)的求解过程如下：

(1)选取初值 X_0，令 $X_1=X_0+0.1$，由 $Y=f(X)$ 计算出 $Y_0=f(X_0)$ 和 $Y_1=f(X_1)$；

(2)由点 (X_0,Y_0)、(X_1,Y_1) 和式(3-51)可以计算出 a_0 和 $a_1=(Y_1-Y_0)/(X_1-X_0)$；

(3)根据 (X_0,Y_0)、(X_1,Y_1)、a_0、a_1 和式(3-50)可以计算出 $X_2=a_0-Y_0/a_1$，并由 $Y=f(X)$ 计算出 $Y_2=f(X_2)$；

(4)一般说来，若已知 (X_0,Y_0)、(X_1,Y_1)、…、(X_{n-1},Y_{n-1})，并已求得 a_0、a_1、…、a_{n-1}，则可以由式(3-50)计算 X_n，由 $Y=f(X)$ 计算 Y_n，然后通过式(3-51)递推公式计算出 a_n；

(5)在每一个函数点 X_0、X_1、X_2、…、X_n 计算出 $Y_i=f(X_i)$，检查是否 $|Y_i|<\varepsilon$，如果 $|Y_i|<\varepsilon$，则 X_i 就是方程的根。

连分式方法对函数 $f(X)$ 的要求较低，在有实根的情况下任何复杂的非线性方程通过此方法均可以求得一个实根，并且计算速度很快。

(二)有集中外荷载的索段分析

有集中外荷载的主缆受力图式相当于许多索段相连，并在连接点有集中荷载作用。将连接点的荷载分解为竖向和水平向荷载，如图 3-10 所示，悬索上共有 $N+1$ 个节点(包括端点)，除作用沿索曲线均匀分布的自重力 q(图上没有示出)外，还作用有 $N+1$ 个竖向集中荷载 Q_i 和纵向集中荷载 $F_i(i-0,1,2,\cdots,N)$。其中两个端点的荷载为：$Q_0=0$，$Q_N=0$，$F_0=0$，$F_N=0$。V_L，V_R 分别为索段左右端支点的竖向反力，H_L，H_R 分别为悬索左右端水平分力。

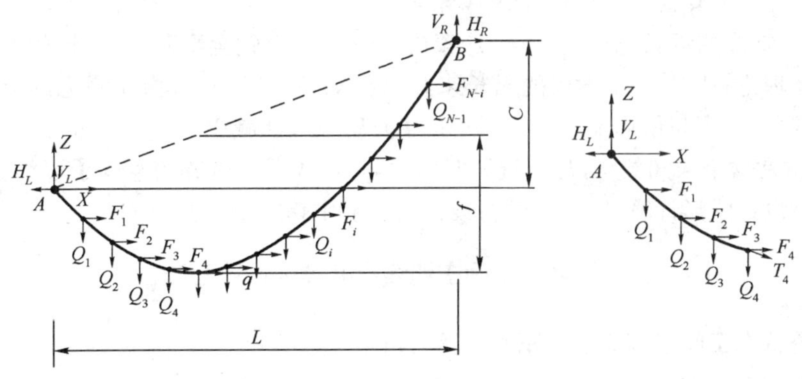

图 3-10　受多个集中力的悬索

悬索的几何边界约束条件为：

$$x_0 = X_L, y_0 = Y_L; x_N = X_R, y_N = Y_R \tag{3-52}$$

式中：(x_0, y_0)，(x_N, y_N)——分别为悬索第0节点和最后节点坐标；

(X_L, Y_L)，(X_R, Y_R)——分别为悬索左右支点坐标。

以悬索左端点 A 为笛卡儿坐标和拉格朗日坐标原点，则悬索在各节点需要满足的几何相容条件为：

$$x_i = x_i^+ = x_i^-, y_i = y_i^+ = y_i^-, r_i = r_i^+ = r_i^- \tag{3-53}$$

即在节点前后相邻两个索段中，前段右端点和后段左端点重合，高程、水平位置及拉格朗日坐标相等。

悬索在各节点满足的力学平衡条件为：

$$H_i^+ = \left(T_i \frac{\mathrm{d}x}{\mathrm{d}r}\right)_i^+, H_i^- = \left(T_i \frac{\mathrm{d}x}{\mathrm{d}r}\right)_i^-, V_i^+ = \left(-T_i \frac{\mathrm{d}z}{\mathrm{d}r}\right)_i^+, V_i^- = \left(-T_i \frac{\mathrm{d}z}{\mathrm{d}r}\right)_i^- \tag{3-54a}$$

$$H_i^+ = H_i^- - F_i = H_L - \sum_{m=0}^{i-1} F_{\mathrm{m}} \tag{3-54b}$$

$$V_i^+ = V_{i-1}^+ - W_i - Q_i = V_i^- - Q_i = V_L - \sum_{m=0}^{i-1} Q_{\mathrm{m}} - \sum_{m=0}^{i-1} W_{\mathrm{m}} \tag{3-54c}$$

即在节点前后相邻两个索段中，前段右端点处和后段左端点处张力的竖向分力之差等于节点所受的竖向集中力；前段右端点处和后段左端点处张力的水平分力之差等于节点所受的水平集中力。上述方程中 $i=1,2,3,\cdots,N$，“+”表示从节点右边无限趋近于节点，“-”表示从节点左边无限趋近于节点；H_i 为第 i 索段的水平分力；V_i^- 为 i 节点考虑集中荷载前的竖向分力，也是第 $i-1$ 索段末端竖向分力；V_i^+ 是为 i 节点考虑集中荷载后的竖向分力，也是第 i 索段始端的竖向分力；W_i 为第 i 索段的重力。

悬索各节点的几何相容条件和力学平衡条件表达了在索段之间的内力、线形的关系。单独的一个索段有3个未知数，一个由 N 个索段组成的悬索就有 $3N$ 个未知数，根据悬索各节点的几何相容条件和力学平衡条件：水平力与沿索竖向均布荷载无关，全跨只有一个节点的水平张力已知，即可求出其他节点水平张力，也就是说，通过式(3-54b)减少了 $N-1$ 个未知数；同样式(3-54c)也减少了 $N-1$ 个未知数。再看约束条件，两个端点的位置是确定的，因此第0节点与最后节点的相对高差 C 和相对跨度 L 已知，所以可以减少2个未知数。因此，一条包括端点具有 $N+1$ 个节点的悬索具有 N 个未知数。

如果 N 个索段的索长已知时，这个悬索的线形和内力就全部确定了，这就形成了悬索桥空缆线形计算理论；如果 N 个索段的索长未知但已知各索段跨长，由于考虑约束条件时已用了一个跨长(第0节点与最后节点的相对跨度 L)，所以只能减少 $N-1$ 个未知数，因此还剩下1个未知数，常常这个未知数可以通过已知某点的高程或者通过邻跨悬索予以消去，这就形成了悬索桥成桥设计线形计算理论(悬索桥设计时一般中跨跨中矢高已知)。

三、悬索桥空间主缆线形的精确计算方法

(一)成桥状态空间主缆线形的精确计算方法

成桥状态下，各跨主缆可认为是独立的单跨悬索结构，受来自吊索的多点集中荷载作用，其中竖向分量包括索夹、吊索、锚头自重力和桥面恒载，横向水平分量与吊索的竖向倾角有关，

主缆同时承受沿弧长均布的主缆自重力。

如图 3-11 所示，相邻吊索间的主缆为悬链线，根据式(3-14)和式(3-15)，并经适当转换后，得到其悬链线的坐标方程为：

$$X = \frac{F_{X1}S_0}{EA} + \frac{F_{X1}}{q}\left[\sinh^{-1}\left(\frac{F_{Z1}}{H}\right) - \sinh^{-1}\left(\frac{F_{Z1} - qS_0}{H}\right)\right] \tag{3-55}$$

$$Y = \frac{F_{Y1}S_0}{EA} + \frac{F_{Y1}}{q}\left[\sinh^{-1}\left(\frac{F_{Z1}}{H}\right) - \sinh^{-1}\left(\frac{F_{Z1} - qS_0}{H}\right)\right] \tag{3-56}$$

$$Z = \frac{qS_0^2 - 2F_{Z1}S_0}{2EA} - \frac{H}{q}\left[\sqrt{1 + \left(\frac{F_{Z1}}{H}\right)^2} - \sqrt{1 + \left(\frac{F_{Z1} - qS_0}{H}\right)^2}\right] \tag{3-57}$$

式中：F_{X1}、F_{Y1}、F_{Z1}——分别为悬链线主缆内力的 3 个分量；

H——主缆水平拉力，$H=\sqrt{F_{X1}^2+F_{Y1}^2}$；

S_0——悬链线的无应力长度；

q——悬链线的单位长度重力；

EA——截面初始抗拉刚度。

单跨悬索被 n 个吊索力集中荷载分成 $n+1$ 个悬索节段，每个节段均为悬链线，因此第 i 段悬链线的坐标方程可写为：

$$X_i = X_{i-1} + \frac{F_{Xi-1}S_{0i}}{EA} + \frac{F_{Xi-1}}{q}\left[\sinh^{-1}\left(\frac{F_{Zi-1}}{H_{i-1}}\right) - \sinh^{-1}\left(\frac{F_{Zi-1} - qS_{0i}}{H_{i-1}}\right)\right] \tag{3-58}$$

$$Y_i = Y_{i-1} + \frac{F_{Yi-1}S_{0i}}{EA} + \frac{F_{Yi-1}}{q}\left[\sinh^{-1}\left(\frac{F_{Zi-1}}{H_{i-1}}\right) - \sinh^{-1}\left(\frac{F_{Zi-1} - qS_{0i}}{H_{i-1}}\right)\right] \tag{3-59}$$

$$Z_i = Z_{i-1} + \frac{qS_{0i}^2 - 2F_{Zi-1}S_{0i}}{2EA} - \frac{H_{i-1}}{q}\left[\sqrt{1 + \left(\frac{F_{Zi-1}}{H_{i-1}}\right)^2} - \sqrt{1 + \left(\frac{F_{Zi-1} - qS_{0i}}{H_{i-1}}\right)^2}\right] \tag{3-60}$$

式中：F_{Xi-1}、F_{Yi-1}、F_{Zi-1}——分别为第 i 段悬索内力的 3 个分量；

$H_{i-1}=\sqrt{F_{Xi-1}^2+F_{Yi-1}^2}$。

同时，根据图 3-12，成桥状态下主缆 3 个分量之间的关系可表示为：

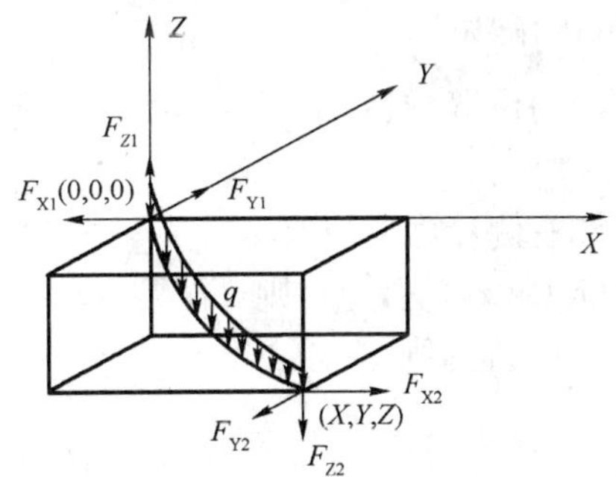

图 3-11 相邻吊索间的悬索

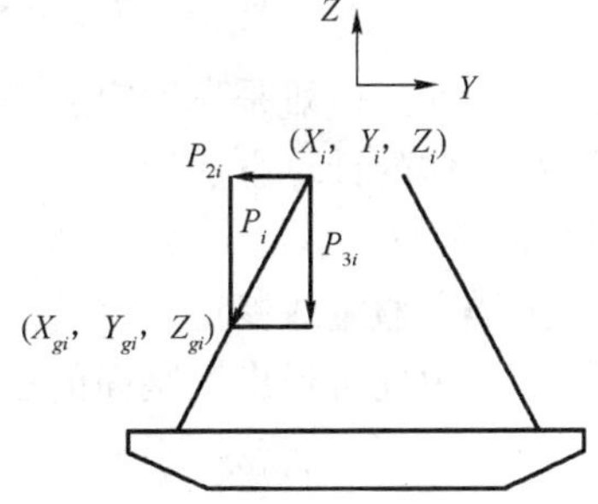

图 3-12 吊索内力分量与主缆坐标的几何关系图

$$F_{Xi} = F_{Xi-1} \tag{3-61}$$

$$F_{Yi} = F_{Yi-1} - P_{3i}\frac{Y_i - Y_{gi}}{Z_i - Z_{gi}} \tag{3-62}$$

$$F_{Zi} = F_{Zi-1} - P_{3i} - qS_{0i} \tag{3-63}$$

式中：Y_{gi}、Z_{gi}——分别是第 i 点吊索下端锚固点的横向坐标和竖向坐标；

P_{3i}——第 i 点作用在主缆上的吊索内力竖向分量。

式(3-58)～式(3-63)构成了空间主缆在自重力和吊索力下的平衡坐标方程，其求解过程为：首先假定一组左支座的反力，然后依次运用上述公式计算各点的坐标，再通过比较跨中竖向坐标和右支座的坐标计算值和设计值，反复修正左支座的反力，直至跨中竖向坐标和右支座的坐标计算值和设计值的误差小于迭代误差限值。

当得到主跨主缆的线形和索力后，再根据沿桥轴线方向的水平力不变的原则可计算边跨的线形和索力。

(二)塔顶鞍座的精确计算方法

为适应主缆的空间布置，空间缆索悬索桥的塔顶鞍座的鞍槽形状理论上也应是三维的，才能保证主缆各个方向与鞍座相切。由于空间鞍座加工复杂，施工过程中主缆形状又是不断变化的，且主缆架设也不可避免地存在误差，因此，塔顶鞍座一般采用适当的简化处理。如韩国永宗大桥的塔顶鞍座仍采用常规的鞍座形式，只是绕桥轴线转了 12.59°，这样塔顶鞍座就在一个斜面上，而常规悬索桥是在一个铅垂面上，为此，将鞍座简化为在一个空间平面(鞍座面)内，如图 3-13 所示。这样简化后，计算时就只需保证主缆在竖向与鞍座相切，而不用保证主缆在平面上也与鞍座相切。计算表明，只要鞍座设置恰当，切点处主缆切线与鞍座面的夹角会很小。

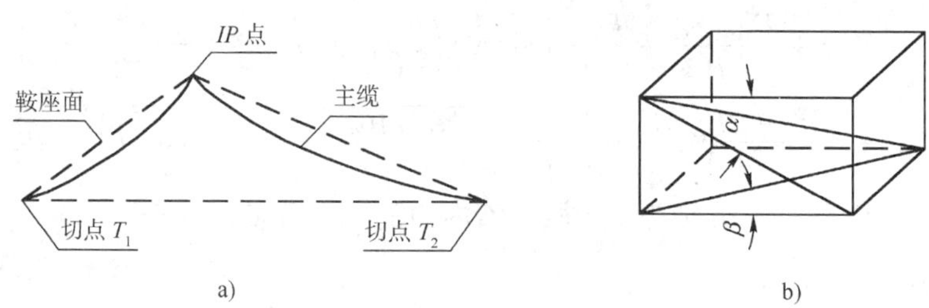

图 3-13　塔顶鞍座位置计算图

a)塔顶鞍座位置计算示意；b)法线向量计算示意

悬索桥设计时，一般是先确定主缆理论交点(IP 点)的位置，然后根据主缆线形确定合理的鞍座位置，具体的计算方法为：

(1)已知 IP 点(x_0,y_0,z_0)、鞍座左侧计算半径 R_1 和右侧计算半径 R_2；

(2)在主缆上假定或修正 2 个切点 $T_1(x_1,y_1,z_1)$ 和 $T_2(x_2,y_2,z_2)$，则 T_1，T_2 和 IP 点共同形成鞍座面，由此可得出鞍座面的法线向量，记为$\{m_0,n_0,l_0\}$，则

$$\begin{cases} m_0=(y_1-y_0)(z_2-z_0)-(y_2-y_0)(z_1-z_0) \\ n_0=(x_2-x_0)(z_1-z_0)-(x_1-x_0)(z_2-z_0) \\ l_0=(x_1-x_0)(y_2-y_0)-(x_2-x_0)(y_1-y_0) \end{cases} \tag{3-64}$$

(3)计算 T_1 和 T_2 两点处主缆在立面上投影与水平线的夹角 α_1 和 α_2；

(4)过 T_1 点并与鞍座面垂直，且其法线向量在立面上投影与水平线的夹角为 α_1 的平面(简称法平面 1)的法线向量为$\{1,\tan\alpha_1,\tan\beta_1\}$，如图 3-13b)所示，其中 $\tan\beta_1=-(m_0+$

$n_0\tan\alpha_1)/l_0$，同样，可得出过 T_2 点并与鞍座面垂直、且其法线向量在立面上投影与水平线的夹角为 α_2 的平面（简称法平面 2）的法线向量为 $\{1,\tan\alpha_2,\tan\beta_2\}$，其中 $\tan\beta_2=-(m_0+n_0\tan\alpha_2)/l_0$；

(5)根据法平面 1 与鞍座面的法线向量及两面均过 T_1 点，即可求得 2 个面的交线方程，同样也可得出法平面 2 与鞍座面的交线方程，从而得出这 2 条空间直线的交点坐标，也就是圆心坐标；

(6)计算圆心与 2 个切点之间的距离，并与给定的鞍座半径相比较，如误差小于允许的误差值，则计算收敛，否则，返回(2)，进行迭代计算直到收敛。

四、自锚式悬索桥全桥成桥线形的计算

本节前三小节的计算得到的是传统地锚式悬索桥的主缆成桥线形，虽然尚未考虑索塔的压缩变形，但这一变形仅略微改变主缆和加劲梁的整体高程，对内力和线形并无多大影响。但是自锚式悬索桥的缆、塔、梁是一个整体结构，当实现成桥状态的体系转换时，加劲梁因抵抗主缆传来的巨大压力而缩短，而这一缩短又会显著地影响整个自锚式悬索桥的线形和内力。因此，以地锚式悬索桥为模型计算的主缆成桥线形只是自锚式悬索桥成桥状态的一个近似线形，还必须在此基础上进一步计算确定自锚式悬索桥成桥状态下全桥结构的线形与内力。为此，提出了一种确定自锚式悬索桥全桥成桥状态的方法，其基本思想是尽可能使自锚式悬索桥的成桥线形接近该桥为地锚式时的成桥线形。这一方法的具体计算过程如下：

(1)计算近似线形。假定该桥为地锚式，按本节前三小节的方法计算主缆的成桥线形，其中各根吊索索力 F_i 可由初步设计计算得到。

(2)建立全桥有限元模型。主缆坐标取由(1)确定的主缆线形坐标，加劲梁和索塔坐标取设计线形坐标，吊索不设单元，吊杆作用用一对索力代替。

(3)施加恒载。主缆和加劲梁施加自重力，在每个主缆索夹节点和相应的加劲梁吊索锚固点上施加一对索力，大小为根据(1)指定的值。此外，给加劲梁和索塔施加假设的初压应变，其作用是抵消主缆体系承载后给索塔和加劲梁造成的压缩效应。初应变值可以根据加劲梁设计压力值初步确定。如果初应变假设适当，那么全部荷载本身构成一个平衡力系，各节点位移的理论值为零。在实际计算中，初应变也可视程序使用方便需要，用预压力或升温荷载代替。

(4)迭代计算。按上述荷载计算出全桥各节点的位移。依据节点位移的值，调整初应变值，必要时适当调整吊索索力值，反复计算，直到各节点位移小于一个指定值为止。这时对应的状态就是自锚式悬索桥的成桥状态。由于调整量不大，整个迭代过程可以人工进行。

(5)无应力参数计算。由索塔和加劲梁的初压应变值，可以计算出索塔和加劲梁的无应力长度和各节点的无应力位置，也就是主缆架设前的加劲梁、索塔长度和各节点位置。由成桥状态吊索长度和索力值则可以计算出各吊索的无应力长度。加劲梁无应力长度与成桥状态长度之差就是加劲梁考虑压缩效应后应有的预加长度，索塔也一样。

五、算例与分析

某大桥主桥采用独塔自锚式悬索桥，孔跨布置为 35m＋77m＋60m＋248m＋35m；加劲梁

分为两幅设置，主跨加劲梁采用钢箱梁，边跨及锚跨加劲梁采用预应力混凝土箱梁；主缆布置呈空间缆索，在横桥向分为两股，在边跨为平行布置，锚固于横梁中部，在主跨采用空间索形，锚固于横梁两端。独柱式索塔塔高 112m，截面为圆弧形外表面带弧形凹槽的形式。结构总体布置如图 3-14 所示，主缆、吊索、节点编号如图 3-15 和图 3-16 所示，结构计算参数见表 3-3，线形控制点坐标见表 3-4。

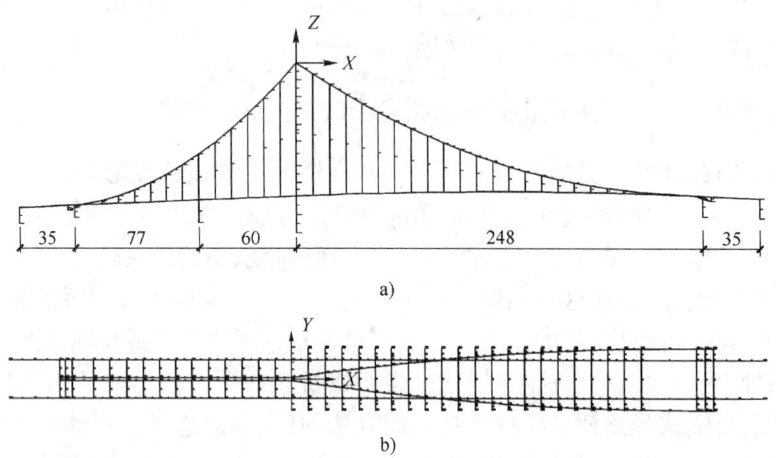

图 3-14 结构总体布置图(尺寸单位：m)

a)立面图；b)平面图

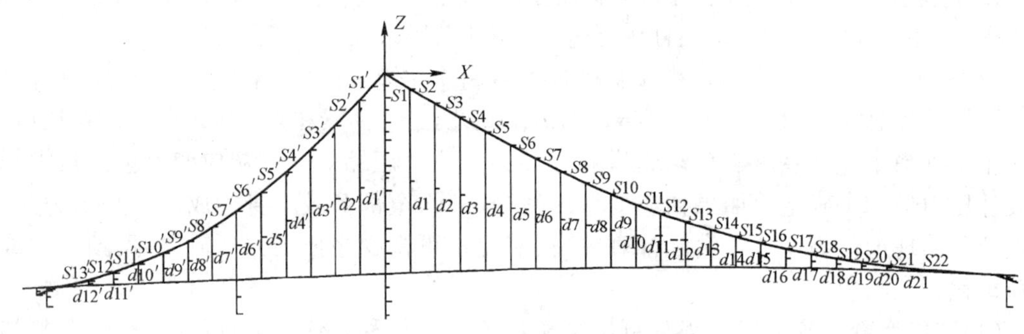

图 3-15 主缆及吊索编号

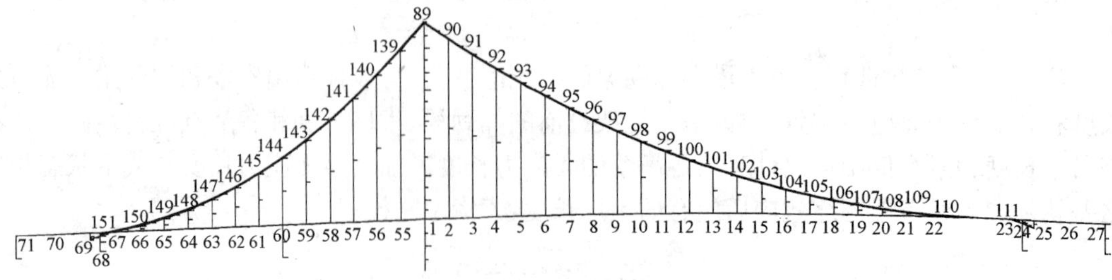

图 3-16 主缆与加劲梁节点编号

结构参数表　　表 3-3

结构部位	弹性模量 (kPa)	重度 (kN/m^3)	面积 (m^2)	抗弯惯性矩 I_z (m^4)	抗弯惯性矩 I_y (m^4)	扭转惯性矩 I_x (m^4)
主缆	2.0×10^8	89.64	0.137	0	0	0
吊索(主跨)	1.95×10^8	85.60	0.00327	0	0	0
吊索(边跨)	1.95×10^8	81.80	0.00978	0	0	0
混凝土梁	3.45×10^7	33.25	11.556	12.756	186.373	40.912
钢梁	2.0×10^8	104.40	1.010	1.298	18.901	3.459
索塔	3.25×10^7	25.00	23.537	122.154	122.190	228.302

注:表中索塔参数为均值。

线形控制点坐标　　表 3-4

位　置	坐标(m)		
	X	Y	Z
边跨锚固点	−133	−0.900	−85.200
塔顶	0	0.000	0.000
主跨跨中	120	—	−60.017
主跨锚固点	243	−17.075	−79.671

利用本节第四小节的计算方法对该桥成桥状态线形进行计算分析。由于该桥为桥轴线方向对称,下面只提供半幅桥的成桥状态的线形及内力计算结果。限于篇幅,表 3-5～表 3-8 仅列出了成桥状态的主缆线形与内力部分计算结果。图 3-17 和图 3-18 分别给出了最终成桥状态下加劲梁和主缆变形偏差图,从图中可以看出,最后成桥状态时加劲梁梁的最大挠度偏差为 2cm,满足加劲梁线形设计要求。

成桥状态主跨及边跨主缆吊索处的节点坐标　　表 3-5

节点号	主跨主缆节点坐标(m)			节点号	边跨主缆节点坐标(m)		
	X	Y	Z		X	Y	Z
89	0	−0.900	0	139	−10	−0.9	−8.93
92	30	−4.893	−18.898	141	−30	−0.9	−25.46
95	60	−8.375	−35.194	143	−50	−0.9	−40.14
98	90	−11.339	−48.896	145	−70	−0.9	−53.49
101	120	−13.772	−60.014	147	−90	−0.9	−65.62
104	150	−15.659	−68.552	149	−110	−0.9	−75.63
107	180	−16.979	−74.518	151	−133	−0.9	−85.20
110	210	−17.692	−77.914				
111	243	−17.974	−79.675				

成桥状态主跨主缆及吊索有应力与无应力长度　表 3-6

主缆编号	主缆(m)		吊索(m)		
	无应力索长	有应力索长	吊索编号	吊索无应力长度	吊索有应力长度
S1	12.029	12.056	d1	74.603	74.797
S3	11.711	11.736	d3	61.577	61.737
S5	11.415	11.439	d5	49.842	49.943
S7	11.142	11.165	d7	39.333	39.412
S9	10.895	10.917	d9	30.082	30.143
S11	10.674	10.696	d11	22.089	22.134
S13	10.481	10.502	d13	15.351	15.382
S15	10.318	10.338	d15	9.869	9.889
S17	10.186	10.205	d17	5.642	5.654
S19	10.086	10.105	d19	2.671	2.677
S21	10.018	10.037	d21	0.960	0.962

成桥状态主跨主缆及吊索内力　表 3-7

主缆编号	主缆内力(kN)				吊索内力(kN)	
	缆索拉力 T	F_x	F_y	F_z	吊索编号	吊索轴力
S1	76 691.242	63 572	8 817.2	41 981	d1	1 697.8
S3	74 656.290	63 572	8 102.8	38 295	d3	1 698.6
S5	72 761.812	63 572	7 380.8	34 618	d5	1 699.5
S7	71 018.219	63 572	6 650.1	30 951	d7	1 700.5
S9	69 434.260	63 572	5 909.2	27 291	d9	1 701.8
S11	68 020.542	63 572	5 156.8	23 639	d11	1 703.2
S13	66 786.493	63 572	4 390.5	19 994	d13	1 705.0
S15	65 740.872	63 572	3 606.9	16 354	d15	1 707.5
S17	64 892.333	63 572	2 800.5	12 719	d17	1 711.1
S19	64 248.165	63 572	1 959.9	9 087.7	d19	1 717.6
S21	63 814.679	63 572	1 053.6	5 459.3	d21	1 736.7

成桥状态塔顶鞍座位置　表 3-8

位　置	X(m)	Y(m)	Z(m)
塔顶鞍座圆心	−0.495	−1.732	−9.752
左切点 T_1	−5.120	−0.900	−4.570
右切点 T_2	4.160	−1.477	−2.741

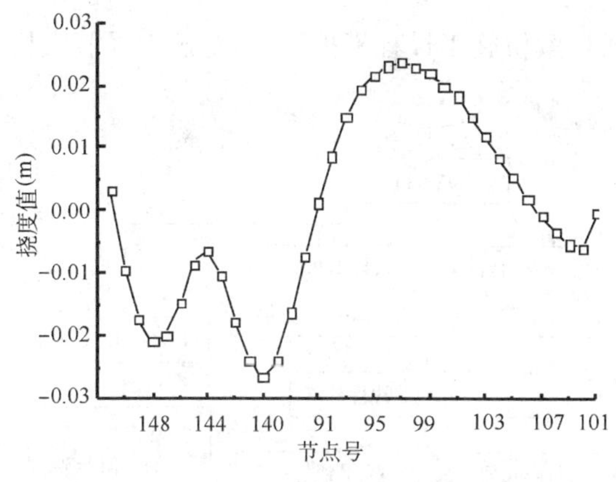

图 3-17　成桥状态下加劲梁变形偏差图

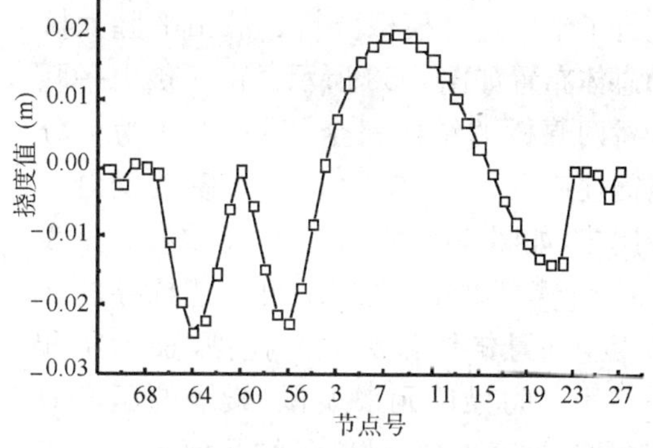

图 3-18　成桥状态下主缆变形偏差图

第四节　自锚式悬索桥施工过程模拟分析

自锚式悬索桥由于要靠加劲梁来传递主缆的水平力，因此其施工过程与地锚式悬索桥完全不同。自锚式悬索桥施工时一般先在支架或临时墩上架设好加劲梁，然后将主缆锚固在加劲梁的两端，最后张拉吊索来形成结构。因此，对自锚式悬索桥的施工过程进行精确模拟分析是自锚式悬索桥成桥的关键所在。本节基于几何非线性有限元计算理论，提出了一套模拟自锚式悬索桥施工全过程的精细迭代算法，并用算例进行了验证[6]。

一、施工过程模拟迭代算法

自锚式悬索桥施工过程的分析必须从施工理想初态出发，按照施工顺序，采用几何非线性有限元方法，逐阶段进行直到最终设计成桥状态，从中得到各阶段的施工理想状态。由于施工理想初态事先是未知的，故只能通过假设—计算—比较—修正假设的迭代方法得到。迭代过程分两个阶段计算完成。为了更好地阐述迭代算法，下面先引入几个概念：

初始态：即施工初始状态。

荷载态：在初始态上，完成第一、二阶段计算后得到的结构几何形状及内力。

目标态：成桥状态时结构的几何形状。

结构初始态的模型由索塔、主缆、吊索、加劲梁组成。第一阶段的计算即为通过吊索的张拉将加劲梁的重力作用到主缆上。第二阶段的计算基于第一阶段的计算结果，再将桥面铺装等(二期恒载)作用在加劲梁上，得到荷载态。如果事先将桥面铺装等(二期恒载)已加在加劲梁上，则两阶段的计算可合为一个阶段完成，即吊索的张拉。

在前述的 3 种状态中，只有目标态是已知的，可由第三节计算方法确定。第一次迭代时，取目标态作为初始态，通过第一、二阶段的计算后得到荷载态，将荷载态与目标态相比，若误差超过精度要求时，修正初始态，多次反复迭代直到误差满足精度要求为此，输出各施工阶段的施工理想状态。施工过程迭代计算流程如图 3-19 所示。

二、算例与分析

根据上述的施工过程模拟算法，编制了自锚式悬索桥施工过程模拟程序，对佛山平胜大桥进行了施工过程模拟分析。佛山平胜大桥的总体布置如图 2-53 所示。由于佛山平胜大桥两幅桥的结构完全相同，因此为了分析简便起见，静力空间有限元模型仅由一幅组成，如图 3-20 所示，结构主要参数见表 3-9。计算模型中，主缆用第二节推导的两节点空间悬链线索单元来模拟，加劲梁和塔柱用空间梁单元来模拟，梁塔的压弯效应（P-Δ 效应）会在梁单元的几何刚度矩阵中计入。吊索用空间杆单元来模拟。共划分为 328 个节点，366 个单元，其中梁单元 251 个，索单元 86 个，杆单元 29 个。索塔的模型建立采用刚度等效原则，边界条件为索塔塔底固结，除索塔处加劲梁水平位移约束以外，其余桥墩上加劲梁均只约束竖向，加劲梁在两端可以竖向转动。主缆与塔顶竖向约束，水平向自由。

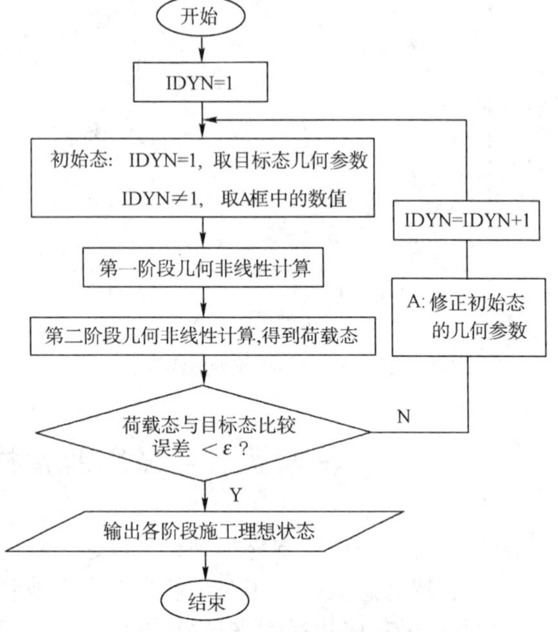

图 3-19　施工过程模拟迭代计算流程图

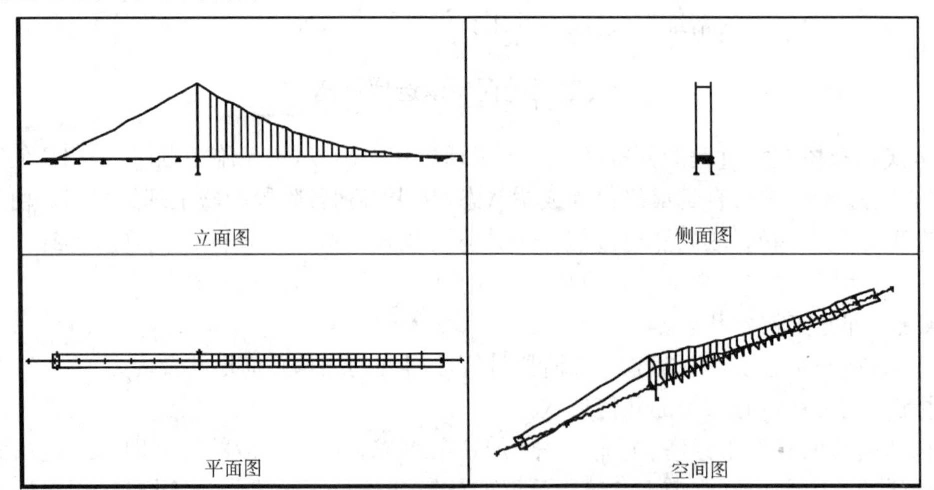

图 3-20　佛山平胜大桥静力空间有限元模型

佛山平胜大桥体系转换的吊索张拉方案、塔顶鞍座顶推时机以及二期恒载加载方案是通过反复分析论证后确定的。为了更明晰地说明设计构思过程，在事先无法获知最佳塔顶鞍座顶推时机和二期恒载加载方案的情况下，最初拟定的进行控制计算的体系转换施工方案见表 3-10，表中吊索张拉至设计位置是指吊索长度张拉至设计成桥状态的有应力长度。吊索的编号如图 2-47 所示。

佛山平胜大桥结构主要参数表　　表 3-9

构　件	弹性模量 (kPa)	面积 (m^2)	惯性矩 I_S (m^4)	惯性矩 I_t (m^4)	扭转惯性矩 I_p (m^4)
钢加劲梁	2.1×10^8	1.289	48.133	2.804	6.198
混凝土加劲梁	3.5×10^7	18.368	794.948	32.416	99.092
索塔	3.5×10^7	15.507	83.673	41.024	81.143
主缆	1.9×10^8	0.1245	0	0	0
吊索	1.9×10^8	0.002 98	0	0	0
桥墩	3.0×10^7	5.600	3.659	1.867	4.197

注:表中数据以半桥计。

佛山平胜大桥初步拟定体系转换施工过程一览表　　表 3-10

阶　段	施 工 项 目
0	箱梁架设在临时墩上,空缆就位
1	张拉 1 号吊索至设计位置
2	张拉 2 号吊索至设计位置
3	张拉 3 号吊索至设计位置
4	张拉 4 号吊索至设计位置
5	张拉 5 号吊索至设计位置
6	张拉 6 号吊索至设计位置
7	张拉 7 号吊索至设计位置
8	张拉 9 号吊索至 1 000kN;张拉 8 号吊索至设计位置
9	张拉 10 号吊索至 2 000kN;张拉 9 号吊索至设计位置
10	张拉 11 号吊索至 2 000kN;张拉 10 号吊索至设计位置
11	张拉 13 号吊索至 2 000kN;张拉 12 号吊索至 1 500kN;张拉 11 号吊索至设计位置
12	张拉 14 号吊索至 2 000kN;张拉 13 号吊索至 2 000kN;张拉 12 号吊索至设计位置
13	张拉 15 号吊索至 2 000kN;张拉 14 号吊索至 2 000kN;张拉 13 号吊索至设计位置
14	张拉 16 号吊索至 2 000kN;张拉 15 号吊索至 2 000kN;张拉 14 号吊索至设计位置
15	张拉 17 号吊索至 2 000kN;张拉 16 号吊索至 2 000kN;张拉 15 号吊索至设计位置
16	张拉 18 号吊索至 2 000kN;张拉 17 号吊索至 2 000kN;张拉 16 号吊索至设计位置
17	张拉 19 号吊索至 2 000kN;张拉 18 号吊索至 2 000kN;张拉 17 号吊索至设计位置
18	张拉 20 号吊索至 2 000kN;张拉 19 号吊索至 2 000kN;张拉 18 号吊索至设计位置
19	张拉 21 号吊索至 2 000kN;张拉 20 号吊索至 2 000kN;张拉 19 号吊索至设计位置

续上表

阶　段	施 工 项 目
20	张拉 22 号吊索至 2 000kN；张拉 21 号吊索至 2 000kN；张拉 20 号吊索至设计位置
21	张拉 23 号吊索至 2 000kN；张拉 22 号吊索至 2 000kN；张拉 21 号吊索至设计位置
22	张拉 24 号吊索至 2 000kN；张拉 23 号吊索至 2 000kN；张拉 22 号吊索至设计位置
23	张拉 25 号吊索至 2 000kN；张拉 24 号吊索至 1 500kN；张拉 23 号吊索至设计位置
24	张拉 25 号吊索至 2 000kN；张拉 24 号吊索至设计位置
25	张拉 26 号吊索至 1 000kN；张拉 25 号吊索至设计位置
26	张拉 26 号吊索至设计位置
27	张拉 27 号吊索至设计位置

(一)几何线形随施工过程变化

佛山平胜大桥塔顶鞍座及部分吊索索夹随施工过程变化情况见表 3-11，主缆及加劲梁高程随施工过程变化如图 3-21 和图 3-22 所示。其中，考虑到活载挠度的影响，加劲梁跨中的设计线形高程比制作线形高程抬高 30cm。塔顶鞍座、吊索索夹偏位是指鞍座、吊索偏离设计位置的纵向位移。

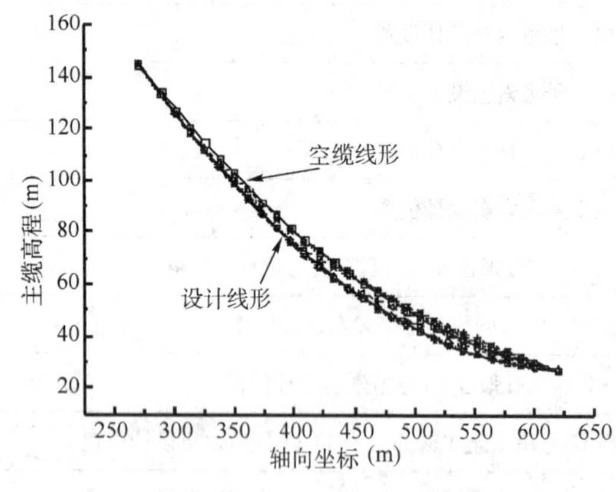

图 3-21　主缆高程随施工过程变化

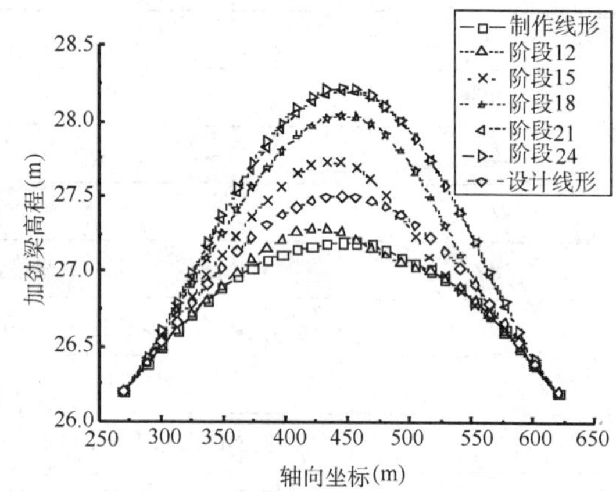

图 3-22　加劲梁高程随施工过程变化

塔顶鞍座及部分吊索索夹随施工过程变化情况　　表 3-11

施 工 阶 段	塔顶鞍座偏位(m)	吊索索夹偏位(m)						
		1 号	5 号	10 号	14 号	18 号	23 号	27 号
空缆状态	−1.360	−0.779	+0.416	+1.249	+1.423	+1.256	+0.758	+0.319
3	−1.173	−1.385	−0.493	+0.981	+1.427	+1.374	+0.865	+0.350
6	−0.948	−1.146	−1.296	+0.474	+1.312	+1.449	+0.975	+0.384
9	−0.643	−0.793	−0.938	−0.773	+0.775	+1.322	+1.031	+0.399

续上表

施工阶段	塔顶鞍座偏位(m)	吊索索夹偏位(m)						
		1号	5号	10号	14号	18号	23号	27号
12	−0.368	−0.461	−0.570	−0.648	−0.258	+0.712	+0.772	+0.305
15	−0.263	−0.315	−0.324	−0.292	−0.298	+0.169	+0.501	+0.211
18	−0.188	−0.213	−0.158	−0.058	−0.031	−0.068	+0.244	+0.127
21	−0.157	−0.166	−0.070	−0.069	+0.108	+0.080	+0.022	+0.058
24	−0.147	−0.152	−0.043	+0.104	+0.140	+0.107	+0.032	+0.028
设计状态	0	0	0	0	0	0	0	0

从表3-11和图3-21～图3-22中可以看出：

(1)塔顶鞍座的水平位移在吊索张拉的前几个阶段较大，随着施工过程的推进，逐渐减小，最终在恒载作用下达到设计位置。

(2)靠近塔顶鞍座的几个吊索索夹的预偏量设向塔顶鞍座方向，大部分吊索索夹的预偏量设向锚跨方向。随着施工过程的推进，吊索索夹的水平位置不断变化，最终在恒载作用下到达设计位置。

(3)主缆的空缆线形为悬链线，而最终的设计线形既非悬链线，也非抛物线。主缆跨中点产生了6.388m的竖向向下位移，充分说明了大跨度悬索桥柔性大的特点。随着施工过程的推进，主缆靠近锚跨的吊点出现先产生向上位移，再产生向下位移的情况。

(4)随着吊索从左至右的不断张拉到位，加劲梁逐渐被吊起，重力由主缆来承受，加劲梁的变形随同主缆共同变化，最后形成设计桥面线形。

(二)结构内力随施工过程变化

佛山平胜大桥部分吊索索力随施工过程变化情况见表3-12，加劲梁、索塔最大最小应力随施工过程变化情况如图3-23和图3-24所示。从图表中可以看出：

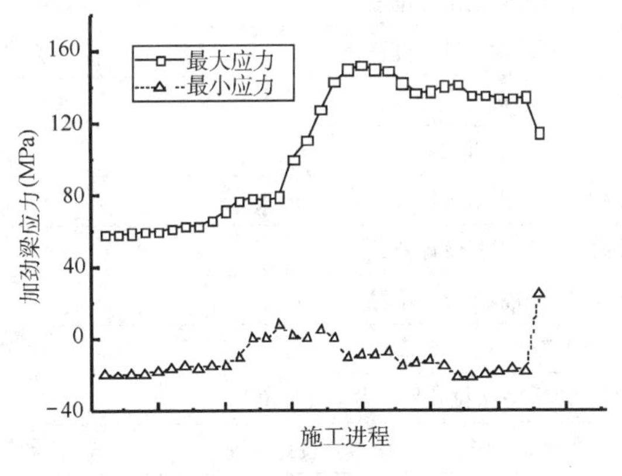

图3-23　加劲梁应力随施工过程变化

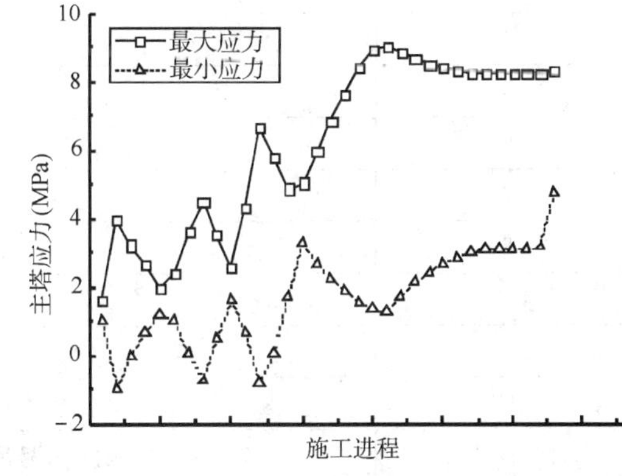

图3-24　索塔应力随施工过程变化

(1)施工过程中吊索的最大张拉力为2 000kN，对应的应力为670.57MPa，安全系数为2.49，满足施工要求；吊索索力随施工进程不断发生变化，最终到达设计状态的索力。

(2)加劲梁和索塔最大最小应力随施工进程不断变化，加劲梁最大应力为153.01MPa，最小应力为－22.10MPa；索塔最大应力为9.01MPa，最小应力为－0.96MPa。

部分吊索索力随施工过程变化情况(kN)　　表3-12

施工阶段	吊索号						
	1号	5号	10号	14号	18号	23号	27号
1	911.856						
3	216.625						
6	280.594	332.505					
9	535.656	367.612	2 000				
12	824.208	690.132	663.776	2 000			
15	986.921	839.275	761.978	877.967			
18	1076.116	915.707	829.745	801.231	1436.509		
21	1129.662	957.768	860.751	845.076	849.383	2 000	
24	1146.266	969.506	867.497	855.153	868.501	955.309	
设计状态	1 077.153	1 047.922	1 005.832	1 003.580	1 001.793	1 035.236	1 063.979

基于以上控制计算与分析，为改善加劲梁和索塔受力状况，通过进一步施工过程的优化分析和模拟试验，在合理确定塔顶鞍座顶推时机和二期恒载方案后，最终确定并实施的体系转换施工过程见表3-13。

佛山平胜大桥体系转换施工过程一览表　　表3-13

阶　段	施工项目
0	箱梁架设在临时墩上，空缆就位
1	塔顶鞍座顶推20cm
2	张拉1号吊索至设计位置
3	张拉2号吊索至设计位置
4	张拉3号吊索至设计位置
5	张拉4号吊索至设计位置
6	塔顶鞍座顶推30cm
7	张拉5号吊索至设计位置
8	张拉6号吊索至设计位置
9	张拉7号吊索至设计位置
10	塔顶鞍座顶推28cm
11	张拉9号吊索至1 000kN；张拉8号吊索至设计位置
12	张拉10号吊索至2 000kN；张拉9号吊索至设计位置
13	张拉11号吊索至2 000kN；张拉10号吊索至设计位置
14	塔顶鞍座顶推35cm
15	张拉13号吊索至2 000kN；张拉12号吊索至1 500kN；张拉11号吊索至设计位置
16	张拉14号吊索至2 000kN；张拉13号吊索至2 000kN；张拉12号吊索至设计位置

续上表

阶　段	施工项目
17	张拉15号吊索至2 000kN;张拉14号吊索至2 000kN;张拉13号吊索至设计位置
18	张拉16号吊索至2 000kN;张拉15号吊索至2 000kN;张拉14号吊索至设计位置
19	张拉17号吊索至2 000kN;张拉16号吊索至2 000kN;张拉15号吊索至设计位置
20	张拉18号吊索至2 000kN;张拉17号吊索至2 000kN;张拉16号吊索至设计位置
21	张拉19号吊索至2 000kN;张拉18号吊索至2 000kN;张拉17号吊索至设计位置
22	塔顶鞍座顶推28.8cm
23	张拉20号吊索至2 000kN;张拉19号吊索至2 000kN;张拉18号吊索至设计位置
24	张拉21号吊索至2 000kN;张拉20号吊索至2 000kN;张拉19号吊索至设计位置
25	张拉22号吊索至2 000kN;张拉21号吊索至2 000kN;张拉20号吊索至设计位置
26	张拉23号吊索至2 000kN;张拉22号吊索至2 000kN;张拉21号吊索至设计位置
27	张拉24号吊索至2 000kN;张拉23号吊索至2 000kN;张拉22号吊索至设计位置
28	张拉25号吊索至2 000kN;张拉24号吊索至1 500kN;张拉23号吊索至设计位置
29	张拉25号吊索至2 000kN;张拉24号吊索至设计位置
30	张拉26号吊索至1 000kN;张拉25号吊索至设计位置
31	张拉26号吊索至设计位置
32	张拉27号吊索至设计位置
33	二期恒载施工

第五节　结构参数对自锚式悬索桥静力性能的影响

本节以佛山平胜大桥为研究对象，分析了活载作用下主缆垂跨比、加劲梁拱度、主缆刚度、加劲梁刚度、索塔刚度、吊索刚度等结构参数变化对自锚式悬索桥静力性能的影响。计算中，考虑活载均布集度为31.5kN/m，此值根据设计荷载等级并考虑车道折减系数得到。恒载内力及几何状态基于佛山平胜大桥施工过程模拟分析得到。

一、主缆垂跨比

考虑主缆用钢量和全桥结构刚度的需要，双塔地锚式悬索桥的垂跨比一般应在1/8～1/12之间。对于自锚式悬索桥，较小的垂跨比将引起加劲梁更大的水平力，因此一般采用较大的垂跨比，目前双塔自锚式悬索桥的垂跨比多数采用1/4～1/8，独塔自锚式悬索桥的主跨垂跨比多数采用1/12～1/15。

由于佛山平胜大桥为独塔自锚式悬索桥，因此选取了1/15、1/14、1/13、1/12.5、1/12、1/11、1/10七个主跨垂跨比值，来研究主缆垂跨比对结构静力性能的影响。如图3-25所示，边跨垂度可根据塔顶主缆水平力相等得到。

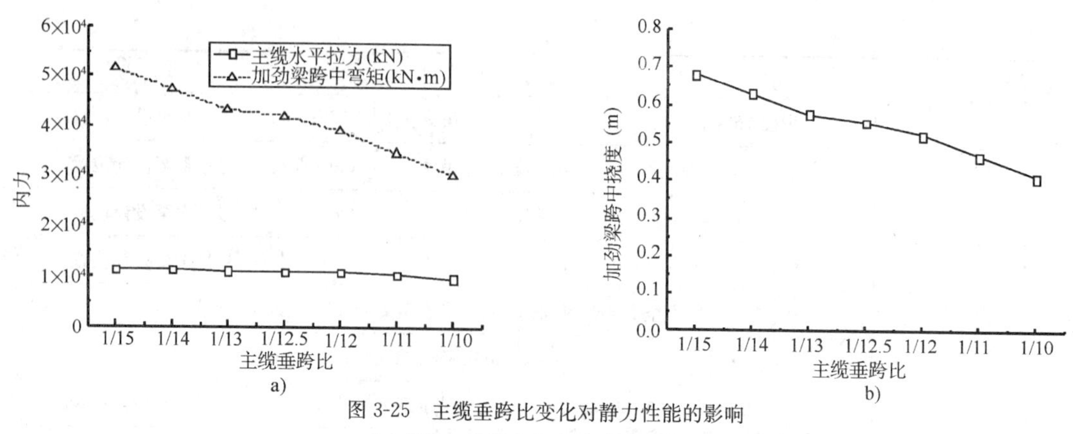

图 3-25　主缆垂跨比变化对静力性能的影响

a)主缆及加劲梁内力；b)加劲梁跨中挠度

从图 3-25 中可以看出，随主缆垂跨比的增大，主缆的水平拉力有所降低，即在活载作用下，加劲梁的活载轴力随垂跨比的增大而减小；加劲梁跨中弯矩和挠度明显减小，即结构的竖向刚度有所增大。从而说明自锚式悬索桥采用相对较大的垂跨比时，不仅可以减小加劲梁的活载轴力，还可以提高结构的竖向刚度。因此，对于以钢梁为加劲梁的自锚式悬索桥应采用较大的垂跨比，可在减小轴向压力和弯矩的同时，达到节省钢材的目的。

二、加劲梁拱度

由于自锚式悬索桥加劲梁两端受到强大的主缆水平分力，加劲梁跨中向上的拱度会引起加劲梁的附加弯矩，并且会因 $P\text{-}\Delta$ 效应，进一步加大加劲梁的弯矩。在恒载状态下，可以通过吊索张拉力来调整加劲梁的弯矩，因此，这里只研究在活载作用下加劲梁拱度对静力性能的影响。

表 3-14 给出了上拱度分别为 0、1.5m、2.5m 的加劲梁在活载作用下的加劲梁跨中弯矩及挠度值，加劲梁竖曲线线形假定为二次抛物线。因为拱度的设置，加劲梁轴向压应力会因此产生一个附加弯矩来抵消其跨中弯矩，而且拱度越大，附加弯矩越大，加劲梁跨中弯矩就越小，相应的挠度也就越小。因而从广义上来说，加劲梁拱度的设置降低了加劲梁跨中的弯矩，提高了结构的竖向刚度。

加劲梁拱度对静力性能的影响　　表 3-14

项　　目	0 拱度	1.5m 拱度	2.5m 拱度
加劲梁跨中弯矩(kN·m)	41 970	38 648	36 479
加劲梁跨中挠度(m)	0.552	0.508	0.485

三、主缆抗拉刚度

当主缆抗拉刚度按 1.0～2.0 倍率变化时，结构内力及位移变化规律如图 3-26 所示。随主缆抗拉刚度的增大，主缆的水平拉力逐渐增大，而加劲梁弯矩和挠度逐渐减小。究其原因主要在于，自锚式悬索桥结构体系总体刚度主要由加劲梁刚度和体系重力刚度组成，一方面，主缆抗拉刚度增大以后，体系重力刚度增大，结构体系总体刚度也随之增加，抵抗变形的能力也加强，因而加劲梁的挠度就减小了；另一方面，主缆在结构体系总体刚度中的贡献逐渐增大，主缆所分担的活载比例就会增大，而加劲梁所分担的活载比例就会减小。

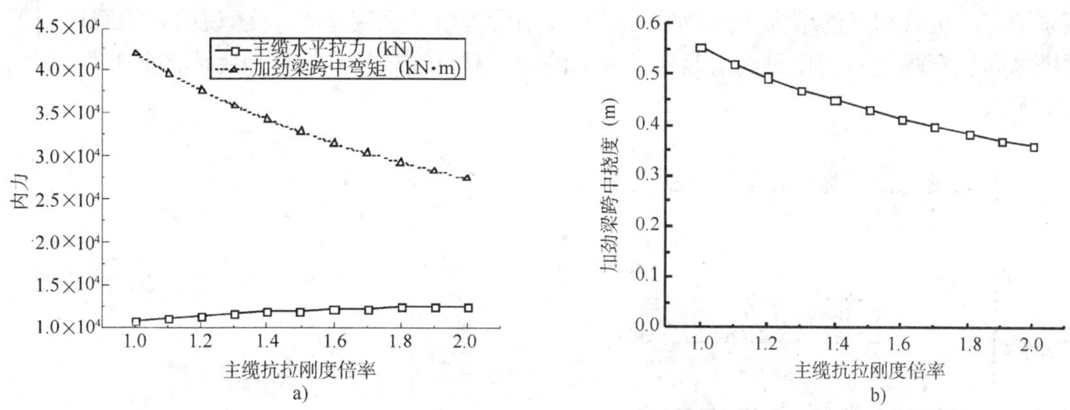

图 3-26 主缆抗拉刚度变化对静力性能的影响

a)主缆及加劲梁内力；b)加劲梁跨中挠度

四、加劲梁刚度

当加劲梁轴向刚度按 1.0～2.0 倍率变化时，主缆水平拉力基本不变，加劲梁弯矩和挠度略有减小，但减小幅度很小。

当加劲梁竖向抗弯刚度按 1.0～2.0 倍率变化时，佛山平胜大桥的结构内力及位移变化规律如图 3-27 所示。随加劲梁竖向抗弯刚度的增大，主缆的水平拉力和加劲梁挠度逐渐减小，而加劲梁弯矩逐渐增大。类似于主缆抗拉刚度的影响一样，加劲梁抗弯刚度增大以后，结构体系总体刚度也随之增加，抵抗变形的能力也加强，因而加劲梁的挠度就减小了；另一方面，加劲梁在结构体系总体刚度中的贡献逐渐增大，加劲梁所分担的活载比例就会增大，而主缆所分担的活载比例就会小一些。

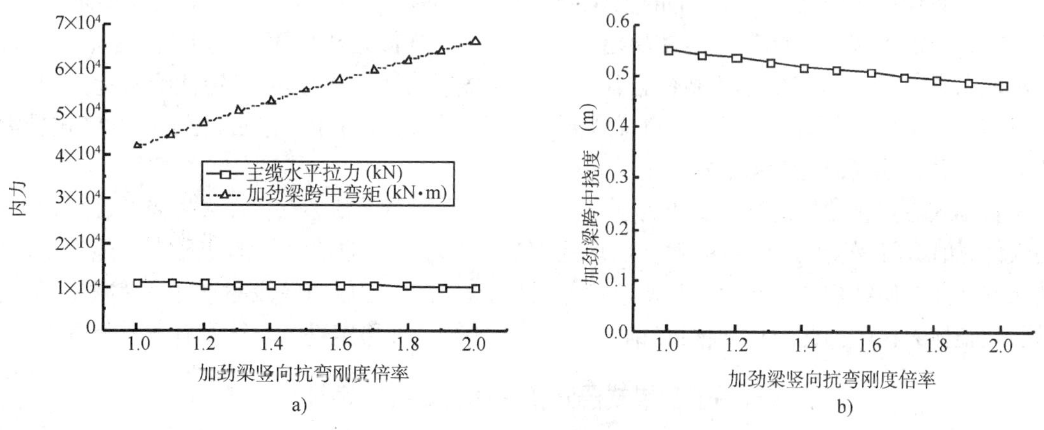

图 3-27 加劲梁竖向抗弯刚度变化对静力性能的影响

a)主缆及加劲梁内力；b)加劲梁跨中挠度

五、索 塔 刚 度

当索塔纵向抗弯刚度按 1.0～2.0 倍率变化时，结构内力及位移变化规律如图 3-28 所示。随索塔纵向抗弯刚度的增大，主缆水平拉力、加劲梁弯矩和挠度基本不变，说明在活载作用下，索塔纵向抗弯刚度的变化只会引起自身内力的变化对自锚式悬索桥其他组成部分的静力性能影响不大。

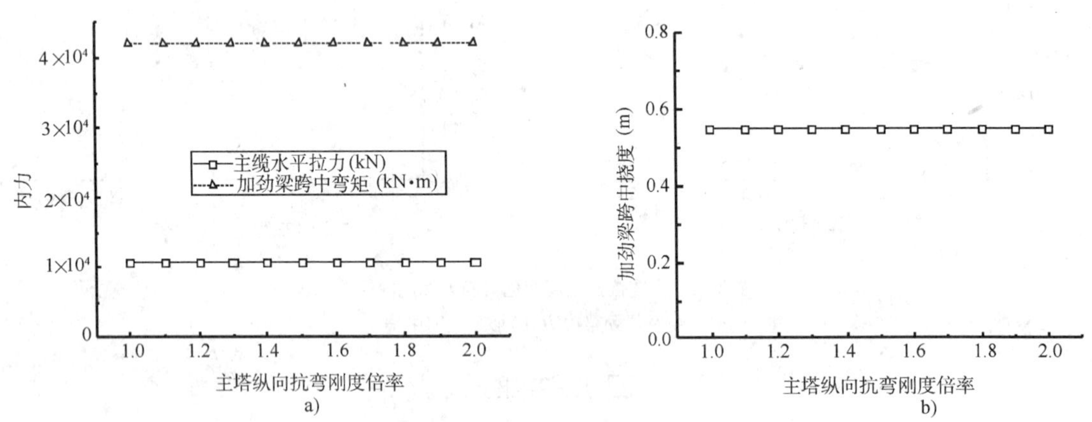

图 3-28 索塔纵向抗弯刚度变化对静力性能的影响

a)主缆及加劲梁内力；b)加劲梁跨中挠度

六、吊索抗拉刚度

当吊索抗拉刚度按 1.0～2.0 倍率变化时，主缆水平拉力、加劲梁弯矩和挠度也基本不变，说明在活载作用下，吊索抗拉刚度的变化对自锚式悬索桥的静力性能影响不大。

第六节 自锚式悬索桥稳定性分析

在恒载作用下，自锚式悬索桥的主缆会产生巨大的水平分力，这个力由加劲梁来承受，因此需要解决加劲梁是否能保持整体稳定性的问题。本节首先从挠度理论出发，建立自锚式悬索桥加劲梁结构内力与变形的微分方程，对自锚式悬索桥加劲梁面内稳定性给出定性的认识；然后基于极限状态设计法，提出了自锚式悬索桥极限承载力的计算方法，为确保自锚式悬索桥的安全运营提供了理论保障。

自锚式悬索桥的加劲梁以受压为主，若加劲梁采用钢箱梁则必然存在大量受弯、压弯及受剪的板件，如果设计处理不当，可能就会出现局部屈曲破坏。屈曲前结构的变形有可能很小，突然的局部屈曲会使结构的某些部位几何形状急剧改变，导致局部屈曲区段的刚度迅速减小，从而极易引起整体失稳。因此，有必要对自锚式悬索桥钢箱梁局部稳定进行验算及有限元分析。

一、关于自锚式悬索桥整体稳定性的定性认识

由本章第一节可知，根据挠度理论推得的自锚式悬索桥加劲梁上的弯矩表达式为：

$$M=M_0-H_p y \tag{3-65}$$

式中：M_0——相应简支梁的活载弯矩；

H_p——活载引起的主缆水平分力；

y——恒载下的主缆线形。

根据材料力学梁弯矩与弹性挠曲的关系，对式(3-65)两边求导得：

$$(EI\eta'')''=p(x)+H_p y'' \tag{3-66}$$

式中：EI——加劲梁竖向抗弯刚度；

η——主缆和加劲梁的竖向挠度(忽略吊索的轴向变形)；

$p(x)$——作用在加劲梁上的活载集度。

对于在主缆锚固范围内的无吊索的单跨或多跨连续梁的自锚式悬索桥的边跨而言，考虑梁的压弯共同作用，则有微分方程：

$$(EI\eta'')''=p(x)-H_p\eta'' \tag{3-67}$$

式(3-66)和式(3-67)为自锚式悬索桥挠度理论的微分方程，有两个未知数 H_p 和 η，必须增加一个方程才能求解。根据变形相容条件，这样一个方程不难找到：缆索锚固点之间的水平投影缩短量应为加劲梁的压缩量。经过推导，可得到变形协调方程：

$$\frac{H_p}{A_c E_c}L_S \pm \alpha_{tc} t_c L_t + \sum_{i=1}^{k} y'' \int_0^{l_i} \eta \mathrm{d}x = -\left(\frac{H_p(\sum_{i=1}^{k} l_i)}{E_S A_S} \pm \sum_{i=1}^{k} l_i \alpha_{tsi} t_{si}\right) \tag{3-68}$$

式中：A_c、E_c——分别为主缆的面积及弹性模量；

α_{tc}、t_c——分别为缆索温度膨胀系数及温度变化值；

α_{tsi}、t_{si}——分别为各跨加劲梁的温度膨胀系数及温度变化值；

ϕ——主缆水平倾角；

$l_i(i=1,2,\cdots,k)$——各跨跨度；

E_S、A_S——分别为加劲梁的弹性模量和面积；

$L_S=\int_S \frac{\mathrm{d}x}{\cos^3\phi}$、$L_t=\int_S \frac{\mathrm{d}x}{\cos^2\phi}$——与主缆几何形状有关的量，在主缆锚固点至锚固点间积分。

对于边跨无吊索悬吊的自锚式悬索桥，其变形相容方程应考虑边跨主缆自重垂度影响，由单索问题基本方程可得相容方程为：

$$\frac{H_p}{A_c E_c}L_S \pm \alpha_{tc} t_c L_t + y'' \int_0^{l_v} \eta \mathrm{d}x + \sum_{i=1}^{n}\int_0^{l_i}(z_i - z_0)\mathrm{d}x = -\left(\frac{H_p(\sum_{i=1}^{k} l_i)}{E_S A_S} \pm \sum_{i=1}^{k} l_i \alpha_{tsi} t_{si}\right) \tag{3-69}$$

式中：H_0、H——分别为恒载作用下主缆水平拉力和恒活载作用时主缆水平拉力；

$$(z_i - z_0)=M_i\left(\frac{1}{H_0}-\frac{1}{H}\right)$$

M_i——边主缆相对应于简支梁的弯矩。

上面的式(3-66)～式(3-69)为自锚式悬索桥挠度理论的基本微分方程，联立求解就可得任意活载作用下加劲梁的挠度、弯矩、剪力及主缆的水平分力。

分析方程(3-66)可以发现,在恒载平衡状态以后作用活载,由于 $y''\approx-8f/l^2$,是负数,当产生下挠度时,式(3-66)右端的第二项是使加劲梁上的弯矩减小的,因此,对加劲梁来说是增稳的作用。所以,对于自锚式悬索桥而言,在面内由于缆索体系的弹性约束作用,加劲梁不存在一般意义上的面内失稳问题。

方程(3-67)为一般压弯共同作用梁的变形与荷载关系的微分关系式。右端的第二项当边跨下挠时,加劲梁的弯矩增大,由于悬索桥 H 非常大,因此,对于无吊索悬吊的边跨加劲梁存在面内失稳的问题。

二、关于极限承载力的定性认识

(一)极限状态设计法的认识

极限状态设计法是以结构可靠度分析为基础,一般指结构在规定的时间内和在规定的条件下,完成预定功能的概率。"规定的时间"是指进行可靠度分析时结合结构使用期考虑各种基本变量与时间的关系所取用的基准时间;"规定的条件"是指结构在正常设计、正常施工和正常使用的条件下;"预定功能"是指结构的安全性、适用性和耐久性,统称为结构的可靠性。

以可靠度理论为基础的极限状态设计一般有两种表达模式。一种是采用带有分项系数的极限状态设计表达式,式中的设计基本变量通过概率分析取其代表值,而以分项系数反映它们的变异性;另外一种是直接利用可靠度计算的基本公式,给出目标可靠指标和设计基本变量的统计参数或其他综合设计参数。这两种设计模式具有相同的本质,只是按照结构各自的设计要求和习惯采取不同的表达模式。

(二)稳定极限状态的认识

极限状态一般是指当整个结构或结构的某一部分超过某一特定状态,就不能满足设计规定的某一功能的要求,此特定状态称为该功能的极限状态,它反映的是结构某项功能的界限和标志,以此可判定其有效或失效。一般结构的极限状态划分为承载能力极限状态和正常使用极限状态两类。针对自锚式悬索桥,根据结构的功能可以定义为以下 4 种极限状态:

(1)加劲梁出现屈服;

(2)索塔混凝土裂缝超过规范容许值;

(3)吊索拉应力到达抗拉强度;

(4)主缆应力到达抗拉强度。

在上述 4 种极限状态中,加劲梁出现屈服表示加劲梁局部发生了屈曲,但对于实际结构离丧失整体稳定还有较大的差距,故不宜作为结构整体失稳的判断条件;如果混凝土裂缝超过规范容许值,索塔结构的受力性能会发生较大变化,计算时可作为索塔结构正常使用极限状态的一个判断条件;吊索应力达到抗拉强度后会发生断裂,当一根吊索断裂后,应力会发生重分布,其他吊索将随之断裂,结构会随即丧失承载力,因此可作为结构的承载能力极限状态;主缆应力如果达到抗拉强度,主缆就会断裂,结构将立即破坏,可作为结构的承载能力极限状态。

因此,可以将判断自锚式悬索桥整体失稳的极限状态条件确定为:索塔混凝土裂缝超过规范容许值、吊索拉应力到达抗拉强度、主缆应力到达抗拉强度。在这 3 种极限状态中,最先出现的工况即为结构的稳定极限状态。

(三)稳定极限承载力安全系数的判定

结构的极限承载能力是基于概率统计通过分析计算而得到的，但目前国内外对于特大跨径桥梁工程缺乏极限状态相应的荷载和结构抗力这两个变量较完整的统计资料，使得基于概率设计的可靠度设计变得比较模糊；而特大跨径桥梁又都属于生命线安全的重大工程，故设计一般都采用传统的安全系数评价方法，通过评价结构的安全度来评价和确定结构的极限承载力。

现有自锚式悬索桥稳定分析研究中，一般都是针对特定的桥梁进行稳定性分析和计算方法研究，没有关于自锚式悬索桥结构统一的稳定安全系数标准。按结构失稳即丧失承载能力的概念，稳定与最终的结构极限承载力是统一的，结构非线性稳定安全系数与强度安全系数也是一致的，可通过安全度分析来评价结构的稳定极限承载力[6]。一般的稳定极限承载力安全系数判定方法有两种：

1. 以设计荷载为基础

国内外规范一般将稳定极限承载能力安全系数 K 定义为：

$$K=\text{极限荷载}/\text{设计荷载}$$

自锚式悬索桥钢加劲梁稳定安全系数取值可参照《斜拉桥设计细则》(JTG/T D65-01—2007)，结构体系第一类稳定，即弹性屈曲的结构稳定安全系数大于 4；第二类稳定，即计入材料非线性影响的弹塑性强度稳定安全系数，钢加劲梁大于 1.75。

2. 以活载为基础

对于一些特殊的桥梁结构，现有规范没有相应的规定，我们可以采用一种经验的设计方法来对其稳定极限承载能力安全系数予以判定，该方法稳定极限承载能力安全系数可定义为 K_0：

$$K_0=[\text{极限荷载}-(\text{设计荷载}-\text{设计活载})]/\text{设计活载}$$

按此方法设计时，一般规定极限承载力的安全系数宜大于 4.0。桥梁结构通常还可以通过缩尺模型试验来考察其极限承载力。首先根据桥梁结构的实际情况，拟定几种典型的最不利荷载作用工况，然后针对各种工况，在模型试验中按一定的设计活载倍率分级施加试验荷载，直至桥梁模型达到相应的极限状态，此时的活载倍率值即为相应荷载工况的极限承载力安全系数。

三、钢箱梁局部稳定设计

自锚式悬索桥的加劲梁一般主要承受轴力，承受的弯矩相对较小，在压弯组合作用下所受的压应力不均匀程度较低；特别是对于钢箱梁，除腹板、纵隔板之外其他板件沿梁高方向的尺寸与梁高之比较小，基本上可以看作均匀受压，故钢箱梁的所有板件或组合板件可偏安全地按轴心受压构件来确定其局部屈曲临界应力。

轴心受压钢箱梁的局部稳定设计常用的有两种方法：一是钢箱梁局部稳定的构造设计，即依据已有的规范对钢箱梁各板件的构造尺寸进行设计；二是钢箱梁的局部稳定有限元分析，即采用有限元方法对钢箱梁各板件的局部稳定进行分析。

(一)钢箱梁局部稳定的构造设计

1. 钢箱梁薄板局部稳定的设计

钢箱梁板件的临界失稳应力 σ_{cr} 和板件的宽厚比 b/t 有关，当宽厚比 b/t 越小，临界失稳应力 σ_{cr} 就越大，因此板件的局部稳定问题通常通过限制板件的宽厚比来实现，如限制工字梁的翼缘外伸宽度和厚度之比。目前采用的设计准则有两种，一种是不允许出现局部失稳，即板件的实际工作应力不大于局部失稳的临界应力；另一种是允许出现局部失稳，并利用板件屈曲后强度，要求板件实际工作应力不大于板件发挥屈曲后强度的极限承载力。其中前一种准则主要用于普通厚度板件的计算，后一种准则主要用于薄壁板件的计算。

常用的防止构件局部失稳的准则有以下 3 个：

准则一：板件局部失稳的临界应力不小于材料的屈曲强度，即 $\sigma_{cr} \geqslant f_y$；

准则二：板件局部失稳的临界应力不小于构件的整体稳定临界应力，即 $\sigma_{cr} \geqslant \phi_{fy}$；

准则三：板件局部失稳的临界应力不小于构件的实际工作应力，即 $\sigma_{cr} \geqslant \sigma$。

这 3 个准则中准则一要求最严，按准则一设计的构件承载力富余量最大；准则二次之；准则三要求最松。美国 AISC LRFD99 规范和英国标准学会《Steel, concrete and composite bridges》(BS 5400)对轴心受压厚实截面的板件宽厚比的设计公式采用了准则一；我国《钢结构设计规范》(GB 50017—2003)和我国《公路桥涵钢结构及木结构设计规范》(JTJ 025—86)对轴心受压构件的防止局部失稳计算采用了准则二。

对于常用的扁平钢箱梁通过限制箱梁组成板件的宽厚比来保证局部稳定较难实现，必须采用加劲板。

2. 钢箱梁加劲板稳定的设计

钢箱梁箱壁板件的加劲设计和现有一般规范涉及的加劲板件的设计有诸多不同。首先，纵向加劲肋一般只能在内部单侧布置，其次，普通的钢结构构件一般只布置一道纵向加劲肋，而箱壁板件需要布置多道纵向加劲肋才能满足要求。对于有多道加劲肋的箱壁板件，其加劲肋取用开口或闭口、加劲肋的间距、高度以及加劲肋的厚度取值均需进行计算分析，即有一个加劲肋的合理构造问题。一般而言，加劲板的稳定计算主要需要解决 3 个方面的问题[8]：

(1)箱壁钢板需要多少加劲肋才能保证局部稳定？

(2)加劲肋应采用何种形式，需要多大的刚度？

(3)加劲肋自身的局部稳定如何计算？

规范的基础一般都是一些相对较成熟并经过实践验证的成果。表 3-15 介绍了国内外关于布置加劲肋的有关规范，并对它们的背景和适用范围作了分析比较[8~11]。

美国 AASHTO 规范计算所需的纵向加劲肋惯性矩 I_S 的公式是基于 Timoshenko 根据弹性稳定理论的研究结果，计算规定加劲肋的根数不超过 5 根。当采用多于 1 根少于 5 根纵向加劲肋时，必要的加劲刚度可以直接地计算出来。由于自锚式悬索桥钢箱梁的箱壁板件的尺寸比较大，需要布置 5 根以上的加劲肋时，加劲肋所需刚度很大，其结果不可靠。因此，该规范中的规定并不完全适用于钢箱梁加劲板件的设计。

各国规范关于钢箱梁加劲板的比较　　表 3-15

规范版本	设计方法	设计理论	理论基础	适用范围
《公路桥涵钢结构及木结构设计规范》(JTJ 025—86)	容许应力设计法		弹性设计理论	仅适用于钢板梁桥
《钢结构设计规范》(GB 50017—2003)	概率极限状态的设计法		弹性设计理论	多用于房屋建筑设计
美国 AASHTO 规范	概率极限状态的设计法	铁木辛柯的理论	弹性设计理论	不适用于正交异性钢箱梁
英国 BS 5400 规范	概率极限状态的设计法	Perry 的理论	弹塑性设计理论	适用于验算加劲肋自身稳定
日本本州四国联络桥《上部构造设计基准—同解说》	容许应力设计法	Ginekc,E 的理论	弹性设计理论	适用于各种加劲肋

英国 BS 5400 规范对于板件局部稳定的规定非常细致，其计算的基本理论是正交异性板分析理论，并以该法计算其稳定承载力。规范中对各种形式的开口和闭口加劲肋的宽厚比作出了规定，运用这些规定可以对常见加劲肋自身的稳定性做出验算。

日本本州四国联络桥《上部构造设计基准—同解说》的条文规定比较全面，适合配有各种加劲肋的单向加劲板的设计。

中国规范缺少适用于针对 U 形加劲肋和球扁钢加劲肋等特殊截面形式板件的局部稳定验算方法规范条文。

佛山平胜大桥钢箱梁设计时，在对这几种规范进行分析比较的基础上，制定了自锚式悬索桥钢箱梁各板件、组合板件等的局部屈曲验算的相应技术标准。一般而言，加劲肋的数量和形式可以采用日本本州四国联络桥《上部构造设计基准—同解说》进行设计，加劲肋的自身局部稳定性可通过英国 BS 5400 规范进行验算，具体计算过程可参照文献[7]。

(二)钢箱梁的局部稳定有限元分析

1. 钢箱梁局部稳定弹性屈曲分析

弹性屈曲分析又称为特征值屈曲分析。弹性屈曲分析用于预测一个理想弹性结构的理论屈曲强度，不考虑任何非线性和初始扰动。由于初应力刚度矩阵$[K_\sigma]$可以加强或减弱结构的刚度，这依赖于应力是拉应力还是压应力。对于以受压为主的自锚式悬索桥钢箱梁，当压力增大时，弱化效应增加，当达到某个荷载时，弱化效应超过结构的固有刚度，此时位移无限增加，结构发生屈曲。钢箱梁的空间稳定有限元分析通常采用空间壳单元，在线弹性的情况下，考虑轴向力的影响后，结构的整体刚度方程如下：

$$([K_0]+\lambda[K_\sigma])\{\delta\}=\{F\} \tag{3-70}$$

式中：$[K_0]$——结构弹性刚度矩阵；

$[K_\sigma]$——初应力刚度矩阵；

$\{\delta\}$——位移特征向量；

$\{F\}$——外荷载向量；

λ——结构的应力因子。

由于结构在发生第一类失稳前满足线性假设，所以 λ 与结构轴向力成正比。当结构发生失稳时，结构进入随遇平衡状态，在外荷载不变的情况下，结构可以由原来的平衡位置转入邻近的平衡位置，若以$\{\delta\}+\{\Delta\delta\}$表示这一邻近的平衡位置，则有：

$$([K_0]+\lambda[K_\sigma])(\{\delta\}+\{\Delta\delta\})=\{F\} \tag{3-71}$$

由式(3-70)、式(3-71)两式可得：

$$([K_0]+\lambda[K_\sigma])\{\Delta\delta\}=0 \tag{3-72}$$

式(3-70)即为确定临界荷载的稳定方程，所求得的λ值就是结构的稳定系数，如果方程有n阶，那么理论上存在n个特征值。但是在实际工程问题中，只有最小的稳定安全系数才有实际意义。

由弹性屈曲分析的特征方程可以看出，特征值屈曲分析的方法是先对结构施以基准荷载(单位荷载或单倍的常规荷载)，用单元的弹性刚度矩阵集成总刚，进行线性求解，得出各单元在基准荷载下的杆端力，根据杆端力计算各单元的几何刚度矩阵，再将各单元的弹性刚度矩阵和几何刚度矩阵集成，按照特征方程求解第一阶特征值或前几阶特征值，求得特征值后即得到了屈曲荷载，然后用特征值和特征方程求特征向量，得到失稳模态。

但是实际结构由于初始缺陷的存在和非线性的影响，往往都不是在其理论弹性屈曲强度处发生屈曲，因此，特征值屈曲分析经常产生非保守结果，通常不能用于实际工程的分析。它只是一种学术解。利用特征值屈曲分析可以预测出屈曲荷载的上限。特征值分析的优点是计算快，在进行非线性分析之前可以利用线性屈曲分析了解屈曲形状。

2. 钢箱梁的局部稳定极限承载力分析

在钢箱梁刚开始应用阶段，带纵肋翼缘板的稳定是按照传统的弹性平板屈曲理论计算(即第一类稳定问题)，并按不同的边界条件计入相应的稳定安全系数。加劲肋所需刚度是以弹性屈曲理论为前提、保证加劲板屈曲时加劲肋不随同一起弯曲为原则予以确定。然而，在实际中加劲板的屈曲临界应力不可能超过材料的屈服应力。因此，许多年以来，加劲板在塑性阶段的受力行为一直是很多学者研究的一个热点问题。尤其是在1970年前后相继出现几座大跨径钢箱梁桥垮塌事故后，通过对事故原因深入的分析研究使人们认识到：由于没有考虑几何、材料双重非线性影响以及结构的初始几何缺陷、残余应力3个方面的影响，经典的线性屈曲理论并不适用于钢箱梁加劲板的设计。第二类稳定问题的实质是一个极限承载力问题，因此，对于钢箱梁的加劲板来说考虑了以上3个方面影响的第二类稳定问题更具有重要的实际意义。现对以上3个方面的影响进行分析。

(1)双重非线性

第二类稳定是指结构在不断增加的外荷载作用下，结构刚度不断发生变化，当外荷载产生的应力使结构切线刚度矩阵趋于奇异时，结构的承载能力就达到了极限，稳定平衡状态开始丧失，稍有扰动，结构变形迅速增大，使结构丧失正常工作能力。从力学分析角度看，分析结构的第二类稳定性，就是通过不断求解计入几何非线性和材料非线性的结构平衡方程，寻求结构极限荷载的过程。因此，钢箱梁局部稳定极限承载力分析应按材料非线性和几何非线性的双重非线性求解，才能真实反映结构的受力性能。

(2)初始几何缺陷

因为板件的初始几何缺陷(初始变形)存在，轴向压应力会产生一个附加弯矩，而且变形越大，附加弯矩越大，相应对板件的承载能力影响也会越大，因此，分析中必须考虑板件初始变形的影响。初始变形对板件极限承载力的影响包含初始变形的幅值和形态两个方面。佛山平胜大桥钢箱梁设计时，初始变形的幅值采用了英国 BS 5400 规范对于板件加工误差的限值：对于加劲板件的整体初始变形幅值取短边的 1/1 000；对于局部初始变形形态采用了加劲板弹性屈曲模态的形式(第一阶失稳模态)按上述幅值放大或缩小取用。

(3)残余应力

焊后残留在焊件内的焊接应力称为焊接残余应力，简称残余应力。它在构件截面内部是一种自相平衡的内应力，对焊接结构的脆性破坏、接头的疲劳强度、屈曲强度等均有很大影响。许多国家曾用锯割法测定一些典型构件如工字梁、箱梁等的残余应力分布，并经统计分析，拟定典型的残余应力图式用于钢结构的计算。对于扁平钢箱梁结构，由于构造复杂、板件数目多，焊接残余应力分布规律不清楚。要得到真实的钢箱梁残余应力分布模式必须通过试验来测得，国内尚无其残余应力的测试资料。佛山平胜大桥钢箱梁设计时，对开口加劲板，参照了英国学者[12]对加劲肋的残余应力提出的计算方法；对闭口加劲板，参照了日本多多罗大桥 U 形加劲板残余应力的测定值[13]。

四、算例与分析

下面以佛山平胜大桥为例，通过有限元分析，讨论其整体和局部稳定性，得到了极限承载力安全系数以及钢箱梁局部稳定系数，最终优化了钢箱梁设计。

(一)整体稳定性分析

根据前面对结构整体稳定性的认识，关于面内稳定，该桥主跨加劲梁由于有吊索的存在，面内不会出现失稳情况；对于无吊索的边跨加劲梁，有可能出现面内失稳；对于索塔，在压弯共同作用下，有可能失稳。关于面外稳定，由于吊索起不到增稳的作用，存在面外失稳的可能。因此，佛山平胜大桥存在的失稳情形主要包括索塔、边跨的面内失稳和整体结构的面外失稳。

针对存在的失稳情况，设计时对结构体系进行了优化，以提高结构的稳定性。例如，边跨加劲梁采用多跨混凝土连续梁，从而增加了较多的约束，大大地减小了结构的自由长度，同时，混凝土结构的刚度又很大，因此提高了边跨的面内稳定性；索塔横向采用三柱式设计，大大增加了结构的横向刚度，稳定性也有较大的提高。此外，索塔由于存在塔顶主缆的作用，纵桥向的变形受到弹性约束，客观上也较大地提高结构的面内稳定性。

(二)极限承载力计算

采用 ANSYS 程序，建立了佛山平胜大桥空间有限元计算模型，如图 3-29 所示。其中，钢加劲梁、索塔、混凝土加劲梁及锚跨梁采用空间有限应变梁单元 Beam188 单元离散，主缆、吊索采用单向受拉或受压的杆单元 Link10 单元模拟。边界条件为索塔塔底固结，除索塔处加劲梁水平位移约束以外，其余桥墩上加劲梁均只约束竖向。分析计算时，主缆和吊索高强度镀锌平行钢丝股公称抗拉强度均为 1 670MPa；钢箱梁 Q345 钢的屈服应力 $\sigma_y=340$MPa，采用理想弹塑性模型，如图 3-30 所示；索塔和混凝土梁采用 C50 混凝土，轴心抗压强度 $f_c=38$MPa，轴心抗拉强度 $f_t=3.4$MPa，本构关系采用 Hognestad 建议的抛物线上升段和直线下降段的应力—应变曲线形式，如图 3-31 所示。其他结构参数见表 3-9。

分别拟定了 6 种较为不利的荷载作用工况，设计荷载为汽车—超 20 级；人群活载取 3.5kN/m²，全桥满布人群荷载为 2.4kN/m²。分析中采用了以活载为基础的极限承载能力安全系数计算方法，各种工况的极限承载力计算结果见表 3-16。

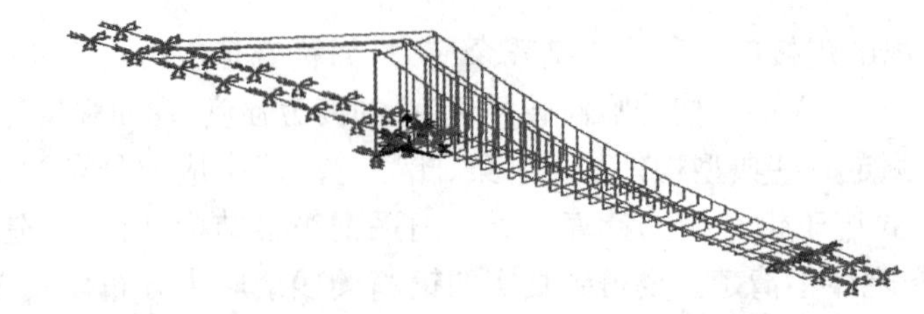

图 3-29　佛山平胜大桥 ANSYS 有限元计算模型

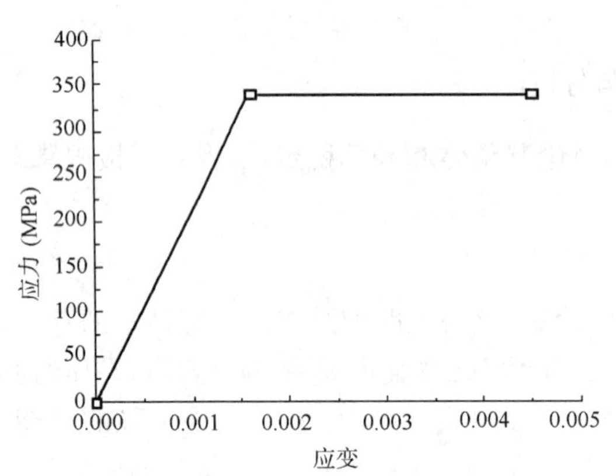

图 3-30　Q345 钢理想弹塑性模型

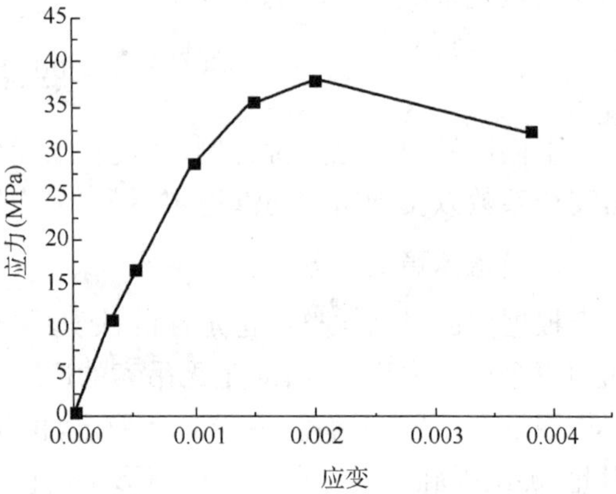

图 3-31　C50 混凝土弹塑性模型

佛山平胜大桥极限承载力结果分析表　　表 3-16

荷载工况	工况描述	极限状态	安全系数
工况 I	主跨满布汽车活载＋人群活载	索塔混凝土裂缝超过规范容许值	8.132
工况 II	主跨满布人群活载	索塔混凝土裂缝超过规范容许值	6.512
工况 III	主跨靠近索塔半跨布置汽车活载＋人群活载	吊索拉应力到达抗拉强度	8.036
工况 IV	主跨远离索塔半跨布置汽车活载＋人群活载	吊索拉应力到达抗拉强度	7.518
工况 V	主跨靠近索塔半跨满布人群活载	吊索拉应力到达抗拉强度	7.236
工况 VI	主跨远离索塔半跨满布人群活载	吊索拉应力到达抗拉强度	6.927

分析表 3-16 中可知：

(1)各工况中，最小安全系数为 6.512，大于设计要求安全系数 4.0，对应的极限状态为索塔混凝土裂缝超过规范容许值。

(2)工况 I 和工况 II 的极限状态为索塔混凝土裂缝超过规范容许值，而工况 III～工况 VI 的极限状态均为吊索拉应力到达抗拉强度，说明极限承载能力和正常使用极限状态分别控制结构设计。

(3)所有6种工况中,均未出现主缆应力到达抗拉强度的极限状态,表明一般而言悬索桥主缆具有较高的安全储备。

(三)钢箱梁局部稳定分析

1. 钢箱梁局部稳定构造验算

通过验算,钢箱梁的板件宽厚比(或高厚比)等构造要求满足我国的《钢结构设计规范》、英国(BS 5400)规范及日本本州四国联络桥《上部构造设计基准—同解说》等相关规定,施工及运营期间的各板件的应力均小于其局部屈曲容许应力。

2. 钢箱梁局部稳定有限元分析

(1)钢箱梁闭口加劲板弹性屈曲分析

钢箱梁U形闭口加劲肋失稳时的局部屈曲荷载一般都较高,图3-32所示为佛山平胜大桥加劲板结构的屈曲模态,表现为局部屈曲。研究发现,影响闭口加劲板的线弹性屈曲特性的主要参数有横隔板间距、加劲肋间距、母板厚度。减小横隔板的间距、减小加劲肋之间的间距均能提高加劲板的屈曲应力;而适当加大母板的厚度也可明显地提高加劲板的屈曲应力。对于常见的横隔板间距(3m、4m、5m)及U形加劲板件的横桥向宽度,屈曲模态均不会出现U形加劲板的整体屈曲,而是加劲板母板及U形肋的局部屈曲模态,且线弹性屈曲临界应力水平较高,屈曲应力一般大于材料的屈曲强度。

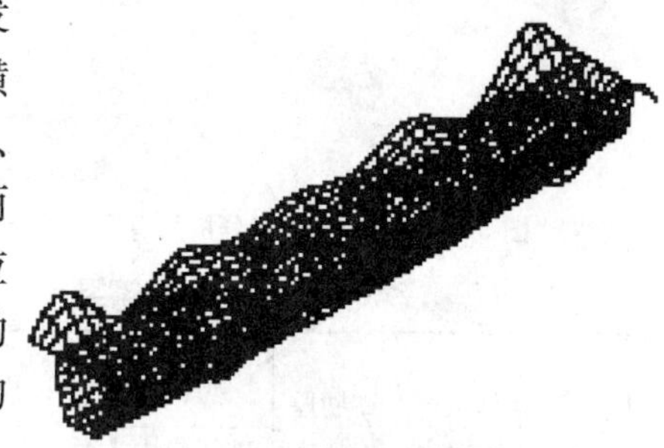

图3-32　闭口加劲肋的失稳模态

(2)钢箱梁闭口加劲板的稳定极限承载力参数分析

佛山平胜大桥钢箱梁闭口加劲板设计时,对U形闭口加劲板的稳定承载力进行了参数优化分析,主要参数包括横隔板间距、U肋高度和厚度、母板厚度等,分析采用的加劲板典型构造见图3-33。该桥最终钢箱梁加劲板构造设计如图3-34所示。

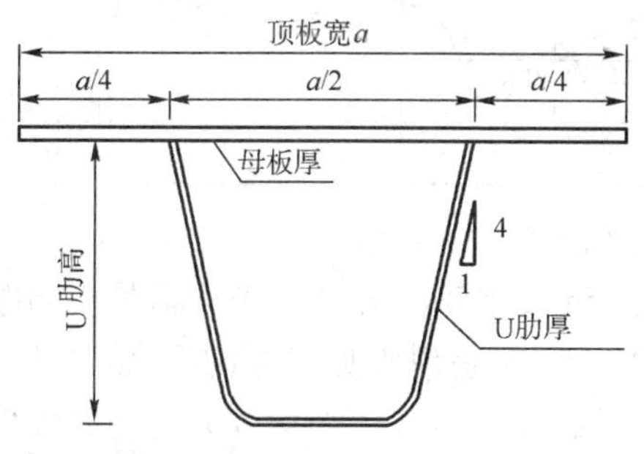

图3-33　典型加劲板构造(尺寸单位:mm)

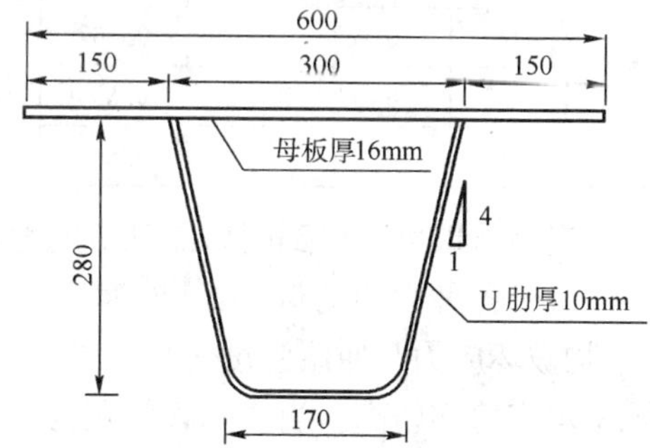

图3-34　佛山平胜大桥加劲板构造(尺寸单位:mm)

采用ANSYS软件,有限元模型如图3-35所示。分析采用shell181单元类型,单元长度控制在40mm以内,两端简支。如图3-30所示,材料采用埋想弹塑性模型。参考英国BS 5400规范的规定,加劲板的初始变形幅值取长边的1/1 000;初始变形的形态采用加劲板的第一阶弹性屈曲模态按上述幅值放大或缩小取用。加劲板的残余应力分布模式采用了日本多多罗大桥U形加劲板残余应力的测定值，如图3-36所示。参数分析计算结果见表3-17。

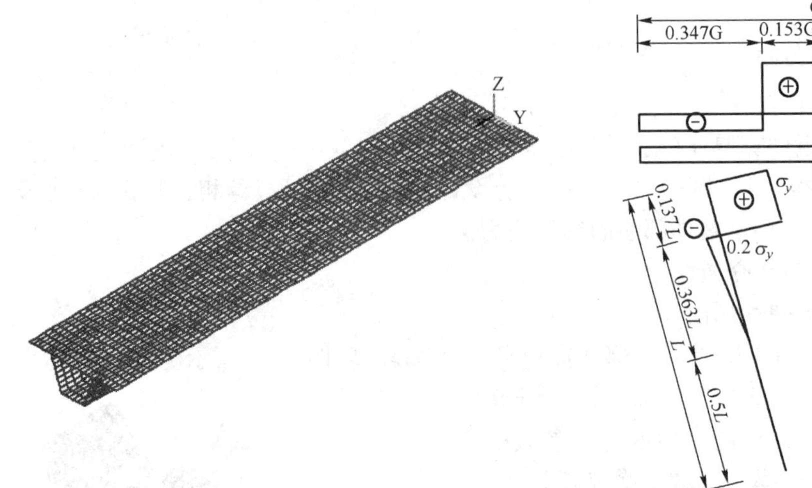

图3-35 加劲板稳定分析的有限元模型

图3-36 U形闭口板残余应力分布模式

钢箱梁闭口加劲板的稳定承载力参数分析表 表3-17

U肋高(mm)	母板厚(mm)	U肋厚(mm)	横隔板间距为3m		横隔板间距为3.5m		横隔板间距为4m		横隔板间距为5m	
			破坏应力(MPa)	σ_u/σ_y	破坏应力(MPa)	σ_u/σ_y	破坏应力(MPa)	σ_u/σ_y	破坏应力(MPa)	σ_u/σ_y
280	12	8	299.1	0.867	287.9	0.835	277.9	0.805	234.8	0.681
	14	8	298.3	0.865	287.2	0.832	277.2	0.804	235.2	0.682
	16	8	297.6	0.863	286.5	0.830	276.5	0.802	235.4	0.682
240	12	6	300.4	0.871	285.5	0.828	272.5	0.790	241.1	0.699
	12	8	310.3	0.899	276.7	0.802	272.7	0.790	230.2	0.667
	14	6	299.1	0.867	284.2	0.824	271.2	0.786	245.8	0.713
	14	8	309.2	0.896	276.0	0.800	271.5	0.787	230.6	0.668
	16	8	308.0	0.893	275.3	0.798	272.4	0.790	229.7	0.666

从表中结果可以得到闭口加劲板的稳定承载力的几点结论：

①对于各种常用的母板、U肋厚度组合和常规的4m以下正交异性钢箱梁横隔板间距情况，平均破坏应力与屈服强度之比均能达到0.78以上。也就是说常见尺寸的U形加劲板的极限平均应力均较高。当横隔板间距为5m时，由于长细比较大，破坏平均应力与屈服强度之比较小，最小时为0.666。破坏平均应力随横隔板间距增大而迅速减小。图3-37为破坏平均应力随横隔板间距变化过程。

②同一种U形加劲板规格，高度、厚度一定时，破坏平均应力几乎不随母板厚度变化而变化。图3-38为U形加劲板一定时平均破坏应力与母板厚度变化的关系。

③根据以上计算可知，U形闭口加劲板的稳定承载力比较高。

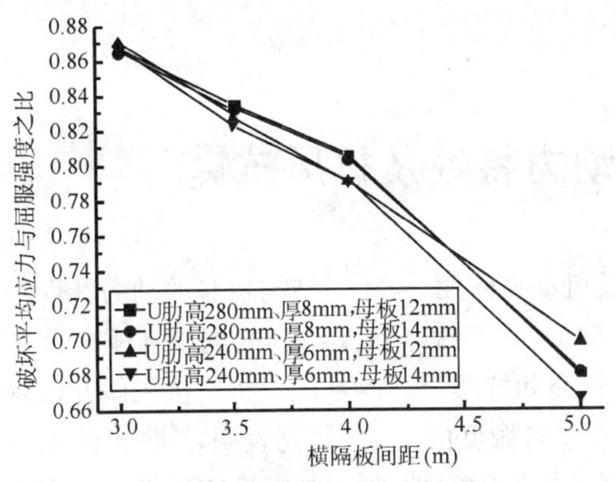

图 3-37　破坏应力与横隔板间距之间的关系

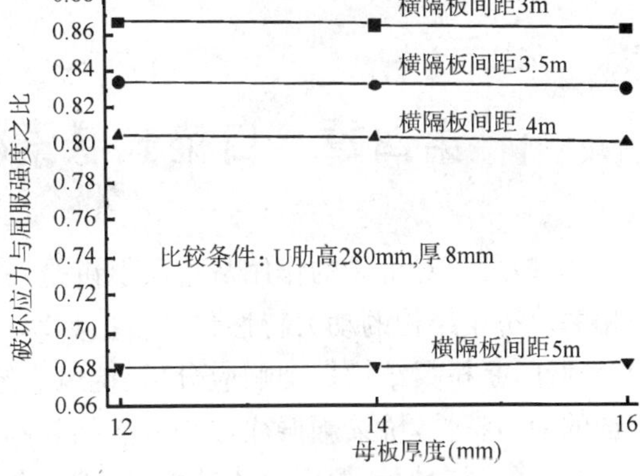

图 3-38　破坏应力与母板厚度之间的关系

参考文献

[1] 严国敏. 现代悬索桥［M］. 北京：人民交通出版社，2002.

[2] 小西一郎. 钢桥(第五册-悬索桥)［M］. 戴振藩等译. 北京：中国铁道出版社，1981.

[3] K J Bathe and S Bolourchi. Large displacement analysis of three-dimensional beam structures［J］. International Journal for Numerical Methods in Engineering，1979，14：961-986.

[4] 陈政清，曾庆元，颜全胜. 空间杆系结构大挠度问题内力分析的 UL 列式法［J］. 土木工程学报，1992，25(5)：34-44.

[5] 胡建华，王连华，赵跃宇. 索结构几何非线性分析的悬链线索单元法［J］. 湖南大学学报，2007，34(11)：29-32.

[6] 胡建华. 大跨度自锚式悬索桥结构体系及静动力性能研究［D］. 长沙：湖南大学土木工程学院，2006.

[7] 邵旭东，胡建华. 桥梁设计百问［M］. 北京：人民交通出版社，2005.

[8] 中华人民共和国国家交通部部标准 JTJ 025—86. 公路桥涵钢结构及木结构设计规范［S］. 北京：人民交通出版社，1986.

[9] 中华人民共和国国家标准 GB 50017—2003. 钢结构设计规范［S］. 北京：中国计划出版社，2003.

[10] British Standards Institution.《Steel，Concrete and Composite Bridges》(BS 5400)，(Part3. Code of practice for design of steel bridges)［S］，1982.

[11] 日本本州四国联络桥公团. 上部构造设计基准—同解说［S］，1989.

[12] Sukhen Chattrjee. The Design of Modern Steel Bridge［M］. London：Blackwell Publishing Company，2003.

[13] 大桥治一，大川宗男. 长大斜张桥钢床板的压缩强度的评价［J］. 本四技报，1996，20(78)：2-10.

第四章　自锚式悬索桥动力特性及抗风抗震

风、地震等对桥梁的作用从本质上讲是一种随机动力作用，与桥梁结构自身的动力特性密切相关。桥梁结构的动力特性包括自振频率和振型等，它反映了桥梁结构的刚度和刚度分布的合理性，是桥梁结构振动响应分析、抗风稳定性研究和抗震设计的基础。桥梁抗风研究依赖结构的动力特性，桥梁颤振往往是低阶扭转振型和竖向振型的组合，研究表明，1 阶扭转振动频率与 1 阶竖向振动频率比值越大，桥梁具有更好的抗风稳定性；桥梁抖振则需要考虑多振型的参与。采用反应谱方法的抗震设计考虑的结构固有频率需要覆盖地震的卓越频率，通常需要计算几百阶振型的结构反应。

本章首先对自锚式悬索桥的结构动力特性进行参数研究，以得出不同参数变化对结构动力特性的影响。在此基础上，分别对自锚式悬索桥的抗风性能与抗震性能的动力优化设计进行介绍。

第一节　自锚式悬索桥动力特性

本节以佛山平胜大桥初步设计方案为例，对自锚式悬索桥的动力特性进行参数研究，并通过与结构参数相同的地锚式悬索桥比较，得到了一些有价值的结论，可为自锚式悬索桥动力优化设计提供科学依据。在此基础上对初步设计方案的结构体系进行优化设计。

一、自锚式悬索桥与地锚式悬索桥的动力特性比较

佛山平胜大桥初步设计方案的三维空间脊梁式有限元动力计算模型如图 4-1 所示，模型

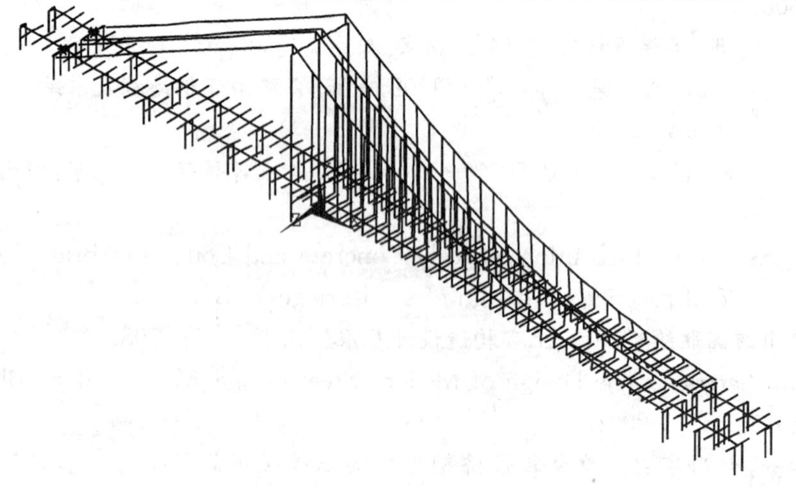

图 4-1　佛山平胜大桥初步设计方案动力分析空间有限元模型

中考虑了恒载作用下主缆、吊索、索塔和加劲梁初应力刚度的影响，结构主要参数见表3-9。将结构划分为645个节点，716个单元，其中，梁单元436个，索单元172个，杆单元108个。加劲梁、索塔、横梁及桥墩均采用空间梁单元进行模拟；吊索采用空间杆单元进行模拟；缆索采用空间悬链线索单元进行模拟。边界与约束条件为：塔顶与主缆固结，主缆锚固点与加劲梁固结，桥墩与地基固结，索塔与地基固结，加劲梁与索塔在横向、竖向以及绕顺桥向转角相互约束，桥墩与加劲梁在横向、竖向以及绕顺桥向转角相互约束。

为了比较自锚式悬索桥和地锚式悬索桥的动力特性，同时建立了结构参数完全相同的地锚式悬索桥计算模型。地锚式悬索桥模型与自锚式悬索桥模型的边界条件唯一不同就是主缆不与加劲梁锚固，而是与地基锚固。

佛山平胜大桥自锚式悬索桥模型和相同结构参数的地锚式悬索桥模型的自振频率、振型特征见表4-1，主要振型如图4-2所示。从动力特性分析结果可知：

自锚式悬索桥模型和地锚式悬索桥模型自振特性对比　　表4-1

振型阶数	自锚式悬索桥模型		地锚式悬索桥模型	
	频率(Hz)	振型特征	频率(Hz)	振型特征
1	0.066 5	加劲梁纵飘	0.056 3	加劲梁纵飘
2	0.233 2	加劲梁1阶反对称竖弯	0.056 3	加劲梁反向纵飘
3	0.276 0	加劲梁1阶对称竖弯	0.298 6	加劲梁1阶对称竖弯
4	0.315 6	索塔1阶横向	0.315 6	索塔1阶横向
5	0.377 3	加劲梁竖弯+索塔扭转	0.333 6	加劲梁1阶反对称竖弯
6	0.414 5	加劲梁2阶对称竖弯	0.420 1	索振
7	0.414 6	加劲梁2阶反对称竖弯	0.424 8	索振
8	0.419 7	索振	0.424 8	索振
9	0.424 8	索振	0.428 3	索振
10	0.424 8	索振	0.460 6	加劲梁2阶对称竖弯
20	0.567 1	加劲梁1阶横向	0.568 3	加劲梁1阶横向
41	1.098 1	加劲梁1阶扭转	1.098 0	加劲梁1阶扭转

注：由于第11～19、21～40阶振型均为索振或以前出现过的振型更高阶，故未列入。

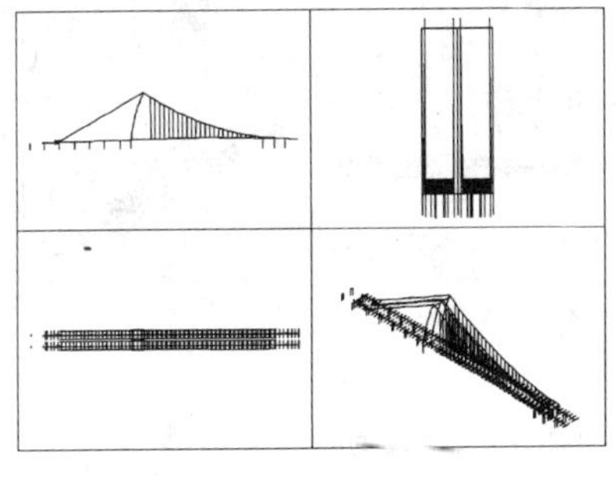

a)

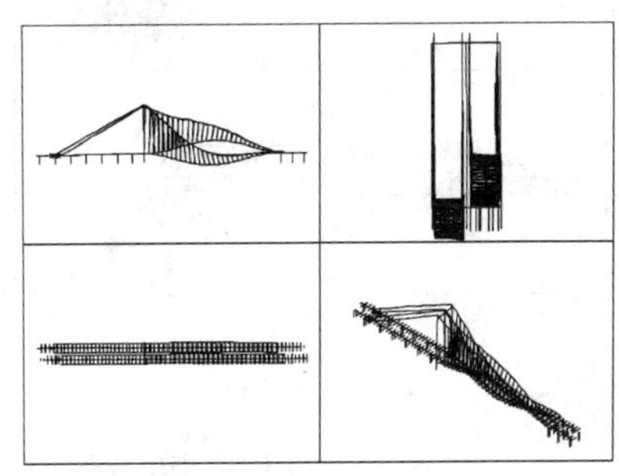

b)

图　4-2

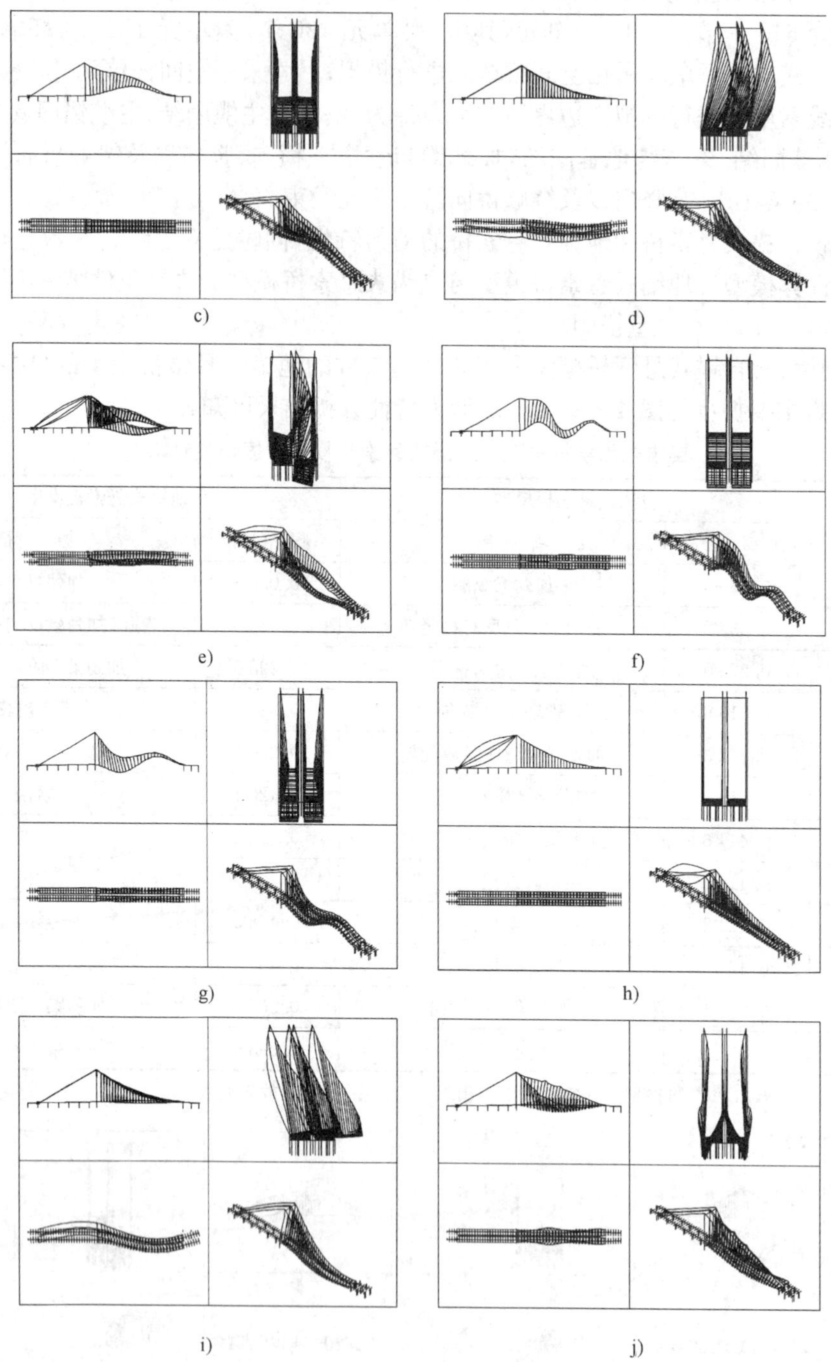

图 4-2 佛山平胜大桥初步设计方案主要振型图

a)第 1 阶振型(0.066 5Hz);b)第 2 阶振型(0.233 2Hz);c)第 3 阶振型(0.276 0Hz);d)第 4 阶振型(0.315 6Hz);e)第 5 阶振型(0.377 3Hz);f)第 6 阶振型(0.414 5Hz);g)第 7 阶振型(0.414 6Hz);h)第 8 阶振型(0.419 7Hz);i)第 20 阶振型(0.567 1Hz);j)第 41 阶振型(1.098 1Hz)

(1)自锚式悬索桥模型和地锚式悬索桥模型的第1阶振型均为纵飘,但前者的纵飘频率比后者大18%,说明自锚式悬索桥主缆锚固在加劲梁上约束了加劲梁运动,增大了加劲梁飘浮体系的刚度。

(2)自锚式悬索桥模型的加劲梁竖向频率明显低于地锚式悬索桥模型的加劲梁竖向频率,说明自锚式悬索桥的竖向刚度小于地锚式悬索桥的竖向刚度,这是由于加劲梁受到主缆传来的巨大轴向压力,竖向刚度有所下降所致。

(3)两类悬索桥模型的振型从低到高依次为纵飘、加劲梁1阶竖弯、索塔1阶横向、索振、加劲梁1阶横向、加劲梁1阶扭转,说明桥梁振型排列基本合理。自锚式悬索桥模型一阶扭转频率为1阶竖向频率的4.7倍,地锚式悬索桥模型的1阶扭转频率为1阶竖向频率的3.7倍,证明两类悬索桥都有很好的抗风稳定性。需要说明的是两类模型为了方便对比,未对加劲梁纵向予以约束,故1阶频率均为加劲梁纵飘,说明两类悬索桥均应对加劲梁纵桥向施加有效的约束。

(4)两类悬索桥模型加劲梁的横向、加劲梁扭转频率较接近,且两类悬索桥的索塔横向及索振频率完全相同。

二、结构参数变化对自锚式悬索桥动力特性的影响

以佛山平胜大桥初步设计方案自锚式悬索桥模型和与其具有相同结构参数的地锚式悬索桥模型为研究对象,讨论主缆垂跨比、恒载集度、加劲梁刚度、索塔刚度、主缆抗拉刚度、吊索抗拉刚度等结构参数变化对两类悬索桥动力特性的影响。在以下各图中,f_z 为纵飘频率,f_{v1} 为加劲梁1阶对称竖弯频率,f_{v2} 为加劲梁1阶反对称竖弯频率,f_{pl} 为索塔1阶横向频率,f_{bl} 为加劲梁1阶横向频率,f_t 为加劲梁1阶扭转频率。

(一)主缆垂跨比

当主缆垂跨比按1/15、1/14、1/13、1/12.5、1/12、1/11、1/10变化时,自锚式悬索桥模型和地锚式悬索桥模型的纵飘、加劲梁竖向(对称与反对称)、索塔横向、加劲梁横向、加劲梁扭转频率的变化规律如图4-3所示。从图4-3中可以看出:

(1)随主缆垂跨比逐渐增大,两类悬索桥的加劲梁竖向频率均呈增大的趋势。自锚式悬索桥的加劲梁1阶竖向对称、反对称频率分别由0.250 3Hz、0.222 8Hz变化至0.314 9Hz、0.241 4Hz,地锚式悬索桥的加劲梁1阶竖向对称、反对称频率分别由0.277 4Hz、0.305 1Hz变化至0.314 3Hz、0.379 1Hz,说明结构竖向刚度也在逐渐增大。

(2)随主缆垂跨比逐渐增大,自锚式悬索桥的纵飘基本不变,而地锚式悬索桥的纵飘频率逐渐增大。

(3)主缆垂跨比变化对两类悬索桥的横向、扭转频率影响不大。

(4)主缆垂跨比相同时,自锚式悬索桥的竖向频率低于地锚式悬索桥的竖向频率,也说明了自锚式悬索桥的竖向刚度小于地锚式悬索桥的竖向刚度。

(二)恒载集度

当恒载集度按1.0～2.0倍率变化时,两类悬索桥频率变化规律如图4-4所示。随着恒载集度的倍率增大,两类悬索桥的加劲梁竖向、横向频率均下降了30%左右,说明结构的加劲梁

竖向、横向刚度在减小；自锚式悬索桥的纵飘频率会减小，而地锚式悬索桥纵飘频率会增大；两类悬索桥的索塔横向、加劲梁扭转频率影响不大。

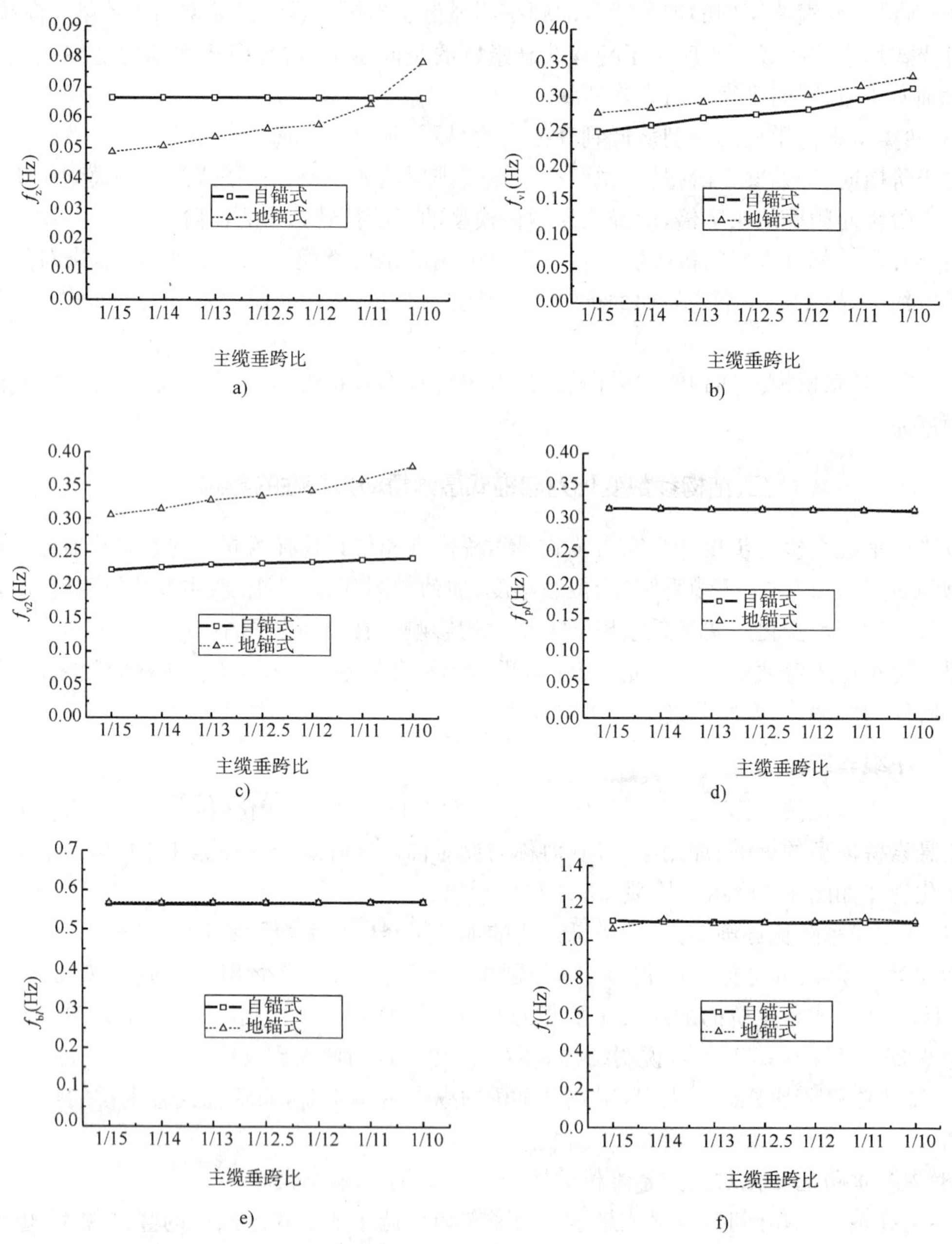

图 4-3　主缆垂跨比变化对动力特性的影响

a)纵飘频率；b)加劲梁 1 阶对称竖向频率；c)加劲梁 1 阶反对称竖向频率；d)索塔 1 阶横向频率；e)加劲梁 1 阶横向频率；f)加劲梁 1 阶扭转频率

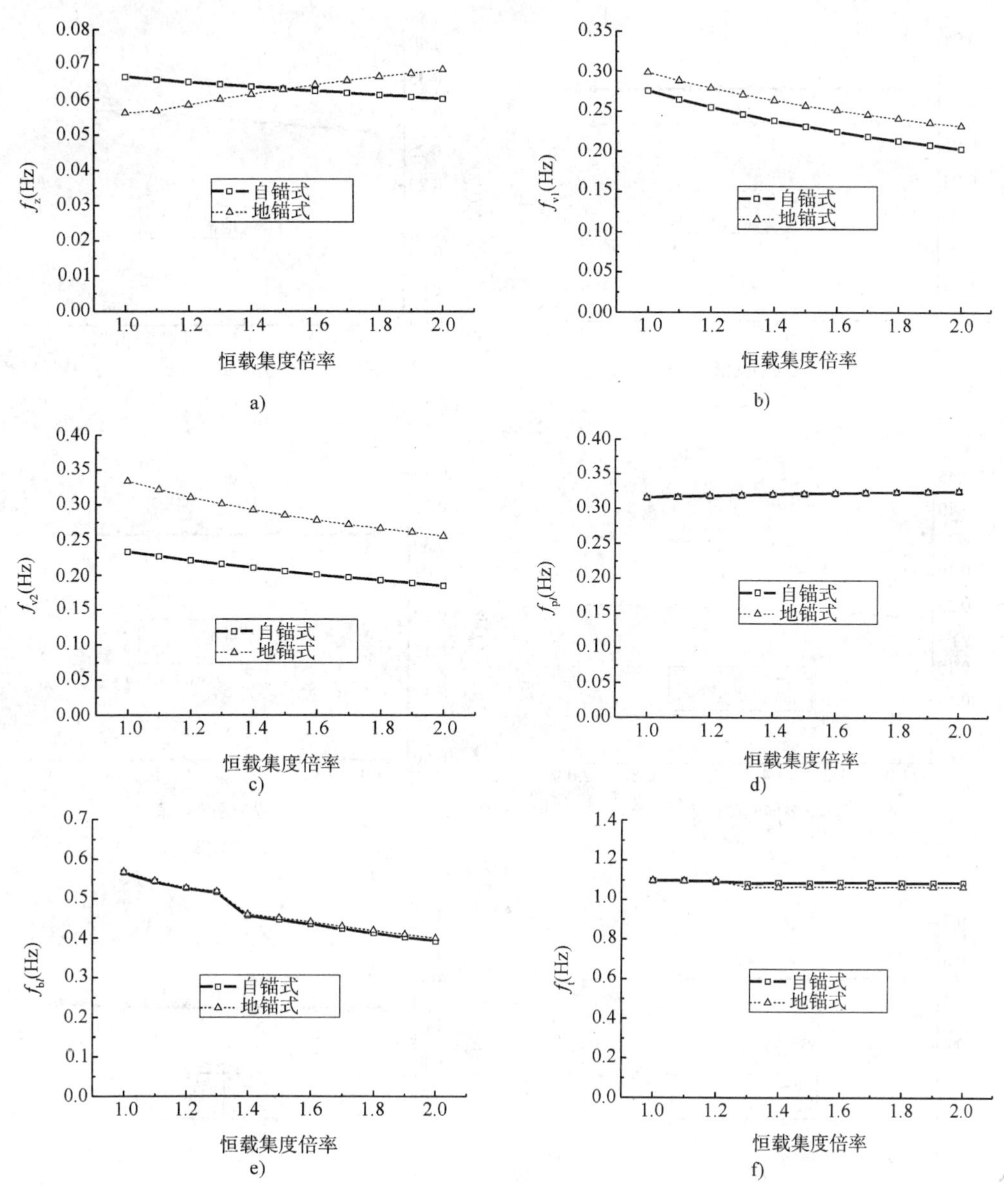

图 4-4　恒载集度变化对动力特性的影响

a)纵飘频率；b)加劲梁 1 阶对称竖向频率；c)加劲梁 1 阶反对称竖向频率；d)索塔 1 阶横向频率；e)加劲梁 1 阶横向频率；f)加劲梁 1 阶扭转频率

(三)加劲梁刚度

1. 加劲梁竖向刚度

当加劲梁竖向刚度按 1.0～2.0 倍率变化时，两类悬索桥的纵飘和横向频率基本不变，竖向频率增大了 10%左右，扭转频率增幅较小，自锚式悬索桥加劲梁 1 阶竖向对称、反对称频率分别由 0.276 0Hz、0.233 2Hz 增大至 0.311 5Hz、0.253 2Hz，地锚式悬索桥加劲梁 1 阶竖向对称、反对称频率分别由 0.298 6Hz、0.333 6Hz 增大至 0.327 6Hz、0.361 0Hz，如图 4-5 所示。

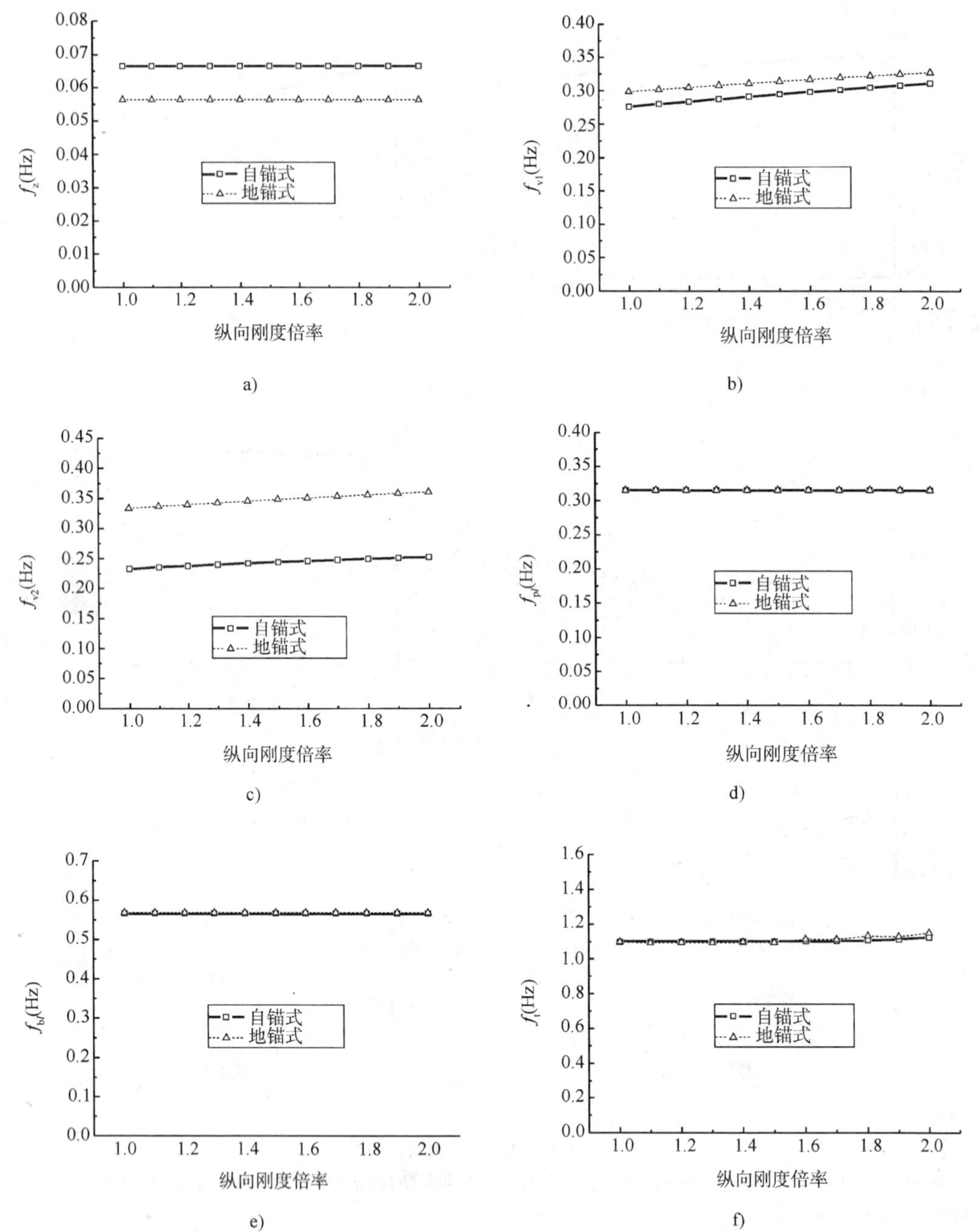

图 4-5 加劲梁竖向刚度变化对动力特性的影响

a)纵飘频率;b)加劲梁1阶对称竖向频率;c)加劲梁1阶反对称竖向频率;d)索塔1阶横向频率;e)加劲梁1阶横向频率;f)加劲梁1阶扭转频率

2. 加劲梁横向刚度

当加劲梁横向刚度按1.0～2.0倍率变化时,两类悬索桥的纵飘、竖向、索塔横向及扭转频率基本不变,加劲梁横向频率增大约25%,自锚式悬索桥加劲梁1阶横向频率由0.567 1Hz增大至

0.703 4Hz,地锚式悬索桥加劲梁 1 阶横向频率由 0.568 3Hz 增大至 0.698 4Hz,如图 4-6 所示。

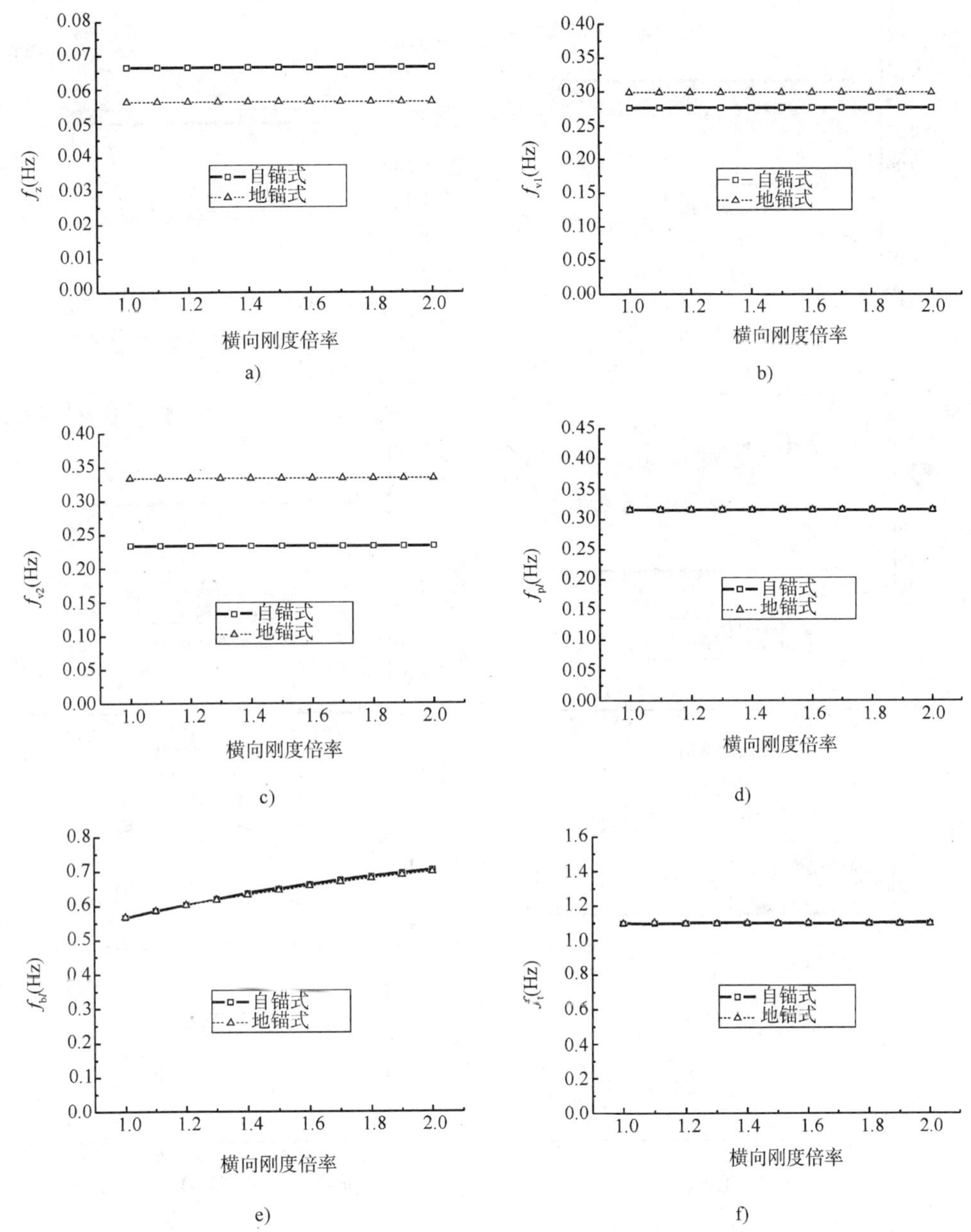

图 4-6　加劲梁横向刚度变化对动力特性的影响

a)纵飘频率;b)加劲梁 1 阶对称竖向频率;c)加劲梁 1 阶反对称竖向频率;d)索塔 1 阶横向频率;e)加劲梁 1 阶横向频率;f)加劲梁 1 阶扭转频率

3.加劲梁扭转刚度

当加劲梁扭转刚度按 1.0～2.0 倍率变化时,两类悬索桥的纵飘、竖向、横向频率基本不变,扭转频率略有增大,自锚式悬索桥加劲梁 1 阶扭转频率由 1.098 1Hz 增大至 1.113 1Hz,地锚式悬索桥加劲梁 1 阶扭转频率由 1.098 0Hz 增大至 1.155 0Hz,如图 4-7 所示。与自锚式悬索桥相比，地锚式悬索桥扭转频率变化幅度稍大。

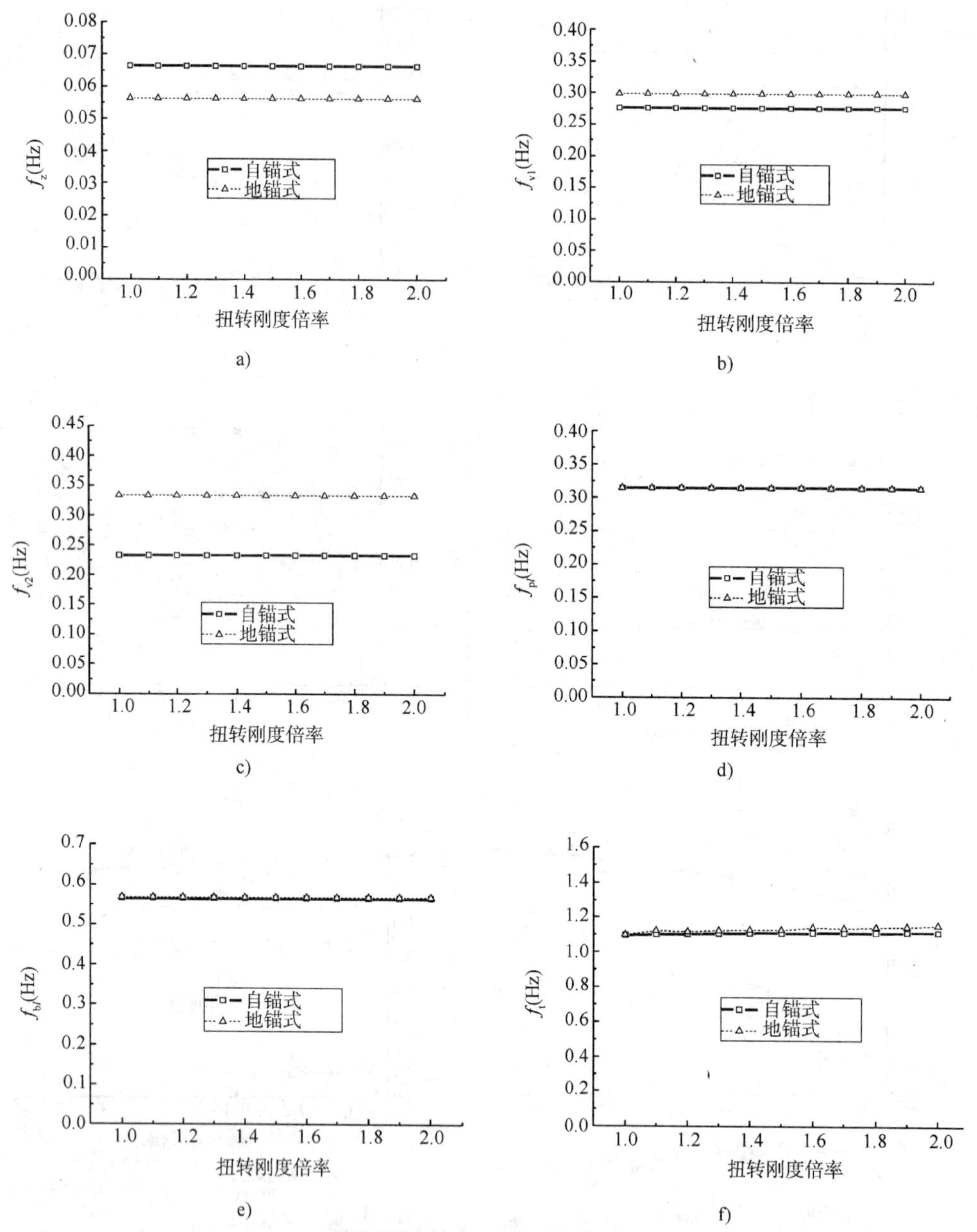

图 4-7 加劲梁扭转刚度变化对动力特性的影响

a)纵飘频率；b)加劲梁 1 阶对称竖向频率；c)加劲梁 1 阶反对称竖向频率；d)索塔 1 阶横向频率；e)加劲梁 1 阶横向频率；f)加劲梁 1 阶扭转频率

4. 加劲梁轴向刚度

当加劲梁轴向刚度按 1.0～2.0 倍率变化时，两类悬索桥的纵飘、横向、竖向及扭转频率均基本不变。

(四)索塔刚度

1. 索塔纵向刚度

当索塔纵向刚度按 1.0～2.0 倍率变化时,两类悬索桥的竖向和横向频率基本不变;地锚式悬索桥的纵飘频率不变,而自锚式悬索桥的纵飘频率增幅超过了 50%,由 0.066 5Hz 增至 0.096 4Hz;两类悬索桥的扭转频率有所增大,且地锚式悬索桥的增大幅度稍大,如图 4-8 所示。

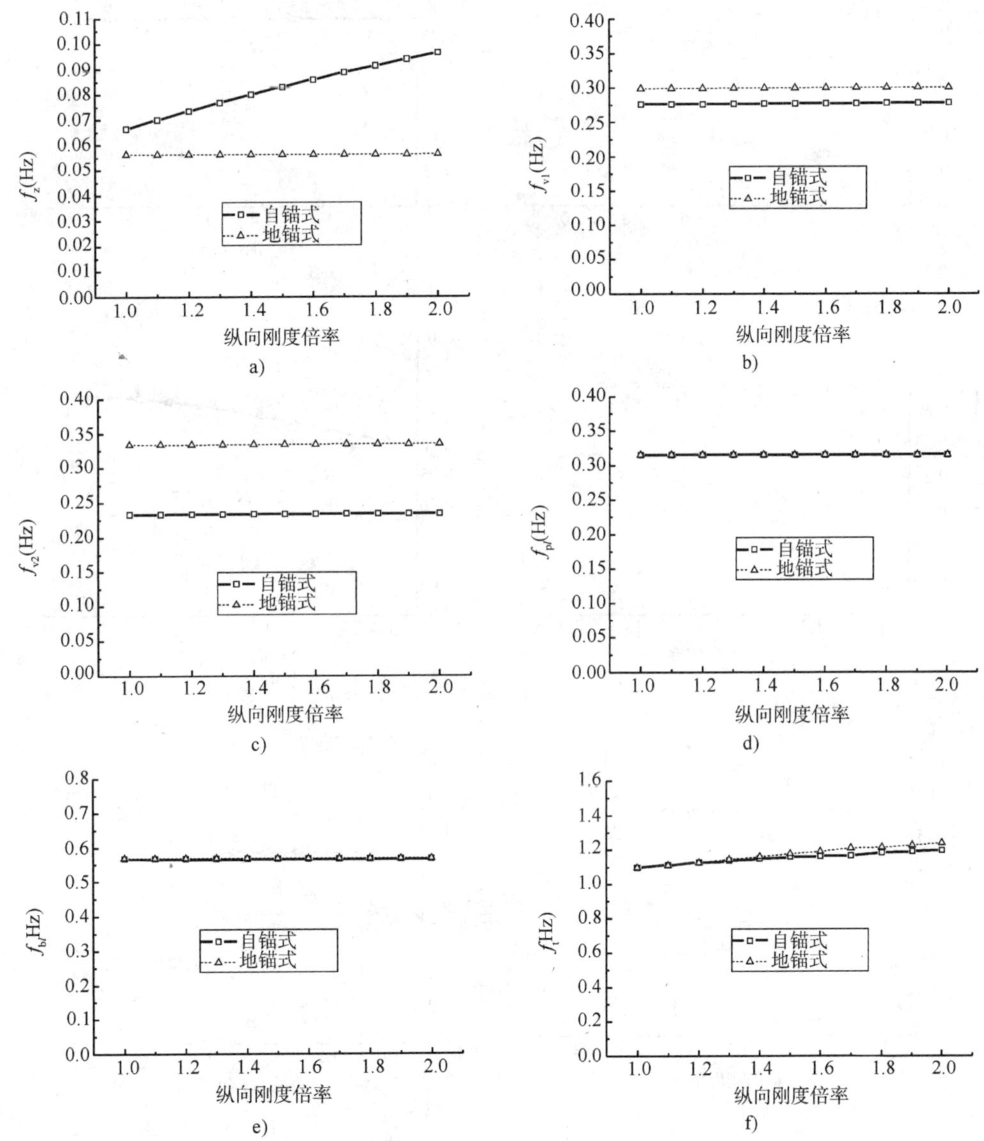

图 4-8　索塔纵向刚度变化对动力特性的影响

a)纵飘频率;b)加劲梁 1 阶对称竖向频率;c)加劲梁 1 阶反对称竖向频率;d)索塔 1 阶横向频率;e)加劲梁 1 阶横向频率;f)加劲梁 1 阶扭转频率

2. 索塔横向刚度

当索塔横向刚度按 1.0～2.0 倍率变化时，两类悬索桥的纵飘、竖向、加劲梁横向频率基本不变；自锚式悬索桥的扭转频率不变，而地锚式悬索桥的扭转频率增大了近 20%；两类悬索桥的索塔横向频率均增大约 20%，且增幅相同，由 0.315 6Hz 增至 0.400 1Hz，如图 4-9 所示。

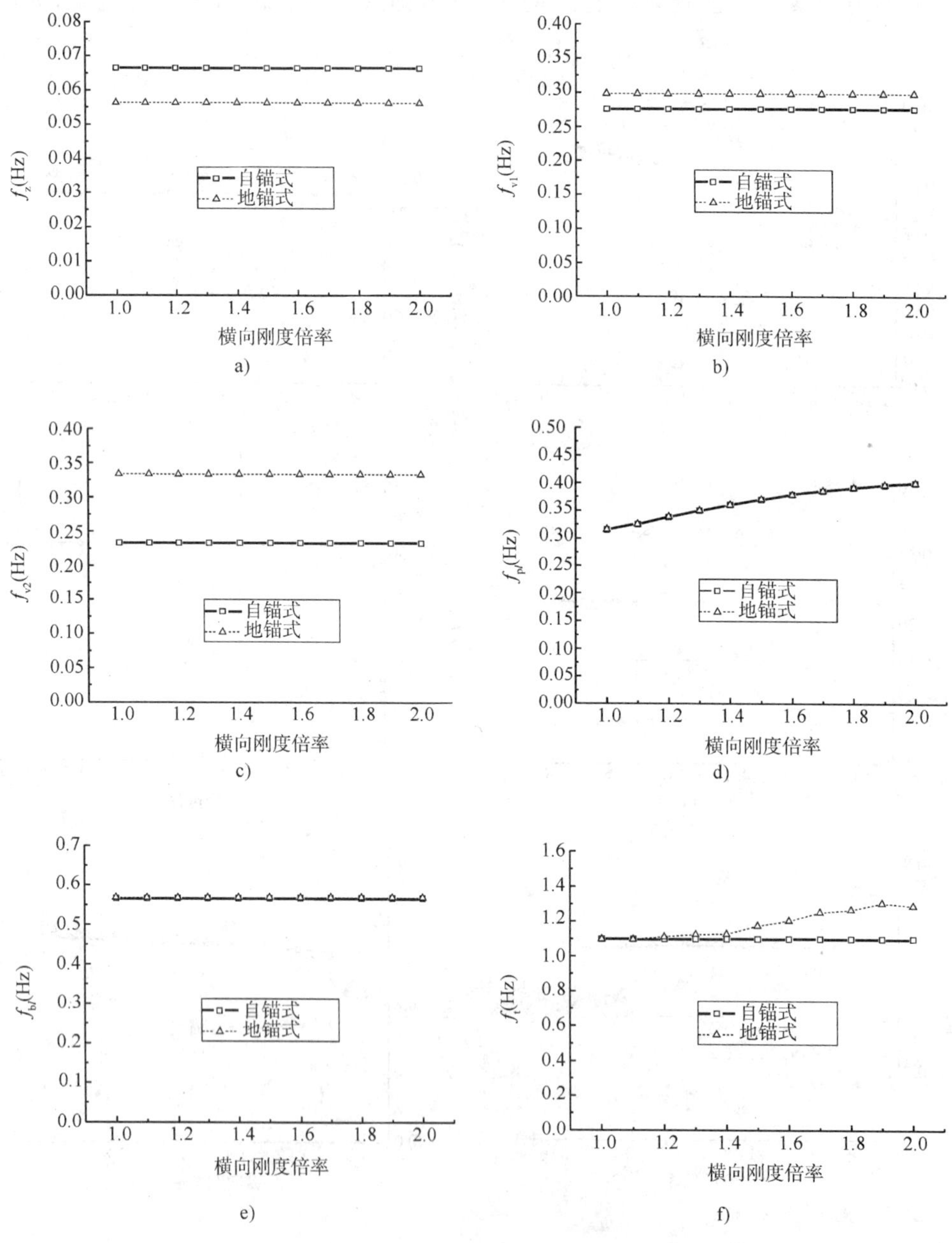

图 4-9　索塔横向刚度变化对动力特性的影响

a)纵飘频率；b)加劲梁 1 阶对称竖向频率；c)加劲梁 1 阶反对称竖向频率；d)索塔 1 阶横向频率；e)加劲梁 1 阶横向频率；f)加劲梁 1 阶扭转频率

(五)主缆抗拉刚度

当主缆抗拉刚度按 1.0～2.0 倍率变化时，两类悬索桥的纵飘及横向频率基本不变；两类悬索桥的竖向频率均增大了 16%；自锚式悬索桥的加劲梁 1 阶竖向对称、反对称频率分别由 0.276 0Hz、0.233 2Hz 增至 0.336 2Hz、0.288 1Hz，地锚式悬索桥的加劲梁 1 阶竖向对称、反对称频率分别由 0.298 6Hz、0.333 6Hz 增至 0.365 9Hz、0.410 7Hz；两类悬索桥的扭转频率均增大了 10%，如图 4-10 所示。

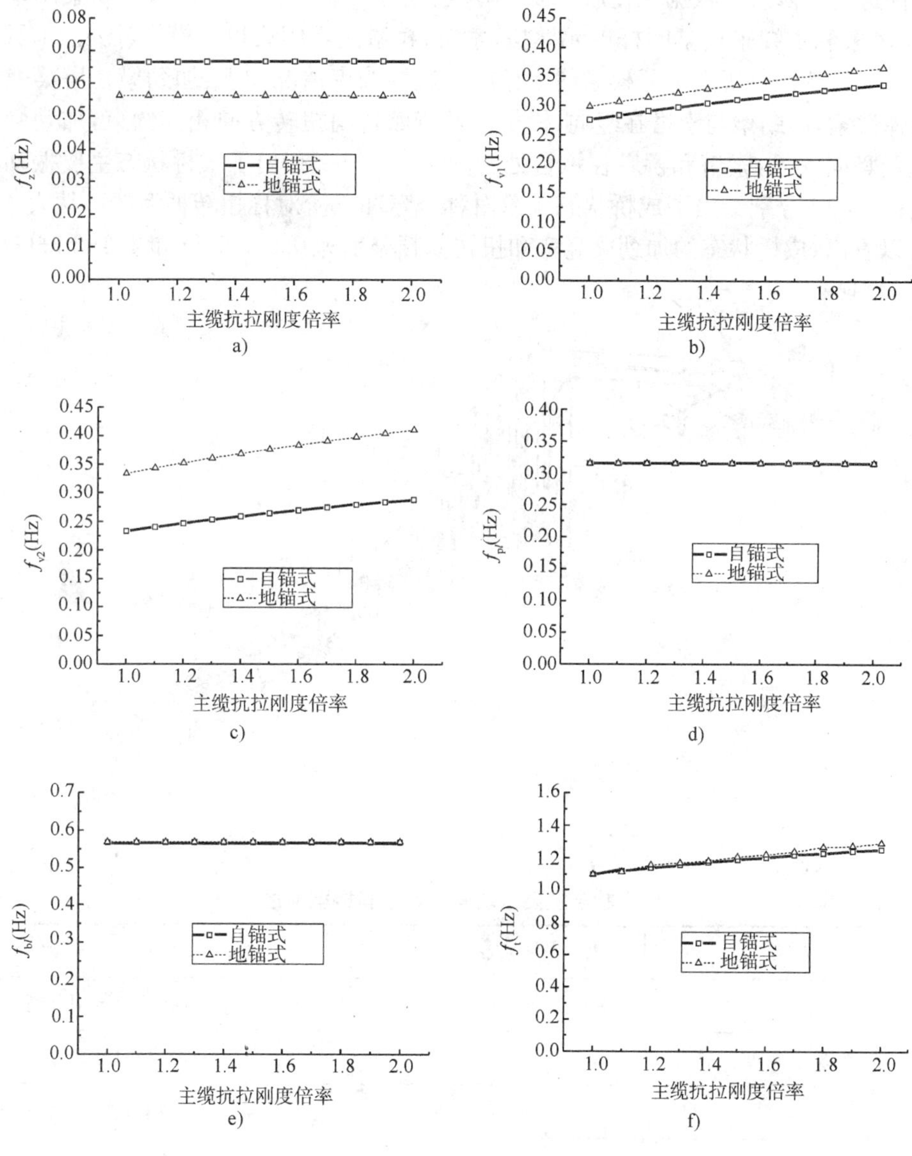

图 4-10　主缆抗拉刚度变化对动力特性的影响

a)纵飘频率；b)加劲梁 1 阶对称竖向频率；c)加劲梁 1 阶反对称竖向频率；d)索塔 1 阶横向频率；e)加劲梁 1 阶横向频率；f)加劲梁 1 阶扭转频率

(六)吊索抗拉刚度

当吊索抗拉刚度按 1.0～2.0 倍率变化时,两类悬索桥的纵飘、竖向、横向及扭转频率均基本不变。

三、佛山平胜大桥结构动力特性分析

根据动力参数分析结果,对佛山平胜大桥初步设计方案进行了优化和完善,并对加劲梁边界约束条件进行了修改。根据优化后的设计方案,建立有限元模型,其中,加劲梁用单脊骨梁模型模拟,吊索和主缆采用空间杆单元模拟,索塔、桥墩用空间梁单元模拟,图 4-11 所示为设计方案结构动力特性分析有限元模型图。相应的边界约束情况如下:加劲梁在塔梁交接处设置顺桥向弹性索,加劲梁与索塔在竖向、横桥向及绕顺桥向扭转方向相互约束,加劲梁在桥墩顶部仅设置竖向支承,索塔和桥墩在承台处为固结。表 4-2 列出了成桥状态主要振动频率和振型特点;图 4-12 分别给出了成桥状态 1 阶对称竖弯和 1 阶对称扭转振型图。从表 4-2 及图 4-12 中可以看出,成桥状态的加劲梁竖弯和扭转基频分别为 0.275 5Hz 和 1.152 7Hz,扭弯频率比为 $\varepsilon=4.184$。

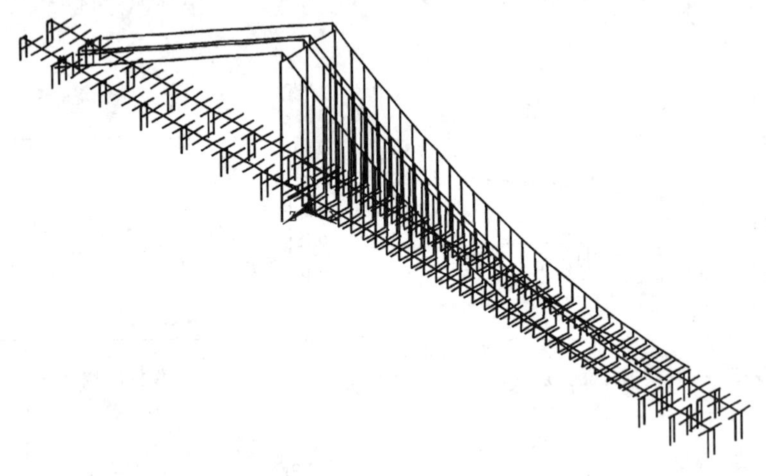

图 4-11　全桥结构三维有限元模型

成桥状态主要振动固有频率和振型描述　　表 4-2

振型序号	频率(Hz)	振型描述
1	0.266 9	加劲梁 1 阶对称侧弯
3	0.275 5	加劲梁 1 阶对称竖弯
9	0.414 8	加劲梁 1 阶反对称竖弯
22	0.542 3	加劲梁 1 阶反对称侧弯
46	1.152 7	加劲梁 1 阶对称扭转

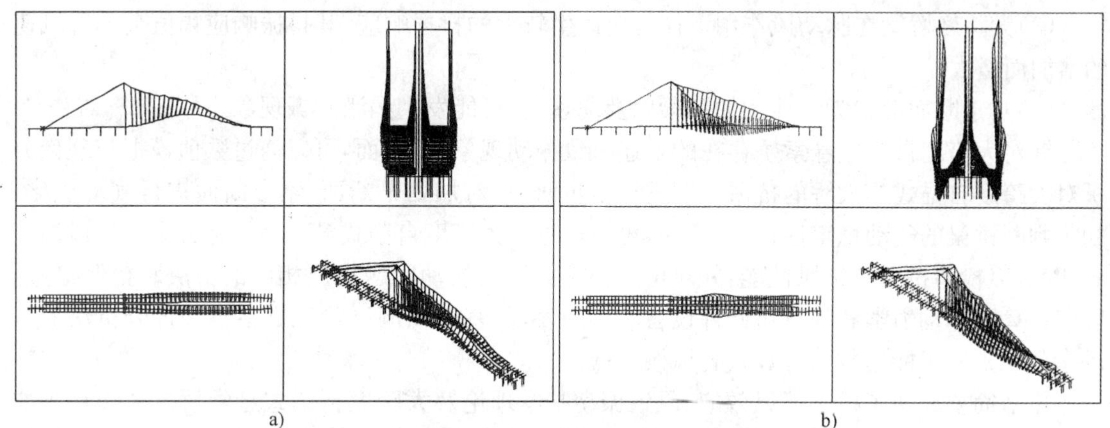

图 4-12　加劲梁 1 阶对称竖弯和 1 阶对称扭转振型图
a)1 阶对称竖弯振型；b)1 阶对称扭转振型

第二节　自锚式悬索桥抗风设计

一、概　　述

1940 年 11 月 7 日，美国华盛顿州建成才 4 个月的塔科马悬索桥在 18m/s 的八级风作用下发生强烈振动而坍塌，是历史上大跨度桥梁空气动力失稳最经典的例子。在此之后，人们开始认识到风对桥梁结构的作用不仅仅是静力作用，而且还有风致振动，特别是随着跨度的增加，动力作用的危害性将更大。

当气流绕过一般为非流线型截面的桥梁结构时，会产生漩涡和流动的分离，形成复杂的空气动力作用。当桥梁结构的刚度较大时，结构保持静止不动，这种空气动力作用只相当于静力作用。当桥梁结构的刚度较小时，空气作用激发了桥梁风致振动，空气力不仅有静力作用，而且具有动力作用[1]。抖振、颤振、驰振与涡激振动是桥梁风致振动的四种主要形态。当结构振动较小时，空气里的作用不受结构振动影响，主要表现为一种强迫力，导致桥梁结构的强迫振动——抖振(Buffeting)。抖振幅度通常是有限的，不至于造成桥毁事故，但可能威胁行车或施工安全，减少结构疲劳寿命；当空气受结构振动影响较大时，振动的桥梁结构反过来改变或影响了空气流场和作用力，形成了风和结构的相互作用，开始表现出自激励的特点，导致桥梁结构的自激振动——颤振(Flutter)。颤振是扭转发散振动或弯扭耦合的发散振动，是动力不稳定性的表现；驰振(Galloping)是细长物体因气流自激作用产生的一种纯弯曲低频大幅振动，理论上是发散的，即不稳定的；涡激振动(Vortex Shedding)是由于气流经过加劲梁后产生漩涡脱落引起的，介于强迫振动与自激振动之间，当风速位于某一区段时漩涡脱落频率正好接近桥梁自振频率，则会引起涡激共振。

在风荷载作用下，大跨度自锚式悬索桥的风致振动的表现形式主要有：

(1)塔柱、吊索与缆索有可能出现驰振现象，尤其当缆索串列布置时，易发生尾流驰振现象；

(2)较宽的加劲梁断面扭转效应显著，有可能发生颤振失稳；

(3)大跨度桥梁在脉动风作用下往往会产生较大的抖振响应，其抖振响应幅值会随着风速的增加而增大；

(4)对于断面形状为钝体的加劲梁以及缆索，有可能发生涡激共振现象。

针对大跨度自锚式悬索桥存在的上述风致振动现象，一方面，可以通过数值模拟与理论分析对大跨度自锚式悬索桥的抗风性能进行初步研究，对加劲梁断面、索塔断面进行气动优化，初步判断桥梁的气动稳定性；另一方面，可以通过对大跨度自锚式悬索桥设计方案进行风洞试验研究，以检验桥梁的抗风性能，并对可能存在的风致振动问题提出相应的解决和控制措施。随着计算流体动力学和计算机硬件设备的不断发展，基于风洞试验识别参数理论分析法的气动参数识别有可能用数值计算代替风洞试验。

本节简要介绍了桥梁静风效应、风致振动基本理论及大跨度自锚式悬索桥抗风设计主要内容，最后以佛山平胜大桥为例，介绍了大跨度自锚式悬索桥的抗风设计方法；通过节段模型、全桥模型以及串列双主缆的气弹模型风洞试验，研究了结构参数对串列双桥面及串列双主缆的空气动力学特性的影响规律，解决了类似佛山平胜大桥串列双桥面、串列双主缆这类新型大跨度自锚式悬索桥结构体系的抗风问题。

二、桥梁抗风基本理论

桥梁结构在风荷载作用下，会产生静力效应和动力响应，从而有可能导致静力失稳和风致振动问题。

(一)风对桥梁的静力作用

1. 静力风荷载

平均风作用于桥梁结构加劲梁上的风荷载简称静力风荷载，可表示为体轴坐标系下的升力 F_V、阻力 F_H 与扭矩 M_T 三个分量或者风轴坐标系下的升力 F_L、阻力 F_D 与扭矩 M_T 三个分量，如图 4-13 所示。

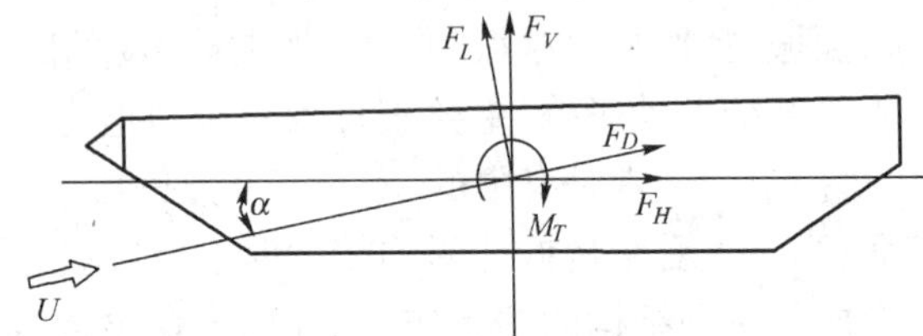

图 4-13　桥梁断面在体轴和风轴坐标系下的风荷载三分力

显然扭矩 M_T 在两种坐标系下都相同，(F_L, F_D)与(F_V, F_H)的转换关系如下：

$$\begin{pmatrix} F_V \\ F_H \end{pmatrix} = \begin{pmatrix} \cos\alpha & \sin\alpha \\ -\sin\alpha & \cos\alpha \end{pmatrix} \begin{pmatrix} F_L \\ F_D \end{pmatrix} \tag{4-1}$$

我们可以引入无量纲的静力三分力系数，来描述具有同样形状断面的静力风荷载。利用三分力系数，体轴坐标系下，静力风荷载可以表示为：

阻力
$$F_H = \frac{1}{2}\rho U^2 C_H D \tag{4-2}$$

升力
$$F_V = \frac{1}{2}\rho U^2 C_V B \tag{4-3}$$

扭矩
$$M_T = \frac{1}{2}\rho U^2 C_M B^2 \tag{4-4}$$

式中：C_H、C_V、C_M——分别为体轴坐标系下的阻力系数、升力系数与扭矩系数（统称为静力三分力系数，是攻角 α 的函数）；

D、B——分别为桥梁断面高度与宽度；

ρ——空气密度；

U——远离断面的上游来流平均风速。

2. 静力横向屈曲与扭转发散

在静力风荷载作用下，大跨度桥梁有可能出现失稳现象，例如，对于缆索承重桥梁，可能出现扭转发散与侧向弯扭屈曲等失稳模式。大跨度缆索承重桥梁的力学计算特点是要充分考虑结构的几何非线性与外荷载非线性。在给定风速 U 的情况下，结构承受初始风荷载，在风荷载作用下桥梁结构会产生变形，由于静力三分力系数是结构变形（扭转角）的函数，因此变形增量会反馈影响风荷载从而增加一个外荷载增量。

发散机理从数学上可以用下式表示：

$$\{\delta\} = \{\delta_0\} + \{\Delta\delta_1\} + \{\Delta\delta_2\} + \cdots + \{\Delta\delta_n\} + \cdots \tag{4-5}$$

给定风速下结构是否会出现失稳，从数学上就归结于以上无穷级数的收敛问题，如果式(4-5)表示的级数项不收敛，则会发生静力风致失稳。

(二)桥梁风致振动

桥梁风致振动主要有颤振、驰振、抖振、涡激振动 4 种形态。

1. 颤振

根据片条理论假定，一个处于二维均匀流中的常见桥梁加劲梁断面的运动方程可以写为：

$$\begin{bmatrix} m & 0 \\ 0 & J \end{bmatrix}\begin{bmatrix} \ddot{h} \\ \ddot{\alpha} \end{bmatrix} + \begin{bmatrix} C_h & 0 \\ 0 & C_\alpha \end{bmatrix}\begin{bmatrix} \dot{h} \\ \dot{\alpha} \end{bmatrix} + \begin{bmatrix} K_h & 0 \\ 0 & K_\alpha \end{bmatrix}\begin{bmatrix} h \\ \alpha \end{bmatrix} = \begin{bmatrix} L \\ M \end{bmatrix} \tag{4-6}$$

式中：h、α——分别表示该断面的竖向振动位移和扭转振动位移；

L、M——分别为升力和扭矩。

根据 1971 年 Scanlan 建立的桥梁加劲梁断面颤振导数理论[2]，气动自激力 L、M 可表示为状态向量$(\dot{h},\dot{\alpha},\alpha,h)$的线性函数，即：

$$L = \frac{1}{2}\rho U^2 B\left\{KH_1^*\frac{\dot{h}}{U} + KH_2^*\frac{\dot{\alpha}B}{U} + K^2H_3^*\alpha\right\} \tag{4-7a}$$

$$M = \frac{1}{2}\rho U^2 B^2\left\{KA_1^*\frac{\dot{h}}{U} + KA_2^*\frac{\dot{\alpha}B}{U} + K^2A_3^*\alpha\right\} \tag{4-7b}$$

式中：$K=\omega B/U$——折算频率；

$\omega,\dot{h},\dot{\alpha},\alpha,h$——为风场与断面运动状态；

H_i^*、A_i^* $(i=1,2,3)$——分别为 h 和 α 方向的颤振导数，均为 K 的无量纲函数。

因此，只要测定了颤振导数，就可依据它计算同一形状断面在任意运动状态（微振动）中的气动自激力。由于 h,α 是以桥梁断面的体轴定义的，故同一断面不同攻角的颤振导数是不同的。

迄今为止，只有零攻角下的理想平板得到了颤振导数的理论解。对于一般的断面，目前只有通过风洞试验或计算流体力学(CFD)模拟来得到[3]。由于 CFD 识别技术仍然存在相当的困难，因此，目前主要通过节段模型风洞试验来识别颤振导数，识别方法有自由振动法和强迫振动法[4]。

通常情况下，在低风速时，结构处于空气稳定状态，随着风速的增大，颤振导数的变化会逐渐改变气动自激力与振动状态之间的相位差，气流也就从耗散结构能量转变为向结构输送能量，至一定风速后结构状态就转变为动力不稳定状态，颤振也就发生了。由稳定状态转变为不稳定状态的对应风速就称为颤振临界风速。颤振临界风速可由风洞试验和理论分析得到。理论分析方法的代表有 Scanlan 提出的适合于二维颤振分析的分离流颤振理论[2]和陈政清提出的三维颤振分析的多模态参与单参数搜索法(M-S 法)[5]。

2. 驰振

当气流经过一个在垂直气流方向上处于微振动状态的细长物体时，根据静力三分力，可以推导得到准定常气动力的表达式为：

$$F_y(\alpha) = -\frac{1}{2}\rho U^2 B\left(\frac{\mathrm{d}C_L}{\mathrm{d}\alpha} + C_D\right)\Big|_{\alpha=0} \cdot \frac{\dot{y}}{U} \tag{4-8}$$

于是，结构断面的竖向振动方程可以写为：

$$m(\ddot{y} + 2\zeta\omega\dot{y} + \omega^2 y) = -\frac{1}{2}\rho U^2 B\left(\frac{\mathrm{d}C_L}{\mathrm{d}\alpha} + C_D\right)\Big|_{\alpha=0} \cdot \frac{\dot{y}}{U} \tag{4-9}$$

将上式右端项移至左边，速度 $\dot{y}$ 前的系数表示系统的净阻尼，用 d 表示为：

$$d = 2m\zeta\omega + \frac{1}{2}\rho UB\left(\frac{\mathrm{d}C_L}{\mathrm{d}\alpha} + C_D\right)\Big|_{\alpha=0} \tag{4-10}$$

显然，至少要：

$$\left(\frac{\mathrm{d}C_L}{\mathrm{d}\alpha} + C_D\right)\Big|_{\alpha=0} < 0 \tag{4-11}$$

时才可能出现不稳定现象。因此，式(4-11)左端又称为驰振力系数。又因为一般情况下阻力系数 C_D 总是正的，因此只有当：

$$C'_L = \frac{\mathrm{d}C_L}{\mathrm{d}\alpha} < 0 \tag{4-12}$$

才可能出现不稳定的驰振现象。

当结构发生驰振时，系统对应的净阻尼比应等于零，即式(4-10)等于零，对应的结构发生驰振的临界风速为 U_g，即：

$$U_g = \frac{-4m\zeta\omega}{\rho B(C'_L + C_D)} \tag{4-13}$$

当两个以上的物体并列或直列于流场中，或分置某一个角度时，因互相受到对方造成的流动的影响而产生的一种综合的振动现象称为气动干扰现象。当两根索顺风向串列时，来流方向的下游索比上游索发生更强烈的风致振动，称为尾流驰振。上游索的尾流区中存在一个不稳定驰振区，如果下游索正好位于这一不稳定区中，其振幅就会不断加大，直至达到一个稳态大振幅的极限环。当两索距离较远，超出尾流驰振不稳定区时，就不会发生尾流驰振。

3. 抖振

桥梁的抖振是指在紊流场作用下的随机振动。桥梁在抖振作用下的响应计算方法有：频域法和时域法。频域方法采用傅立叶变换技术，通过激励的统计特性来确定结构响应的统计特性，如均值与方差等，即在结构是线性以及激励是平稳随机过程的假设前提下，通过频域方法建立结构输入与输出的响应关系，具有简单高效的优点；时域方法是通过模拟随机荷载的统计特性，将激励转化为时间系列，通过动力有限元的时程分析方法确定结构的响应。由于地面运动以及结构的响应基本上是一瞬态过程，因此通过频域方法来确定其统计特性有一定局限性。近年来在风工程研究领域中，考虑到气动力的非线性以及大跨度柔性结构的几何非线性等影响因素，越来越多的学者采用时域方法进行桥梁抖振研究。

抖振力模型最早在 1962 年由 Davenport 提出。基于准定常气动力理论，Scanlan 等建议用如下表达式描述作用于桥梁上的抖振力：

$$D_b(t)=\frac{1}{2}\rho U^2 B\left(2C_D\frac{u(t)}{U}+C'_D\frac{w(t)}{U}\right) \tag{4-14a}$$

$$L_b(t)=\frac{1}{2}\rho U^2 B\left(2C_L\frac{u(t)}{U}+(C'_L+C_D)\frac{w(t)}{U}\right) \tag{4-14b}$$

$$M_b(t)=\frac{1}{2}\rho U^2 B^2\left(2C_M\frac{u(t)}{U}+C'_M\frac{w(t)}{U}\right) \tag{4-14c}$$

式中：C_L、C_D、C_M——分别为静力三分力系数；

C'_L、C'_D、C'_M——分别为静力三分力系数对攻角 α 的导数，可由风洞试验测得；

$u(t)$、$w(t)$——分别为水平向及垂直向的脉动风速；

其他符号同前。

以上抖振力模型的推导有一个前提，即准定常假定。对于高频率段的紊流，基于准定常假定的抖振力表达式可能与结构真实的受力状态会存在较大的差距，因此必须引入依赖脉动风频率特性的气动导纳函数来修正准定常抖振力模型，以考虑抖振力的非定常特性。经气动导纳函数修正后的抖振力模型如下：

$$D_b(t)=\frac{1}{2}\rho U^2 B\left(2C_D\chi_D\frac{u(t)}{U}+C'_D\chi'_D\frac{w(t)}{U}\right) \tag{4-15a}$$

$$L_b(t)=\frac{1}{2}\rho U^2 B\left(2C_L\chi_L\frac{u(t)}{U}+(C'_L+C_D)\chi'_L\frac{w(t)}{U}\right) \tag{4-15b}$$

$$M_b(t)=\frac{1}{2}\rho U^2 B^2\left(2C_M\chi_M\frac{u(t)}{U}+C'_M\chi'_M\frac{w(t)}{U}\right) \tag{4-15c}$$

式中：χ_D、χ'_D、χ_L、χ'_L、χ_M、χ'_M——均为气动导纳函数。

此外，Davenport 抖振力表达式的一个基本假定是刚性模型假定，即假定结构本身的振动不会影响风荷载，两者无反馈关系。实际上结构的振动与风场会形成一种耦合关系，从形式上表现为结构的阻尼特性与刚度特性的改变，称为气动阻尼与气动刚度。在桥梁结构的抖振响应分析中，通常采用 Scanlan 自激力表达式引入气动刚度与气动阻尼。因此在大跨度桥梁的抖振响应分析中，引入 Scanlan 自激力修正后，抖振力模型可表示为：

$$D=D_b+D_{ae} \tag{4-16a}$$

$$L=L_b+L_{ae} \tag{4-16b}$$

$$M=M_b+M_{ae} \tag{4-16c}$$

式中：下标 b——抖振力；

下标 ae——气动自激力。

4. 涡激振动

当气流绕过钝体后，在尾流中会出现漩涡脱落现象。漩涡脱落的频率 f_v 可表示为：

$$f_v = \frac{StU}{D} \tag{4-17}$$

式中：U——风速；

D——截面投影到与气流垂直的平面上的特性尺度，对于一般钝体截面，可取迎风面的高度；

St——Strouhal 数。

当漩涡脱落时对被绕流的物体会产生了一个作用力，此即涡激力。当被绕流的物体是一个振动体系时，周期性的涡激力将引起结构的涡激振动，并且在漩涡脱落频率与结构的某阶自振频率一致时将发生涡激共振。

根据片条假设理论，桥梁加劲梁在气流作用下，可以近似处理为有阻尼的单自由度弹性悬挂刚体模型，对应的运动方程为：

$$m(\ddot{y} + 2\xi\omega_n\dot{y} + \omega_n^2 y) = F(y,\dot{y},\ddot{y},U,t) \tag{4-18}$$

式中：m——加劲梁单位长度质量；

y——竖弯振动自由度；

$\dot{y}$，$\ddot{y}$——结构的速度和加速度；

ξ——结构阻尼比；

ω_n——结构固有频率；

U——来流风速；

t——时间；

F——涡激力。

由于涡激振动的复杂性，目前涡激力 $F(y,\dot{y},\ddot{y},U,t)$ 还没有一个被广泛采用的解析表达式，人们根据对涡激振动的认识，普遍认为涡激力为结构位移、速度、风速和时间的函数，并与结构的形状有关。根据涡激共振研究成果，影响涡激共振响应的主要因素有：断面形状及细部构造，来流风攻角、来流紊流度 I_u 及紊流尺度，雷诺数 Re，模型断面斯卡顿数 Sc（$Sc=\xi m/\rho H^2$，ξ——结构阻尼比；m——结构质量；ρ——空气密度，一般取为 $\rho=1.225\text{kg/m}^3$；H——结构特征尺寸）。

涡激共振是一种在较低风速下易发生的带有自激性质的有限振幅振动。涡振振幅的求解关键问题是确定涡激力的解析表达式，至今，涡激力的经典解析表达式主要有：简谐力模型、升力振子模型、经验线性模型和经验非线性模型等。

5. 桥梁涡激振动病害及措施

由于涡激振动的复杂性，其研究相对滞后，同时涡激振动对桥梁结构的危害性也在多座桥梁中发生，因此有必要对桥梁结构的涡激振动进行调查，以引起国内桥梁工程师对桥梁结构涡激振动的重视。表 4-3 给出了国内外发生涡激振动的桥梁及其涡激振动控制措施。

国内外桥梁及局部杆件发生涡激振动情况　　表 4-3

部位	桥型	国家	桥　名	涡振描述	涡激振动控制措施
加劲梁	斜拉桥	日本	Ishikari Kako Bridge	—	—
		英国	Second Seven Bridge	竖向涡振	安装扰流板
			Kessock Bridge	振幅为 90～200mm 竖向涡振	安装 8 个 TMD
		加拿大	Wye Bridge	竖向涡振	—
			Long's Creek Bridge	—	气动措施
	悬索桥	美国	Tacoma Narrows Bridge	竖向涡振	未采取措施，最后发生颤振破坏
			Deer Isle Bridge	竖向涡振	增设斜拉索
			Thousand Island Bridge	竖向涡振	—
			Golden Gate Bridge	扭转涡振	增加下平联，提高加劲梁抗扭刚度
		加拿大	Lion Gate Bridge	涡激振动	—
	连续梁	日本	东京湾大桥(主跨 240m)	竖向涡振	安装 TMD
		丹麦	大海带东桥引桥	涡激振动	TMD 控制
	刚构桥	巴西	Rio-Niteroi Bridge	竖向涡振	安装吸振装置(TVA)
局部构件	吊索	中国	九江大桥	涡激振动	安装 TMD
	灯柱	美国	美国伊利诺斯州盖尔斯堡公路路灯立柱[4]	涡激振动	安装 TMD

1982 年建成的英国 Kessock 桥是主跨为 240m 的一座斜拉桥，该桥建成以后加劲梁发生了振幅为 90～200mm 的竖向涡激振动，最后在主跨内安装了 8 个 TMD 来控制该桥的涡激共振(见图 4-14)[6]。英国第二塞文桥主跨为 456m，边跨为 245m，加劲梁采用钢—混凝土组合梁，如图 4-15 所示。该桥在通车后的第一个冬天就发生了竖向涡激振动。该桥在设计阶段就进行了风洞试验，并通过风洞试验发现存在涡激振动现象，并提出了相应的气动措施。但根据规范建议的结构阻尼、紊流度参数推断该桥发生大幅涡激振动的可能性较小，故在设计阶段未采取措施。但对现场风和结构振动响应的实测发现，结构阻尼与紊流度与规范建议值差别很大，并根据现场实测紊流度参数和结构阻尼参数重新进行了风洞试验，风洞试验结果与现场实测吻合很好(见图 4-16)。在此基础上重新研究了涡激振动控制的气动措施，采用在加劲梁下安装扰流板的措施来控制涡激共振[7]。日本东京湾大桥由 10 跨连续钢箱梁构成，主跨为 240m，总长为 1 639m，于 1995 年建成(见图 4-17)。在风洞试验中发现存在两阶或更高阶竖弯涡激共振现象，但为了在实际桥梁中观察这一现象，以检验风洞试验的准确性，所以未安装涡激振动的控制措施[8]。该桥于 1994 年 10 月完成了主梁的架设任务，次年 2 月即观察到了明显的涡激振动现象。当风向与桥轴线接近垂直(±20°风偏角以内)，风速达到 16～17m/s 时，桥梁就发生明显的以 1 阶竖向模态为主的涡激振动，跨中单边振动峰值达 50cm，现场实测相应的阻尼比为 0.45%～0.70%，图 4-18 给出了现场实测与风洞试验测试结果的对比。最后在该桥安装了 TMD 控制系统以抑制涡激共振[8]。每台调质量阻尼器(TMD)重1 000kN，8 台用于抑制 1 阶振动，其余 8 台用于抑制 2 阶振动。阻尼器装在箱梁内部，阻尼器安装后，风致振动的振幅仅为 5cm。TMD 控制系统取得了圆满成功。巴西 Rio-Niteroi 桥则因为在 14m/s 左右的风速下发生强烈的竖向涡激振动而被关闭；大海带东桥引桥由于设计中采用了钢连续箱梁桥形式，也采用 TMD 对其涡激振动进行了控制。

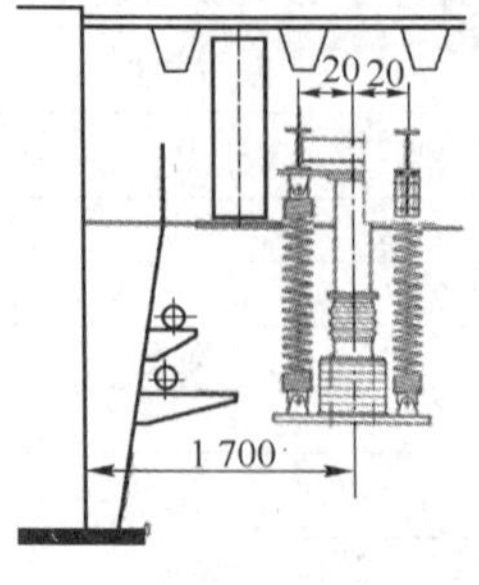

图 4-14　英国 Kessock 桥及涡激振动 TMD 控制(尺寸单位:mm)

图 4-15　英国第二塞文桥(主跨 456m)

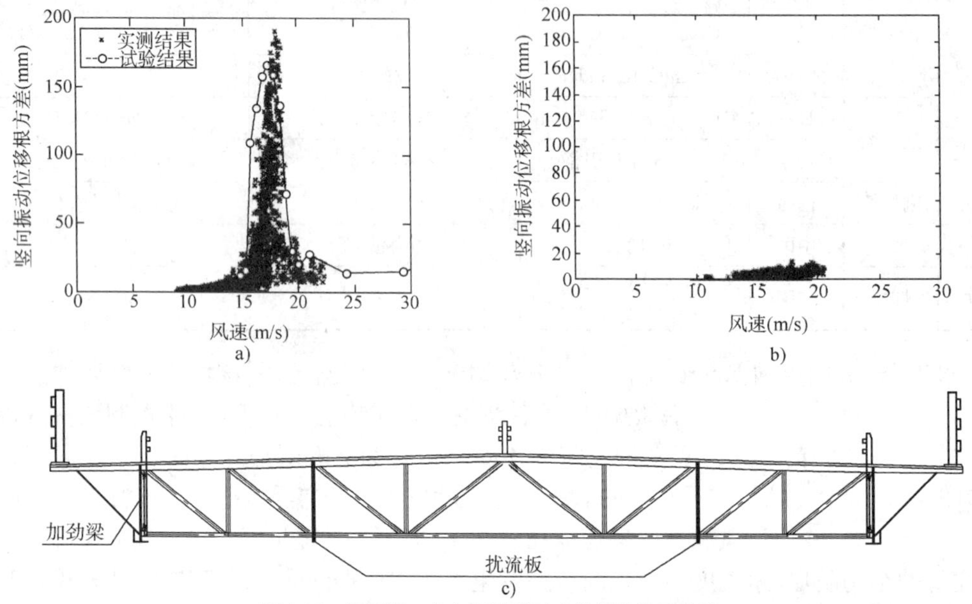

图 4-16　英国第二塞文桥涡激振动控制措施及效果

a) 风洞试验结果与现场实测结果;b) 采取涡激控制措施后的涡激振动现场实测结果;c) 涡激振动控制措施

图 4-17　东京湾大桥

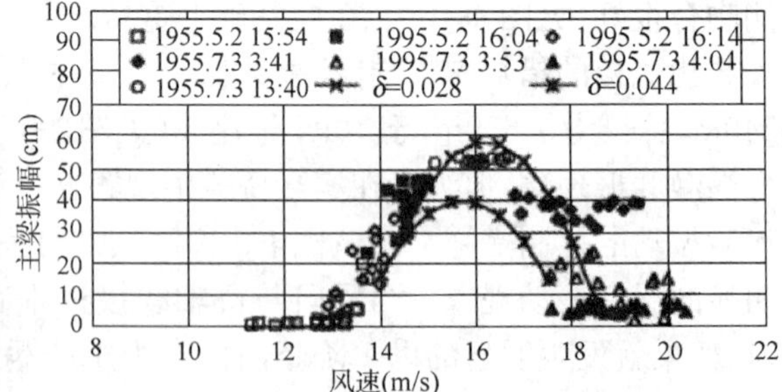

图 4-18　东京湾大桥涡激共振实测与风洞试验结果

综合以上国内外桥梁发生涡激振动的情况可以看出,涡激共振问题在悬索桥、斜拉桥、钢连续梁和连续刚构、大跨度拱桥等结构中均有可能发生,对于大跨度钢箱梁自锚式悬索桥的设计而言,涡激共振的检验是非常必要的。同时,由于涡激振动问题的复杂性,也使得既有桥梁涡激振动控制措施方面可供采用的气动措施非常少,大多数采用了 TMD 振动控制措施,这与涡激振动发生机理及影响因素的研究不足有关,值得关注与研究。

三、自锚式悬索桥抗风设计基本内容

一般而言，当桥梁结构的跨度较大，且结构的振动基频较低或阻尼比较小的情况下，在桥梁设计阶段不仅要考虑风的静力作用，还要考虑风的动力作用。大跨度桥梁抗风设计的主要内容见表 4-4。具体实施阶段则可根据设计进程来进行调整。对于自锚式悬索桥而言，从抗风设计的角度考虑，与传统的大跨度桥梁抗风设计没有本质的差别，在设计实践中可按表 4-4 中的相关抗风设计研究内容针对性的开展工作。

大跨度桥梁抗风设计主要内容　　表 4-4

设计阶段	研究内容	主要指标	目的
工程可行性研究阶段	桥位风特性参数	桥位基本风速 v_{10} 紊流度 I_u, I_v, I_w 风玫瑰图	合理选取桥位风参数
初步设计阶段	桥梁结构动力特性	结构的主要频率、振型等效质量(等效质量惯性矩)	桥梁风振分析与试验
	加劲梁节段模型测力试验及 CFD 数值模拟	三分力系数 C_D, C_L, C_M	桥梁结构风荷载计算
		升力与升力矩系数随风攻角变化斜率 $dC_L/d\alpha, dC_M/d\alpha$	判断加劲梁断面是否会发生驰振
	索塔断面测力试验及 CFD 数值模拟	三分力系数 C_D, C_L, C_M	桥梁结构风荷载计算
		升力与升力矩系数随风攻角变化斜率 $dC_L/d\alpha, dC_M/d\alpha$	判断加劲梁断面是否会发生驰振
	加劲梁节段模型测振试验	颤振临界风速 U_{cr}	颤振稳定性检验
		涡激振动共振发生风速及振幅	涡激共振现象检验
		气动导数 A_i^*, H_i^* $(i=1,2,3,4)$测量	三维颤振分析 抖振响应分析
	风荷载计算	关键位置的内力及响应	判定结构在风荷载作用下的应力及刚度是否满足要求
	三维颤振稳定性计算	颤振临界风速	判定多模态耦合振动时的颤振稳定性
	静风稳定性计算	静风稳定性临界风速	检验桥梁的静风稳定性
施工图设计阶段	桥梁结构动力特性	结构的主要频率、振型等效质量(等效质量惯性矩)	桥梁风振分析与试验
	加劲梁节段模型测力试验	升力与升力矩系数随风攻角变化斜率 $dC_L/d\alpha, dC_M/d\alpha$	判断加劲梁断面是否会发生驰振
	加劲梁节段模型测振试验	颤振临界风速 U_{cr}	颤振稳定性检验
		涡激振动共振发生风速及振幅	涡激共振现象检验
		气动导数 A_i^*, H_i^* $(i=1,2,3,4)$测量	三维颤振分析 抖振响应分析
	索塔气弹模型试验	索塔施工状态振动响应	检验索塔施工安全与舒适性
		索塔驰振发生临界风速	检验索塔驰振稳定性
		索塔涡激振动发生风速及振幅	检验索塔涡激共振现象
	全桥气弹模型试验	均匀流场的颤振临界风速	检验全桥颤振稳定性
		均匀流场涡激振动发生风速及振幅	检验涡激共振现象
		紊流场桥梁结构风致振动响应	检验桥梁施工舒适性及运营风致振动舒适性
	特殊结构形式的风洞试验	针对新的特殊桥梁结构进行相应试验	如佛山平胜大桥的双幅桥面气动干扰、双主缆的气动干扰

四、自锚式悬索桥桥梁抗风设计示例

目前已建成的自锚式悬索桥的最大跨度已达350m，从桥梁抗风研究的经验可初步判断这类桥的颤振稳定性基本可以满足规范要求。主要考虑的桥梁风致振动问题应该是加劲梁涡激振动问题、塔柱可能出现的风致振动问题以及特殊结构自身所引起的风致振动问题。

对于佛山平胜大桥而言，在风荷载作用下，可能存在的风致振动表现形式主要有：(1)塔柱、吊索与缆索有可能出现驰振现象，尤其当缆索串列布置时，易发生尾流驰振现象；(2)双幅桥面气动干扰可能导致桥梁颤振稳定性的降低；(3)大跨度桥梁在脉动风作用下往往会导致较大的抖振响应，其抖振幅值会随着风速的增加而增大；(4)对于断面形式为钝体的加劲梁以及缆索，在较低风速下有可能发生涡激共振现象。本节以佛山平胜大桥抗风设计为例来介绍大跨度自锚式悬索桥抗风研究。结合佛山平胜大桥的结构特点和可能存在的风致振动问题，采用风洞试验进行了如下五个方面的抗风研究[9,10]。

(一)静力三分力试验

本试验采用几何缩尺比为1/46的加劲梁节段模型，如图4-19。考虑到佛山平胜大桥为独塔、双桥面自锚式悬索桥，分别针对以下三种工况进行了加劲梁断面三分力系数的测试：单幅桥面、双幅桥面(下游加劲梁模型固定)、双幅桥面(上游加劲梁模型固定)。经测试，成桥状态加劲梁断面三分力系数随攻角变化曲线如图4-20、图4-21所示。

图4-19　加劲梁断面三分力系数测试装置

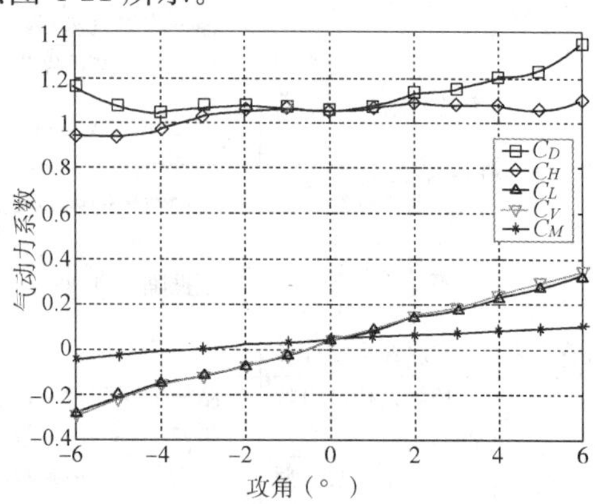

图4-20　三分力系数—攻角α曲线(单幅桥面)

从图4-20与图4-21可以看出，双幅桥面桥梁上游桥面加劲梁的阻力系数略小于单幅桥面加劲梁阻力系数，下游桥面加劲梁阻力系数则明显小于上游桥面加劲梁阻力系数；双幅桥面上游桥面加劲梁的升力系数与单幅桥面加劲梁的升力系数接近，下游桥面加劲梁的升力系数小于上游桥面的升力系数；双幅桥面上游桥面加劲梁的升力矩系数与单幅桥面加劲梁的升力矩系数接近，下游桥面加劲梁的升力矩系数小于上游桥面的升力矩系数；双幅桥面之间的气动干扰对桥梁断面升力系数和升力矩系数的影响规律是相同的。

(二)节段模型测振试验

1.加劲梁断面颤振稳定性检验

本试验的主要目的是检验双幅桥面加劲梁在成桥状态的颤振稳定性是否满足规范要求，

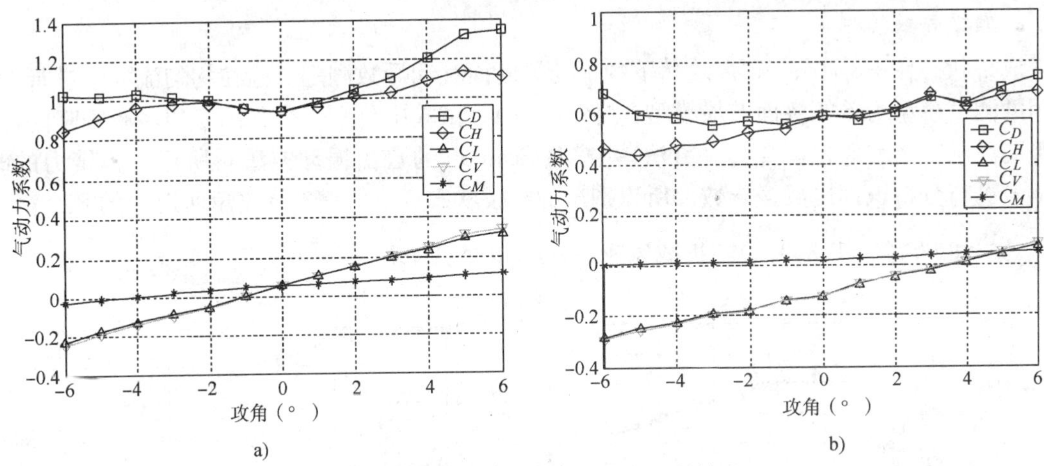

图 4-21 三分力系数—攻角 α 曲线(双幅桥面)

a)下游加劲梁模型固定上游桥面三分力系数;b)上游加劲梁模型固定下游模型三分力系数

同时测定加劲梁断面的非定常气动力。本试验采用的几何缩尺比为 1/46 的节段模型。模型长度为 1.405m,长宽比约 2.465。试验在均匀流场中进行,试验装置如图 4-22。采用直接试验法对成桥状态进行了－3°、0°和＋3°三种攻角的竖弯和扭转两自由度耦合颤振试验,成桥状态颤振临界风速见表 4-5,可见双幅桥面的存在大大降低了颤振临界风速,但仍有充足的颤振稳定性。

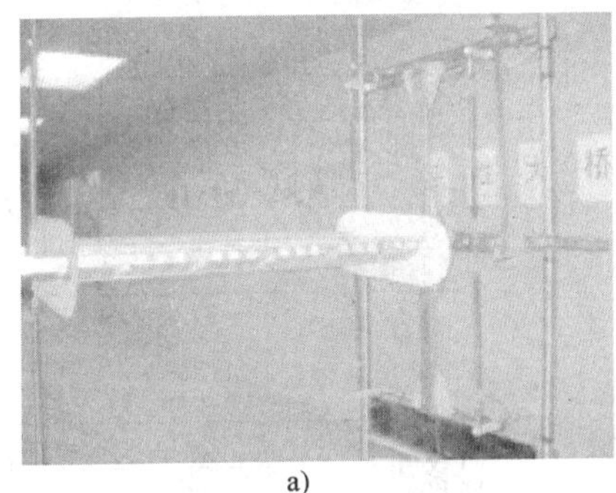
a)

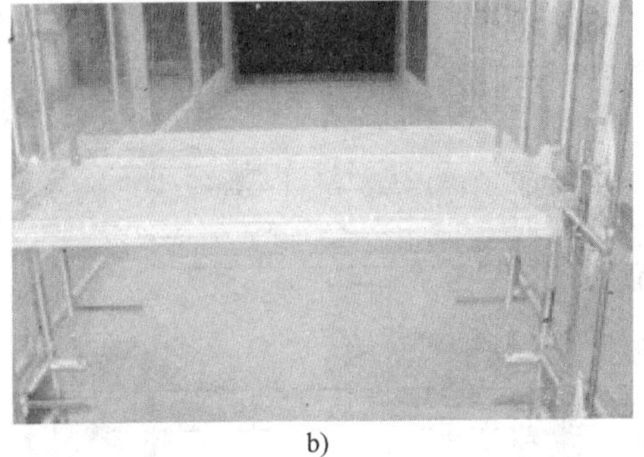
b)

图 4-22 加劲梁断面颤振稳定性节段模型试验

a)单幅桥面;b)双幅桥面

成桥状态节段模型颤振临界风速测试结果 表 4-5

<table>
<tr><th rowspan="2">攻角
(°)</th><th colspan="3">单幅桥面(风嘴迎流)</th><th colspan="3">双 幅 桥 面</th></tr>
<tr><th>试验颤振风速
U_{σ}(m/s)</th><th>风速比</th><th>实桥颤振临界风速
(m/s)</th><th>试验颤振风速
U_{σ}(m/s)</th><th>风速比</th><th>实桥颤振临界风速
(m/s)</th></tr>
<tr><td>＋3°</td><td>15.0</td><td rowspan="3">$\lambda_V^v=1/8.48$
$\lambda_V^t=1/12.61$</td><td>189</td><td>11.0</td><td rowspan="3">$\lambda_V^v=1/8.48$
$\lambda_V^t=1/12.61$</td><td>139</td></tr>
<tr><td>0°</td><td>16.0</td><td>201</td><td>11.0</td><td>132</td></tr>
<tr><td>－3°</td><td>19.6</td><td>247</td><td>12.0</td><td>151</td></tr>
<tr><td colspan="3">颤振检验风速[U_{σ}]</td><td>[51.2]</td><td colspan="2">颤振检验风速[U_{σ}]</td><td>[51.2]</td></tr>
</table>

注:由于颤振形态主要表现为扭转颤振,因此采用扭转风速比来换算得到实桥的颤振临界风速。

2. 颤振导数的测定

成桥状态在+3°、0°、−3°风攻角下的加劲梁断面气动导数测定试验在均匀流场中进行，所采用的测试模型为单幅桥面节段模型，如图 4-22a)。试验中分别采用了约束扭转激励竖向、约束竖向激励扭转和弯扭耦合三种方法，并按照 Scanlan 的自由振动方法对所记录弹簧力的时域信号进行分析识别出颤振导数。所识别出的成桥状态 3°、0°、−3°风攻角所对应的 8 个颤振导数 A_i^* 和 H_i^* ($i=1,2,3,4$)随折减风速($\frac{U}{fB}$)变化曲线如图 4-23 所示。

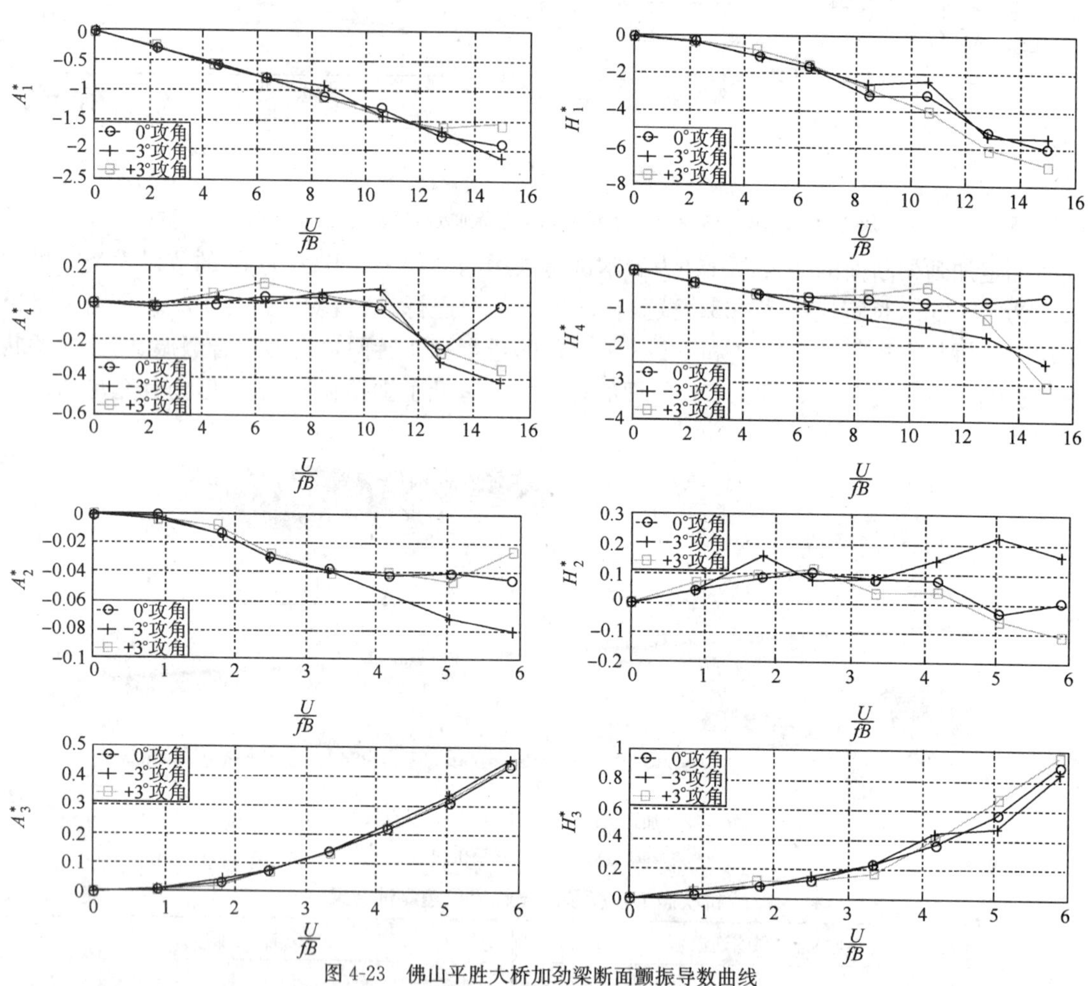

图 4-23 佛山平胜大桥加劲梁断面颤振导数曲线

3. 涡激共振试验研究

成桥状态的涡激共振试验在均匀流场中进行，试验风攻角为+3°、0°、−3°。涡激共振试验的试验风速范围为 0～15m/s，相当于成桥状态实桥风速 0～52m/s。涡激共振试验装置与颤振试验相同，如图 4-22 所示。单幅桥面(风嘴迎流)涡激共振试验结果显示：在风攻角为+3°～−3°范围内的均匀流作用下，在试验风速范围内没有出现竖向和扭转涡激共振现象。为了考察双幅桥面的气动干扰对桥面涡激共振响应的影响，进行了双幅桥面的涡激共振试验，涡激共振响应如图 4-24、图 4-25 所示。

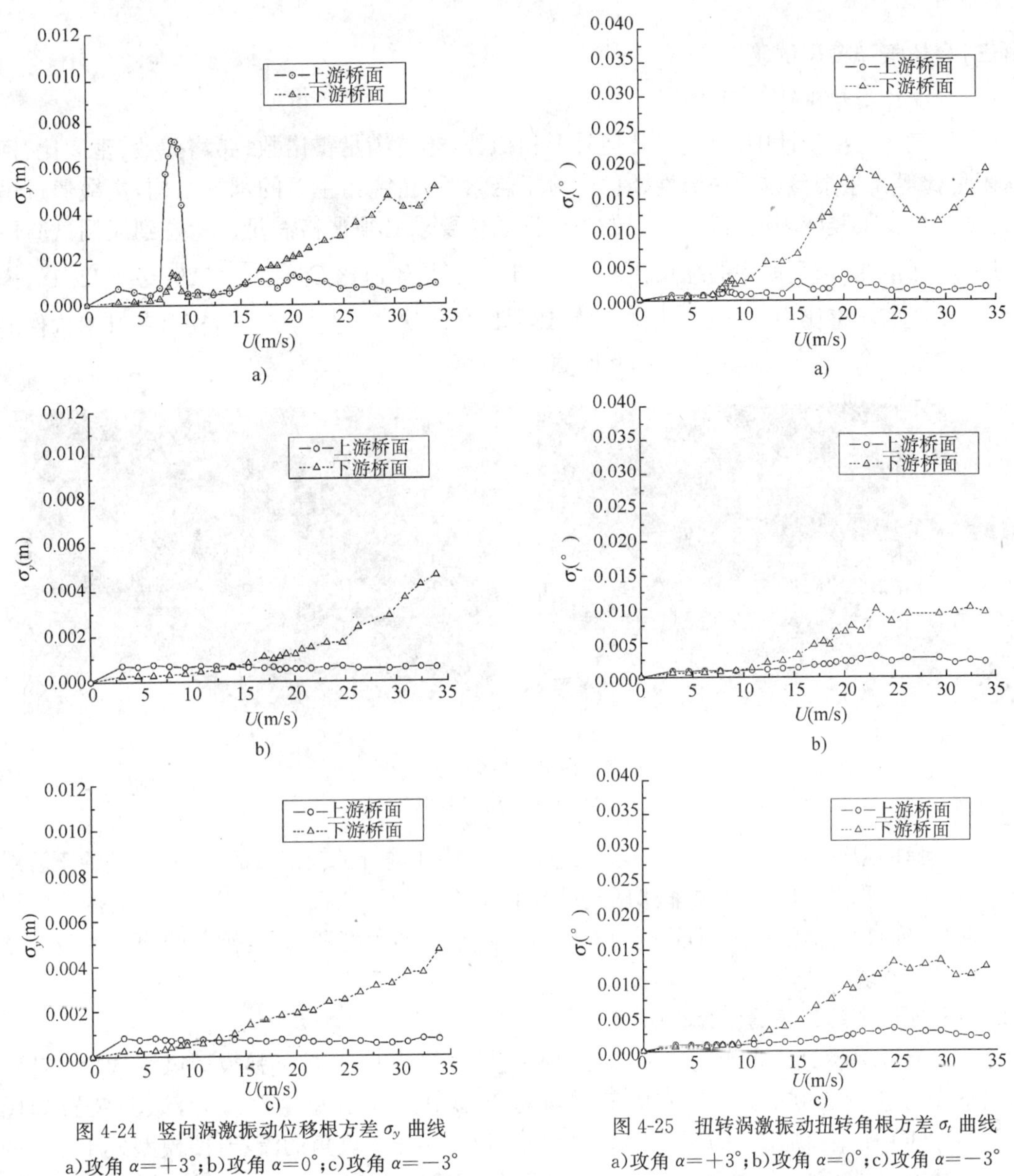

图 4-24　竖向涡激振动位移根方差 σ_y 曲线

a)攻角 $\alpha=+3°$；b)攻角 $\alpha=0°$；c)攻角 $\alpha=-3°$

图 4-25　扭转涡激振动扭转角根方差 σ_t 曲线

a)攻角 $\alpha=+3°$；b)攻角 $\alpha=0°$；c)攻角 $\alpha=-3°$

从图 4-24、图 4-25 中可以看出：对于攻角为＋3°时，上游桥面在实际桥位处桥面风速8m/s的风速下发生了竖向涡激共振，响应根方差为 0.008m，考虑到振型修正后响应根方差为 $\sigma_y=0.010\,8$m，则竖向涡激振动最大振幅为 $y_{max}=\sqrt{2}\cdot\sigma_y=1.414\times0.010\,8=0.015\,3\text{m}<0.13\text{m}$［按《公路桥梁抗风设计规范》(JTG/T D60-01—2004)得到］，故满足规范要求。攻角为 0°、－3°时，未发现有竖向涡激共振现象。但随着风速的增加，下游桥面的竖向振动响应明显大于上游桥面的竖向振动响应，表明双幅桥面的气动干扰作用表现较为明显。攻角为＋3°、0°、－3°时，均未发现有扭转涡激共振现象。但随着风速的增加，下游桥面的扭转振动响应明显大于上游桥面的扭转振动响应，同样表明双幅桥面的气动干扰作用是存在的，

并且十分明显。

(三)全桥气弹模型试验

1. 全桥气弹模型设计与制作

在全桥气弹模型设计中,除满足几何外形相似外,还应满足雷诺数、弗洛德数、密度比、柯西数、阻尼比等无量纲参数的一致性条件。对于悬索桥,主缆为主要的承重结构,主缆通过吊索为加劲梁提供了竖向刚度,弗洛德数的一致性条件要求必须严格满足。考虑到风洞试验段的尺寸等实际情况,选取模型的缩尺比 $C_L=1:125$,于是风速比 $C_V=\sqrt{1:125}=1:11.18$,模型与实际桥梁的频率比为 $C_f=\sqrt{125/1}=11.18:1$,据此就可完全确定全桥模型各基本构件的其他相似参数。全桥气弹模型如图 4-26 所示。

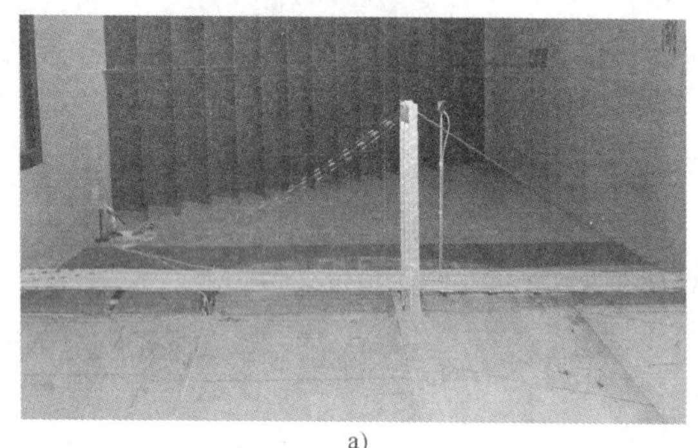

a)

b)

图 4-26 佛山平胜大桥全桥气弹模型

a)均匀流场中;b)紊流场中

全桥气弹模型安装完成后,对其成桥状态的动力特性进行了较细致的检验,模型的 1 阶对称竖弯和 2 阶对称竖弯的实测频率和理论计算频率之间的误差在 1.5%以内,个别振型的误差较大,如 1 阶对称侧弯的频率误差为 13.92%。从总体的角度考虑,全桥气弹模型的设计基本能满足风洞试验的要求。

2. 均匀流场中的颤振稳定性检验

考虑到节段模型试验得出的+3°攻角为不利状态的结果,全桥气弹模型风洞试验只针对成桥状态分别进行了 0°、+3°攻角状态下均匀流场中的气动稳定性试验,试验装置如图 4-26a)。我们在模型前加了一块仰角为 3°的斜板,以产生+3°攻角的流场,使模型处于+3°的流场中。试验结果表明,在 0°和+3°攻角状态下,风洞风速为 11.05m/s,对应实桥桥面处风速为 123.5m/s,结构未发生发散性振动。这说明这两种攻角下的临界风速均大于颤振检验风速 $[V_{cr}]=51.2$m/s,颤振稳定性满足要求。

3. 紊流场中的抖振试验研究

紊流场中的全桥气弹模型试验装置如图 4-26b)所示。紊流场中的抖振位移响应通过激光位移计测得,测点布置如图 4-27 所示,在主跨跨中和四分点布置了 8 个传感器来测跨中和四分点的竖向、横向和扭转位移响应,在塔顶布置了 2 个传感器来测索塔的纵向和横向位移响应。紊流场中 0°、+3°攻角下的主跨跨中竖向、横向、扭转抖振位移响应随风速变化曲线如图 4-28、图 4-29 所示,设计基准风速下的跨中抖振位移响应见表 4-6。

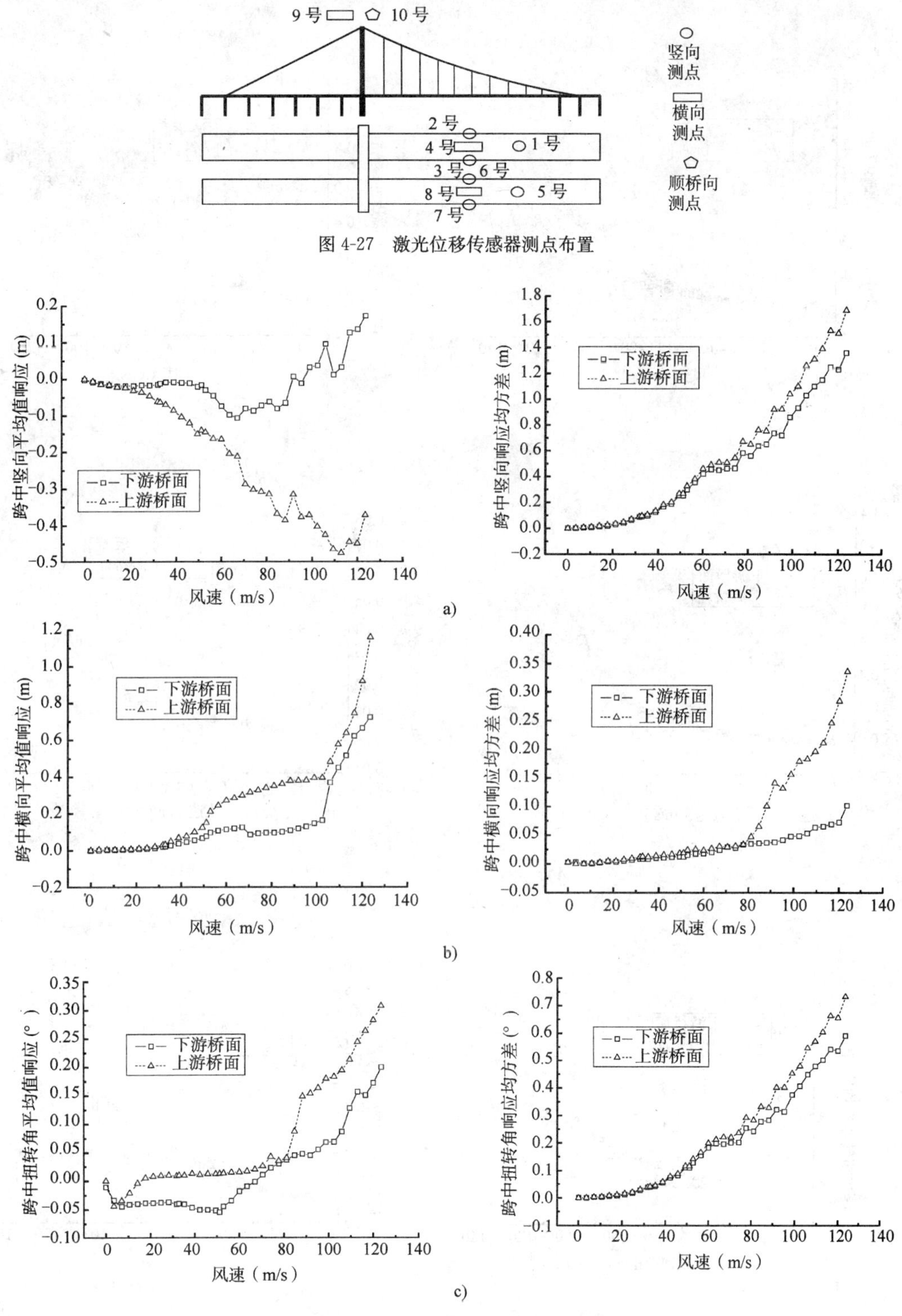

图 4-27　激光位移传感器测点布置

图 4-28　紊流场攻角 $\alpha=0°$时的主跨跨中抖振位移响应

a)竖向位移；b)横向位移；c)扭转位移

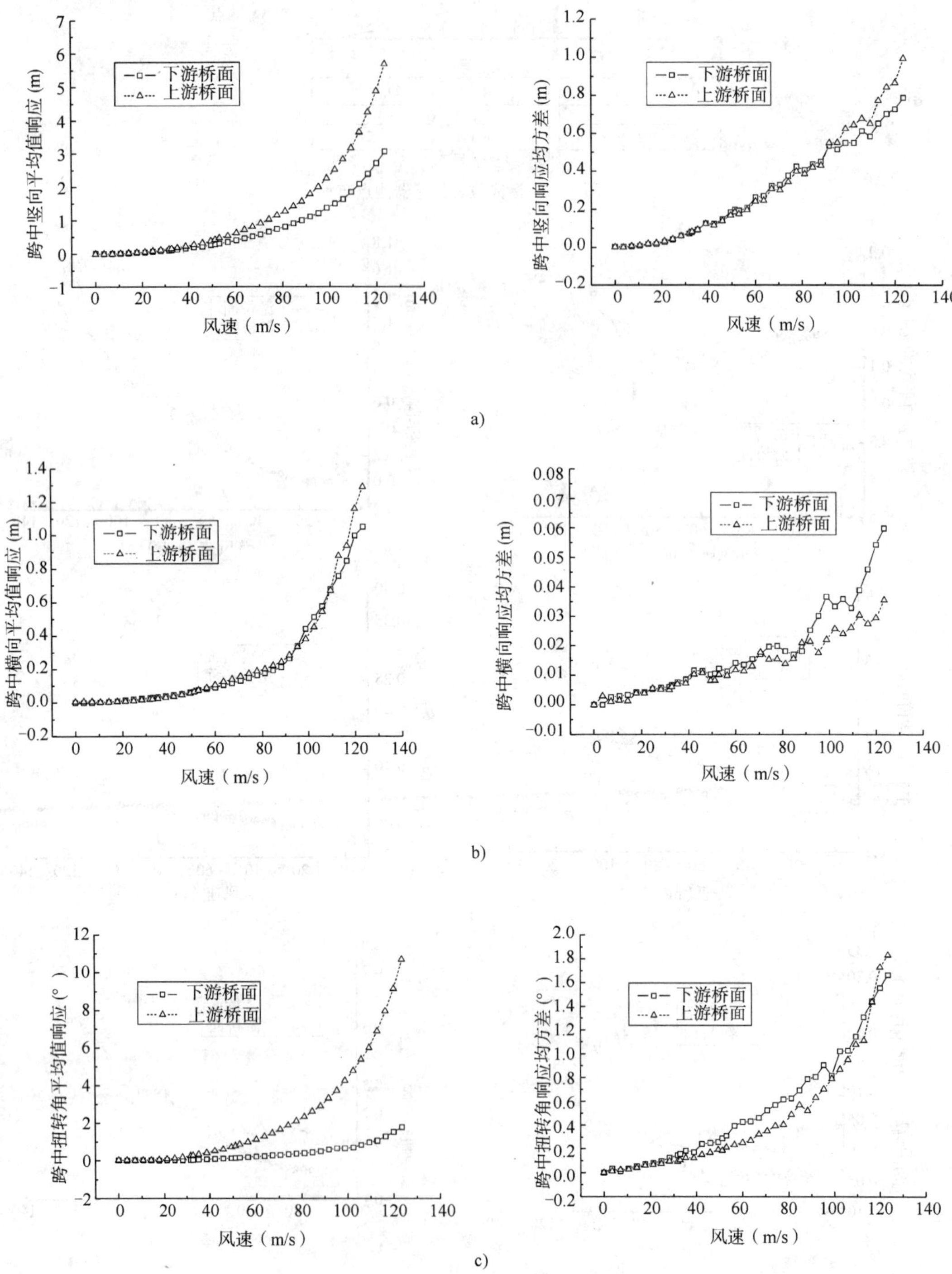

图 4-29　紊流场攻角 $\alpha=+3°$ 时的主跨跨中抖振位移响应

a)竖向位移；b)横向位移；c)扭转位移

在设计基准风速下的主跨跨中抖振位移响应　　表 4-6

项　目		攻角 $\alpha=0°$		攻角 $\alpha=+3°$	
		上游桥面	下游桥面	上游桥面	下游桥面
竖向位移	均值(m)	0.063 1	0.012 0	0.153 0	0.114 0
	均方差(m)	0.095 4	0.089 6	0.082 0	0.079 4
横向位移	均值(m)	0.032 5	0.021 5	0.021 3	0.029 8
	均方差(m)	0.012 7	0.008 5	0.006 1	0.006 7
扭转位移	均值(°)	0.009 8	0.039 6	0.277 0	0.039 1
	均方差(°)	0.041 6	0.039 1	0.103 7	0.155 9

从图 4-28、图 4-29 和表 4-6 中可以看出：在设计基准风速 $v_{10}=29.9\text{m/s}$ 下，紊流场攻角 $\alpha=0°$、$+3°$时的主跨跨中抖振位移响应均较小，表明抖振振幅较小；攻角 $\alpha=+3°$时的竖向及扭转抖振位移响应大于攻角 $\alpha=0°$时的竖向及扭转抖振位移响应，而两攻角下的横向抖振位移响应接近；随风速的增大，抖振位移响应也逐渐增大；由竖向及扭转抖振位移响应得知，双幅桥面之间存在气动干扰效应。

(四) 串列双桥面颤振稳定性试验研究

为了进一步研究串列双桥面气动干扰的影响程度，以佛山平胜大桥的加劲梁断面节段模型为研究对象，研究了串列双桥面颤振临界风速随 D/B(D 为两桥面之间的净距，B 为单幅桥面的宽度)的变化关系，并进一步研究了双桥面之间的气动干扰效应对颤振导数的影响。

1. 串列双桥面颤振临界风速试验研究

试验通过调整两桥面之间的净距 D 来改变 D/B 的值。针对串列双桥面，拟定了包括设计状态在内的共 5 种 D/B 值不同的试验工况，另外，还考虑 2 个单桥面工况以便对照比较。在均匀流场下，各工况在攻角为$+3°$、$0°$、$-3°$时的试验颤振临界风速见表 4-7。

单、双桥面各工况的试验颤振临界风速　　表 4-7

试 验 工 况	工 况 说 明	试验模型示意图	攻角(°)	试验颤振风速(m/s)
上游桥面	单桥面 (风嘴迎流)	风	+3	15.0
			0	16.0
			−3	19.6
下游桥面	单桥面 (钝体侧迎流)	风	+3	10.3 *
			0	10.0
			−3	15.0
双桥面	$D/B=0.15$ (佛山平胜大桥)	风	+3	11.0
			0	10.5
			−3	12.0
	D/B—0.4		+3	11.5
			0	11.8
			−3	15.4

续上表

试 验 工 况	工 况 说 明	试验模型示意图	攻角(°)	试验颤振风速(m/s)
双桥面	D/B=0.6	风	+3	12.3 *
			0	12.5
			−3	15.5
	D/B=0.8		+3	12.6
			0	12.9
			−3	16.3
	D/B=1.0		+3	13.8
			0	13.3
			−3	16.4

注:* 桥面没有明显的颤振发散点,等幅扭转振动振幅达 5°。

从表 4-7 可以看出:与单桥面相比较,双桥面颤振临界风速明显不同,双桥面的颤振临界风速低于单桥面(风嘴迎流)颤振临界风速;双桥面的颤振临界风速随 D/B 值的增大而增大,其变化曲线如图 4-30 所示。

试验观察发现,串列双桥面发生颤振时,总是一个桥面先起振,然后带动另一桥面逐步发生振动,最终走向共同发散。发散振动时两幅桥面具有相同的振动频率,但发散振动时的两幅桥面相位差随 D/B 值的不同而不同,变化曲线如图 4-31 所示。经多次采集的发散时刻的数据分析表明:如果两桥面间距 D 一定时,两桥面共同发散振动的相位差基本稳定。

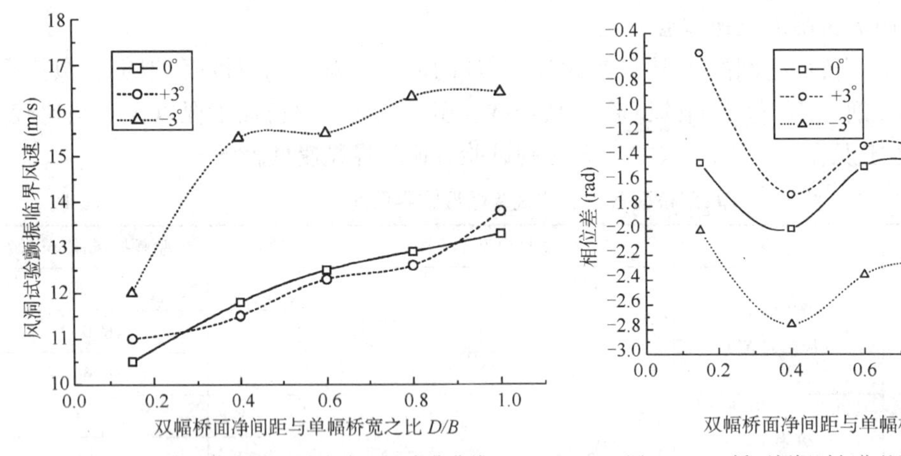

图 4-30　双桥面颤振临界风速随 D/B 变化曲线

图 4-31　双桥面颤振时相位差随 D/B 变化曲线

以上研究还表明,当 D/B 值在一定范围内时,串列双桥面之间存在明显的气动相互作用,且这种气动相互作用会随 D/B 值的增大而逐渐减弱。可以预见,当 D/B 值增大到一定程度时,串列双桥面之间的气动相互作用将可以忽略,两幅桥面就相当于两个单独的桥面。

2. 串列双桥面对颤振导数的影响

为了研究串列双桥面对颤振导数的影响,选取 D/B=0.15、0.4 和 0.8 三种双桥面状态进行测试,运用自由衰减试验方法和基于分段扩阶最小二乘的颤振导数识别方法提取了下游桥面的颤振导数,并与下游单桥面(钝体侧迎流)的颤振导数作比较。以颤振导数 A_2^* 为例,说明串列双桥面对颤振导数的影响。攻角为+3°、0°、−3°时的下游桥面的颤振导数 A_2^* 随折减风速$\left(\frac{U}{fB}\right)$变化曲线如图 4-32 所示。

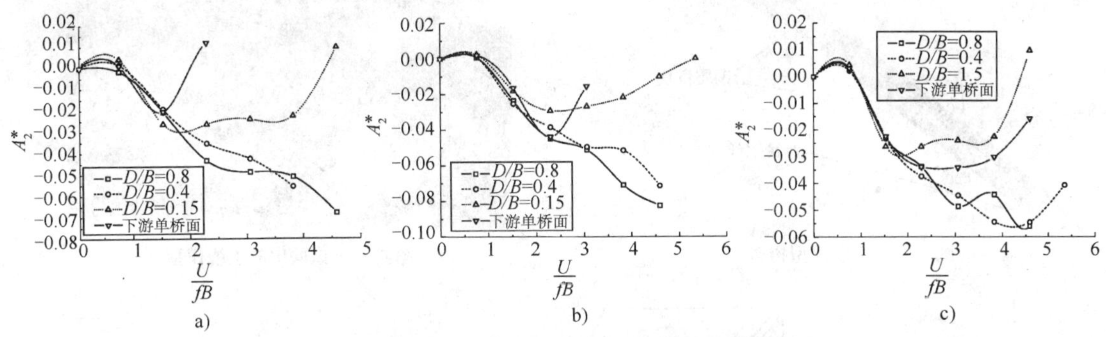

图 4-32　下游桥面在各风攻角下的颤振导数 A_2^* 曲线

a)攻角 $\alpha=+3°$；b)攻角 $\alpha=0°$；c)攻角 $\alpha=-3°$

由于试验时扭转频率值较高，故所得与扭转频率有关的 A_2^* 曲线的无量纲风速区间较窄，但由图 4-32 仍然可以看出，下游桥面在单、双桥面状态的颤振导数曲线明显不同，而且双桥面状态下颤振导数 A_2^* 曲线随两桥面间距 D 的变化而变化。当 D/B 值在一定范围内时，如 $D/B=0.4$和 0.8 时，与单桥面相比，双桥面的颤振导数 A_2^* 的走势发生了变化，且 A_2^* 曲线过零点的趋势与图 4-30 中颤振临界风速随 D/B 值的变化趋势一致。由此说明，串列双桥面之间气动干扰在一定的 D/B 值范围内会明显改变桥梁的颤振导数，但随着两桥面间距 D 的增大，这种气动干扰的影响将会逐步减弱。

(五)串列双主缆气弹模型试验

当两根索顺风向串列，且两索的 W/D(W 为两索中心距，D 为索直径)较小时，易发生尾流驰振现象。佛山平胜大桥具有独塔、单主跨、双桥面、四根串列主缆的特点，且中间两根主缆的中心距仅为 5.5m，主缆直径为 0.445m，$W/D=5.5/0.445=12.36$，两主缆间存在气动干扰而发生尾流驰振的可能性[11,12]，因此有必要对串列双主缆的气动干扰进行气弹模型试验研究[13]。

1. 气弹模型设计与制作

主缆模型设计时保持了几何外形、拉伸刚度、气动力和质量的相似，选取几何缩尺比为 $\lambda_L-1/83.42$。模型拉伸刚度由 $\phi=0.5$mm 的弹簧钢丝提供，气动外形由 $\phi=0.8$mm 钢丝制作的密圈弹簧模拟，模型总质量由中心弹簧钢丝、表面密圈弹簧和铜配重块共同提供。铜配重块固定在中心弹簧钢丝上，且与密圈弹簧紧密接触以保证模型的整体特性。图 4-33 为模型构造示意图。

串列主缆试验模型安装在固定于转盘的支架上，试验仅在均匀流场中进行，紊流度小于 5‰，图 4-34 为试验中的串列主缆模型。试验中针对间距 $W/D=3.4$、5.6、7.0、8.5、12.36(实桥值)，研究了距离变化对两主缆间气动干扰的影响；并在 $W/D=7.0$ 时，分别研究了不同风偏角、风攻角下主缆气动干扰的变化趋势。偏角 β 定义为主缆在水平面上的投影与来流风速的夹角，见图 4-35a)，上游主缆所在平面垂直于来流风速的位置定义为 $\beta=0°$；攻角 α 定义为上游与下游主缆轴心连线与来流风速的夹角，见图 4-35b)，上下游主缆在同一水平位置时为 $\alpha=0°$。模型 Scruton 数 $S_c=m\zeta/\rho D^2=6.19$，试验中保持不变。模型面内面外两个方向的振动由质量为 0.6g 的微型加速度传感器获得，根据试验要求，布置在主缆模型跨中和四分点处。

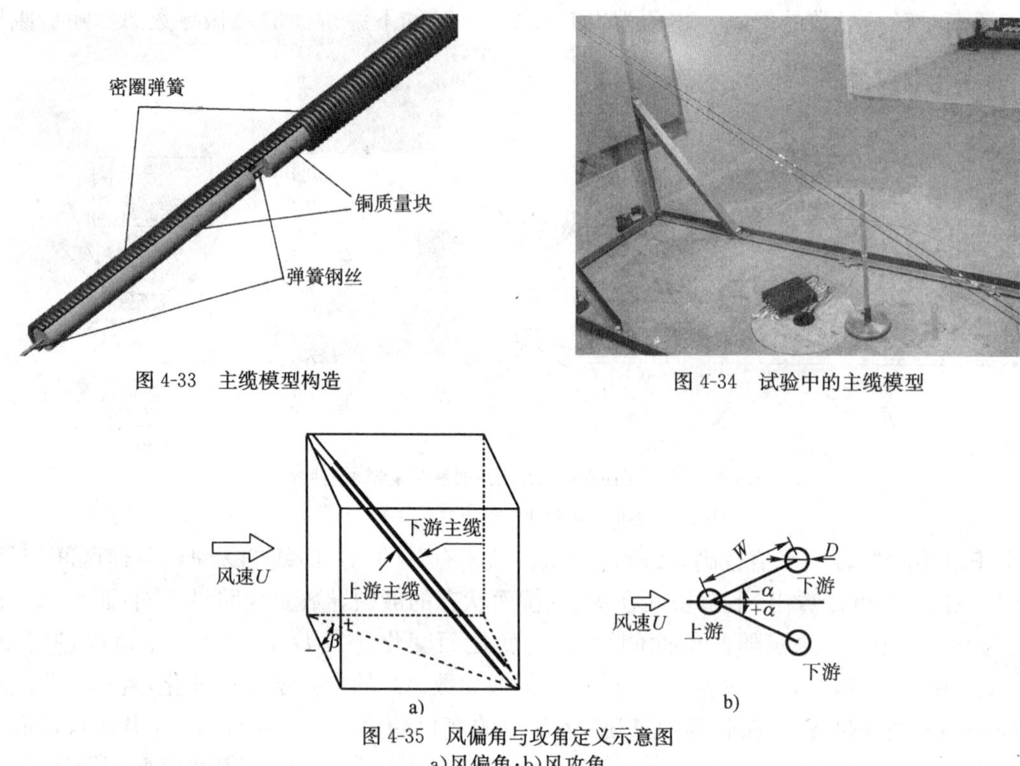

图 4-33　主缆模型构造

图 4-34　试验中的主缆模型

图 4-35　风偏角与攻角定义示意图
a)风偏角；b)风攻角

2.间距对串列主缆稳定性的影响

图 4-36 为间距变化时下游主缆模型跨中响应随实桥风速变化曲线。图中 A 表示振动的最大位移，D 表示主缆直径，U 为实桥风速。试验中为保护模型，在出现大幅振动时，没有继续增加风速。由图中可以看出，W/D=3.4、7.0 时，下游模型均出现了大幅的尾流驰振现象，且面外振动明显强于面内振动。不过，在 W/D=5.6 时，下游模型没有出现一阶模态为主的尾流驰振现象，仅在 U=82.5m/s 时出现以 5 阶模态为主的面内振动。这可能是由于在 W/D=5.6 时，下游模型恰好处在上游分离的剪切层可能形成自身的漩涡这一过渡区，而导致局部流

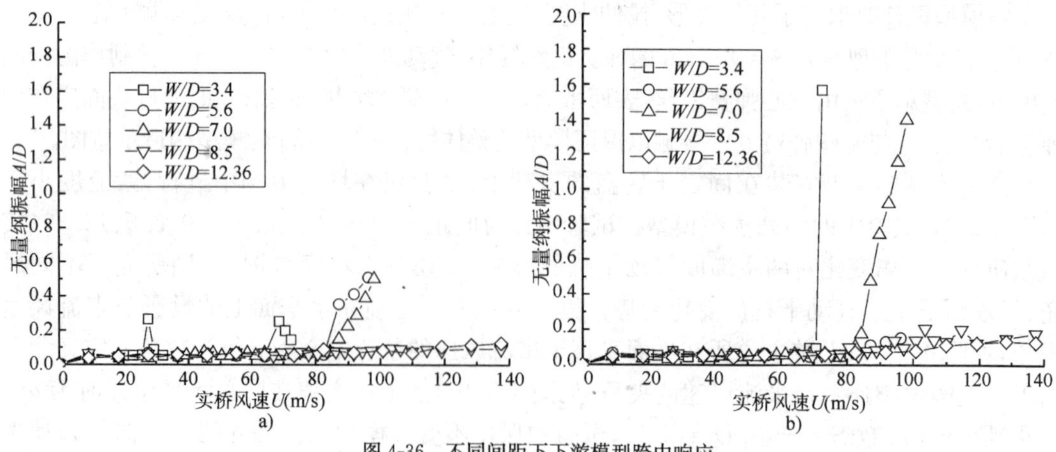

图 4-36　不同间距下下游模型跨中响应
a)面内；b)面外

态随机交替变化，对下游主缆形成不了规律的“撞击”。在 $W/D=8.5$，$W/D=12.36$ 时，试验风速区间内没有观测到尾流驰振现象。

另外，当下游模型出现尾流驰振大幅振动时，上游模型也跟随出现相应模态的小幅振动。试验中除观测到 1 阶模态为主的尾流驰振外，个别间距下也观测到了 2 阶以上的高阶振动。$W/D=3.4$ 时，下游模型首先在 $20.2\text{m/s}\leqslant U<27.5\text{m/s}$ 时出现了 2 阶模态为主的面外振动，$U=27.5\text{m/s}$ 时 2 阶振动消失的同时，又出现了 7 阶模态为主的面内振动，然后又在 $U=32.1\text{m/s}$ 附近出现了 2 阶为主的面外振动，最后在 $U=68.7\text{m/s}$，又出现了小幅 5 阶模态为主的振动。由此可见，在 $W/D=3.4$ 时，上游模型分离的剪切流随着风速的增大，在下游主缆上剧烈地变化着，从而导致下游出现了如此复杂的振动形态。同样，$W/D=7$ 时，下游模型在 $36.7\text{m/s}\leqslant U\leqslant 61.4\text{m/s}$ 也出现了小幅的 2 阶模态为主的振动。不过，试验中观测到的 2 阶以上高阶振动，其振幅都不大（$<0.4D$），远小于发生尾流驰振时的幅值。

由以上可以看出，随间距的减小，发生尾流驰振的临界风速也相应的降低。$W/D=8.5$ 时，试验中模型既没有出现尾流驰振现象，上游主缆干扰不仅会导致下游主缆发生 1 阶模态的尾流驰振现象，还可能会导致下游主缆高阶模态的振动。

3. 风偏角对串列主缆稳定性的影响

图 4-37 为 $W/D=7$ 时，风偏角变化时下游主缆模型跨中的面外响应。图中可见，$-20°\leqslant\beta\leqslant 0°$ 偏角区间，下游模型均出现了明显的尾流驰振，且在偏角 $\beta=-10°$ 时下游模型发生尾流驰振的临界风速达到了最低值（$U=66\text{m/s}$）；在正风偏角下，下游主缆均无尾流驰振现象。另外，在 $\beta=-5°$，$45.8\text{m/s}\leqslant U\leqslant 70.6\text{m/s}$ 风速区间，下游模型出现了小幅的 2 阶模态振动，其起振风速要稍高于 $\beta=0°$ 偏角时出现 2 阶模态振动的起振风速（$U=36.7\text{m/s}$）。可见上游主缆对下游主缆的干扰在负风偏角时最为剧烈。试验中尾流驰振主要发生在 $-20°\sim 0°$ 偏角区间，且在 $-10°$ 风偏角左右存在一个临界偏角，使得发生尾流驰振的临界风速最低。

4. 风攻角对串列主缆稳定性的影响

图 4-38 为 $W/D=7$ 工况下风攻角变化时，下游主缆跨中面外响应随风速的变化曲线。可以看出，在攻角区间 $-10°\leqslant\alpha\leqslant 20°$，除风攻角 $\alpha=\pm 5°$ 外，下游主缆均出现了明显的尾流驰振。在 $\alpha=-10°, 0°, 10°$ 时，下游主缆尾流驰振的起振风速差别很小，均在 85m/s 附近；且在 $\alpha=\pm 10°$ 时下游主缆的振幅随风速变化曲线几乎一致；在 $\alpha=15°$ 时，发生驰振的起振风速

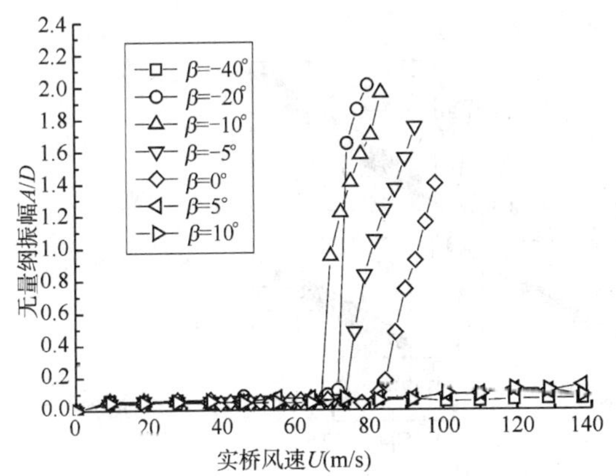

图 4-37　不同偏角下下游模型跨中面外响应

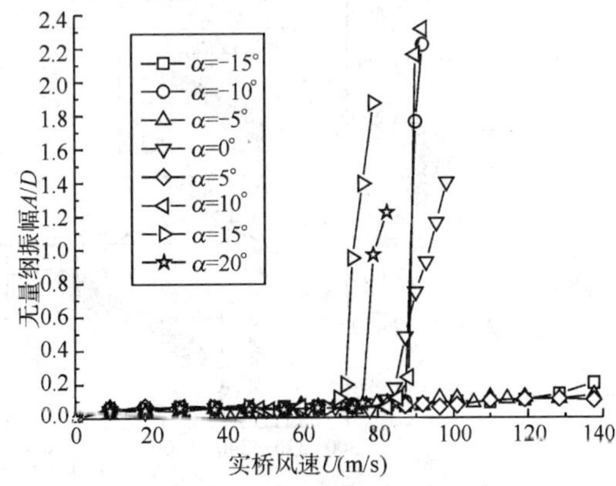

图 4-38　不同攻角下下游模型跨中面外响应

(U=70m/s)达到最小值。可见正风攻角下更易发生尾流驰振现象。试验中发现在15°攻角附近同样存在一个最易发生尾流驰振的临界攻角。

5.尾流驰振的振动特性

由上游模型干扰而导致下游模型发生尾流驰振现象,其振动时的模态参与程度及振动轨迹呈现一定的规律性。下游模型发生尾流驰振起振阶段一般为多模态共同参与振动,随风速增大,振动逐渐以第1阶模态为主,当出现发散趋势时,又为多阶模态共同参与振动。图4-39为W/D=7两个工况下发生尾流驰振时模态参与情况,小图中横坐标为频率。另外,在发生尾流驰振时,主缆的振动轨迹也具有一定的规律性,见图4-40。图中小图为下游主缆振动轨迹图,横坐标为面外加速度(m/s²),纵坐标为面内加速度(m/s²),且每幅图的y_{max}/x_{max}比值相

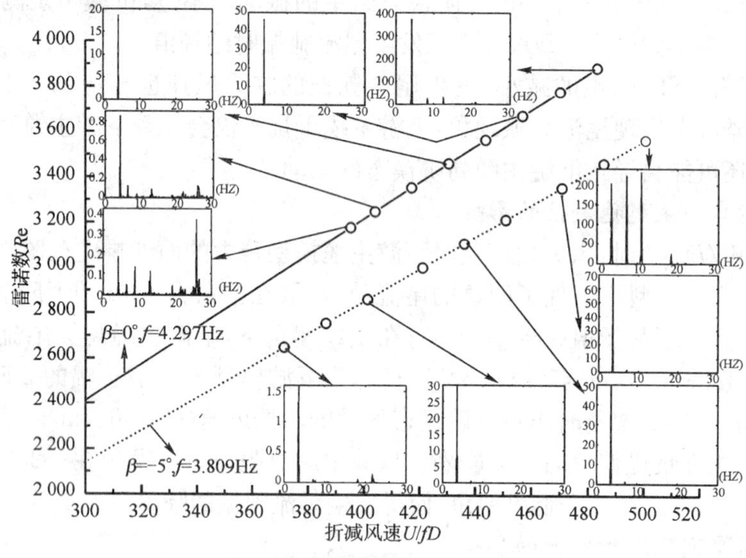

图4-39 尾流驰振模态参与情况

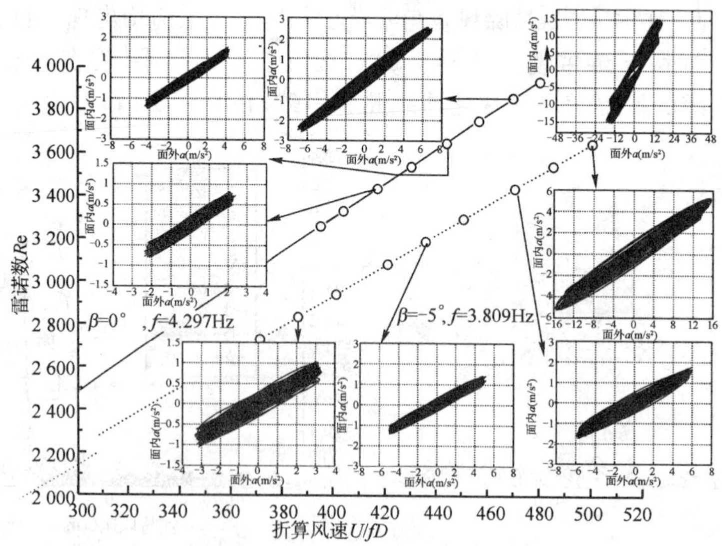

图4-40 下游主缆尾流驰振加速度轨迹

同。由图中可以看出，尾流驰振时主缆轨迹为椭圆轨道，且随风速增大，椭圆振动轨迹的主轴方向并没有显著的变化，始终在一三象限内振动，与来流风夹角保持为17°。

第三节　自锚式悬索桥抗震减震设计

一、概　　述

抗震设计是自锚式悬索桥设计的关键问题之一，目前常用的抗震设计方法有反应谱方法和时程分析方法。反应谱方法是目前结构抗震设计中广泛应用的方法之一，尤其是在结构的方案设计阶段。反应谱方法是先将多自由度体系的结构振动方程进行振型分解，将物理位移用振型广义坐标表示，然后根据地震动反应谱求得广义坐标的最大值，最后通过适当的方法将各振型的反应最大值组合起来得到结构反应的最大值。反应谱方法只能适应于线弹性结构体系，而且由该方法组合得到的反应值是一个近似值，因此反应谱方法只能作为一种估算方法或校核手段。时程分析法是目前公认的结构动力反应的精细分析方法。时程分析法从选定合适的地震动输入（地震动加速度时程）出发，采用多节点、多自由度的结构有限元的动力计算模型建立地震动方程，然后采用逐步积分法对方程进行数值求解，计算出地震过程中每一瞬时桥梁结构的位移、速度、加速度反应。时程分析法可以精确考虑地震加速度时程相位差及不同地震加速度时程分量的多点输入、桥梁结构的各种非线性因素等[14~19]。

本节针对自锚式悬索桥抗震减震问题，以佛山平胜大桥为工程背景，构建了三种结构体系模型，分别采用反应谱方法和时程分析法进行了抗震性能研究，通过研究来确定佛山平胜大桥合理的抗震设计结构体系。为了减小地震对桥梁结构的作用，对采用摩擦支座和磁流变阻尼器两种减震措施进行了研究。

二、桥梁结构抗震基本理论及方法

（一）桥梁结构在地震作用下的运动方程

根据达朗贝（D'Alembert）原理，多自由度体系在地震作用下的运动方程为：

$$[M]\{\ddot{u}\}+[C]\{\dot{u}\}+[K]\{u\}=\{0\} \tag{4-19}$$

式中：$[M]$、$[C]$和$[K]$——分别为质量、阻尼、刚度矩阵；

$\{\ddot{u}\}$、$\{\dot{u}\}$和$\{u\}$——分别为加速度、速度和位移列向量。

在桥梁结构的地震反应分析中，一般采用集中质量矩阵，则桥梁结构在非一致激励下的运动方程可以写成以下分块矩阵的形式：

$$\begin{bmatrix} M_s & 0 \\ 0 & M_g \end{bmatrix}\begin{Bmatrix} \ddot{u}_s \\ \ddot{u}_g \end{Bmatrix}+\begin{bmatrix} C_s & C_{sg} \\ C_{sg}^T & C_g \end{bmatrix}\begin{Bmatrix} \dot{u}_s \\ \dot{u}_g \end{Bmatrix}+\begin{bmatrix} K_s & K_{sg} \\ K_{sg}^T & K_g \end{bmatrix}\begin{Bmatrix} u_s \\ u_g \end{Bmatrix}=\begin{Bmatrix} 0 \\ F_g \end{Bmatrix} \tag{4-20}$$

式中：$[M]$、$[C]$和$[K]$——分别为结构相应的质量、阻尼、刚度矩阵；

下标 s，g——分别表示结构和支承自由度；

$\{\ddot{u}\}$、$\{\dot{u}\}$和$\{u\}$——分别为结构相应自由度的加速度、速度和位移列向量；

$\{F_g\}$——支承反力列向量。

基于拟静力位移的概念，非一致激励下的结构总位移可分离成拟静力位移$\{u_s^s\}$和动力位移$\{u_s^d\}$。于是有：

$$\{u\}=\begin{Bmatrix}u_s\\u_g\end{Bmatrix}=\begin{Bmatrix}u_s^s\\u_g\end{Bmatrix}+\begin{Bmatrix}u_s^d\\0\end{Bmatrix} \tag{4-21}$$

对于给定的地面运动位移$\{u_g\}$，由静力平衡条件，可求得拟静力位移$\{u_s^s\}$为：

$$\{u_s^s\}=-[K_s]^{-1}[K_{sg}]\{u_g\}=[R]\{u_g\} \tag{4-22}$$

式中：$[R]=-[K_s]^{-1}[K_{sg}]$——拟静力影响矩阵。

将式(4-21)、式(4-22)代入式(4-20)，可得：

$$[M_s]\{\ddot{u}_s^d\}+[C_s]\{\dot{u}_s^d\}+[K_s]\{u_s^d\}=-[M_s][R]\{\ddot{u}_g\}-([C_s][R]+[C_{sb}])\{\dot{u}_g\} \tag{4-23}$$

如果采用的阻尼矩阵与刚度矩阵成正比，显然上式右端第二项也将为零；如果阻尼矩阵与质量矩阵成正比或是质量矩阵与刚度矩阵的耦合，则该项不为零，文献[23]中建议忽略此项的影响，则上式演变为：

$$[M_s]\{\ddot{u}_s^d\}+[C_s]\{\dot{u}_s^d\}+[K_s]\{u_s^d\}=-[M_s][R]\{\ddot{u}_g\} \tag{4-24}$$

由上式可以求出结构的动力位移$\{u_s^d\}$。结构的总位移反应，为拟静力位移$\{u_s^s\}$与动力位移$\{u_s^d\}$之和，从而可以进一步求出各单元的内力。

(二)桥梁结构地震反应分析的反应谱方法

所谓反应谱方法，即为振型分解反应谱法。一般的振型分解法可以给出全时程的动力反应，即振型分解是针对每一个时刻进行的。而工程上往往最关心的是结构的最大动力反应，尤其是地震内力的最大值。此时可以应用振型分解反应谱理论，用较少的计算量求取结构体系的这种最大反应。

1. 基本假设

(1)结构的地震反应是线弹性的，可以采用叠加原理进行振型组合；

(2)结构的基础是刚性的，所有支承处地震动完全相同，即一致激励；

(3)结构最不利地震反应为其最大地震反应；

(4)地震动过程为平稳随机过程。

2. 基本原理

根据基本假设(2)可知，结构的内力反应仅仅取决于结构的动力位移反应。将式(4-24)表示的动力方程简写为：

$$[M]\{\ddot{u}_s^d\}+[C]\{\dot{u}_s^d\}+[K]\{u_s^d\}=-[M]\{I\}\ddot{u}_g \tag{4-25}$$

式中：$[M]$、$[C]$和$[K]$——分别为结构相应自由度的质量、阻尼、刚度矩阵；

$\{\ddot{u}_s^d\}$、$\{\dot{u}_s^d\}$和$\{u_s^d\}$——分别为结构相应自由度的动力加速度、速度和位移反应列向量；

$\{I\}$——单位列向量；

$\ddot{u}_g$——地面运动加速度。

根据基本假设(1)，多自由度体系的相对位移向量$\{u_s^d\}$可用振型向量表示，即：

$$\{u_s^d\}=\sum_{j=1}^{N}\{\Phi\}_j q_j \tag{4-26}$$

式中：N——选定叠加的振型数。

这样，将地震作用下多自由度体系的运动方程(4-25)化为如下所示的解耦的相互独立的广义单自由度动力方程，即：

$$\ddot{q}_j + 2\xi_j\omega_j\dot{q}_j + \omega_j^2 q_j = -\gamma_j\ddot{u}_g \quad (j = 1,2,\cdots,N) \tag{4-27}$$

式中：$\gamma_j = \dfrac{\{\Phi\}_j^T[M]\{I\}}{\{\Phi\}_j^T[M]\{\Phi\}_j}$——第 j 阶振型的振型参与系数，反映了第 j 阶振型地震反应在体系总体反应中所占比例的大小；

$\{I\}$——单位向量。

容易证明：

$$\sum_{j=1}^{N}\gamma_j\{\Phi\}_j = \{I\} \tag{4-28}$$

为了把式(4-27)化成单自由度体系在地震动 $\ddot{u}_g$ 作用下的标准方程，作下面变量代换：

$$q_j = \gamma_j\delta_j \quad (j = 1,2,\cdots,N) \tag{4-29}$$

将式(4-29)代入式(4-27)，得到用广义坐标 δ_j 表示的运动方程：

$$\ddot{\delta}_j + 2\xi_j\omega_j\dot{\delta}_j + \omega_j^2\delta_j = -\ddot{u}_g \quad (j = 1,2,\cdots,N) \tag{4-30}$$

上式即为自振频率为 ω_j，阻尼比为 ξ_j 的单自由度体系在地震动 $\ddot{u}_g$ 作用下的标准运动方程。

将式(4-29)代入振型叠加公式(4-26)，得到用 δ_j 表示的体系的相对位移为：

$$\{u_s^d\} = \sum_{j=1}^{N}\{\Phi\}_j\gamma_j\delta_j \tag{4-31}$$

容易验证，对于线弹性体系，单元的内力可表示为：

$$\{f_e\} = \sum_{j=1}^{N}\{f\}_j\gamma_j\delta_j \tag{4-32}$$

式中：$\{f\}_j = [K_e]\{\Phi\}_j$——线性体系相应于第 j 阶振型的振型内力。

于是，可以将结构体系的位移（或内力）反应用一般的振型叠加公式表示为：

$$\{s\} = \sum_{j=1}^{N}\{s\}_j = \sum_{j=1}^{N}\{X\}_j\gamma_j\delta_j \tag{4-33}$$

式中：$\{X\}_j$——结构按第 j 阶振型发生变形时的结构相对位移或内力。

反应谱方法的着眼点在于式(4-33)振型反应的最大值，并采用反应谱来计算这个最大值。为此，设振型反应 $\{s\}_j$ 的最大值为 $\{S\}_j$，即令：

$$\{S\}_j = |\{X\}_j\gamma_j\delta_j|_{\max} = \{X\}_j\gamma_j|\delta_j|_{\max} \tag{4-34}$$

由于 δ_j 满足单自由度体系在地震动 $\ddot{u}_g$ 作用下的标准运动方程，因此 $|\delta_j|_{\max}$ 即等于相对位移反应谱 $S_d(\omega_j,\xi_j)$。即振型反应最大值 $\{S\}_j$ 可以用位移反应谱表示为：

$$\{S\}_j = \{X\}_j\gamma_j S_d(\omega_j,\xi_j) \tag{4-35}$$

利用相对位移反应谱 $S_d(\omega_j,\xi_j)$ 与绝对加速度反应谱 $S_a(\omega_j,\xi_j)$ 之间的关系，即：

$$S_d(\omega_j,\xi_j) = S_a(\omega_j,\xi_j)/\omega_j^2 \tag{4-36}$$

所以，$\{S\}_j$ 也可以用绝对加速度反应谱表示：

$$\{S\}_j = \{X\}_j\gamma_j S_a(\omega_j,\xi_j)/\omega_j^2 \tag{4-37}$$

实际工程中，绝对加速度反应谱 $S_a(\omega_j,\xi_j)$ 可表示为：

$$S_a(\omega_j,\xi_j) = |\ddot{\delta}_j + \ddot{u}_g|_{\max} = \left(\frac{|\ddot{\delta}_j + \ddot{u}_g|_{\max}}{|\ddot{u}_g|_{\max}}\right)\cdot\left(\frac{|\ddot{u}_g|_{\max}}{g}\right)\cdot g = \beta\cdot K_h\cdot g \tag{4-38}$$

式中：$\beta = \dfrac{|\ddot{\delta}_j + \ddot{u}_g|_{\max}}{|\ddot{u}_g|_{\max}}$——动力放大系数；

$K_h=\frac{|\ddot{u}_g|_{\max}}{g}$——水平地震系数；

g——重力加速度。

于是式(4-37)可表示为：

$$\{S\}_j=\{X\}_j\cdot\gamma_j\cdot\beta\cdot K_h\cdot g/\omega_j^2 \tag{4-39}$$

3. 地震惯性力计算

根据动力学原理，多自由度体系的地震惯性力等于体系质量与绝对加速度的乘积的负值，即：

$$\{p\}=-[M](\ddot{u}+\{I\}\ddot{u}_g) \tag{4-40}$$

将式(4-31)代入上式，并利用关系式(4-28)，可得：

$$\{p\}=-\sum_{j=1}^{N}[M]\{\Phi\}_j\gamma_j(\ddot{\delta}_j+\ddot{u}_g) \tag{4-41}$$

记$\{p\}_j$为相应于第j阶振型的地震惯性力，于是上式可写为：

$$\{p\}=-\sum_{j=1}^{N}\{p\}_j \tag{4-42}$$

式中：$\{p\}_j=[M]\{\Phi\}_j\gamma_j(\ddot{\delta}_j+\ddot{u}_g)$

取$\{p\}_j$的最大值为$\{P\}_j$，则：

$$\{P\}_j=[M]\{\Phi\}_j\gamma_j|\ddot{\delta}_j+\ddot{u}_g|_{\max}\quad(j=1,2,\cdots,N) \tag{4-43}$$

将式(4-38)代入上式，可得第j阶振型的地震惯性力$\{P\}_j$为：

$$\{P\}_j=[M]\{\Phi\}_j\cdot\gamma_j\cdot K_h\cdot\beta\cdot g\quad(j=1,2,\cdots,N) \tag{4-44}$$

4. 反应谱组合方法

由振型分解法可将多自由度线性体系分解为多个独立的广义单自由度振子。求出广义单自由度振子的最大反应后(一般情况下，这些最大反应并不同时发生)，需要以适当的方式将它们组合起来，以得到工程设计所关心的反应量最大值的一个近似估计值。反应谱的组合方法有多种，目前应用最广泛的是基于随机振动理论提出的完全二次型组合法(CQC，Complete Quadratic Combination)和平方和开方法(SRSS，Square Root of Sum of Squares mode combination)。CQC法的表达式为：

$$S=\sqrt{\sum_{i=1}^{N}\sum_{j=1}^{N}\rho_{ij}S_iS_j} \tag{4-45}$$

式中：ρ_{ij}——模态组合系数，可按下式近似计算：

$$\rho_{ij}=\frac{8\sqrt{\xi_i\xi_j\omega_i\omega_j}(\xi_i\omega_i+\xi_j\omega_j)\omega_i\omega_j}{(\omega_i^2-\omega_j^2)^2+4\xi_i\xi_j\omega_i\omega_j(\omega_i^2+\omega_j^2)+4(\xi_i^2+\xi_j^2)\omega_i^2\omega_j^2} \tag{4-46}$$

若体系的自振频率相隔越远，则ρ_{ij}值越小。如果当：

$$\frac{\omega_i}{\omega_j}<\frac{0.2}{0.2+\xi_i}\quad(i<j) \tag{4-47}$$

则可认为体系的自振频率相隔较远，近似取$\rho_{ij}=0(i\neq j)$，此时式(4-45)变为：

$$S=\sqrt{\sum_{j=1}^{N}S_j^2} \tag{4-48}$$

这就是熟知的SRSS法。

5.反应谱方法计算地震反应的步骤

根据规范或场地地震安全性评价可确定结构体系动力放大系数β反应谱,β为结构振动周期的函数。采用反应谱方法计算多自由度结构体系的地震反应,可按下列步骤进行:

(1)首先进行模态分析,求出结构的前N阶的自振周期$T_j(T_j=2\pi/\omega_j)$、振型$\{\Phi\}_j$和振型参与系数γ_j;

(2)由β反应谱曲线确定与T_j相应的β_j;

(3)由式(4-44)求得相应的振型地震惯性力$\{P\}_j$;

(4)将$\{P\}_j$施加在结构上,静力求解得到各振型地震反应$\{S\}_j$;

(5)用式(4-45)或式(4-48)进行组合获得结构总体地震反应的最大值。

以上为反应谱方法求解地震反应的一般步骤。对于自由度较多的结构体系,按上述步骤进行,计算量较大,因为在第(4)步要完成N个线性方程组的求解。实际计算时可以避免求解联立方程组,参照式(4-38)给出的公式,将第(3)、(4)步改为:

(3)′由$\{U\}_j=\{\Phi\}_j\cdot\gamma_j\cdot\beta\cdot K_h\cdot g/\omega_j^2(j=1,2,\cdots,N)$求得相应于各振型的位移反应;

(4)′根据各振型位移求各振型内力及所需要的振型地震反应$\{S\}_j$。

(三)桥梁结构地震反应的时程分析方法

时程分析方法是对建立的多自由度体系地震作用下的运动方程,采用逐步积分法进行数值求解,计算出地震过程中每一瞬时桥梁结构的位移、速度、加速度反应。

1.拟静力位移的求解

由于时程分析法可以考虑非一致地震动输入,因此拟静力位移会影响到结构的内力反应。拟静力位移可通过式(4-49)求解得到,即为

$$\{u_s^s\}=-[K_s]^{-1}[K_{sg}]\{u_g\}=[R]\{u_g\}\tag{4-49}$$

要求解拟静力位移$\{u_s^s\}$,关键是先求出$\{u_g\}$,$\{u_g\}$表示支承点地震位移时程列向量。记$x(t)$为单点地震位移时程,则将各支承点的$x(t)$组合即可得到$\{u_g\}$。$x(t)$可通过已知的地震加速度时程积分得到。如果直接对加速度时程二次积分得到位移时程,则会出现漂移现象,因此必须对加速度波形的基线进行修正。根据地震作用的特点,采用最小均方速度法和零终值位移条件法相结合的方法来求$x(t)$,进而得到$\{u_g\}$,再由式(4-22)即求得拟静力位移$\{u_s^s\}$。

2.地震动力方程的数值求解

由于地震动力方程是一个2阶微分方程,且地震动过程十分复杂,不能用简单的解析函数描述,因此得不到结构地震反应的解析表达式,必须采用数值积分方法进行求解。数值方法不仅格式统一,而且既适用于线性结构体系的动力反应计算也适用于几何非线性结构体系的动力反应计算。目前,常用的数值积分方法有:中心差分法、Houbolt法、Newmark-β法、Wilson-θ法等[24]。本文采用无条件稳定的Wilson-θ($\theta\geqslant1.37$时)法进行地震动力方程的数值求解。

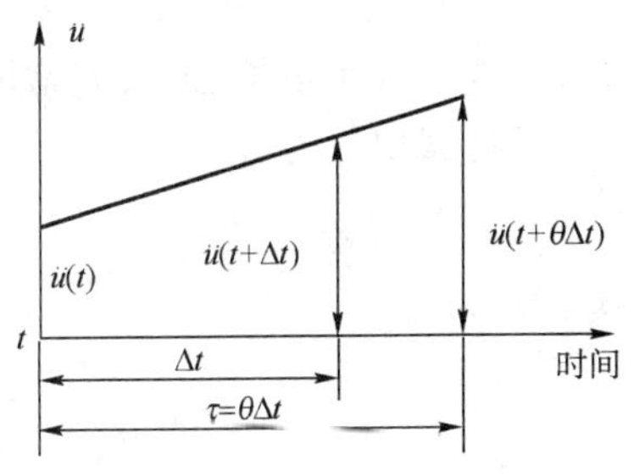

图4-41　Wilson-θ法线性加速度假定

将式(4-24)简化为一般动力平衡方程,则有:

$$[M]\{\ddot{u}\}+[C]\{\dot{u}\}+[K]\{u\}=\{P\}\tag{4-50}$$

式中:$\{P\}=-[M_s][R]\{\ddot{u}_g\}$——地震惯性力列向量。

已知 t 时刻的位移、速度、加速度要求解 $t+\Delta t$ 时刻的位移、速度、加速度，根据 Wilson-θ 法的线性加速度假设（如图 4-41 所示），建立 $t+\theta\Delta t$ 时刻的动力平衡方程为：

$$[M]\{\ddot{u}(t+\theta\Delta t)\}+[C]\{\dot{u}(t+\theta\Delta t)\}+[K]\{u(t+\theta\Delta t)\}=\{\overline{P}(t+\theta\Delta t)\} \tag{4-51}$$

式中：

$$\{\ddot{u}(t+\theta\Delta t)\}=\frac{6}{\theta^2\Delta t^2}(\{u(t+\theta\Delta t)\}-\{u(t)\})-\frac{6}{\theta\Delta t}\{\dot{u}(t)\}-2\{\ddot{u}(t)\} \tag{4-52}$$

$$\{\dot{u}(t+\theta\Delta t)\}=\frac{3}{\theta\Delta t}(\{u(t+\theta\Delta t)\}-\{u(t)\})-2\{\dot{u}(t)\}-\frac{\theta\Delta t}{2}\{\ddot{u}(t)\} \tag{4-53}$$

$$\{\overline{P}(t+\theta\Delta t)\}=\{P(t)\}+\theta(\{P(t+\theta\Delta t)\}-\{P(t)\}) \tag{4-54}$$

将式(4-52)～式(4-54)代入式(4-51)进行整理并简化，得到：

$$[\hat{K}]\{u(t+\theta\Delta t)\}=\{\hat{P}(t+\theta\Delta t)\} \tag{4-55}$$

式中：

$$[\hat{K}]=[K]+a_0[M]+a_1[C] \tag{4-56}$$

$$\begin{aligned}\{\hat{P}(t+\theta\Delta t)\}=&\{\overline{P}(t+\theta\Delta t)\}+[M](a_0\{u(t)\}+a_2\{\dot{u}(t)\}+\\&2\{\ddot{u}(t)\})+[C](a_1\{u(t)\}+2\{\dot{u}(t)\}+a_3\{\ddot{u}(t)\})\end{aligned} \tag{4-57}$$

求解出 $\{u(t+\theta\Delta t)\}$ 后，代入式(4-52)、(4-53)并利用线性加速度假定即可求出 $t+\Delta t$ 时刻的 $\{\ddot{u}(t+\Delta t)\}$、$\{\dot{u}(t+\Delta t)\}$、$\{u(t+\Delta t)\}$ 如下，从而继续下一步循环。

$$\{\ddot{u}(t+\Delta t)\}=a_4(\{u(t+\theta\Delta t)\}-\{u(t)\})+a_5\{u(t)\}+a_6\{\ddot{u}(t)\} \tag{4-58}$$

$$\{\dot{u}(t+\Delta t)\}=\{\dot{u}(t)\}+a_7(\{\ddot{u}(t+\Delta t)\}+\{\ddot{u}(t)\}) \tag{4-59}$$

$$\{u(t+\Delta t)\}=\{u(t)\}+\Delta t\{\dot{u}(t)\}+a_8(\{\ddot{u}(t+\Delta t)\}+2\{\ddot{u}(t)\}) \tag{4-60}$$

其中：a_0、a_1、a_2、a_3、a_5、a_6、a_7、a_8——积分常数。

下面将 Wilson-θ 法求解动力方程的详细步骤归纳如下：

(1)初始计算

①形成刚度矩阵$[K]$、质量矩阵$[M]$、阻尼矩阵$[C]$。若系统特性随时间 t 变化，则$[K]$、$[M]$、$[C]$随时间 t 变化，即每一步均需重新计算。

②计算初始值$\{u(0)\}$、$\{\dot{u}(0)\}$、$\{\ddot{u}(0)\}$。若已知$\{u(0)\}$、$\{\dot{u}(0)\}$，则由式(4-50)即可求得$\{\ddot{u}(0)\}$。

③选定时间步长 Δt 和 θ（常取 $\theta=1.4$）。

④计算积分常数

$$a_0=\frac{6}{(\theta\Delta t)^2};a_1=\frac{3}{\theta\Delta t};a_2=2a_1;a_3=\frac{\theta\Delta t}{2};a_4=\frac{a_0}{\theta}$$

$$a_5=\frac{-a_2}{\theta};a_6=1-\frac{3}{\theta};a_7=\frac{\Delta t}{2};a_8=\frac{\Delta t^2}{6}$$

⑤由式(4-56)形成等效刚度矩阵。

(2)对每一时间步长

①由式(4-57)计算出 $t+\theta\Delta t$ 时刻的等效荷载列阵；

②求解方程(4-55)，得到$\{u(t+\theta\Delta t)\}$；

③由式(4-58)～式(4-60)计算 $t+\Delta t$ 时刻的位移、速度、加速度。

三、自锚式悬索桥地震反应分析示例

在简要介绍桥梁结构抗震基本理论及分析方法的基础上，结合自锚式悬索桥的结构特点，针对自锚式悬索桥抗震减震问题，以佛山平胜大桥为工程背景，设计了三种结构体系方案，分别采用反应谱方法和时程分析法进行了抗震性能研究，然后在此基础上确定了佛山平胜大桥合理的抗震结构体系，最后，为了减小地震对自锚式悬索桥结构的作用，分别对摩擦型支座的减震效果和磁流变阻尼器减震技术应用于自锚式悬索桥的可行性进行了探讨。

(一)佛山平胜大桥三种结构体系方案设计

为了研究自锚式悬索桥不同结构体系在地震动下的地震反应，针对佛山平胜大桥拟定以下三种结构体系：

(1)体系 I：索塔、桥墩与加劲梁间均设置纵向滑动支座。

(2)体系 II：索塔与加劲梁间设纵向固定支座，桥墩与加劲梁间设纵向滑动支座。

(3)体系 III：与索塔相邻的 M7 号墩上设纵向固定支座，索塔、其他墩与加劲梁间设纵向滑动支座。

(二)佛山平胜大桥地震反应分析的反应谱方法

1. 加速度反应谱

佛山平胜大桥桥位区域的地震基本烈度为 VII 度，工程场地类别为 IV 类，场地类型为软弱场地土。100 年超越概率 10%(小震)和 100 年超越概率 2%(大震)的工程场地地面的水平加速度放大系数 β 反应谱曲线如图 4-42 所示。参照《公路悬索桥设计规范》(报批稿)，对于小震，可按反应谱进行抗震计算，对于大震，应采用时程分析法进行抗震计算。为了对结构抗震性能进行对比研究，对 100 年超越概率 2%(大震)的地震水平进行了反应谱分析和时程分析。

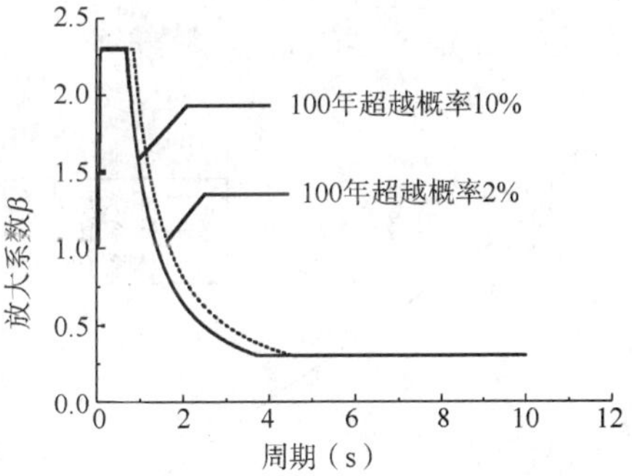

图 4-42　水平加速度放大系数

2. 地震反应分析

在用反应谱方法进行地震反应分析时，考虑了两种地震动组合：纵向＋竖向和横向＋竖向。竖向地震峰值加速度取为相应的水平向峰值加速度的 2/3。反应谱分析取结构体系的前 500 阶振型，按 CQC 法进行组合。所有计算结果均没有考虑重要性修正系数 C_i 和综合影响系数 C_z。

反应谱分析的有限元计算模型与动力特性分析模型相同，如图 4-1 所示。三种结构体系反应谱分析的关键截面的位移反应最大值见表 4-8，索塔和加劲梁的内力反应包络图如图 4-43～图 4-46所示。桥墩的内力反应以 M5 号墩为例(参见图 2-46)，见表 4-9。主缆及吊索的内力反应见表 4-10。为了表述方便，定义 2-2 轴位于索平面内，3-3 轴垂直于索平面。

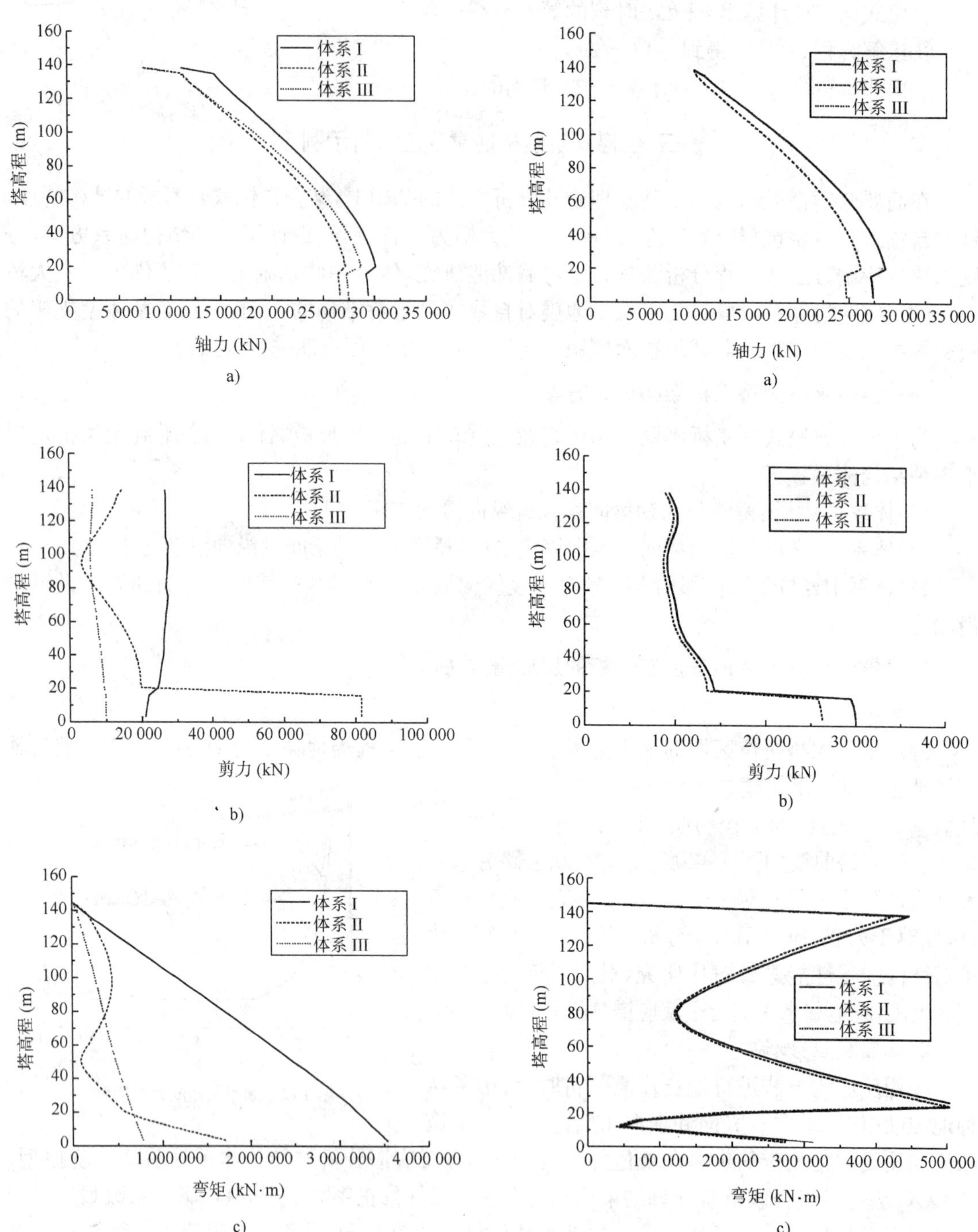

图 4-43 索塔纵向+竖向地震内力包络图

a)轴力 N 包络图；b)剪力 Q_2 包络图；c)弯矩 M_3 包络图

图 4-44 索塔横向+竖向地震内力包络图

a)轴力 N 包络图；b)剪力 Q_3 包络图；c)弯矩 M_2 包络图

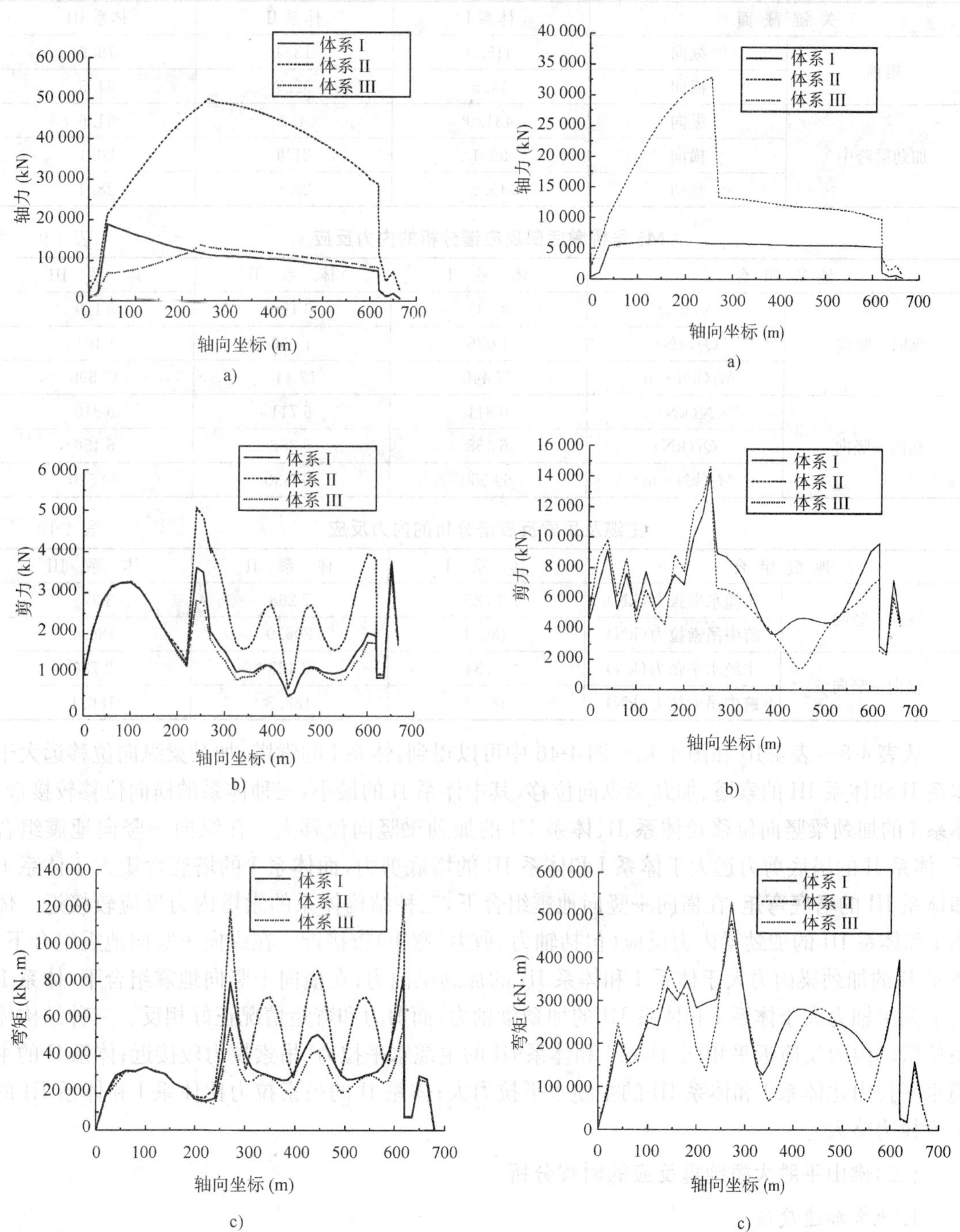

图 4-45　加劲梁纵向＋竖向地震内力包络图

a)轴力 N 包络图；b)剪力 Q_2 包络图；c)弯矩 M_3 包络图

图 4-46　加劲梁横向＋竖向地震内力包络图

a)轴力 N 包络图；b)剪力 Q_3 包络图；c)弯矩 M_2 包络图

佛山平胜大桥反应谱分析的位移反应最大值(cm) 表 4-8

关键截面		体系 I	体系 II	体系 III
塔顶	纵向	415.9	13.4	79.8
	横向	34.5	32.7	34.5
加劲梁跨中	纵向	431.0	4.2	81.6
	横向	20.1	21.1	20.1
	竖向	45.9	29.9	28.4

M5 号桥墩底部反应谱分析的内力反应 表 4-9

地震组合		体系 I	体系 II	体系 III
纵向+竖向	N(kN)	3 132	3 180	3 129
	Q_2(kN)	1 036	1 036	1 101
	M_3(kN·m)	17 440	17 440	17 590
横向+竖向	N(kN)	6 811	6 711	6 810
	Q_3(kN)	6 458	6 386	6 456
	M_2(kN·m)	69 550	68 630	69 520

主缆及吊索反应谱分析的内力反应 表 4-10

地震组合		体系 I	体系 II	体系 III
纵向+竖向	主缆水平张力(kN)	3 725	7 268	3 378
	跨中吊索拉力(kN)	186.1	206.9	186.1
横向+竖向	主缆水平张力(kN)	2 734	3 428	2 736
	跨中吊索拉力(kN)	185.8	188.3	186.1

从表 4-8～表 4-10 和图 4-43～图 4-46 中可以得到：体系 I 的索塔、加劲梁纵向位移远大于体系 II 和体系 III 的索塔、加劲梁纵向位移，其中体系 II 的最小，三种体系的横向位移较接近；体系 I 的加劲梁竖向位移较体系 II、体系 III 的加劲梁竖向位移大。在纵向+竖向地震组合下，体系 II 的塔底剪力远大于体系 I 和体系 III 的塔底剪力，而体系 I 的塔底弯矩大于体系 II 和体系 III 的塔底弯矩；在横向+竖向地震组合下，三种结构体系的索塔内力反应较接近。体系 I 和体系 III 的加劲梁内力反应(包括轴力、剪力、弯矩)较接近。在纵向+竖向地震组合下，体系 II 的加劲梁内力大于体系 I 和体系 III 的加劲梁内力；在横向+竖向地震组合下，体系 II 的加劲梁轴力大于体系 I 和体系 III 的加劲梁轴力，而剪力和弯矩情况正好相反。三种结构体系桥墩的内力反应近乎相同，体系 I 和体系 III 的主缆水平拉力、吊索拉力较接近；体系 II 的主缆水平拉力比体系 I 和体系 III 的主缆水平拉力大；体系 II 的吊索拉力比体系 I 和体系 III 的吊索拉力略大。

(三)佛山平胜大桥地震反应的时程分析

1. 地震加速度波

参照《公路悬索桥设计规范》(报批稿)，佛山平胜大桥 100 年超越概率 2%(大震)的抗震计算应采用时程分析法。

图 4-47 提供了两个钻孔点位 K1、K2 的 100 年超越概率 2%的土层合成地震波。K1 和 K2 分别位于北滘岸及和顺岸。剪切波速为 190.2 m/s。

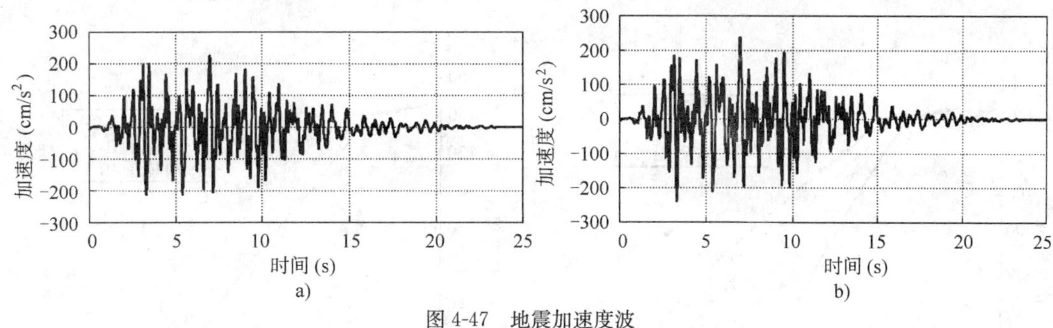

图 4-47　地震加速度波

a)K1 孔；b)K2 孔

2. 地震反应分析

抗震分析考虑了三种地震波的输入模式：一致输入、行波输入和多点输入。无论采用何种地震波输入模式，当考虑竖向地震动输入时，竖向分量取水平分量的 2/3，时程计算步长取 0.02s。为了表示方便，定义 2-2 轴位于索平面内，3-3 轴垂直于索平面。有限元计算模型与动力特性分析模型相同，如图 4-1 所示。

取与反应谱分析相同的三种结构体系为研究对象，研究自锚式悬索桥不同结构体系的地震反应。三种结构体系时程分析的关键截面的位移反应最大值见表 4-11，索塔和加劲梁的内力反应包络图如图 4-48～图 4-51 所示。桥墩的内力反应以 M5 号墩为例，见表 4-12。主缆及吊索的内力反应见表 4-13。

佛山平胜大桥时程分析的位移反应最大值(cm)　　表 4-11

关键截面		体系 I	体系 II	体系 III
塔顶	纵向	28.9	18.8	20.1
	横向	13.9	14.0	14.0
加劲梁跨中	纵向	30.5	5.1	19.8
	横向	24.5	25.3	25.2
	竖向	23.8	27.0	23.1

M5 号桥墩底部时程分析的内力反应最大值　　表 4-12

地震组合		体系 I	体系 II	体系 III
纵向+竖向	N(kN)	2 353	2 699	2 676
	Q_2(kN)	1 297	1 789	1 789
	M_3(kN·m)	22 270	30 650	30 650
横向+竖向	N(kN)	6 847	9 391	9 070
	Q_3(kN)	7 432	9 824	10 560
	M_2(kN·m)	80 250	105 300	113 300

主缆及吊索时程分析的内力反应最大值　　表 4-13

地震组合		体系 I	体系 II	体系 III
纵向+竖向	主缆水平拉力(kN)	3 038	9 638	3 399
	跨中吊索拉力(kN)	72.5	219.3	83.5
横向+竖向	主缆水平拉力(kN)	2 504	2 966	2 599
	跨中吊索拉力(kN)	76.0	89.6	87.2

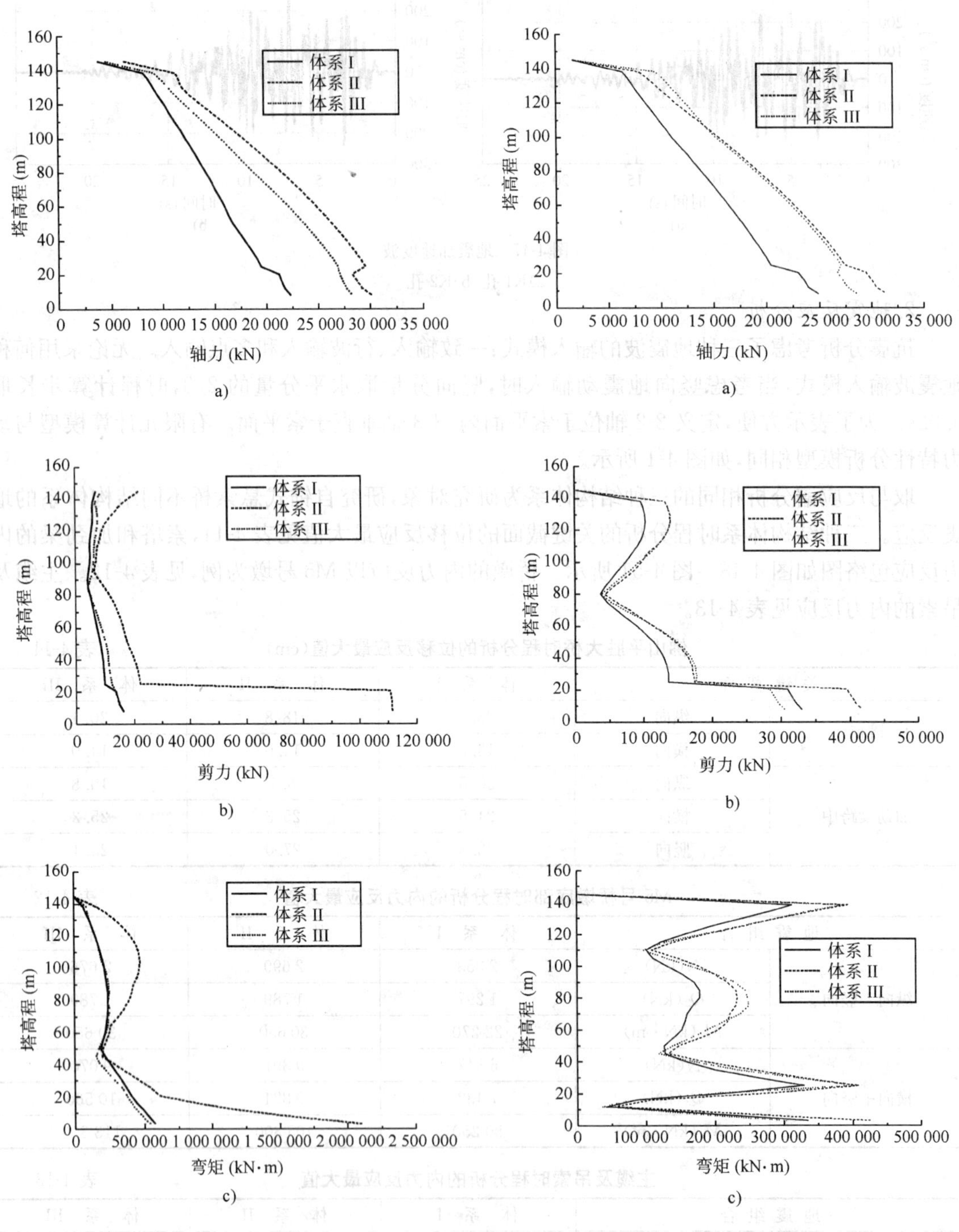

图 4-48 索塔纵向+竖向地震内力包络图

a)轴力 N 包络图;b)剪力 Q_3 包络图;c)弯矩 M_2 包络图

图 4-49 索塔横向+竖向地震内力包络图

a)轴力 N 包络图;b)剪力 Q_2 包络图;c)弯矩 M_3 包络图

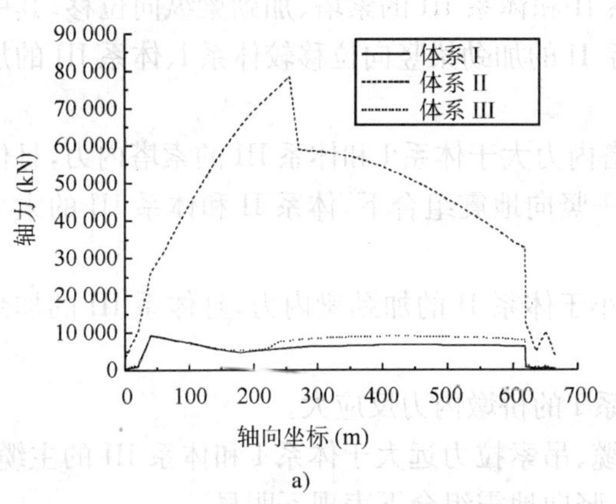

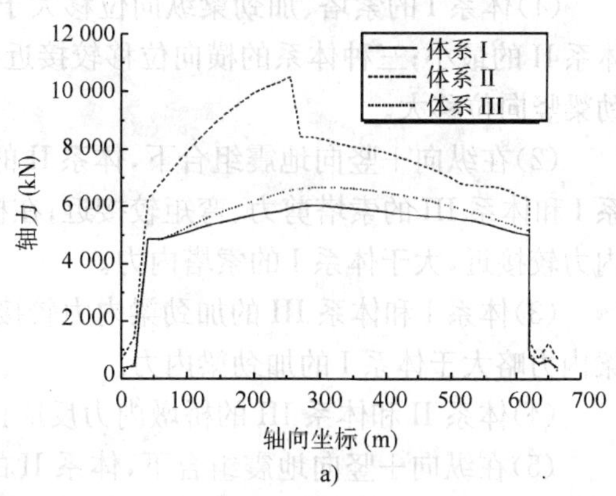

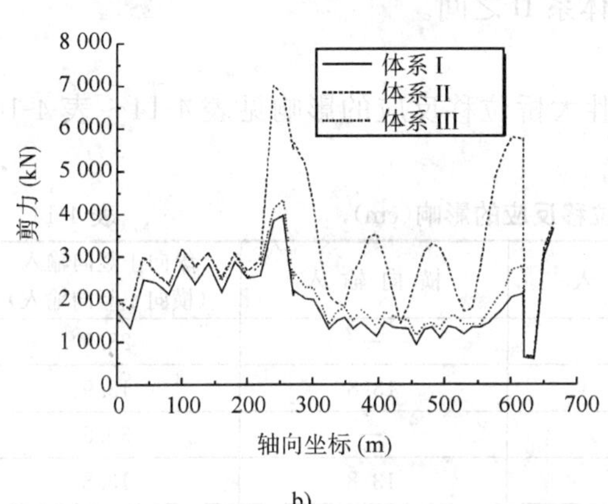

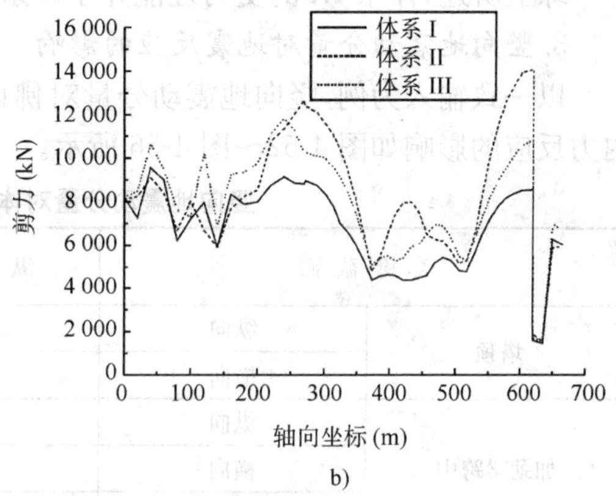

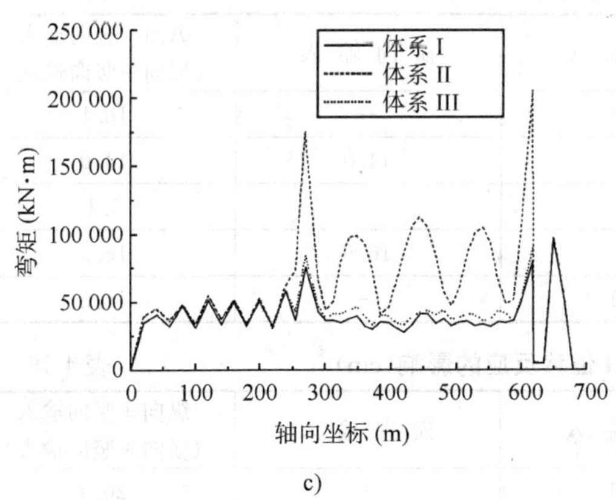

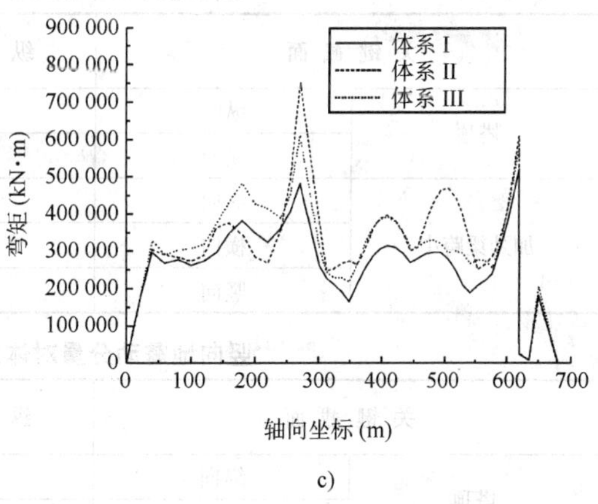

图 4-50　加劲梁纵向＋竖向地震内力包络图

a)轴力 N 包络图；b)剪力 Q_2 包络图；c)弯矩 M_3 包络图

图 4-51　加劲梁横向＋竖向地震内力包络图

a)轴力 N 包络图；b)剪力 Q_3 包络图；c)弯矩 M_2 包络图

从表4-11～表4-13和图4-48～图4-51中可以得到：

(1)体系I的索塔、加劲梁纵向位移大于体系II和体系III的索塔、加劲梁纵向位移，其中体系II的最小；三种体系的横向位移较接近；体系II的加劲梁竖向位移较体系I、体系III的加劲梁竖向位移大。

(2)在纵向+竖向地震组合下，体系II的索塔内力大于体系I和体系III的索塔内力，且体系I和体系III的索塔剪力、弯矩较接近；在横向+竖向地震组合下，体系II和体系III的索塔内力较接近，大于体系I的索塔内力。

(3)体系I和体系III的加劲梁内力较接近，小于体系II的加劲梁内力，且体系III的加劲梁内力略大于体系I的加劲梁内力。

(4)体系II和体系III的桥墩内力反应比体系I的桥墩内力反应大。

(5)在纵向+竖向地震组合下，体系II的主缆、吊索拉力远大于体系I和体系III的主缆、吊索拉力，且以体系I的最小，这种规律在横向+竖向地震组合下表现不明显。

综上所述，体系III的受力性能介于体系I和体系II之间。

3. 竖向地震动分量对地震反应的影响

以一致输入为例，竖向地震动分量对佛山平胜大桥位移反应的影响见表4-14～表4-16，内力反应的影响如图4-52～图4-56所示。

竖向地震动分量对体系I位移反应的影响(cm) 表4-14

关键截面		纵向输入	横向输入	纵向+竖向输入(横向+竖向输入)
塔顶	纵向	28.3	—	28.9
	横向	—	13.8	13.9
加劲梁跨中	纵向	29.9	—	30.5
	横向	—	13.8	13.8
	竖向	4.1	—	9.4

竖向地震动分量对体系II位移反应的影响(cm) 表4-15

关键截面		纵向输入	横向输入	纵向+竖向输入(横向+竖向输入)
塔顶	纵向	18.2	—	18.1
	横向	—	14.0	14.0
加劲梁跨中	纵向	5.1	—	5.1
	横向	—	16.9	16.9
	竖向	14.1	—	14.3

竖向地震动分量对体系III位移反应的影响(cm) 表4-16

关键截面		纵向输入	横向输入	纵向+竖向输入(横向+竖向输入)
塔顶	纵向	20.1	—	20.1
	横向	—	14.0	14.0
加劲梁跨中	纵向	19.6	—	19.8
	横向	—	14.9	15.1
	竖向	3.1	—	8.5

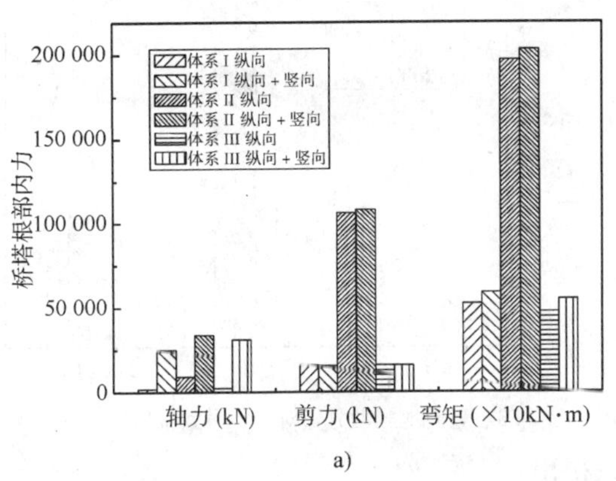

a)

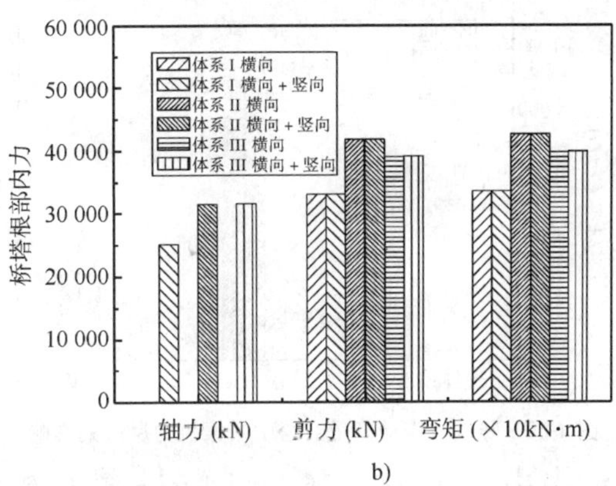

b)

图 4-52　竖向地震动分量对 3 种体系塔底内力反应的影响

a)纵向输入；b)横向输入

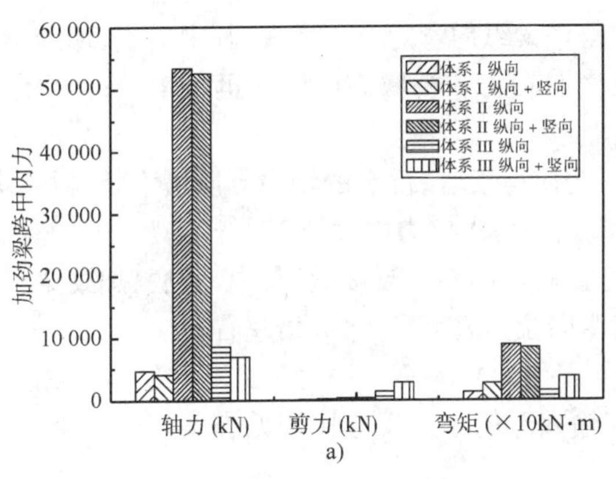

a)

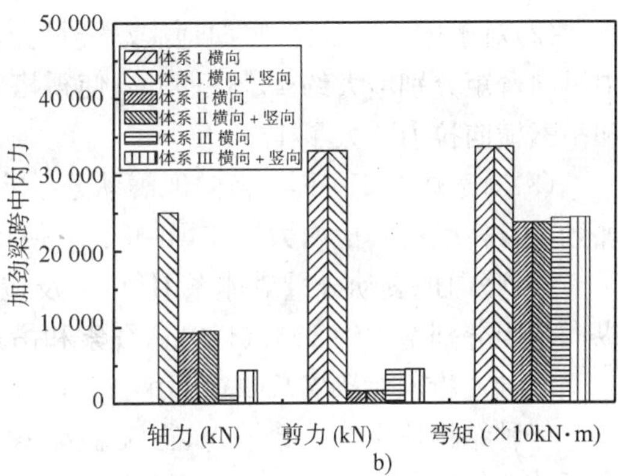

b)

图 4-53　竖向地震动分量对 3 种体系加劲梁跨中内力反应的影响

a)纵向输入；b)横向输入

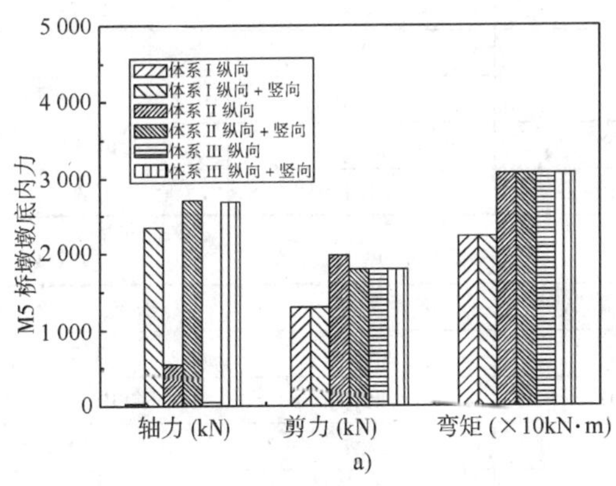

a)

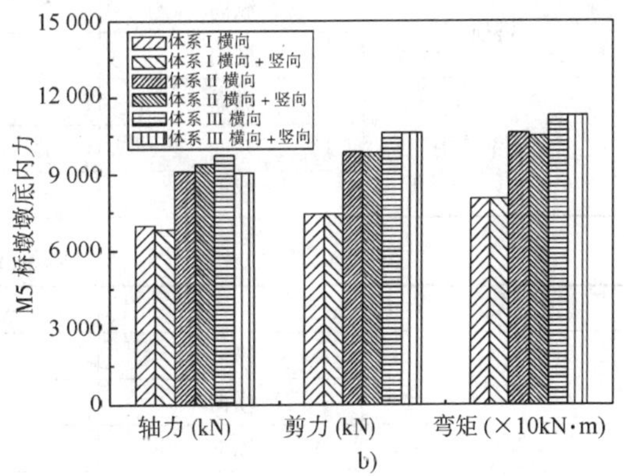

b)

图 4-54　竖向地震动分量对 3 种体系 M5 桥墩墩底内力反应的影响

a)纵向输入；b)横向输入

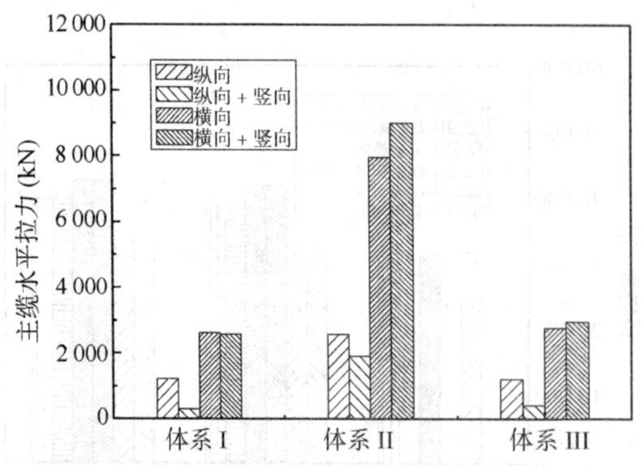

图 4-55　竖向地震动分量对跨中吊索拉力反应的影响

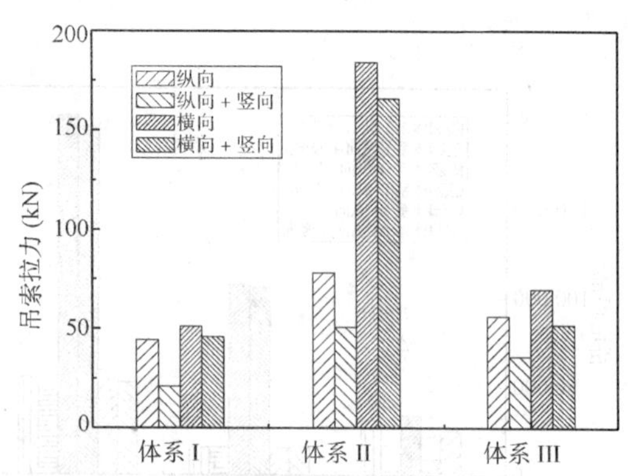

图 4-56　竖向地震动分量对跨中吊索拉力反应的影响

从表 4-14～表 4-16 和图 4-52～图 4-56 可以得出：

(1)竖向地震动分量对三种结构体系的纵向及横向位移影响较小；对体系 I 和体系 III 的加劲梁竖向位移影响显著，其中加劲梁跨中竖向位移分别增大了 1.29 和 1.74 倍，而对体系 II 的加劲梁竖向位移影响较小。

(2)对于体系 I 而言，竖向地震动分量会使得塔梁纵向弯矩有所增大，其中塔底、加劲梁跨中纵向弯矩分别增大约 10%、120%；使得塔梁横向轴力和桥墩纵向轴力迅猛增大；使得缆索和吊索横向拉力增大了 1～3 倍。

(3)对于体系 II 而言，竖向地震动分量除了会使得索塔、桥墩的轴力有所增大外，对索塔、加劲梁及桥墩的其他内力反应影响较小；使得缆索和吊索拉力增大约 10%～30%。

(4)竖向地震动分量对体系 III 内力反应的影响与体系 I 较接近，其中，塔底、加劲梁跨中纵向弯矩分别增大约 15%、150%；缆索和吊索横向拉力增大了 1～2 倍左右。

4. 行波输入对地震反应的影响

三种结构体系在一致输入、行波输入、多点输入下的位移反应比较见表 4-17～表 4-19，内力反应比较如图 4-57～图 4-61 所示。

行波输入对体系 I 位移反应的影响(cm)　　表 4-17

关键截面		一致输入	行波输入	多点输入
塔顶	纵向	28.3	28.3	28.3
	横向	13.8	12.3	13.9
加劲梁跨中	纵向	29.9	29.9	29.9
	横向	13.8	24.5	14.1
	竖向	4.1	4.1	4.2

行波输入对体系 II 位移反应的影响(cm)　　表 4-18

关键截面		一致输入	行波输入	多点输入
塔顶	纵向	18.2	18.2	18.5
	横向	14.0	12.6	14.0
加劲梁跨中	纵向	5.1	5.1	5.1
	横向	16.9	25.3	16.7
	竖向	14.1	14.1	14.1

行波输入对体系 III 位移反应的影响(cm) 表 4-19

关键截面		一致输入	行波输入	多点输入
塔顶	纵向	20.1	20.1	20.1
	横向	14.0	12.9	14.0
加劲梁跨中	纵向	19.6	19.5	19.5
	横向	14.9	25.2	15.0
	竖向	3.1	3.1	3.1

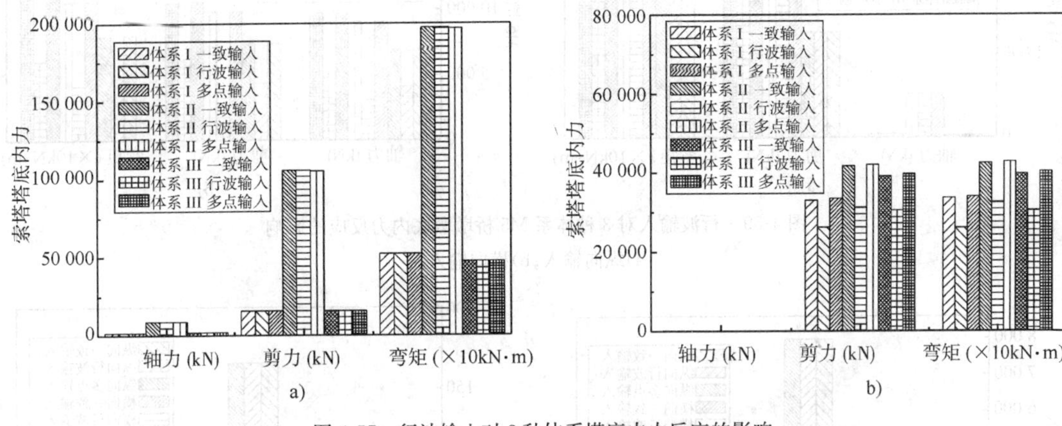

图 4-57 行波输入对 3 种体系塔底内力反应的影响

a)纵向输入;b)横向输入

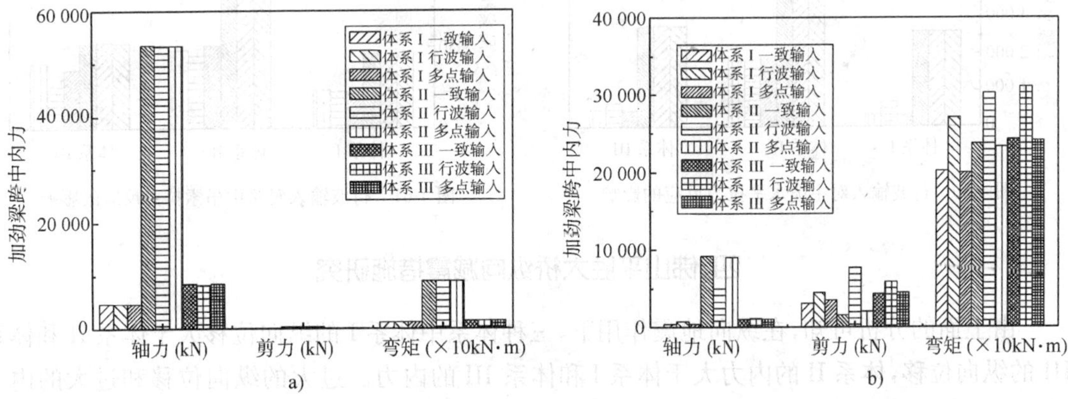

图 4-58 行波输入对 3 种体系加劲梁跨中内力反应的影响

a)纵向输入;b)横向输入

从表 4-17～表 4-19 和图 4-57～图 4-61 可以得出:三种结构体系在一致输入和多点输入下的内力与位移反应非常接近;行波输入对三种结构体系的纵向、竖向位移反应影响不大,而使得索塔横向位移略有减小,加劲梁横向位移增大较多;行波输入对三种结构体系的纵向内力反应影响不大,这主要是因为三种结构体系在全桥的桥墩和加劲梁的纵向仅有一个约束或无约束,未能引起拟静力效应的缘故;行波输入对三种结构体系塔梁、桥墩的横向内力反应规律相似,使得索塔横向剪力、弯矩减小约 25%,使得桥墩横向内力减小约 40%～60%,使得加劲梁横向弯矩增大约30%；行波输入会使得体系I和体系III横向输入下的主缆拉力有所增大，使得体系II横向输入下的主缆拉力有所减小；行波输入使得三种结构体系横向输入下的吊索拉力有所减小。

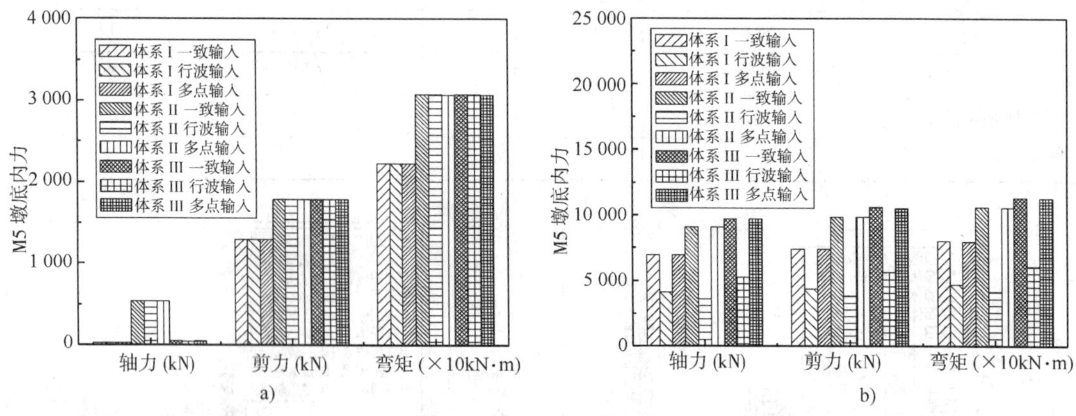

图 4-59 行波输入对 3 种体系 M5 桥墩墩底内力反应的影响

a)纵向输入；b)横向输入

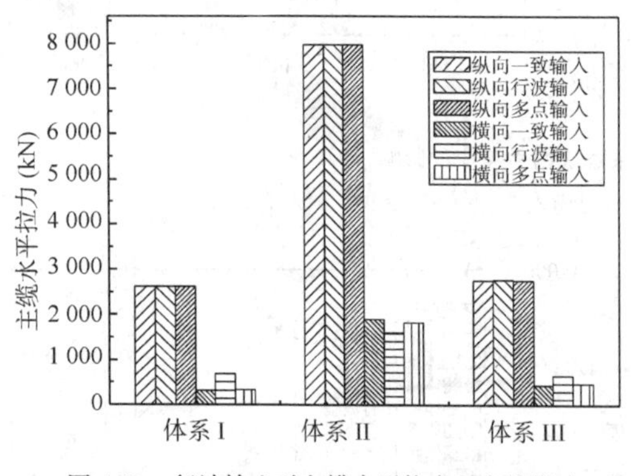

图 4-60 行波输入对主缆水平拉力反应的影响

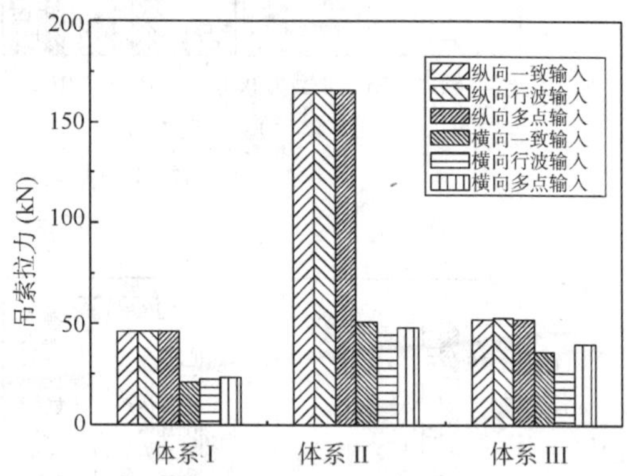

图 4-61 行波输入对跨中吊索拉力反应的影响

四、佛山平胜大桥纵向减震措施研究

由上面的分析可知，在纵向地震作用下，三种体系中体系I的纵向位移大于体系II和体系III的纵向位移，体系II的内力大于体系I和体系III的内力。过大的纵向位移和过大的内力都会对桥梁结构的受力性能及正常运营产生不良影响。为此，佛山平胜大桥设计在选取体系I的基础上，进行了纵向减震措施研究，下面针对摩擦型支座和磁流变阻尼器两种减震措施的适用性和可行性进行研究[21~25]。

(一)摩擦型支座减震分析

在正常情况下，摩擦型支座起到固定支座作用，可减小正常行车引起的加劲梁纵向位移，起到兼顾减震的目的。摩擦型支座减震的原理是在桥墩(或索塔)和加劲梁之间安装摩擦支座，利用支座耗能来达到减震的目的，属于被动减震控制。

佛山平胜大桥设计采用了变摩阻型滑动支座，即在索塔、桥墩和加劲梁之间设纵向滑动支座，索塔处滑动支座的摩擦阻力系数为 7%，其余部位为 2%。采用时程分析方法计算了佛山平胜大桥采用摩擦支座减震措施后在纵向地震作用下的位移及内力反应，位移反应比较见表 4-20，内力反应比较如图 4-62、图 4-63 所示。

纵向地震作用下纵向位移响应比较（cm）　　表 4-20

项　目	体　系　I	体　系　II	体　系　III	采用摩擦型支座
塔顶	28.9	18.1	20.1	13.1
加劲梁跨中	30.5	5.1	19.8	6.5

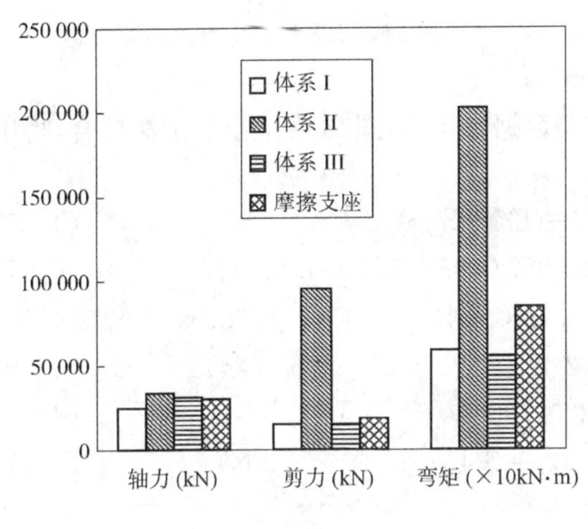

图 4-62　塔底内力响应比较

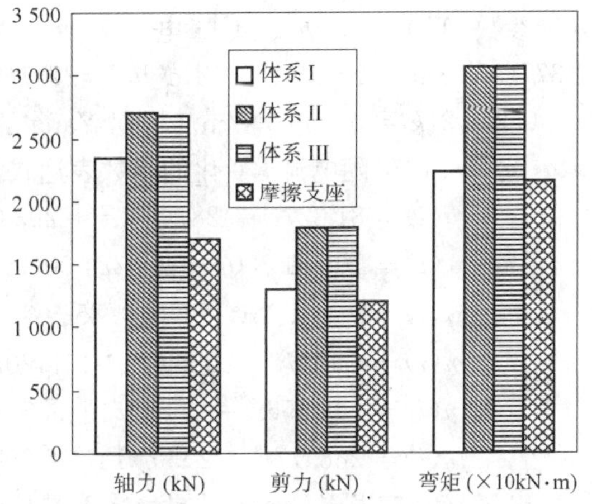

图 4-63　M5 号桥墩墩底内力响应比较

从表 4-20 和图 4-62、图 4-63 可以得出：在纵向地震作用下，采用摩擦型滑动支座后，索塔和加劲梁的纵向位移得到明显控制；相对于体系 I 而言，塔顶纵向位移减小了 120%，加劲梁跨中纵向位移减小了近 4 倍。索塔和桥墩的纵向内力也有所减小，相对于体系 II 而言，塔底弯矩减小了 1.4 倍，M5 桥墩墩底弯矩减小了 40%。

(二)磁流变阻尼器减震可行性研究

磁流变阻尼器（MR 阻尼器）具有能耗少、出力大、反应速度快、结构简单、阻尼力连续性好等特性，作者曾将其应用于岳阳洞庭湖大桥斜拉索的减振[26~28]，取得了很好的效果。目前，MR 阻尼器已广泛应用于大跨度桥梁的日常行车减振。为此，专门对磁流变减震措施的可行性进行了探讨。

1. *磁流变阻尼器减震原理*

基于 4.3.2 节地震动力方程(4-50)，建立桥梁结构与 MR 阻尼器系统的地震动力方程为

$$[M]\{\ddot{u}\}+[C]\{\dot{u}\}+[K]\{u\}=-[M][R]\{\ddot{u}_g\}-\{F_{MR}\} \tag{4-61}$$

式中：$\{F_{MR}\}$——阻尼力列向量，由单个阻尼器的$\{f_{MR}\}$集总得到。

$\{f_{MR}\}$可表示为：

$$\{f_{MR}\}=\{f\quad 0\quad 0\quad 0\quad 0\quad -f\quad 0\quad 0\quad 0\quad 0\quad 0\}^T \tag{4-62}$$

式中：f——单个阻尼器的阻尼力。

以 Yang 试制的大吨位 MR 阻尼器为研究对象，经过比较研究[29]，采用能较好地描述 MR

阻尼器力学行为的改进的现象模型(如图 4-64 所示),单个阻尼器的阻尼力 f 可表示为:

$$f = \alpha z + kx + c(\dot{x})\dot{x} + m\ddot{x} + f_0 \quad (4\text{-}63)$$

式中:

$$\dot{z} = -\gamma|\dot{x}|z|z|^{n-1} - \beta\dot{x}|z|^{n} + A\dot{x} \quad (4\text{-}64)$$

$$c(\dot{x}) = \alpha_1 \exp[-(\alpha_2|\dot{x}|)^{p}] \quad (4\text{-}65)$$

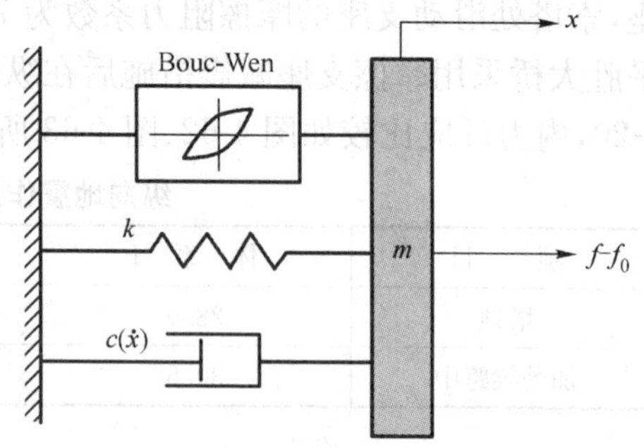

图 4-64　MR 阻尼器改进的现象模型

式(4-63)~式(4-65)中,共有 11 个参数。其中 α、α_1、α_2、m、n、f_0 这 6 个参数是电流 i 的函数,剩下的 5 个参数 A、γ、β、k、p 是不随电流 i 变化的。$A=1\,377.978\,8\text{m}^{-1}$,$\gamma=25\,179.04\text{m}^{-1}$,$\beta=27.160\,3\text{m}^{-1}$,$p=0.244\,2$,$k=20.159\,5\text{N/m}$。根据 Yang 的实验数据[29],采用非线性最小二乘法拟合,得出 α、α_1、α_2、m、n、f_0 随电流 i 变化的函数表达式为:

$$\alpha(i) = 81\,327i^3 - 287\,002i^2 + 293\,008i + 141\,927 \quad (\text{N}) \quad (4\text{-}66)$$

$$\alpha_1(i) = 10\,161\,000i^3 - 48\,224\,000i^2 + 71\,857\,000i + 3\,304\,000 \quad (\text{N}\cdot\text{s/m}) \quad (6\text{-}67)$$

$$\alpha_2(i) = 1\,343.35i^3 - 5\,939.85i^2 + 8\,245.79i + 913.53 \quad (\text{s/m}) \quad (4\text{-}68)$$

$$m(i) = 6\,194i^3 - 26\,226i^2 + 37\,420i + 2\,472 \quad (\text{kg}) \quad (4\text{-}69)$$

$$n(i) = -0.256i^3 - 1.238i^2 + 6.519i + 0.706 \quad (4\text{-}70)$$

$$f_0(i) = 288.77i^3 - 2\,996.14i^2 + 6\,878.12i + 1\,157.17 \quad (\text{N}) \quad (4\text{-}71)$$

2. 磁流变阻尼器输入电流对减震效果的影响

将 8 个 MR 阻尼器安装在索塔与加劲梁之间顺桥向,得到在纵向地震作用下位移反应随输入电流的变化见表 4-21,塔底内力、加劲梁跨中内力、M5 桥墩墩底内力、主缆水平拉力及跨中吊索拉力随输入电流的变化如图 4-65~图 4-68 所示。

纵向地震作用下位移反应比较(cm)　　表 4-21

纵向位移	体系 I	体系 II	体系 III	采用 8 个 MR 阻尼器减震			
				I=0A	I=0.5A	I=1.0A	I=2.0A
塔顶	28.9	18.1	20.1	25.9	18.4	16.8	16.2
加劲梁跨中	30.5	5.1	19.8	27.1	19.1	17.0	16.3

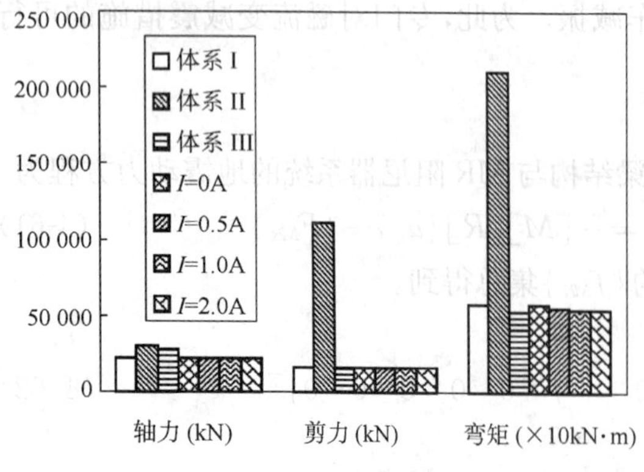

图 4-65　塔底内力随输入电流变化

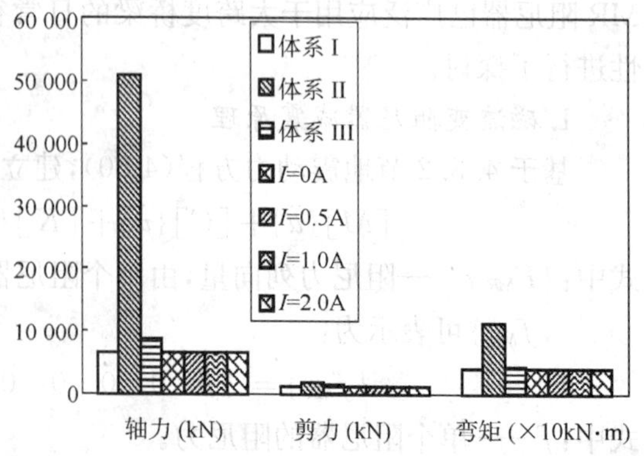

图 4-66　加劲梁跨中内力随输入电流变化

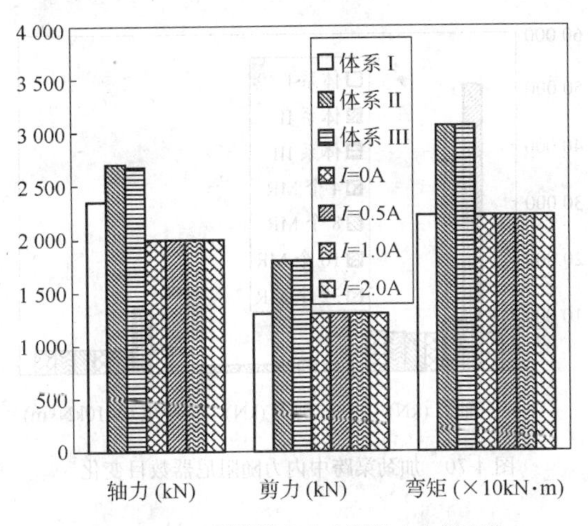

图 4-67　M5 桥墩墩底内力随输入电流变化

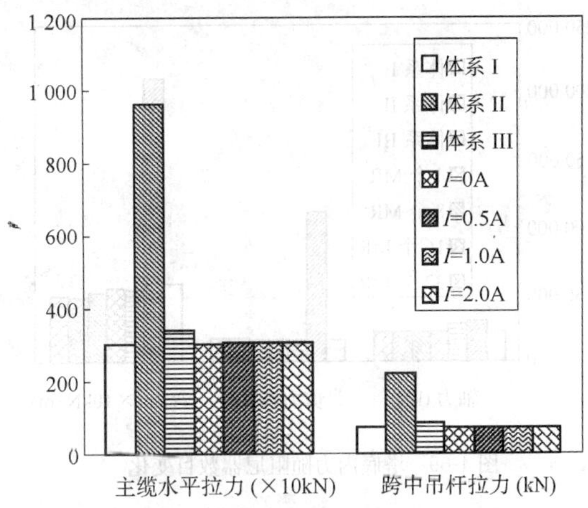

图 4-68　主缆和吊索拉力随输入电流变化

从表 4-21 和图 4-65～图 4-68 可以得出：随 MR 阻尼器输入电流的增大，结构的位移反应逐渐减小。当输入电流为 0 时，位移减小不明显；随输入电流增大，初期位移减小显著，后期减小程度降低，即当输入电流在 0～0.5A 之间时，位移减小显著，当电流大于 0.5A 以后，位移减小程度变慢。当输入电流为 2A 时，塔顶纵向位移较体系 I 减小 44.0%，加劲梁跨中纵向位移较体系 I 减小 46.6%。安装了 MR 阻尼器后，索塔、加劲梁、主缆及吊索的内力反应与体系 I 和体系 III 的非常接近，小于体系 II 的内力反应，且内力大小几乎不随输入电流而发生改变，其中塔底弯矩、加劲梁跨中弯矩、主缆水平拉力和吊索拉力较体系 II 减小了 2 倍左右；桥墩内力反应接近体系 I 的内力反应，小于体系 II 和体系 III 的内力反应，其中 M5 桥墩墩底弯矩减小约 35%。

3. *磁流变阻尼器数量对减震效果的影响*

以 MR 阻尼器输入电流为 2A 为例，在纵向地震作用下，位移反应随阻尼器数目变化见表 4-22，塔底内力、加劲梁跨中内力、M5 桥墩墩底内力、主缆水平拉力及跨中吊索拉力随阻尼器数目变化如图 4-69～图 4-72 所示。

纵向地震作用下位移反应比较(cm)　　表 4-22

纵向位移	体系 I	体系 II	体系 III	采用 MR 阻尼器减震(I=2.0A)			
				4 个 MR	8 个 MR	16 个 MR	32 个 MR
塔顶	28.9	18.1	20.1	20.5	16.2	10.9	7.1
加劲梁跨中	30.5	5.1	19.8	22.1	16.3	10.5	8.0

从表 4-22 和图 4-69～图 4-72 可以得出：随 MR 阻尼器数量的增加，结构的位移反应逐渐减小。当阻尼器数目为 4 个时，塔顶和加劲梁跨中的纵向位移较体系 I 分别减小了 29.1%和 27.5%；当阻尼器数目为 32 个时，塔顶和加劲梁跨中的纵向位移较体系 I 分别减小了 75.4%和 73.8%。安装了 MR 阻尼器后，索塔、加劲梁、主缆及吊索的内力反应与体系 I 和体系 III 的非常接近，小于体系 II 的内力反应，且随阻尼器数目变化较小；桥墩内力反应接近体系 I 的内力反应，小于体系 II 和体系 III 的内力反应，内力大小不随阻尼器数目而发生变化。

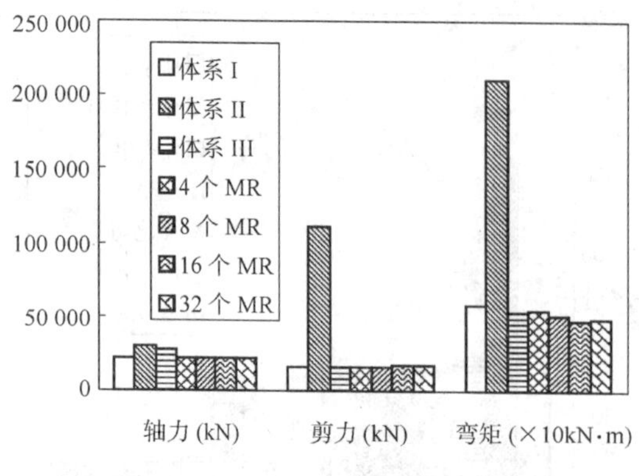

图 4-69　塔底内力随阻尼器数目变化

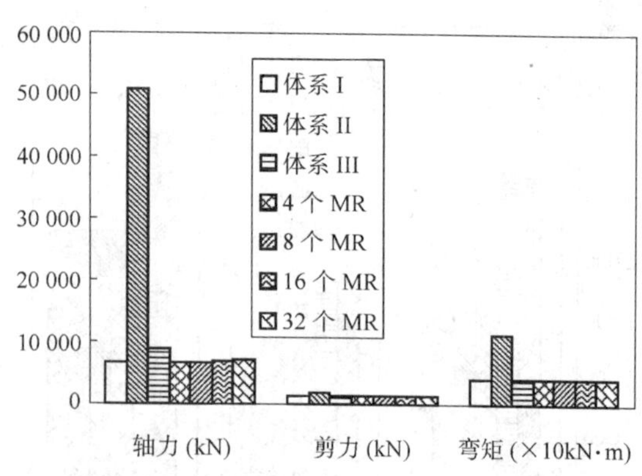

图 4-70　加劲梁跨中内力随阻尼器数目变化

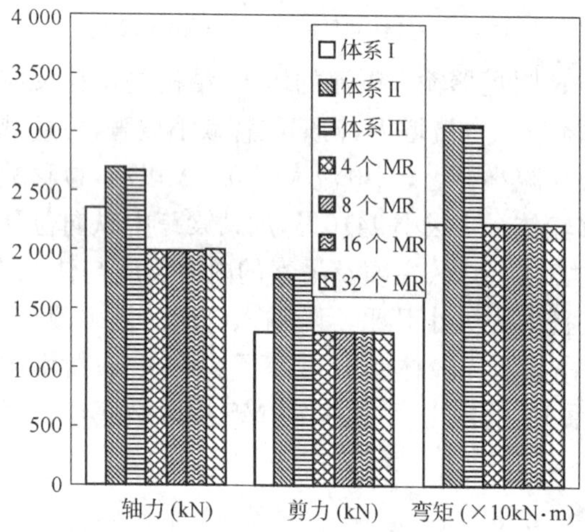

图 4-71　M5 桥墩墩底内力随阻尼器数目变化

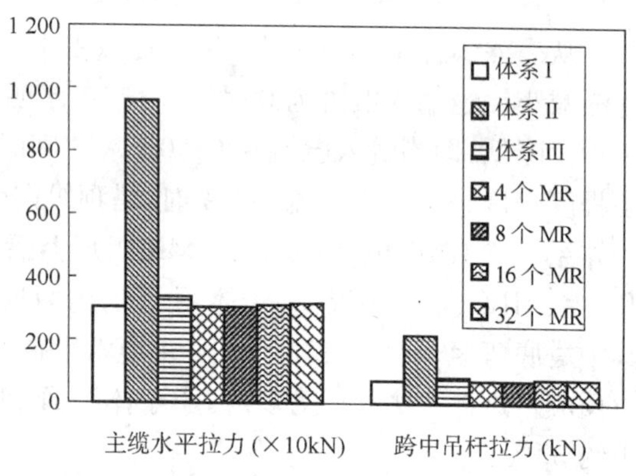

图 4-72　主缆和吊索拉力随阻尼器数目变化

综合比较以上两种减震措施的减震效果、造价以及成桥运营阶段的维护等因素，最后选择采用了摩擦型支座的减震措施对佛山平胜大桥的地震作用进行减震。

参 考 文 献

[1] 葛耀君，项海帆. 大跨度桥梁气动稳定性数值计算模型与方法[J]. 土木工程学报，2008，41(2)：86-93.

[2] R H Scanlan，J J Tomko. Airfoil and bridge deck flutter derivatives[J]. Journal of the Engineering Mechanics Division，1971，97(6)：1717-1737.

[3] A Larsen，J H Walther. Aeroelastic analysis of bridge girder sections based on discrete vortex simulations[J]. Journal of Wind Engineering and Industrial Aerodynamics，1997，(67&68)：253-265.

[4] 陈政清，胡建华. 桥梁颤振导数识别的时域法与频域法对比研究[J]. 工程力学，2005，2(6)：127-133.

[5] 陈政清. 桥梁颤振临界风速上下限预测与多模态参与效应，结构风工程新进展及应用[C]. 上海：同济大学出版社，1993.

[6] Cullen Wallace. Wind influence on Kessock Bridge[J]. Engineering Structures，1985，7(1):18-22.

[7] J H G Macdonald，P A Irwin，M S Fletcher. Vortex-induced vibrations of the Second Severn Crossing cable-stayed bridge—full-scale and wind tunnel measurements[J]. Structure Buildings,2002,152 (2)：123-134.

[8] H Katsuura,H Makuta,H Sato,et al. Vortex-induced Oscillation of Trans-Tokyo Bay Highway Bridge. Proceedings of the 8th U. S. National conference on wind engineering [C]，on CDROM，1997.

[9] 陈政清，刘志文. 佛山平胜大桥抗风性能试验研究报告[R]. 长沙：湖南大学风工程试验研究中心，2005.

[10] 陈政清,胡建华,刘志文,张志田. 特殊桥梁结构抗风性能研究. 第十七届全国桥梁学术会议论文集[C],重庆,2006.

[11] S Tokoro，H Komatsu，M Nakasu，et al. A study on wake-galloping employing full aeroelastic twin cable model[J]. Journal of Wind Engineering and Industrial Aerodynamics，2000，88：247-261.

[12] A M Loredo-Souza，A G Davenport. Wind tunnel aeroelastic studies on the behaviour of two parallel cables[J]. Journal of Wind Engineering and Industrial Aerodynamics，2002，(90)：407-414.

[13] 胡建华,赵跃宇,陈政清. 串列双索气弹模型的风洞试验研究[J]. 动力学与控制学报，2006,4(2):179-184.

[14] 中华人民共和国交通部部标准 JTJ 004—89. 公路工程抗震设计规范[S]. 北京：人民交通出版社，1990.

[15] 中华人民共和国国家标准 GBJ 111—87. 铁路工程抗震设计规范[S]. 北京：中国计划出版社，1989.

[16] American Association of State Highway and Transportation Officials. Standard specifications for highway bridges[S]，division I- A seismic design，16th edition，1996.

[17] Eurocode 8. Structures in seismic regions design[S]，part 2：Bridges(draft). April，1993.

[18] 日本道路协会. 道路桥示方书・同解说：V 耐震设计篇[S]，1996.

[19] R W Clough，J Penzien 著. 结构动力学[M]. 王光远等译. 北京：科学出版社，1981.

[20] 杨孟刚，胡建华，陈政清. 独塔自锚式悬索桥地震响应分析[J]. 中南大学学报，2005，36(1)：133-137.

[21] M T A Chaudhary，M Abe，Y Fujino. Performance evaluation of base-isolated Yamaage bridge with high damping rubber bearings using recorded seismic data[J]. Engineering Structures，2001，23：902-910.

[22] C S Tsai，H H Lee. Seismic mitigation of bridges by using viscoelastic dampers[J].

Computers & Structures，1993，48(4)：719-727.

[23] K Kawashima，S Unjoh. Seismic response control of bridges by variable dampers[J]. Journal of Structure Engineering，ASCE，1994，120(9)：2583-2601.

[24] Y Adichi，S Unjoh，M Kondoh. Development of a shape memory alloy damper for intelligent bridge systems[J]. Materials Science Forum，2000，(327/328)：31-34.

[25] 胡建华.大跨度自锚式悬索桥结构体系及静动力性能研究[D]. 长沙：湖南大学土木工程学院，2006.

[26] 胡建华，王修勇，陈政清，倪一清. 斜拉桥拉索磁流变阻尼器减震技术的参数优化研究[J]. 土木工程学报，2006，39(3)：91-97

[27] 胡建华，王修勇，陈政清，倪一清，高赞明. 斜拉桥拉索风雨振响应特性 [J]. 中国公路学报，2006，19(3)：41-48

[28] Z Q Chen，X Y Wang，J H Hu. MR damping system for mitigating wind-rain induced wibration on Dongting Lake Cable-Stayed Bridge[J]. Wind and Structures，2004，7(5)：293-304.

[29] G Yang. Large-scale magnetorheological fluid damper for vibration mitigation：modeling testing and control[D]. Indiana，USA：University of Notre Dame，2001.

第五章　自锚式悬索桥结构模型试验

桥梁结构模型试验研究是桥梁工程师研究复杂桥跨结构受力状态和进行探索与创新设计的重要途径。对于自锚式悬索桥，虽然其结构静动力性能可通过理论计算进行模拟[1]，但理论计算方法是建立在一定的假设条件下的，计算模型也进行了一定的简化，其分析计算结果不一定十分全面和准确。通过模型试验，一方面能够验证计算理论和设计方法，确定合理的结构参数和施工过程，检验其安全性和可行性；另一方面还可以认识结构的力学行为规律，并通过获得复杂结构的细部受力状态进行优化设计，为设计和施工提供技术支撑。

佛山平胜大桥设计过程中开展了全桥模型、钢箱梁局部屈曲、吊索锚箱、钢－混凝土结合段等结构模型试验研究，本章对此进行介绍。

第一节　全桥模型试验

一、概　述

自锚式悬索桥由于需要靠加劲梁来传递主缆的水平力，因此其施工过程与地锚式悬索桥完全不同。施工时一般要先架设加劲梁，然后架设主缆，再安装吊索并进行吊索力的调整，最终实现体系转换。由于空缆时主缆的内力很小，因此安装吊索时主缆的非线性很明显，主缆的变形非常大。吊索的调整过程和力的大小也与常规悬索桥的调索不一样。此外，对于独塔单跨结构，塔顶鞍座的预偏量较大，施工中如何把握顶推时机和速度，都是需要研究的问题[4]。

佛山平胜大桥是我国首座采用独塔、四索面、混合梁的悬索桥，加劲梁采用钢箱梁和混凝土梁的混合结构。作为一种新型桥梁结构，该桥的设计和施工在国内外均无现成经验和资料可借鉴[2,3]。为此，开展了全桥模型试验[5]，依此验证自锚式悬索桥设计理论，确定合理的体系转换程序，同时建立完善的自锚式悬索桥设计和施工方法。全桥模型试验研究的主要内容有以下几个方面：

(1)认识自锚式悬索桥静动力特性；

(2)确定主缆线形的计算方法；

(3)确定合理成桥状态；

(4)研究体系转换方法与合理施工程序。

二、试验模型设计与制作

(一)相似关系

佛山平胜大桥模型设计时严格遵循以下相似关系：

(1)几何相似，对于三向应力状态下的结构模型，各方向的几何尺寸应保持相似，而对于二向应力状态，则只需要求平面尺寸保持几何相似；

(2)边界条件相似,模型与原型边界约束相同;

(3)物理参数相似,模型与原型的荷载性质、大小等都应满足相应的相似要求,而作用方向则应完全相同。

在综合考虑结构参数、模型材料、制作工艺以及实验室条件等因素的基础上,全桥试验模型的几何缩尺比 S_l 选定为 20。为了减小试验规模,方便加载,重力缩尺比 S_p 为 10,由此设计出的试验模型总体布置如图 5-1 所示。依据相似理论,模型与原型相似关系见表 5-1。该模型总长 33.887m,索塔总高 7.040m,主缆横向间距 1.1m,吊索纵向间距 0.6m。由于实际桥梁由对称的两幅分离的加劲梁和主缆组成,故模型试验时取一幅为研究对象。考虑到三柱式索塔对两幅桥的主缆、加劲梁结构受力的影响,同时也为保证索塔的稳定性,模型中索塔仍采用三柱式结构,全桥试验模型见图 5-2。

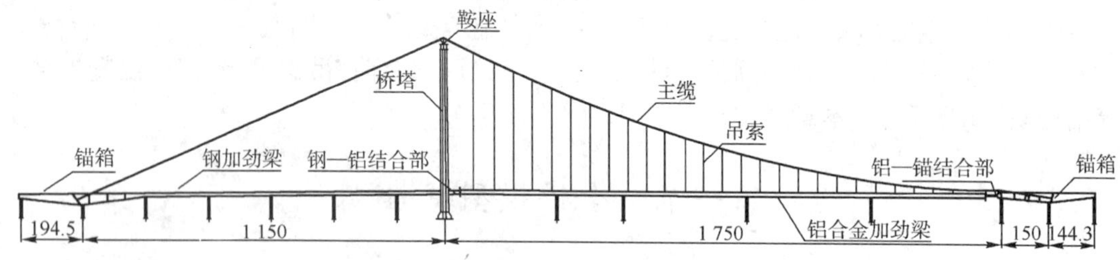

图 5-1　全桥试验模型设计图(尺寸单位:cm)

图 5-2　全桥试验模型

模型试验相似关系　　表 5-1

物　理　量	原型	模型	相似关系(原型/模型)
弹性模量	E_p	E_l	S_E
截面面积	A_p	A_l	$S_l^2 S_p/S_E$
截面抗弯惯性矩	I_p	I_l	$S_l^4 S_p/S_E$
截面抗扭惯性矩	J_p	J_l	$S_l^4 S_p/S_G$
质量惯性矩	MI_p	MI_l	$S_l^4 S_p$
应力	σ_p	σ_l	S_E
应变	ε_p	ε_l	1
位移	δ_p	δ_l	S_l
集中荷载	P_p	P_l	$S_l^2 S_p$
线荷载	q_p	q_l	$S_l S_p$
集中弯矩	M_p	M_l	$S_l^3 S_p$

(二)加劲梁

自锚式悬索桥加劲梁在轴向压力下的轴向压缩对其结构线形和内力有重要影响,在模型试验时需要对结构的轴向刚度进行准确的模拟,这是自锚式悬索桥与一般地锚式悬索桥模型试验的最大不同之处。

由于需要模拟加劲梁的轴向刚度,按前面拟定的缩尺比计算出来的截面尺寸比较小,如果将模型加劲梁的外形设计成与实际结构相似,则截面板件的尺寸非常小,一方面,无法找到合适的材料，另一方面，太薄的板件很难满足局部稳定的要求（即使采用加劲肋）。因此，本次模型试验加劲梁结构的外形并不相似，设计时按满足竖向抗弯刚度、扭转刚度相似的原则选择加劲梁的截面。

主跨钢加劲梁选用铝合金为主要材料，钢材为辅助材料，分段进行加工制作，然后通过粘连和铆接、焊接完成模型主跨加劲梁的拼装。主跨加劲梁的标准截面如图 5-3 所示，其中顶板和槽板分别采用 1.4mm 和 1mm 的铝合金。由于加劲梁承受强大的轴向作用，考虑到箱梁的局部稳定性问题，在箱梁的顶面和底面各设有两条铝合金球形加劲肋，并通过抽芯铆钉与箱梁顶底板相连。模型的配重采用在加劲梁顶面摊铺和箱梁横隔板处悬挂质量块的方法实现。

边跨混凝土加劲梁采用薄壁槽形型钢和钢板焊接组合截面，如图 5-4 所示。采用重钢块均布加劲梁顶面来实现模型的配重需要。

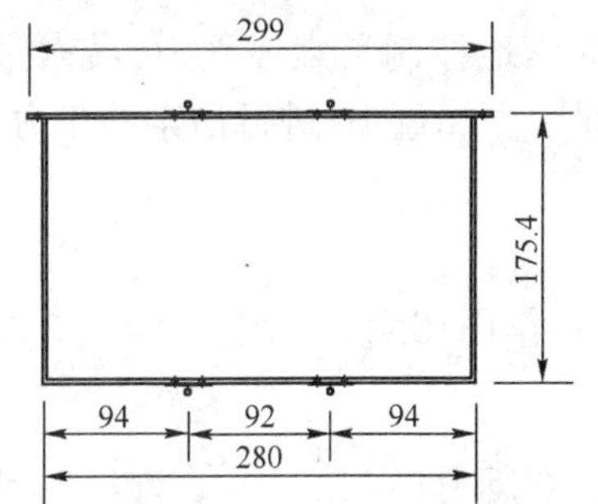

图 5-3　主跨加劲梁模型断面（尺寸单位：mm）

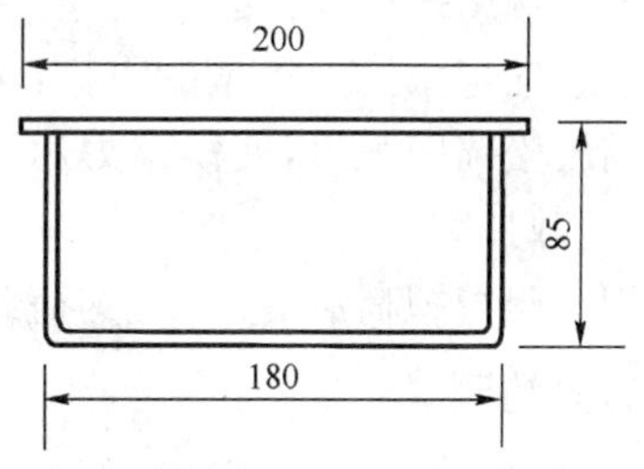

图 5-4　边跨加劲梁模型断面（尺寸单位：mm）

（三）主缆和吊索

模型主缆采用高强度弹簧钢丝制作。为保证钢丝的柔性，单根钢丝直径选用 1mm，按照面积相似，模型单根主缆由 40 根直径 1mm 的高强度弹簧钢丝组成。制作前将模型主缆的弹簧钢丝进行预张拉，消除可能存在的非弹性变形和不平度，然后按设计数量排列成平行丝股。模型主缆的配重通过沿索长均匀分布空心圆柱钢块的方法实现。

模型吊索采用直径为 1mm 的单根弹簧钢丝。吊索上端索夹采用钢丝绳夹具，下端通过全螺纹锚杆与主跨加劲梁相连。

（四）索塔

试验模型的索塔采用三柱门式塔，中塔柱和边塔柱采用矩形冷弯薄壁型钢材料制作，断面形式分别如图 5-5 和图 5-6 所示。索塔上下横梁采用热轧工字形型钢，通过焊接与索塔柱连接在一起。索塔基础采用混凝土地梁，顶部埋置钢板，通过预埋螺栓与索塔柱相连。

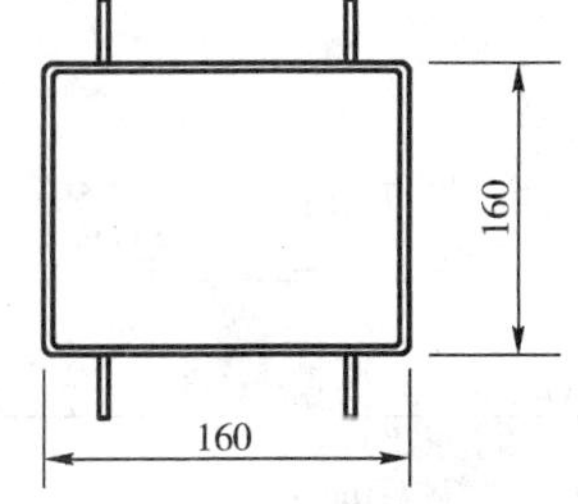

图 5-5　中塔柱模型断面（尺寸单位：mm）

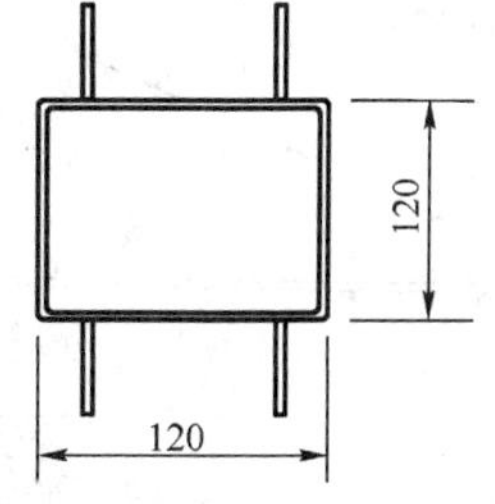

图 5-6　边塔柱模型断面（尺寸单位：mm）

(五)桥墩和临时墩

桥墩和临时墩的墩身采用混凝土结构,基础采用混凝土块,顶部设置钢板作支承,精确测量并控制钢板的高度和水平度。在支承钢板上设置高度调节装置。

三、试验加载方案和测试方法

(一)加载方案

(1)主缆的张拉与调整

主缆的张拉与调整采用手动葫芦进行张紧或放松,通过反复的测量与调整直至达到设计线形。

(2)吊索的张拉与调整

吊索下端用螺杆和传感器与梁上锚固点连接。为准确地控制吊索锚固力,吊索张拉时先在螺杆上悬挂与张拉力等量的重物,然后进行锚固,锚固后去掉重物,进行吊索的张力测试,通过拧紧或放松锚固螺母,使吊索力达到计算要求。

(3)荷载加载

采用砝码模拟荷载,按计算的荷载大小将等量的砝码作用在梁上。

(二)力的测试

在模型试验中,力的测试包括吊索力、主缆锚固力和支反力。

吊索力采用应变式S型测力传感器测试,量程800N,标称精度0.05%。传感器串联在吊索中间,直接进行吊索力的测试。

主缆索力采用三弦穿心式钢弦测力计测量,量程20 000N,标称精度1%。

支反力采用三弦式钢弦测力计测量。在主跨9号、10号墩分别各安装两个支反力传感器,在4个施工临时墩上各安装两个支反力传感器。

(三)位移(变形)测试

位移(变形)的测量主要针对加劲梁和主缆进行,关键测试断面测点布置如图5-7所示。位移测试采用了两套测量系统,对加劲梁的挠度和水平位移,采用电测百分表进行测量;对主缆的竖向挠度、主缆的水平位移、索塔顶的水平位移,采用投影测量的方法进行测量。在地面固定一水平标尺,标尺上有刻度,从主缆上和索塔顶上悬挂铅锤,主缆和索塔顶有水平位移时,带动铅锤线移动,移动量在水平尺上可读出。从主缆上竖向悬挂钢尺,主缆发生竖向变形时,可从竖向钢尺与水平钢尺交点读数的变化上读出变形量来。

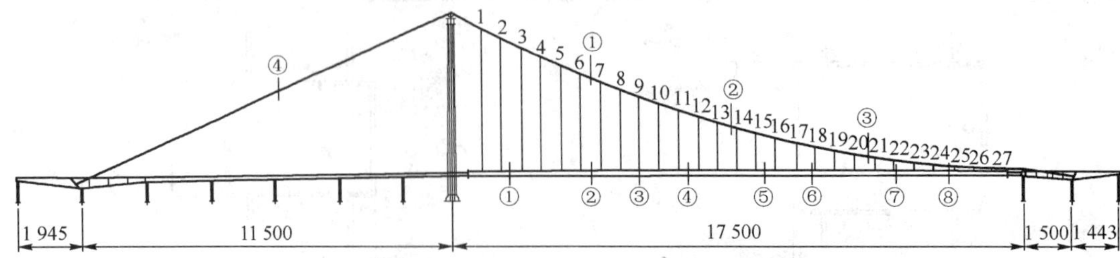

图5-7 加劲梁和主缆的位移测试截面布置图(尺寸单位:mm)

全桥模型试验包括二期恒载的加载试验、典型截面的影响线加载试验、指定截面最不利弯矩加载试验、指定截面最不利挠度加载试验、指定吊索最不利活载拉力加载试验、主缆最大活载内力加载试验等，这里仅介绍施工过程模拟和超载试验。

四、施工过程模拟试验

(一)施工过程模拟工况

自锚式悬索桥的施工过程比较复杂，由于吊索数量多，且存在主缆几何非线性、加劲梁和索塔的梁柱效应、鞍座滑移等，故施工必须严格按照架设程序，才能实现设计的合理成桥状态。施工过程中，吊索的张拉是关系到主缆线形、加劲梁线形和结构内力等是否满足设计要求的关键，也是控制工期的重要因素，因此，吊索的张拉是施工过程模拟的重要试验内容，如图5-8所示。

图5-8　吊索的张拉与锚固

实现自锚式悬索桥体系转换的吊索张拉有多种可行方案，本节仅列了施工图设计采用的体系转换吊索张拉实施方案来进行施工过程的模拟验证试验，试验施工过程详见表5-2。

佛山平胜大桥施工过程模拟试验工况　　表5-2

阶段号	施工内容	阶段号	施工内容
0	空缆、箱梁位于临时墩上	10	张拉9号吊索至250N，张拉8号吊索至设计位置
1	顶推塔顶鞍座1cm	11	张拉10号吊索至500N，张拉9号吊索至设计位置
2	张拉1号吊索至设计位置	12	顶推塔顶鞍座2cm
3	张拉2号吊索至设计位置	13	张拉11号吊索至500N，张拉10号吊索至设计位置
4	张拉3号吊索至设计位置	14	张拉12号吊索至500N，张拉12号吊索至375N，张拉11号吊索至设计位置
5	张拉4号吊索至设计位置	15	张拉13、14号吊索至500N，张拉12号吊索至设计位置
6	张拉5号吊索至设计位置	16	张拉14、15号吊索至525N，张拉13号吊索至设计位置
7	顶推塔顶鞍座1.5cm	17	张拉15、16号吊索至525N，张拉14号吊索至设计位置
8	张拉6号吊索至设计位置	18	张拉16、17号吊索至525N，张拉15号吊索至设计位置
9	张拉7号吊索至设计位置	19	张拉17、18号吊索至525N，张拉16号吊索至设计位置

续上表

阶段号	施工内容	阶段号	施工内容
20	顶推塔顶鞍座 2.3cm	27	张拉 25 号吊索至 500N，张拉 24 号吊索至 375N，张拉 23 号吊索至设计位置
21	张拉 18、19 号吊索至 525N，张拉 17 号吊索至设计位置	28	张拉 25 号吊索至 500N，张拉 24 号吊索至设计位置
22	张拉 19、20 号吊索至 500N，张拉 18 号吊索至设计位置	29	张拉 26 号吊索至 250N 时，张拉 25 号吊索至设计位置
23	张拉 20、21 号吊索至 500N，张拉 19 号吊索至设计位置	30	张拉 26 号吊索至设计位置
24	张拉 21、22 号吊索至 500N，张拉 20 号吊索至设计位置	31	张拉 27 号吊索至设计位置
25	张拉 22、23 号吊索至 500N，张拉 21 号吊索至设计位置	32	二期恒载施工
26	张拉 23、24 号吊索至 500N，张拉 22 号吊索至设计位置		

(二)施工过程模拟试验结果及分析

1. 主缆竖向位移

主缆的竖向位移各测点随吊索张拉过程的变化曲线如图 5-9 所示，其中，模型的计算值和

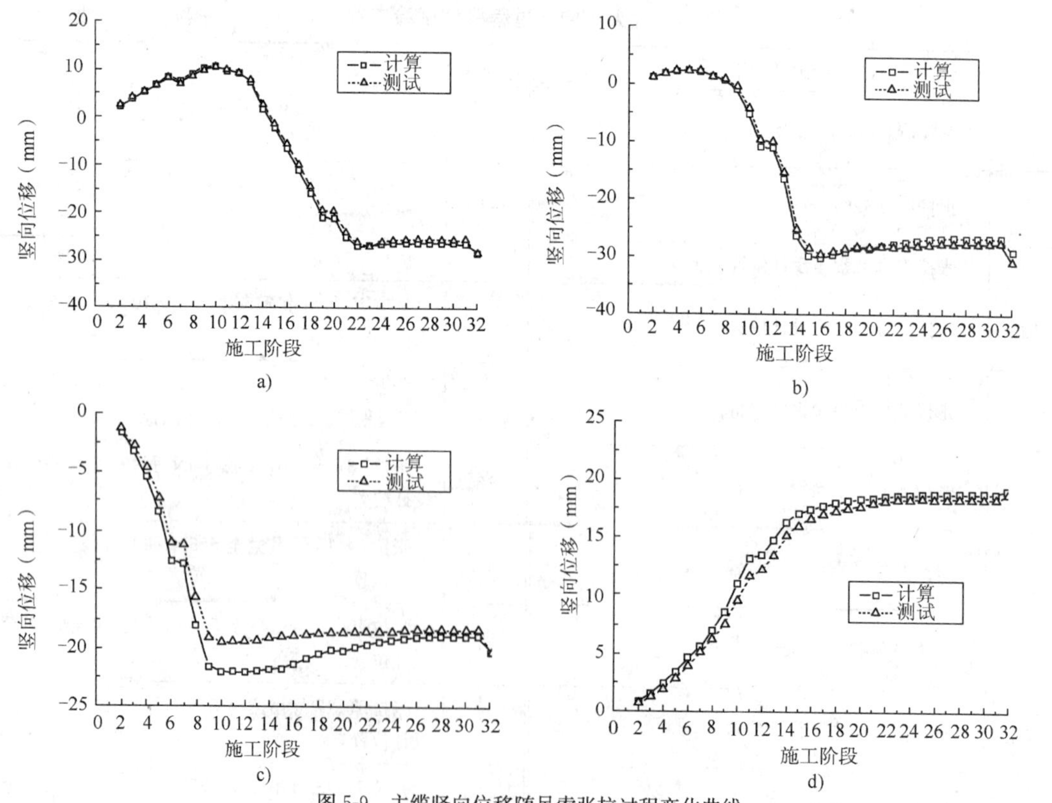

图 5-9 主缆竖向位移随吊索张拉过程变化曲线

a)测点 1 竖向位移；b)测点 2 竖向位移；c)测点 3 竖向位移；d)测点 4 竖向位移

测试值均以第1阶段的状态为零位移状态。从图中可知：

(1)在自索塔侧向主跨侧逐步张拉吊索的过程中，主跨远离索塔侧的测点首先上挠，但数值不大，当张拉的吊索靠近测点时，测点的竖向位移迅速下降，稍远处吊索的张拉对测点竖向位移的影响很小。

(2)由于边跨没有吊索，在主跨吊索张拉的过程中，边跨主缆始终是向上变形，张拉5～17号吊索位移变化最快，其他阶段位移变化比较平缓。

(3)张拉1～7号吊索时，主缆测点的竖向位移变化最快，但以后变化很小；张拉20号及以后的吊索，该测点位移略有向上变化，但相对来说数值很小。

(4)竖向位移测试值与计算值误差很小。

2. 主缆水平位移

主缆水平位移随吊索张拉过程的变化曲线如图5-10所示。测点2、3的水平位移始终向索塔方向；测点1的水平位移先是向边跨，但值很小，然后向索塔方向；各测点待吊索张拉到该测点附近时对主缆水平位移的影响最大，远离后影响逐渐减小；测点2、3的水平位移有由小变大再变小的变化过程。主缆水平位移测试值与计算值相差很小，成桥时测点4的差值稍大，约为7%，其他均很小。

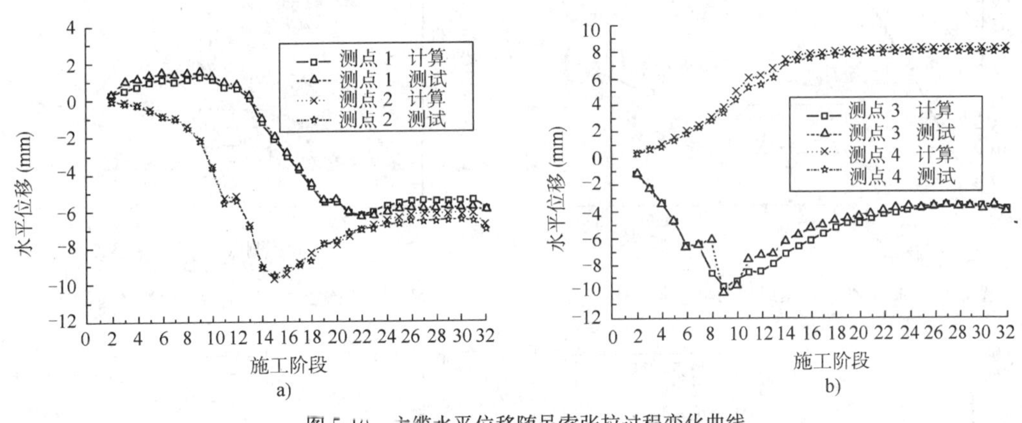

图5-10　主缆水平位移随吊索张拉过程变化曲线

a)测点1、2水平向位移；b)测点3、4水平向位移

3. 加劲梁竖向位移

加劲梁竖向位移随吊索张拉过程的变化曲线如图5-11所示，图5-12、图5-13为张拉21号吊索时以及施加二期恒载后的加劲梁测点竖向位移计算值与测试值比较。结果表明，加劲梁在较长时间的施工阶段内都处于支架上，但结构脱离支架后，加劲梁会迅速发生向上的位移。加劲梁竖向位移实测结果与计算值的差值在5%以内；测点8的误差较大，这是由于此处受钢—混结合段的影响，刚度变化复杂，计算模型与试验模型的刚度差异所致。

4. 吊索索力

吊索的计算索力和实测索力随施工过程的变化曲线如图5-14，图中仅列出部分具有代表性的吊索。除个别吊索外，实测吊索索力与计算吊索索力变化基本一致，吻合较好，吊索力分布比较均匀。吊索的索力调整一般对邻近2～3根吊索影响较大，对距离所张拉吊索较远的吊索影响较小。

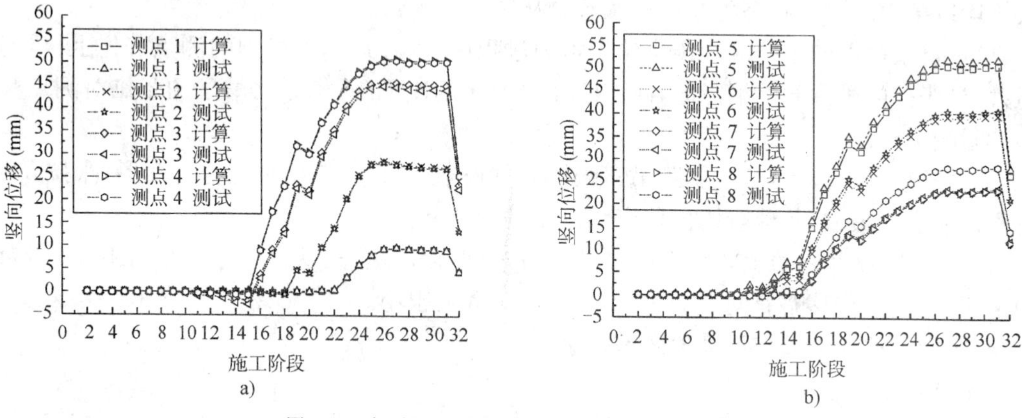

图 5-11 加劲梁竖向位移随吊索张拉过程变化曲线

a）测点 1～4 竖向位移；b）测点 5～8 竖向位移

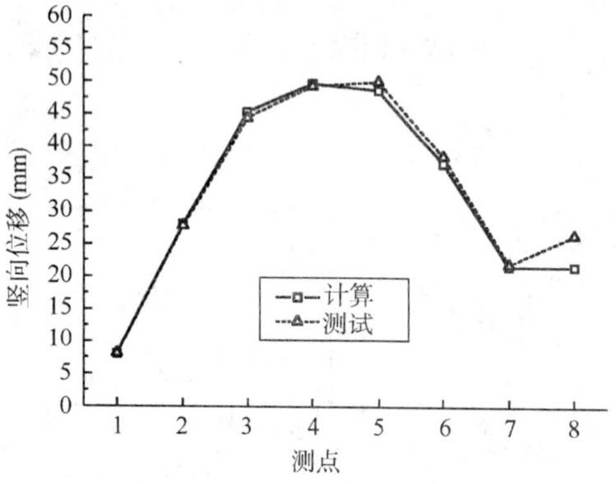

图 5-12 张拉 21 号吊索时加劲梁竖向位移

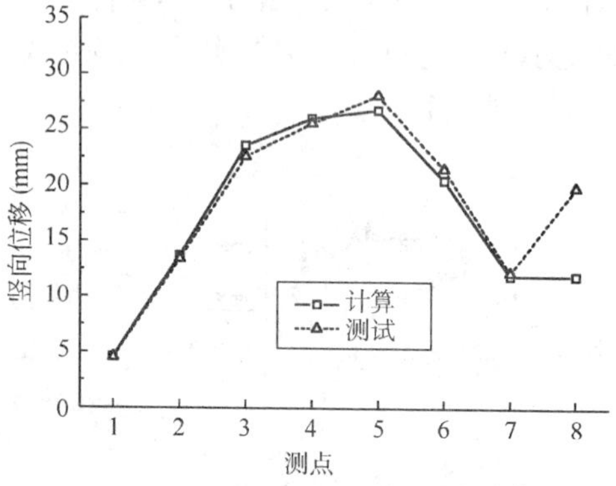

图 5-13 施加二期恒载后加劲梁竖向位移

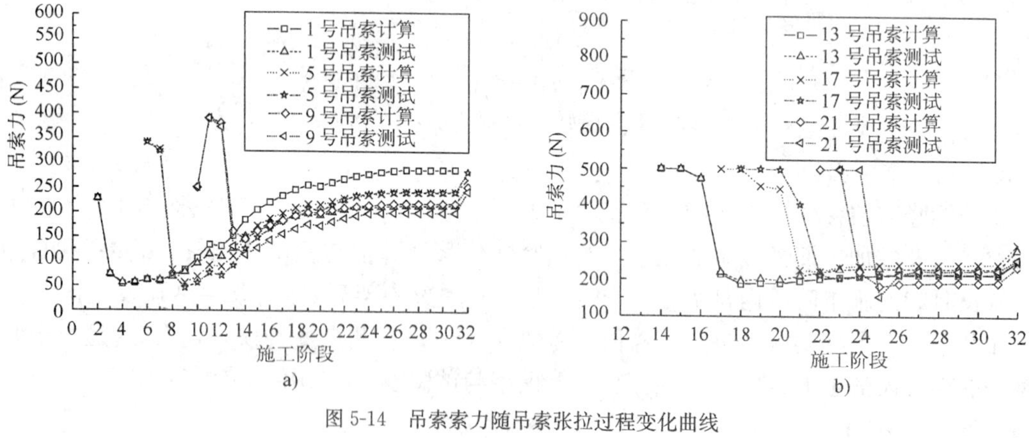

图 5-14 吊索索力随吊索张拉过程变化曲线

a)1、5、9 号吊索索力；b)13、17、21 号吊索索力

5. 主缆锚固力

主缆锚固点的计算张力和实测张力随施工过程的变化曲线如图 5-15 所示。从图中可以看出，实测锚固点张力与计算张力变化一致，吻合较好。施加二期恒载后，边跨主缆锚固点张

力差值为 5.7%，主跨主缆锚固点张力差值为 1%。

6. 梁端纵向位移

梁端纵向位移随施工过程的变化如图 5-16 所示。从图中可以看出，实测结果与计算结果变化一致，吻合较好。

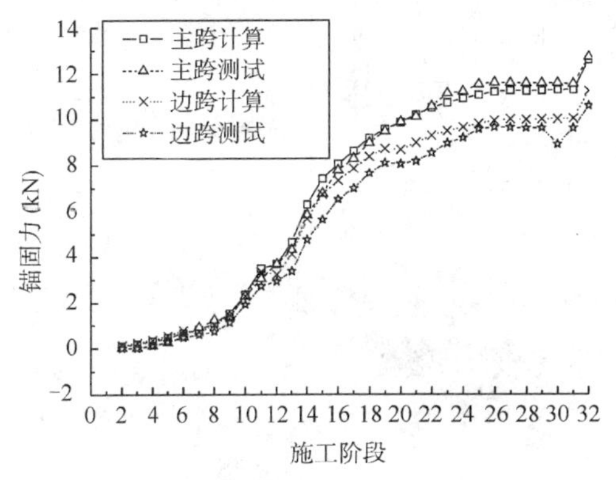

图 5-15　主缆锚固力随吊索张拉过程变化

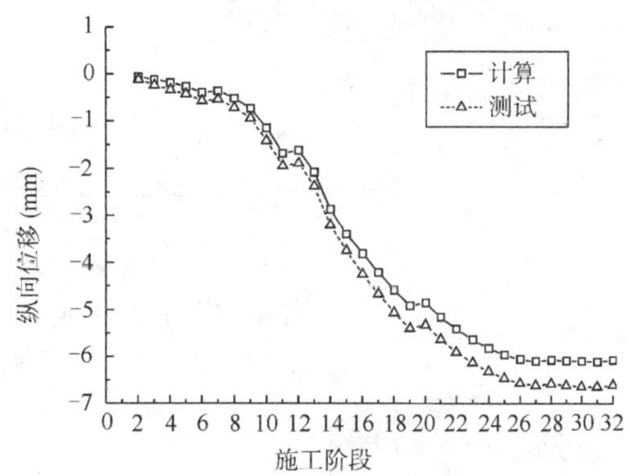

图 5-16　梁端纵向位移随吊索张拉过程变化

五、超载试验

为了检验极限承载能力，在全桥模型上进行了活载的超载试验研究。根据全桥整体稳定分析和极限承载能力计算，全桥满布人群活载为最不利工况，因此，试验时选取全桥模型均布活载作为试验工况。由于模型设计时为满足加劲梁轴向刚度的相似比，加劲梁板件采用铝合金薄板制作，但其局部构造并未满足相似比的要求。考虑到加劲梁板件局部屈曲可能造成结构破坏，试验仅取相当于设计活载的 2 倍。

试验采用“分级法”进行加卸载。加载过程分为 12 级，第 1 级施加设计荷载的 80%，第 2 级施加设计荷载的 20%，前两级加载后结构上的荷载达到设计荷载值，以后各级加载相当于施加设计荷载的 1/10，直到加到 2 倍的设计荷载。卸载过程分为 7 级，前 6 级每级卸去设计荷载的 1/5，最后一次卸去设计荷载的 80%，采用这样的加卸载过程主要是考察结构在超载下是否有发生总体失稳的趋势。

加劲梁和主缆的竖向位移随加卸载过程的变化曲线如图 5-17 和图 5-18 所示，部分吊索索力随加卸载过程的变化曲线如图 5-19 所示，其中 1～12 级为加载过程，13～19 级为卸载过程。图中的计算值为 ANSYS 程序计算结果。

由图 5-17～图 5-19 可以得出：

(1)在 2 倍设计活载加载情况下，加劲梁和主缆的竖向位移与荷载几乎呈线性关系变化(图中两端的折线是因为最初两级加载和最后一级卸载的荷载较大引起的，其余加卸载是按等分级施加的)，竖向位移测试值与计算值较接近。

(2)吊索的索力与荷载基本上呈线性变化关系，吊索力的变化过程反映结构没有出现总体失稳的趋势。

超载试验表明，结构的变形与荷载基本上是呈线性变化的，结构仍处于弹性工作范围，结构整体稳定性良好。

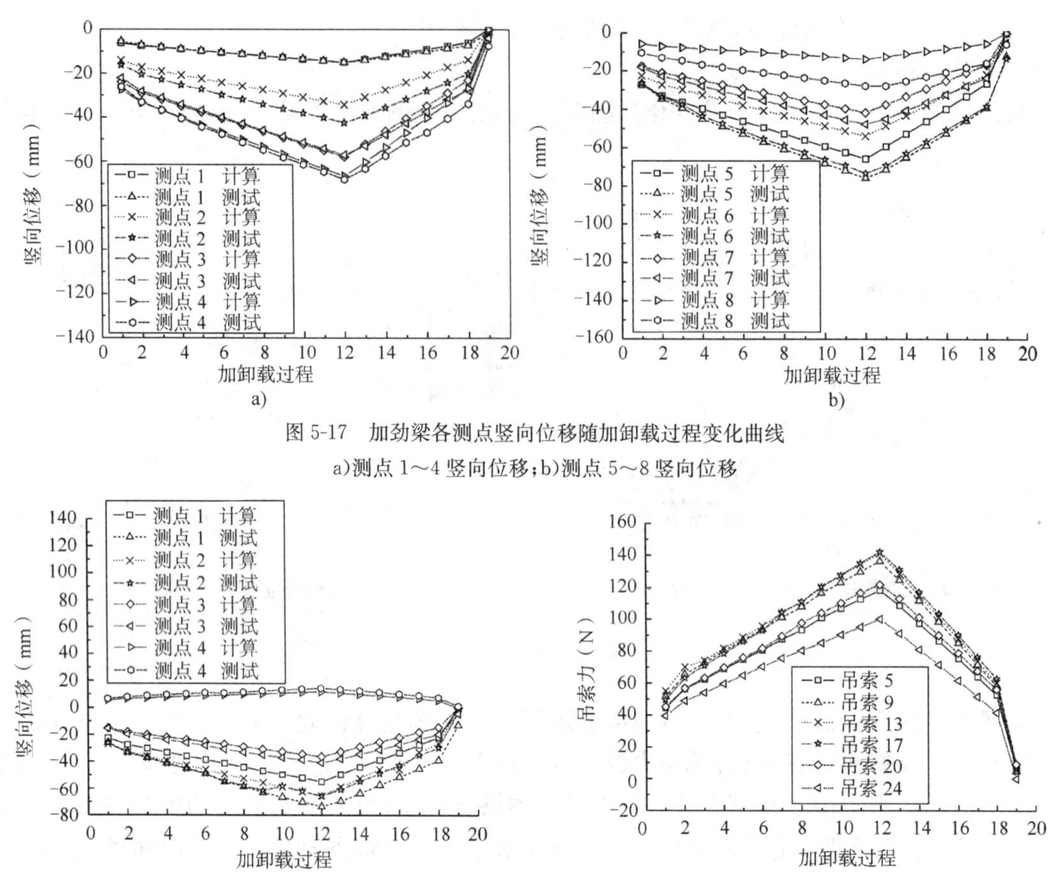

图 5-17　加劲梁各测点竖向位移随加卸载过程变化曲线

a)测点 1～4 竖向位移；b)测点 5～8 竖向位移

图 5-18　主缆竖向位移随加卸载过程变化曲线

图 5-19　吊索力随加卸载过程变化曲线

第二节　钢箱梁局部稳定模型试验

一、概　　述

扁平流线型钢箱梁由于其抗扭刚度大、空气动力性能好等优点而被现代大跨度缆索支承桥梁广泛采用。自锚式悬索桥的钢箱梁以受压为主，并存在大量的受弯、压弯及受剪的板件。对于处于受压区的受弯、受剪构件和板件，如处理不当，很容易出现局部屈曲破坏。屈曲前结构的变形可能很小，突然的局部屈曲会使结构的几何形状急剧改变，导致局部屈曲区段的刚度迅速减小，极易引起整体失稳。

桥梁及建筑结构失稳事故的不断发生促进了稳定理论的发展，钢结构设计规范也在逐渐完善。现代桥梁工程大量采用薄壁轻型结构，为稳定理论研究提出了新课题。对于自锚式悬索桥的钢箱梁这类以受压为主的薄壁轻型结构，我国钢结构设计规范中缺乏对其进行局部稳定设计的条文，国外规范中的相应条文也很不全面，各国的条文也有较大差异。因此，针对目前国内外对以受压为主的钢箱梁的局部稳定设计规范不完善的现状，佛山平胜大桥开展了钢箱梁局部稳定节段缩尺模型试验[6]，其主要研究内容有：

(1)钢箱梁应力和变形分布规律;

(2)钢箱梁各组成板件的优化设计;

(3)钢箱梁结构设计安全度。

二、模型设计与制作

(一)相似关系

综合考虑到模型制作的力学边界条件、尺寸效应、制作工艺、梁端局部应力效应以及实验室条件等各种因素的影响,钢箱梁局部稳定节段缩尺模型试验几何缩尺比 S_l 选定为5。根据板屈曲的相似性原则、带加劲肋板的屈曲相似性原则,以及材料、边界条件的相似性原则,进行局部稳定试验模型的设计和加载。按相似准则可得到模型各物理量理论相似比,结果见表5-3。

模型各物理量理论相似比 表5-3

项目	几何尺寸	E	A	I	W	集中荷载 P	分布荷载 q	材料密度 ρ	应力 σ	应变 ε	变形
相似比	1/5	1/1	1/25	1/625	1/125	1/25	1/5	5/1	1/1	1/1	1/5

(二)模型设计与制作

佛山平胜大桥加劲梁采用扁平正交异性钢箱梁,沿桥轴向布置两道厚16mm纵向实腹钢板,为满足顶推施工要求,在腹板两侧面沿水平和竖向布置加劲肋板,并在底板上布置了两道与腹板平行的纵向底板加劲肋,见图6-2。有限元计算结果表明,与腹板平行的较高的纵向底板加劲肋轴向受压的临界屈曲应力在各板件中最低。针对这种特点,为了减小边界条件的影响和局部稳定试验的需要,纵向选取实桥钢箱加劲梁典型截面区段的3个节段(共36m长),横向取两纵腹板宽度作为原型。试验模型长7.2m,高0.714m,顶板宽1.623m,底板宽1.820m。模型横截面如图5-20所示,模型加载装置如图5-21所示。模型共包含12个典型箱梁段,11块横隔板。模型各主要部分的钢板材质与厚度的理论值与实测值见表5-4。

模型各主要板件材质与厚度 表5-4

项目		实桥		模型	
		材料	厚度(mm)	材料	(理论)实际厚度(mm)
顶板		Q345	16	Q345	(3.2)2.92
底板			14		(2.8)2.73
纵隔板			16		(3.2)2.92
横隔板		Q345	10	Q235	(2.0)2.0
加劲肋	U形加劲肋		10		(2.0)2.0
	直板加劲肋		12		(2.4)2.42

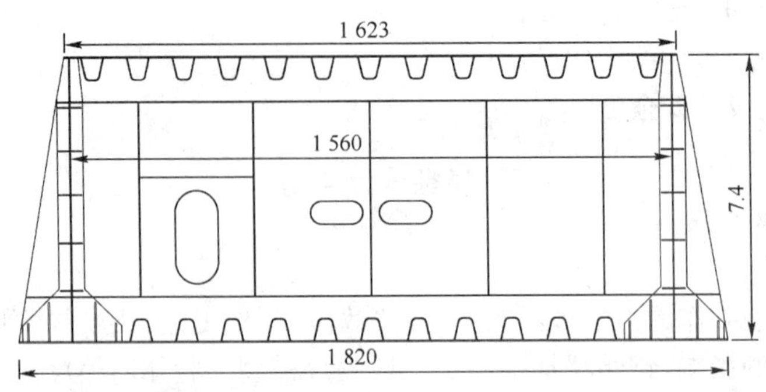

图 5-20 模型横截面(尺寸单位:mm)

从表 5-4 可以看出,模型各构件设计尽可能地模拟了实桥,由于材料规格原因,对构件的厚度作了一些较小的调整。

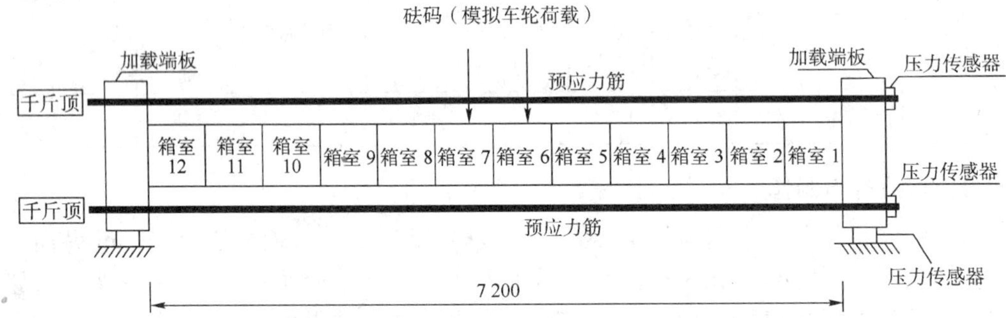

图 5-21 模型加载示意图(尺寸单位:mm)

三、试验加载方案和测试方法

(一)加载方案

节段模型试验加载采用在模型顶底面各设两束预应力钢绞线的方式实施。预应力钢绞线一端锚固,另一端张拉,锚固端布置 2 500kN 的压力传感器,用于测试每束预应力筋施加的轴向力。为了便于试验加载,上下两排钢绞线的合力中心与钢箱加劲梁的弯曲中心重合。由于缩尺模型材料较薄,加载吨位较大,为了尽可能模拟实桥的受力状态,保证加载的集中力能够尽快且较均匀传递到全截面受力,在试验模型两端设置了较厚的加载端板,如图 5-21 所示。

为了准确地控制施加于模型的轴向压力,试验采用两个小吨位千斤顶(250kN)单根逐级张拉钢绞线的加载方式控制加载力的大小。每个锚具内的 12 根 $\phi^S15.2$ 钢绞线的张拉按从中心向周边的顺序进行对称张拉。

(二)加载工况

试验加载共分 41 个工况,见表 5-5,表中的竖向荷载是用来模拟汽车的轮压作用。试验时,每次加载持荷 5min 后,再开始各项测试工作。

钢箱加劲梁局部稳定模型试验加载工况表 表 5-5

工况序号	工 况 描 述	工况序号	工 况 描 述
1	初读	27～28	1 号～2 号钢绞线依次张拉到 180kN
2～13	1 号～12 号钢绞线依次张拉到 100kN	29～31	依次加竖向荷载至 7kN、10kN、15kN
14～21	1 号～8 号钢绞线依次张拉到 150kN	32～40	3 号～11 号钢绞线依次张拉到 180kN
22	复测数据	41	加载至模型极限承载力
23～26	9 号～12 号钢绞线依次张拉到 150kN		

(三)测点布置

为了实时监测模型在加载过程中的纵向变位情况，并考虑到加载合力线不一定经过模型截面形心，故在模型顶面和底面分别装上纵向位移计。另一方面，由于采用两个千斤顶对角位加载，可能造成模型横向侧移，所以试验时在模型跨中纵隔板位置安装有横向位移计，以测试横向变位。

应变测试断面如图 5-22 所示，共设 10 个测试断面，其中 IX、X 断面为横隔板，I～V 号断面应变测点各 50 个，VI～VIII 号断面应变测点各 25 个，IX～X 号断面应变测点各 18 个，共 361 个应变测点。I～VIII 断面的测点分布在顶板、底板、U 肋、纵隔板及其加劲肋上。每个横隔板及纵隔板过人孔周边布设应变花测点。

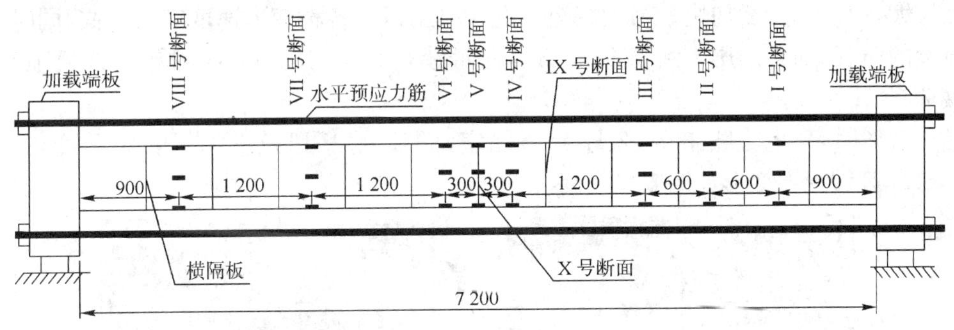

图 5-22 应变测试断面布置图(尺寸单位:mm)

四、测试结果与分析

(一)轴向加载典型工况

限于篇幅，仅选取第 9 工况(即 8 号钢绞线张拉到 100kN)来讨论，并将模型试验测试结果与有限元分析比较，可得到以下结论：

(1)靠近跨中的 VI 断面的应变测试平均值为 $-368.4\mu\varepsilon$，此时由压力传感器的读数可得平均压应变为 $-379.7\mu\varepsilon$，相对误差仅为 2.97%。跨中附近顶板的纵向应变范围为 $-350\sim-422\mu\varepsilon$，与实测值较接近。

(2)模型纵向压缩量平均为 2.9mm,对应的名义平均压应变为 $-402.8\mu\varepsilon$,与实测结果基本一致。

(3)在轴压荷载作用下,模型的顶、底板纵向应变以及顶、底板上的 U 形肋纵向应变分布较均匀,但在与横隔板交界处有些变化,表明设计时在 U 肋与横隔板、横隔板与顶底板、纵隔板与顶底板、底板上竖向加劲肋与底板、纵横隔板与底板交界处存在应力集中现象。

(二)车轮荷载加载试验

当加载到工况 28(即 2 号钢绞线张拉到 180kN)时,开始在跨中分级施加车轮荷载,荷载大小由 7kN 加至 15kN。施加车轮荷载后,可以得到以下规律:

(1)车轮荷载作用位置附近顶板纵向压应变以及横向拉应变有所增大,离作用位置越远,增量越小。在梁的纵向及横向,分别离堆载边缘约为两纵隔板间 1/6 的顶板宽度及两横隔板间 1/6 的顶板长度外,顶板纵、横向应变就趋于稳定。

(2)无车轮荷载时,顶板 U 肋的纵向应变与顶板几乎相同;施加车轮荷载后,U 肋相当于一压弯结构,靠近顶板处压应变增大,远离顶板处压应变减小。

(3)施加车轮荷载前后没有影响横隔板拉压区的变化,只是影响应变大小的变化。

(三)模型的破坏过程

试验模型加载至工况 37 时,3 号箱室纵隔板上过人孔下方的水平加劲肋出现面外弯曲变形,表明这段加劲肋已屈曲。随着轴向荷载的继续增大,2 号箱室纵隔板开始向钢箱梁外凸出,同时 3 号箱室纵隔板往里凹进,但此时变形均不太明显。随着钢绞线的继续张拉,上述变形随之加大,速度也逐渐加快。当加载至工况 40 后,以上各种变形速度突然加快,同时听到钢板被拉裂的声音,油泵油压不断下降,荷载无法继续增大,半分钟后,上排钢绞线松弛而下垂,结构破坏。

结构破坏时,失稳区域(3 号、2 号、1 号箱室)的顶、底板以及纵隔板的变形较大,最大达 75mm,破坏区域局部变形如图 5-23 所示。

图 5-23 模型破坏时的局部变形

由模型破坏过程的定性分析可知,荷载加至工况 37 时,3 号箱室纵隔板上过人孔下方的水平纵向加劲肋的平均压应力为 222.3MPa。由于附近存在过人孔,应力分布不均匀,最大压应力超过模型材料的屈服强度 235MPa,开始进入屈服阶段,进而对纵隔板的加劲作用急剧减弱,附近的纵隔板很快面外失稳。纵隔板发生面外失稳后也随之屈服,对顶底板的约束迅速减弱,继而引起顶底板、横隔板发生面外失稳。由此可见,模型的破坏过程是由板件局部屈曲进而引起的结构整体失稳。

第三节　吊索锚箱模型试验

一、概　　述

自锚式悬索桥吊索锚箱是保证荷载有效传向吊索和主缆的关键部位，这主要是因为：第一，由于锚箱区域构造复杂，在吊索锚固集中力作用下，容易产生局部应力集中，锚箱构件在工作状态下的局部应力可能超过设计容许应力；第二，自锚式悬索桥加劲梁承受巨大的轴力，加劲梁轴力会对锚箱工作性能产生影响；第三，吊索锚箱由钢板焊接而成，部分板件可能出现稳定问题；第四，在活载作用下吊索力将产生较大的变化，导致锚箱各构件产生较大的应力幅，引起吊索锚箱的疲劳问题。

国内外针对悬索桥吊索锚箱的研究不多，没有相关的资料可以借鉴。但在斜拉桥锚箱结构设计方面针对实际工程开展了一些理论和试验研究，如日本在多多罗大桥、名港西大桥等的设计阶段对锚箱结构进行了试验研究；国内也对汕头宕石大桥、南京二桥、青州闽江桥等的锚箱结构进行了试验研究。自锚式悬索桥吊索锚箱的受力特点相对于斜拉桥和悬索桥锚箱有其自身的特殊性，应予以重视。

佛山平胜大桥采用销铰式单点双吊索，每根吊索由$73\phi5.1$mm镀锌平行钢丝组成，采用带连接拉杆的热铸锚。吊索通过下端的连接拉杆张拉到位后，采用螺母锚固在锚箱上。成桥运营状态，吊索（两根）最大轴力1 500kN，最小轴力1 150kN，最大应力幅120.5MPa。吊索锚箱由承力板、承锚板和加劲板组成，通过三块承力板传递荷载，其构造如图5-24所示。考虑到风嘴侧吊索锚箱的受力较靠近桥中侧吊索锚箱更不利，因此选取风嘴侧吊索锚箱为研究对象[7]。

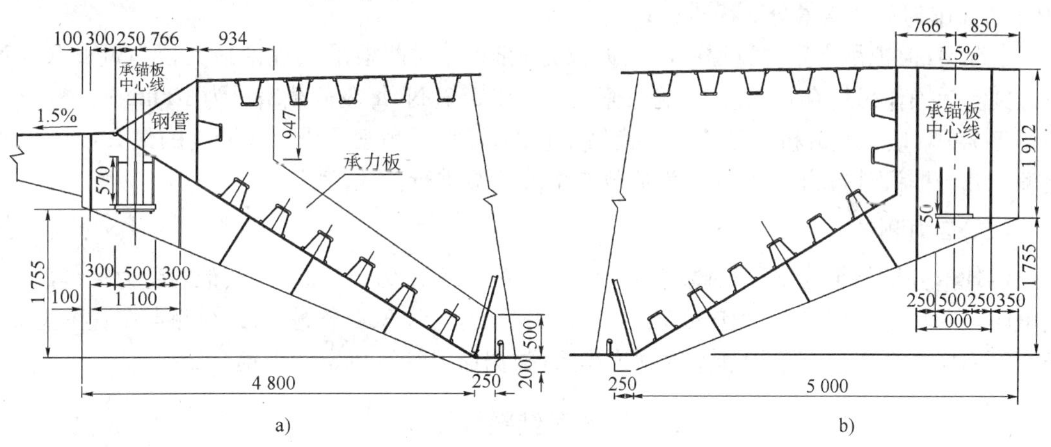

图5-24　吊索锚箱构造图（尺寸单位：mm）

a）风嘴侧；b）靠近桥中侧

本次试验研究的目标是对吊杆锚箱的安全性和耐久性进行深入理论分析与试验研究。主要研究内容包括：

（1）认识吊索锚箱应力分布规律；

(2)验证吊索锚箱的疲劳性能；

(3)优化吊索锚箱结构设计。

二、试验模型设计

为了准确获得吊索锚箱的受力性能，试验模型采用1∶1足尺模型，模型宽4m，长5m，严格按照设计的模型材料及制作工艺进行制作，如图5-25所示。

三、试验加载方案和测试方法

(一)加载方案

试验模型的加载采用反力架及千斤顶配合完成，如图5-26所示。试验模型的加载考虑三种工况：

图5-25　吊索锚箱试验模型图

图5-26　试验加载图

工况I：模拟成桥运营状态两根吊索总拉力到达设计最大值1 500kN，模型加载按设计拉力的20%作为荷载增量分5级进行；

工况II：模拟吊索张拉过程中的最大拉力状态，此时两根吊索理论最大拉力近2 400kN，考虑到实际操作可能存在的误差，将吊索力加至2 550kN，每级荷载增量为150kN；

工况III：模拟在成桥运营期间更换吊索状态，即单根吊索承受1 500kN的最大设计拉力，模型加载仍按设计拉力的20%作为荷载增量分5级进行。

(二)应力测试

以理论分析结果为指导在锚箱的一号承力板、二号承力板、锚管及其他的受力关键部位布设电阻应变片，全部采用直角应变花，共布置118个，总计354个测点，详细测点布置图见图5-28。所有应变数据全部采用静态数据采集系，数据通过计算机定时采集及储存。

四、试验结果与分析

(一)工况I——双吊索受力1 500kN

该工况下锚箱模型的实测最大应力(指VonMisses应力，以下同)为63.17MPa，发生在锚管与加劲板交界处，有限元分析结果同样显示该处存在局部应力集中，如图5-27所示，但该处不属于锚箱的主要承力结构。锚箱承力板应力分布如图5-28所示。中承力板最大应力为50.02MPa，边承力板最大应力为55.09MPa。

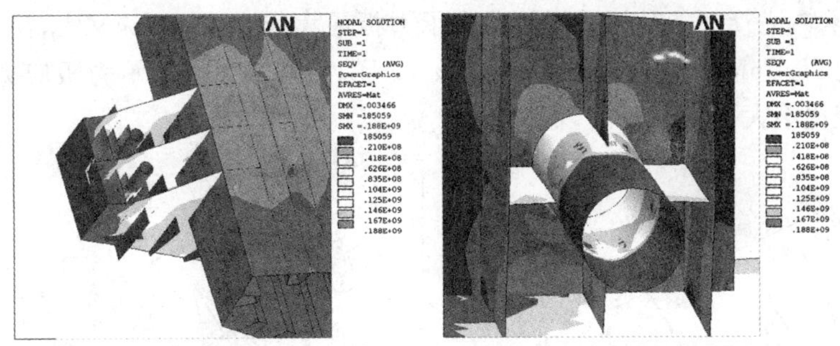

图 5-27　锚箱锚管与加劲板连接处的应力集中

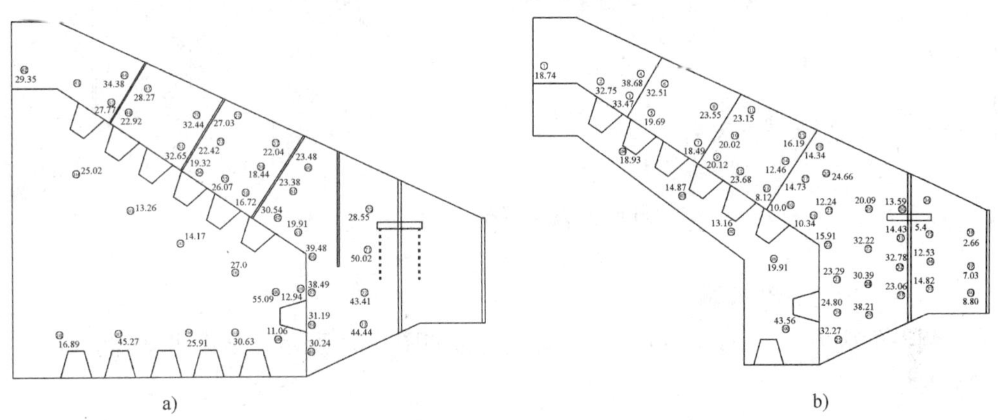

图 5-28　工况 I 吊索锚箱承力板测点应力图(应力单位:MPa)

a)中承力板;b)边承力板

(二)工况 II——双吊索受力 2 550kN

该工况下的锚箱承力板应力分布如图 5-29 所示。锚箱模型的实测最大应力为118.13 MPa,发生在锚管与加劲板交界处。中承力板最大应力为 101.02MPa,边承力板最大应力为 106.71MPa。

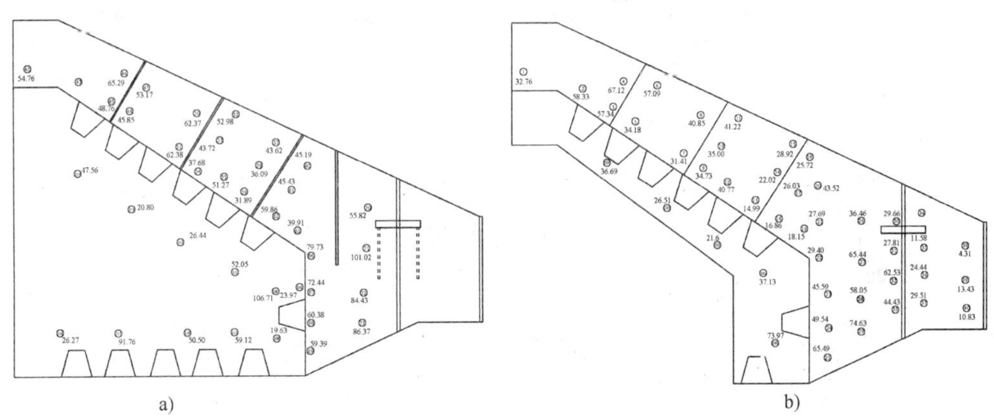

图 5-29　工况 II 吊索锚箱承力板测点应力图(应力单位:MPa)

a)中承力板;b)边承力板

(三)工况 III——单吊索受力 1 500kN

该工况下的锚箱承力板应力分布如图 5-30 所示。锚箱模型的实测最大应力为

109.41MPa,发生在锚管与加劲板交界处。中承力板最大应力为 66.54MPa,吊索加力侧边承力板最大应力为 79.76MPa。与工况 I 相比,该工况的吊索加力侧边承力板应力明显增大,而中承力板应力变化不大。

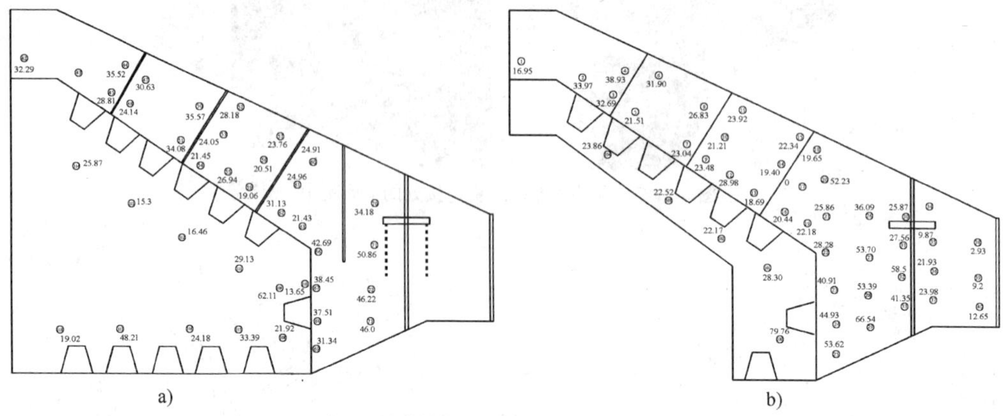

图 5-30　工况 III 吊索锚箱承力板测点应力图(应力单位:MPa)

a)中承力板;b)边承力板

(四)测点应力与荷载关系

典型测点的应力(VonMisses 应力)与荷载关系如图 5-31 所示。从图可知,测点应力与荷载基本呈线性关系。

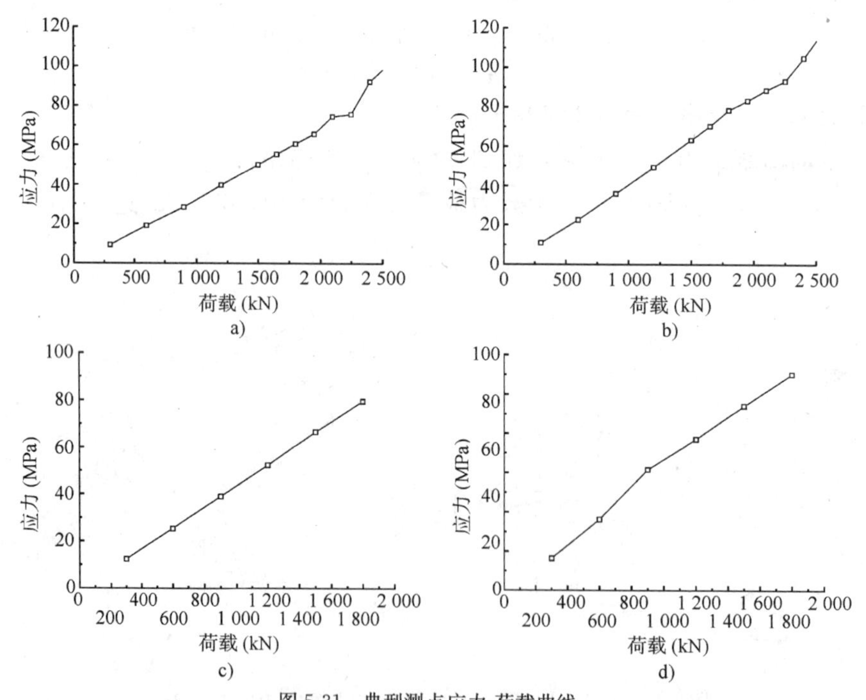

图 5-31　典型测点应力-荷载曲线

a)双吊索 71 号测点;b)双吊索 82 号测点;c)单吊索 29 号测点;d)单吊索 41 号测点

(五)吊索锚箱传力途径

模型试验表明,吊索锚箱主要通过承力板传递荷载,承力板间的加劲肋主要起横向稳定作用。荷载传递过程中容易引起局部应力集中，吊索锚箱在试验荷载作用下平均应力水平较低，结构安全储备较大。

五、锚箱模型疲劳试验研究

吊索锚箱应力幅值在活载作用下会发生变化，特别在应力集中处将产生较大的疲劳应力幅，必须对吊索锚箱的疲劳性能开展研究。静载试验完成后，采用最大疲劳荷载 500kN 的液压脉动疲劳试验机对模型进行了疲劳试验。佛山平胜大桥吊索最大拉力幅为 350kN，试验通过调整疲劳机的上峰值和下峰值，对模型施加 350kN 疲劳荷载，试验频率 3Hz，共进行 250 万次荷载循环。试验进行到 100 万次、150 万次、200 万次及 250 万次时对模型疲劳破坏情况进行了检查，未发现任何可见疲劳损伤，验证了吊索锚箱的疲劳性能满足设计要求。

第四节　加劲梁钢—混凝土结合段试验

一、概　　述

20 世纪中期是世界桥梁建设最兴旺的时期，桥梁技术也在这样的建设高潮中不断推陈出新，采用钢混结合的混合梁桥构思就是在这个年代产生的。混合梁由于能很好地发挥两种材料各自的优势、便于施工并能节省投资而得到广泛的应用，混合梁桥已成为桥梁结构向大跨度发展的一种重要形式。

1972 年，前联邦德国首次将混合梁应用于斜拉桥，建成了跨度为 287.04m＋146.41m 的库尔特－舒马赫(Kurt-Schumacher)桥。这是一座独塔斜拉桥，钢混结合段设在桥塔处，连接方法为剪力钉加粗钢筋。法国则将混合梁技术推向极致，于 1995 年建成主跨达 856m 的诺曼底(Normandie)桥，并通过混合梁的应用而一举成为世界上第一个建造主跨接近千米级斜拉桥的国家。在亚洲，日本在混合梁桥的建设技术上进步很快，先后建成秩父桥、十胜中央桥、生口桥、多多罗桥、新川桥、木曾川桥等一大批混合梁桥，其中木曾川桥(图 5-32)和多多罗桥(图 5-33)的钢混结合段的设计是两种有代表性的构造形式[8]。

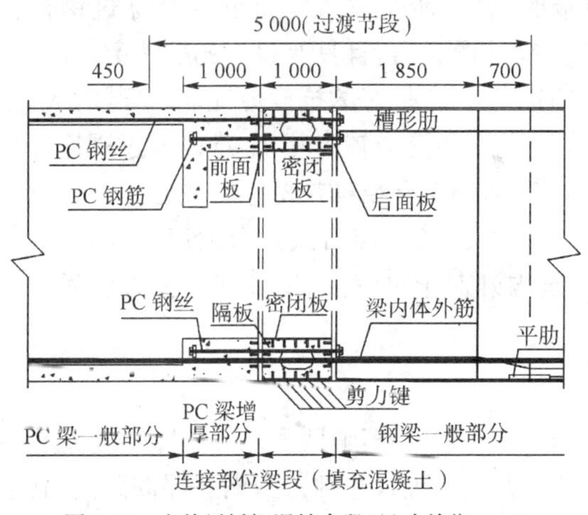

图 5-32　木曾川桥钢混结合段(尺寸单位：mm)

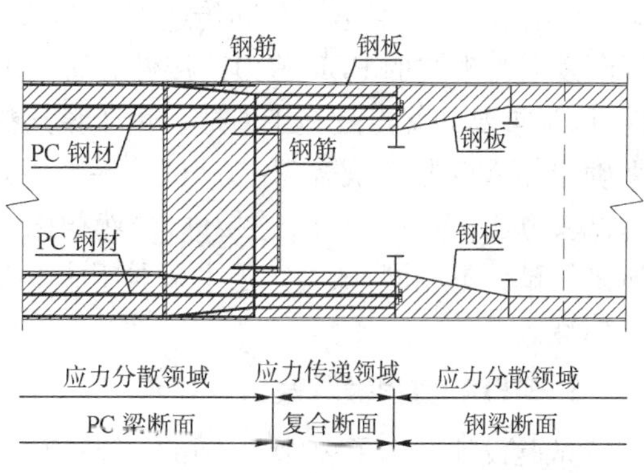

图 5-33　多多罗桥钢混结合段

我国混合梁桥的建设起步较晚，但发展速度很快。自1996年相继建成了主跨560m的上海徐浦大桥，主跨430m的香港汲水门公铁两用大桥，主跨518m的汕头岩石大桥，主跨618m的武汉白沙洲长江大桥和主跨580m的舟山桃夭门大桥，特别是正在建设的主跨1 018m的香港昂船洲桥也采用混合梁。由此可见，混合梁技术在大跨度桥梁上应用的广阔前景。目前，混合梁主要应用在斜拉桥和连续梁桥上，尚未见在悬索桥应用的报道。

钢—混凝土结合段是混合梁的关键部位，一般由钢加劲梁过渡区、钢—混凝土结合区和混凝土加劲梁过渡区组成。为了确保结构安全耐久和行车舒适，钢—混凝土结合段需要具备良好的传力可靠性，并尽可能使钢梁与混凝土梁之间刚度匀顺过渡，避免加劲梁在钢—混凝土结合段产生过大的应力集中和折角，钢—混凝土结合段是通过剪力连接件使钢和混凝土形成一体共同工作的，剪力连接件的主要作用是抵抗钢和混凝土之间的滑移和分离。目前，栓钉是应用最广泛的剪力连接件，其他还有方钢连接件、槽钢连接件、马蹄形连接件、弯起钢筋连接件等，而PBL连接件则是近期出现的一种新型的剪力连接件[9]。

佛山平胜大桥是第一座混合梁悬索桥，设计采用PBL键作为剪力连接件。本节以佛山平胜大桥为背景，首先通过PBL剪力键承载力试验，提供其承载力设计方法；然后展开了三种不同形式钢—混凝土结合段接头的对比试验，确定了最优化的钢—混凝土结合段接头形式；最后进行了钢—混凝土结合段的1∶4大比例缩尺模型试验，验证其可靠性[10-13,16-17]。

二、PBL剪力键承载力试验

PBL键是20世纪80年代后发展起来的一种新型剪力连接件。20世纪80年代，德国斯图加特大学在一片试验连续结合梁的钢梁上采用了在钢板上开方孔，将混凝土灌入钢板的方孔中形成混凝土榫的连接件形式。日本首先在鹤见航道桥索塔处的钢—混凝土结合段采用了将钢棒穿过钢板孔洞，并浇注到混凝土中的连接件形式。也有研究者尝试直接在钢梁的腹板上缘开孔，并将其浇入混凝土中，用来传递剪力，取消了钢梁的上翼缘和栓钉，以节省钢材。德国Leonhardt教授和Partners公司于20世纪90年代初在委内瑞拉的Caroni河桥上采用的连接件就是在钢板上开孔后浇注混凝土，利用穿过孔中的混凝土榫来抵抗剪力流。

采用混凝土榫来传递剪力形成了PBL键的雏形，后来研究发现将钢筋直接穿过钢板孔洞，利用钢筋和混凝土榫共同传递剪力，可进一步提高其承载力，且具有较好的抗疲劳性能，并逐渐发展为现在的PBL剪力连接件。研究表明，PBL键具有很好的抗疲劳性能，承载力大，延性好，最重要的优点是施工便捷。由于该连接件在混凝土中受力较为复杂，难以通过理论分析来确定其承载力，一般需要借助试验手段。对于栓钉，国外组合结构规范中均规定了试件形式和试验方法，而对于PBL连接件，虽然德国、葡萄牙等国也采用推出试验来确定其承载力，但所采用试件不相同，试验结果也差异很大。目前，国内外对PBL键的试件和试验方法尚无统一标准。

（一）PBL剪力键承载力试验

试验设计制作了20组不同的PBL剪力键试件，每组3个，其中型钢试件13组，厚钢板试件7组，模型参数见表5-6。型钢试件的钢构件采用H300型钢，并割去型钢上部的四角，孔洞开在型钢翼缘上，在孔洞中穿过贯通钢筋，典型型钢PBL键试件尺寸如图5-34、图5-35所示，实际钢构件如图 5-36 所示。试件 A、BA 为型钢试件的标准型，每个试件有 4 个孔洞，但二者的配筋率不同；试件 B~E、SKH、SKV 在试件 A 的基础上变化；试件 BA1、BB1、BB2、BC 在试件 BA 的基础上变化。试件 CA 为厚钢板试件的标准型，每个试件有 2 个孔洞，其他试件在此基础上变化。

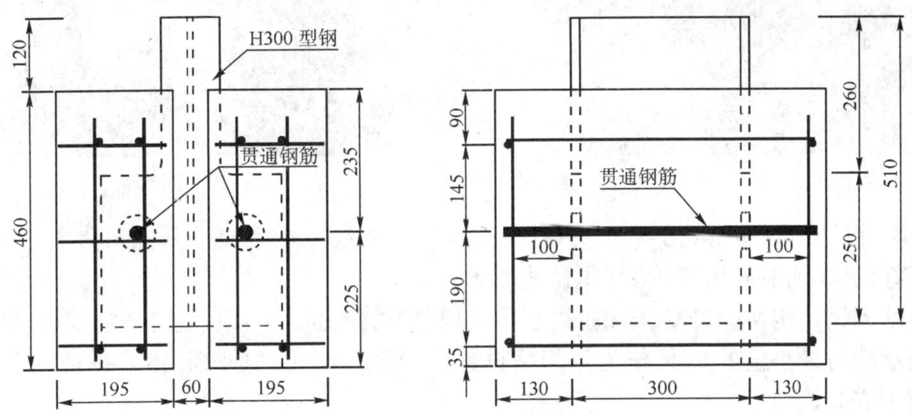

图 5-34 型钢推出试件尺寸图(尺寸单位:mm)

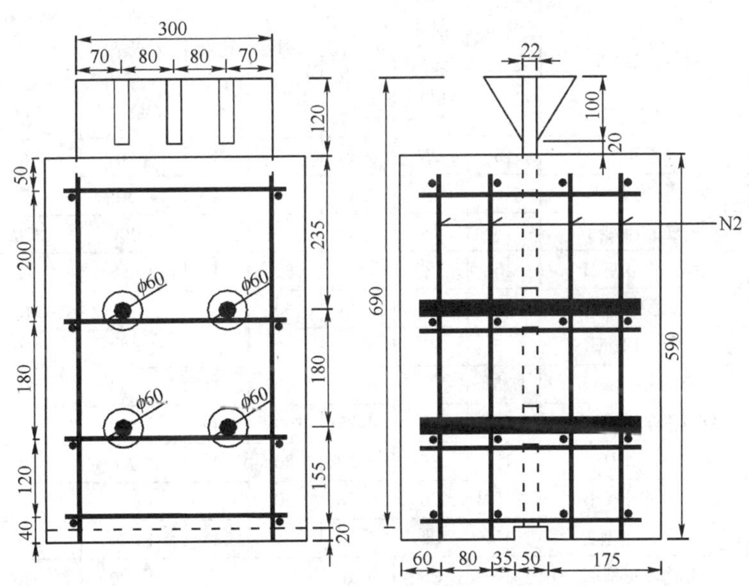

图 5-35 双排型试件 CA2 尺寸图(尺寸单位:mm)

推出试验加载装置如图 5-37 所示。试件在加载过程中均首先在混凝土板底部中间位置开始出现裂缝，随着荷载的增加，裂缝逐渐向上发展，直至达到极限承载力。试验完成后，将型钢推出试件中的 A、BA 型号各取了一组砸开混凝土检查，发现贯通钢筋已明显变形，钢构件孔洞附近的混凝土已被压碎，贯通钢筋已被挤到孔边，且可以看到钢构件与混凝土之间有明显的滑移。全部试件没有出现贯通钢筋被剪断现象。钢构件取出后，可以观察到构件完好，孔洞附近无明显的变形。

图 5-36 型钢 PBL 键中的钢构件

图 5-37 试验中的型钢 PBL 键

由 PBL 键推出试验得到的典型力(P)—位移(U)曲线见图 5-38。从图可以看出，PBL 键的延性很好，破坏前有较大变形，呈非脆性破坏。

参考欧洲钢结构协会(ECCS)的《组合结构规范》对栓钉承载力取值的规定，取每组试件中试验极限承载力最小值的 90%作为该规格试件的极限承载力，则 PBL 键各试件的单孔极限承载力列于表 5-6。

PBL 剪力键推出试验参数及极限承载力 表 5-6

试验类型	试件型号	构件说明	钢板厚度(mm)	钢筋直径(mm)	箍筋配筋率	孔径(mm)	孔洞个数	试件最小极限承载力(kN)	单个孔洞最小承载力(kN)	按照 ECCS 规范单个孔洞承载力(kN)
型钢PBL试件	A	标准型 I	15	25	0.11	60	4	1 310	328	295
	B	孔洞减小型	15	14	0.16	40	4	700	175	158
	C1	钢筋减小型 I	15	14	0.11	60	4	1 000	250	225
	C2	钢筋减小型 II	15	20	0.11	60	4	1 488	372	334.8
	D	无贯通钢筋型	15	0	0.11	60	4	590	148	133
	E	双排 PBL 型	15	25	0.11	60	8	2 000	250	225.0
	SKH	钢筋水平倾斜 6°	15	25	0.11	60	4	1 350	338	304
	SKV	钢筋竖直倾斜 6°	15	25	0.11	60	4	1 300	325	293
	BA	标准型 II	15	25	0.18	60	4	1 300	325	293
	BA1	混凝土等级减小型	15	25	0.18	60	4	1 060	265	239
	BB1	孔形改变型 I	15	25	0.18	72×50	4	1 330	333	300
	BB2	孔形改变型 II	15	25	0.18	50×72	4	1 320	330	297
	BC	配筋率增大型	15	25	0.48	60	4	1 565	391	352
厚钢板PBL试件	CA	标准型 III	22	25	0.17	60	2	800	400	360
	CAP	开剖口型	22	25	0.17	60	2	620	310	279
	CA32	钢板加厚型	32	25	0.17	60	2	740	370	333
	CA-xg	椭圆孔	32	25	0.16	70×32	2	664	332	299
	CB	孔洞减小型	22	14	0.28	40	2	390	195	176
	CF	紧套型	22	25	0.43	26	2	430	215	194
	CA2	双排 PBL 型	22	25	0.17	60	4	1 500	375	338

注：表中各试件除 BA1 的混凝土强度等级为 C30 外，其余试件的混凝土强度等级均为 C50。

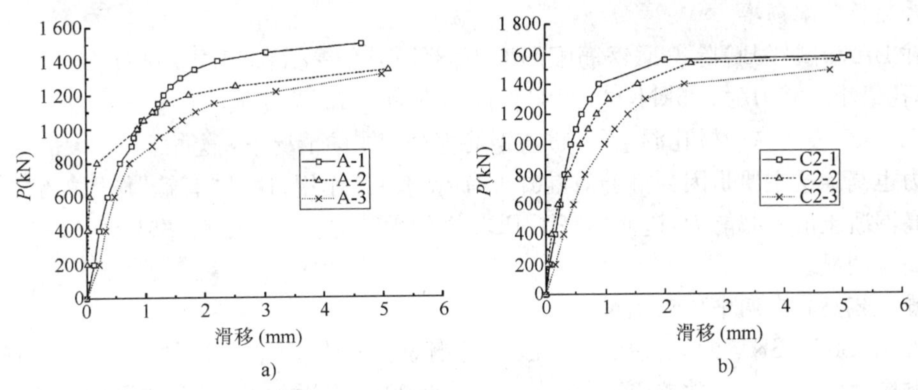

图 5-38 PBL 剪力键推出试验典型 *P-U* 曲线

a)试件 A;b)试件 C2

(二)PBL 剪力键承载力影响因素分析

从表 5-6 中可以看出,即使换算到单个孔洞的承载力,试验结果也比较离散,这是因为 PBL 键的承载力受钢板上孔洞的大小和形状、每个试件钢板孔洞和 PBL 钢筋(贯通钢筋)的根数、钢板孔洞是否设坡口、贯通钢筋的直径及其在孔洞中的放置角度、混凝土强度及普通箍筋的配筋率等多种因素的影响。

1. 混凝土强度

在同一型号的试件中,混凝土强度高的 1 号试件的承载力大于 2、3 号试件的承载力。试件 BA 和 BA1 除了混凝土强度不同外,其他参数均相同,试件 BA1 的混凝土强度等级为 C30,其单孔最小承载力为 265kN,试件 BA 的混凝土强度等级为 C50,其单孔最小承载力为 325kN,前者仅为后者的 80%。这说明混凝土强度对 PBL 键的承载力有明显的影响。

2. 钢板孔洞和贯通钢筋直径的大小

所有试件中,除试件 D 未设置贯通钢筋外,其余试件均设置有贯通钢筋。试件 D 的单孔最小承载力为 148kN,其余试件的单孔最小承载力都大于该值。这说明,设置贯通钢筋能显著提高 PBL 键的承载能力。

试件 C1、C2、A 钢板孔洞直径均为 60mm,贯通钢筋直径分别为 ϕ14、ϕ20、ϕ25,相应单孔最小承载力分别为 250kN、372kN、328kN。这说明,对于 60mm 的孔洞,当贯通钢筋由 ϕ14 增加至 ϕ20 时,由于 PBL 键受剪钢筋面积增大,其承载力也显著提高;当贯通钢筋继续增加至 ϕ25 时,由于钢筋与钢板孔洞之间的间隙减少阻碍了混凝土粗骨料的进入,故 PBL 键承载力已不再提高,甚至有所下降。

试件 B 和试件 C1 的贯通钢筋直径均为 ϕ14,但试件 B、C1 的钢板孔洞直径分别为 40mm、60mm,单孔最小承载力分别为 175kN 和 250kN,试件 B 仅为试件 C1 的 70%。同样,试件 CA 和试件 CF 的贯通钢筋直径均为 ϕ25,但试件 CA 的钢板孔洞直径为 60mm,试件 CF 的钢板孔洞直径仅为 26mm,贯通钢筋与钢板孔洞之间几乎没有间隙,二者的单孔最小承载力分别为 400kN 和 215kN,后者仅为前者的 54%。这都说明,钢板孔洞与贯通钢筋之间的间隙对 PBL 键承载力的影响较大。

3. 普通箍筋配筋率

试件BA和试件BC除普通钢筋配筋率不同外，其他参数都相同。试件BA的配筋率为0.18，单孔最小承载力为325kN，试件BC的配筋率为0.48，单孔最小承载力为391kN，后者为前者的1.2倍，表明在钢板孔洞直径、贯通钢筋直径相同的情况下，箍筋配筋率大的试件，其单孔承载力也高。这主要是因为箍筋对混凝土有着"套箍"作用，这种"套箍"作用能够在某种程度上提高混凝土的承载能力，进而提高了PBL键的承载力。箍筋配筋率越大，对PBL键承载力的提高越明显。

4. 贯通钢筋在孔洞中的放置角度

试件A、SKH、SKV的钢板孔洞直径、贯通钢筋直径均相同，但试件SKH的贯通钢筋在钢板孔洞中为水平倾斜6°放置，单孔最小承载力为338kN，试件SKV的贯通钢筋在钢板孔洞中为竖直倾斜6°放置，单孔最小承载力为325kN，均与试件A的单孔最小承载力328kN相差不大。这说明贯通钢筋在孔洞中位置稍有变化对PBL键承载力的影响不大。

5. 钢板开坡口与否

试件CAP和试件CA相比，钢板厚度、贯通钢筋直径、钢板孔洞直径、钢板孔洞个数都相同，但试件CAP钢板孔洞开有坡口，试件CA则没有，二者的单孔最小承载力分别为310kN和400kN，说明钢板开坡口不能提高PBL键的承载能力。

6. 钢板孔洞个数和贯通钢筋排列形式

试件CA和CA2的钢板厚度、孔洞直径、贯通钢筋的直径均相同，但试件CA的钢板孔洞为1排共2个，试件CA2的钢板孔洞为2排共4个，单孔最小承载力分别为400kN和375kN，即试件CA2的单孔承载力较试件CA略有下降。这主要是由于试件CA2钢板孔洞之间的相互影响，使混凝土局部应力有所增大，从而使PBL键单孔承载力有所下降。但二者单孔承载力相差仅为6.25%，差别不太明显。

7. 钢板孔洞形式

试件BA、BB1和BB2的混凝土强度等级、钢板厚度、孔洞面积、贯通钢筋的直径均相同，但钢板孔洞形状不同。试件BA的钢板孔洞形状为圆形，单孔最小承载力为325kN；试件BB1的钢板孔洞形状为长轴水平、短轴竖直的椭圆，单孔最小承载力为333kN；试件BB2的钢板孔洞形式为短轴水平、长轴竖直的椭圆，单孔最小承载力为330kN。三者的单孔最小承载力相差甚微，说明钢板孔洞形式变化对PBL键的承载能力的影响很小，可忽略不计。

综上所述，影响PBL键承载力的因素很多，不同规格试件的极限承载力差别较大。

(三)PBL剪力键和栓钉极限承载力比较

由ϕ25栓钉作为剪力连接件的钢一混凝土组合件的极限承载力推出试验结果见表5-7，每个试件栓钉数为4个，混凝土强度等级为C50。对比表5-6和表5-7可以发现，PBL键极限承载力的离散性大于栓钉。按ECCS规定，取试验结果中最小单钉承载力的90%作为ϕ25栓钉的极限承载力，则ϕ25栓钉的单钉极限承载力为180kN。在表5-6中，采用同样直径的贯通钢筋的PBL键，紧套型试件的单孔承载力为194kN，与ϕ25栓钉单钉承载力接近；而非紧套型试件由于混凝土榫的作用，其单孔承载力都远大于ϕ25栓钉的单钉承载力。但必须指出，栓钉的承载力与受力方向无关，而PBL键的承载力与方向有关。

ϕ25 栓钉钢—混凝土组合件单钉极限承载力(kN)　　表 5-7

序　号	1	2	3	4	5	6
单钉极限承载力(kN)	214.3	200.0	233.8	218.8	217.5	221.7
按 ECCS 取值(kN)	180					

(四)PBL 剪力键承载力计算

1. 现有国内外 PBL 剪力键承载力计算公式[14]

国内外学者通过推出试验对 PBL 键的极限承载力作了许多有益的研究,并依据试验数据提出了各自的承载力计算公式。

(1)Leonhardt 等基于没有贯通钢筋试件的试验结果,认为 PBL 键的主要破坏模式为混凝土榫的剪切破坏,在计算中没有直接反映贯通钢筋的影响,计算公式为:

$$Q_u = 1.79d^2 f_c \tag{5-1}$$

式中:Q_u——极限承载力;

d——孔洞直径;

f_c——混凝土的立方体强度。

(2)Hosaka 等人认为 PBL 键的承载力由混凝土榫和孔洞中的贯通钢筋共同控制,计算公式为:

$$Q_u = 1.45[(d^2 - d_s^2) f_c + d_s^2 f_y] - 26.1 \tag{5-2}$$

式中:d_s——贯通钢筋的直径;

f_y——钢筋的屈服强度。

(3)Nishiumi 等根据试验中的贯通钢筋的应变大小,观察发现达到极限承载力时钢筋都已屈服这一现象,为此把钢筋屈服时的作用力看成是极限承载力时的约束力,并依据试验数据建立了抗剪强度与侧面约束强度的回归曲线,认为承载力在一定情况下与贯通钢筋有关,并把贯通钢筋的影响看成是侧面的约束力,计算公式为:

$$Q_u = 0.26A_c f_c + 1.23A_s f_y \quad (A_s f_y / A_c f_c < 1.28) \tag{5-3a}$$

$$Q_u = 1.83A_c f_c \quad (A_s f_y / A_c f_c \geqslant 1.28) \tag{5-3b}$$

式中:A_c——圆孔的面积;

A_s——贯通钢筋的面积。

(4)Oguejiofor 和 Hosain 等对长度为 375mm 的 PBL 键进行了试验,发现破坏模式是混凝土板沿纵向劈裂,这和建筑中采用轻微横向配筋的破坏模式类似,他们认为承载力由钢板外混凝土、横向普通钢筋和混凝土榫共同控制,计算公式为:

$$Q_u = 0.6348A_c\sqrt{f_c'} + 1.1673A_{tr} f_y + 1.6396A_{tcs}\sqrt{f_c'} \tag{5-4}$$

式中:A_c——混凝土剪切面积;

A_{tr}——横向普通钢筋的面积;

A_{bs}——混凝土榫受剪总面积；

f_c'——混凝土圆柱体强度。

(5)Hosain 等后来进行了更多的试验，并且先后提出了两个计算公式：

$$Q_u = 0.590A_c\sqrt{f_c'} + 1.233A_{tr}f_y + 2.871nd^2\sqrt{f_c'} \tag{5-5}$$

$$Q_u = 4.5htf_c' + 0.91A_{tr}f_y + 3.31nd^2\sqrt{f_c'} \tag{5-6}$$

式中：h——PBL 键钢板的高度；

t——PBL 键钢板的厚度；

A_{tr}——在式(5-5)中为穿过孔洞钢筋的面积，在式(5-6)中为所有横向钢筋的总面积，包括贯通钢筋和横向普通钢筋；

n——孔洞个数。

式(5-5)和式(5-4)基本类似，式(5-6)改变了计算式的第一项，认为 PBL 键的承载力与钢板截面积有关。

(6)福州大学宗周红等[15]通过对 6 个 PBL 键试件进行静载破坏试验研究，考虑混凝土材料类型和强度等级、横向配筋等参数影响，提出了如下计算式：

$$Q_u = 0.0029\alpha_1 A_c\sqrt{E_c f_c} + 0.75\alpha_2 A_{tr}f_y \tag{5-7}$$

式中：α_1——混凝土类型影响系数，普通混凝土取 1.0，钢纤维混凝土取 1.25；

α_2——横向钢筋位置影响系数，通常取 1.0，当与受剪相反方向的横向普通钢筋较多时取 1.5；

A_c——混凝土纵向面积减去钢板面积；

A_{tr}——横向钢筋的总面积。

2.本书提出的 PBL 剪力键承载力计算公式

依据前述推出试验成果，综合考虑到影响 PBL 剪力键极限承载力的多种关键因素，如钢筋的面积和强度、混凝土榫的面积和混凝土强度等，经推导得到 PBL 剪力键极限承载力计算公式如下[16]：

$$Q_u = \alpha A_{tr}f_y + \beta A_{tr}'f_y' + \gamma A_c\sqrt{f_c} \tag{5-8}$$

式中：Q_u——PBL 键单孔极限承载力；

A_{tr}——贯通钢筋面积；

f_y——贯通钢筋的屈服强度；

A_{tr}'——横向普通钢筋面积；

f_y'——普通钢筋的屈服强度；

A_c——混凝土榫面积；

f_c——混凝土立方体强度；

α——钢筋影响系数，取 $\alpha=1.320$；

β——横向普通钢筋影响系数，当配箍率 $\rho\leqslant 0.18\%$ 时，取 $\beta=1.204$，当配箍率 $\rho>0.18\%$ 时，取 $\beta=1.043$；

γ——混凝土榫影响系数，取 $\gamma=1.952$。

本公式物理意义明确，明确了 PBL 键破坏模式是剪切破坏，其抗剪承载力由钢筋（包括贯通钢筋和横向普通钢筋）和混凝土榫两部分提供，明确区分了横向普通钢筋和贯通钢筋的作用。

根据前述 PBL 剪力键试件的参数，应用各种计算方法得到的 PBL 剪力键单孔极限承载力对比见表 5-8。可以看出，式(5-3)偏保守，而式(5-6)计算值偏大，其他各式计算结果比较离散。与已有计算方法相比，本书计算公式考虑的影响因素更多，计算结果与实测值更为吻合。

各种计算方法 PBL 键单孔极限承载力计算对比(单位:kN)　　表 5-8

试件编号	实测值	式(5-1)	式(5-2)	式(5-3)	式(5-4)	式(5-5)	式(5-6)	式(5-7)	式(5-8)
A	328	363	456	183	222	215	962	388	327
B	175	161	181	63	208	117	890	328	199
C1	250	363	345	86	226	117	890	281	222
D	148	363	294	41	264	187	857	200	175
SKH	338	363	456	183	222	215	962	388	327
BA	325	345	444	183	220	260	925	382	326
CA	400	427	499	191	379	398	564	249	313
CB	195	190	202	66	364	301	983	190	183
CF	215	80	218	64	351	398	1127	249	268

三、钢—混凝土结合段接头形式的对比试验

(一)钢—混凝土结合段接头形式

钢—混凝土结合段受力情况复杂，不同连接接头构造对结合段的受力性能影响很大，因此，对结合段的接头形式进行对比研究[17]，可以确定合理的接头构造。为此，设计了 3 种形式的接头，分别称为接头 I、接头 II 和接头 III。3 个接头的外形尺寸一样，长 3m，高 0.5m，宽 0.7m，如图 5-39 所示。它们的主要区别在于：

(1)连接件型式不同：接头 I 和接头 III 结合断面的顶板、底板、腹板上采用 PBL 剪力键连接，钢板厚度为 7mm，钢板上的孔径为 20mm，PBL 钢筋为 ϕ10；横隔板上采用 ϕ13 栓钉连接。接头 II 的结合段全部采用 ϕ13 栓钉连接。

(2)刚度过渡方式不同：接头 I 在混凝土侧开喇叭口，使刚度逐渐减小，钢箱梁侧刚度无过渡；接头 II 钢箱梁侧设三角形加劲肋使刚度过渡，混凝土侧刚度无过渡；接头 III 不仅在混凝土侧开喇叭口，使刚度逐渐减小，而且在钢箱梁侧设三角形加劲肋使刚度过渡。

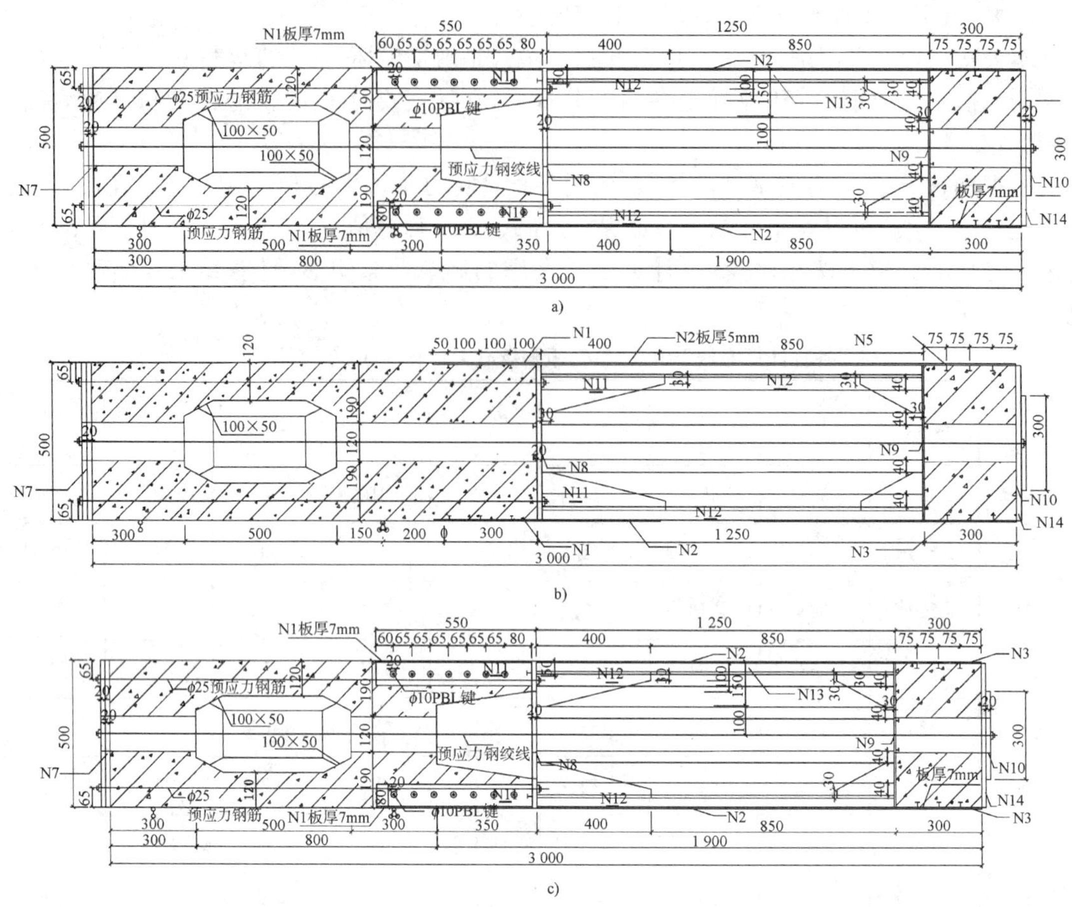

图 5-39　3 种接头形式结构图(尺寸单位:mm)
a)接头 I;b)接头 II;c)接头 III

(二)空间有限元分析

采用 ANSYS 软件,对 3 个接头进行了空间有限元分析,得到了在模拟佛山平胜大桥设计恒载作用下的结合段应力分布云图。相比于接头 I 和接头 II,接头 III 在钢—混凝土结合段沿梁长的应力分布最平顺,应力突变和应力集中程度最小。这表明,钢—混凝土结合段的刚度能否匀顺过渡对减小结合面附近的应力集中影响很大,因此,对钢箱梁靠近结合面的区域作局部加强以及对混凝土梁靠近结合面区域设置刚度过渡段都是很有必要的。

(三)接头 I 和接头 II 的模型试验

1. 模型设计与制作

为进一步了解钢—混凝土结合段连接接头的变形和受力情况,对接头 I 和接头 II 做了小比例尺寸的模型试验。接头 III 则应用于实桥,做了 1∶4 缩尺模型试验。

接头 I 和接头 II 模型试验的加载模拟佛山平胜大桥实际的受力状态,使模型结合面附近钢箱梁顶、底板的应力与实桥相等。试验前,将恒载(用 D 表示)施加在模型结构上;试验时,活载(用 L 表示)逐级施加,直至模型破坏为止。轴向压力用体外预应力钢绞线施加,弯矩和剪力采用千斤顶多点加载实现。图 5-40 为制作中的钢箱梁,图 5-41 为试验中的模型。

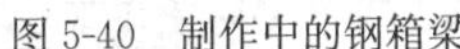

图 5-40　制作中的钢箱梁

图 5-41　试验中的模型

2. 试验结果及分析

试验研究表明,在恒载 D 作用下,接头 I 和接头 II 顶底板均受压;随着竖向活载的增大,受力状态发生变化,当荷载为 D+1.29L 时,接头 I 和接头 II 均为顶板受拉,底板受压。随着竖向活载的增大,挠度也增大,几何非线性效应逐渐表现出来。几何非线性主要是 $P-\Delta$ 效应,即由于弯曲与轴压共同作用产生了一个附加弯矩,该附加弯矩与竖向活载引起的弯矩同向,使实测挠度值、应变值开始偏离线弹性理论结果。

接头 I 的结合段与混凝土梁、钢箱梁交界处钢箱梁顶底板正应力沿横桥向分布如图 5-42、图 5-43 所示,接头 II 的结合段与混凝土梁、钢箱梁交界处钢箱梁顶底板正应力沿横桥向分布如图 5-44、图 5-45 所示。从图中还可看出,应力沿横桥向的分布不均匀,剪力滞效应明显。

在各级荷载作用下,接头 I 和接头 II 的结合段侧面竖向、侧面纵向、顶面纵向的钢—混凝土相对滑移随荷载的增大有所增大,但增大的幅度很小,说明 2 种接头形式的结合段连接非常可靠。

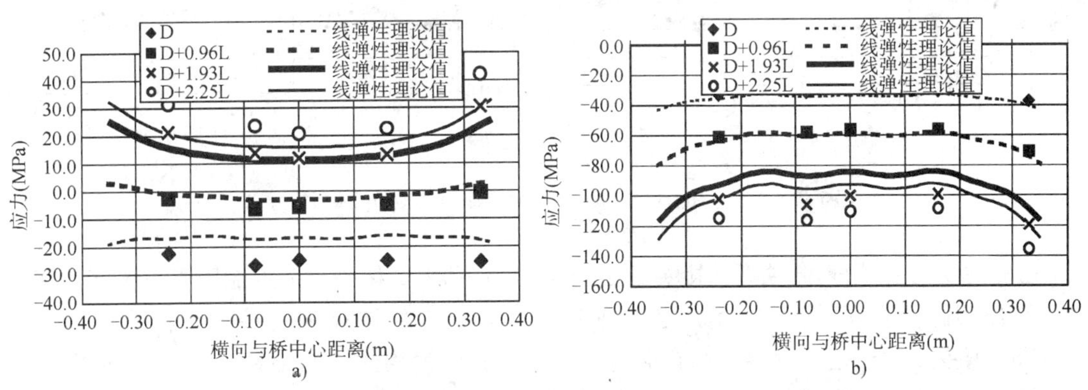

图 5-42　接头 I 结合段与混凝土梁交界处钢箱梁正应力沿横桥向分布

a)钢箱梁顶板;b)钢箱梁底板

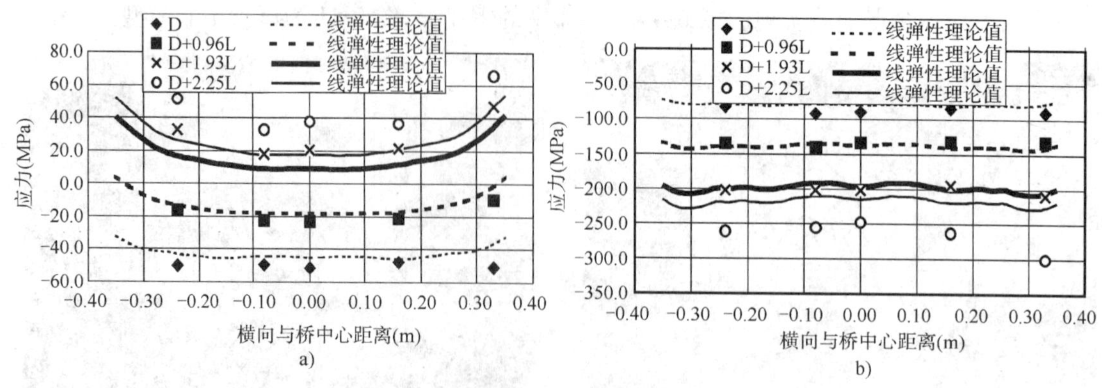

图 5-43 接头 I 结合段与钢箱梁交界处钢箱梁正应力沿横桥向分布

a)钢箱梁顶板；b)钢箱梁底板

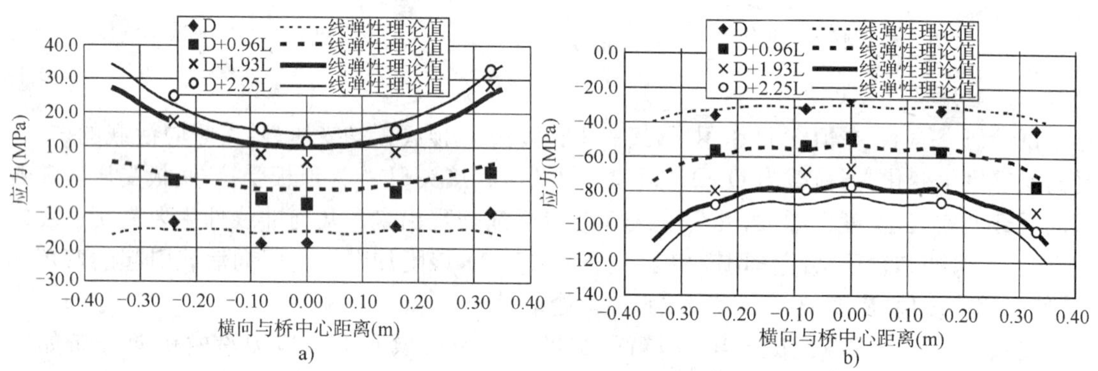

图 5-44 接头 II 结合段与混凝土梁交界处钢箱梁正应力沿横桥向分布

a)钢箱梁顶板；b)钢箱梁底板

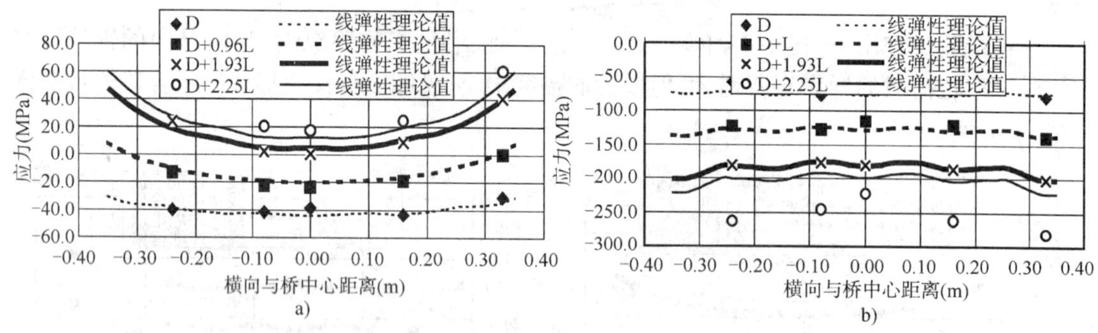

图 5-45 接头 II 结合段与钢箱梁交界处钢箱梁正应力沿横桥向分布

a)钢箱梁顶板；b)钢箱梁底板

由于连接形式不同，接头 I 和接头 II 的承载能力不同，结构破坏的控制因素也不同。接头 I 的承载能力由钢—混凝土结合面附近纯钢段底面钢构件屈曲强度控制。在荷载为 D+2.89L时，接头 I 由于钢—混凝土结合面附近纯钢段底面钢构件屈曲导致结构破坏，但混凝土表面始终没有裂缝出现，图 5-46 为接头 I 的破坏形式。接头 II 的承载能力由混凝土的裂缝宽度控制。荷载达到 D+2.25L 时，接头 II 在中支座上方纯混凝土段顶板开始产生一条横向裂缝；随着荷载的增加，裂缝继续扩展，并开始向腹板延伸；当荷载达到 D+3.21L 时，裂缝最大宽度达到 0.2mm，超出规范要求。

a)

b)

图 5-46　接头 I 破坏时的变形图

a)局部；b)整体

四、佛山平胜大桥钢—混凝土结合段缩尺模型试验

(一)钢—混凝土结合段构造

佛山平胜大桥钢—混凝土结合段的结合面设在塔中心线偏主跨侧 2.50m 处，过渡段钢箱梁采用 U 肋上 Π 形加劲的方式，长 3.75m；顶、底板厚 28mm，纵隔板及外腹板厚 16mm；结合段内设两道横隔板，间距 1.50m；顶底板和腹板带肋条，都伸入混凝土梁，在肋条上开孔，穿钢筋形成 PBL 剪力键，通过 PBL 剪力键和混凝土梁连接；此外钢梁和混凝土梁间设 60mm 厚钢板作为承压板，并通过剪力钉和纵向预应力与混凝土梁连接，结构设计如图 5-47 所示。

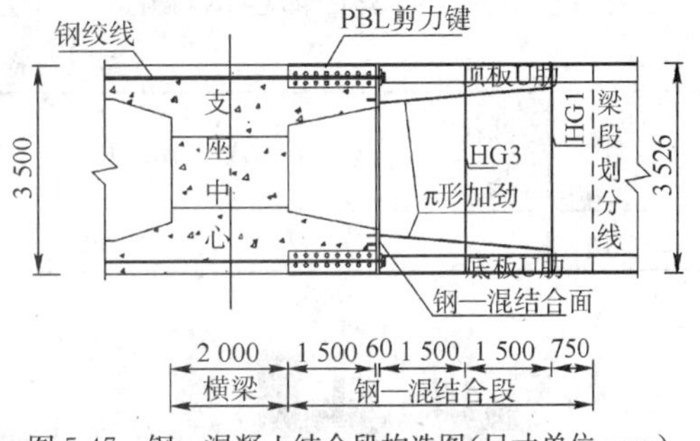

图 5-47　钢—混凝土结合段构造图(尺寸单位：mm)

(二)钢—混凝土结合段空间非线性有限元分析

选取了佛山平胜大桥和顺岸和北滘岸的两个钢—混凝土结合段，建立 ANSYS 空间有限元模型如图 5-48 所示。在进行非线性计算时，钢材料采用三折线强化模式，混凝土采用理想塑性模式，荷载采用分级施加。

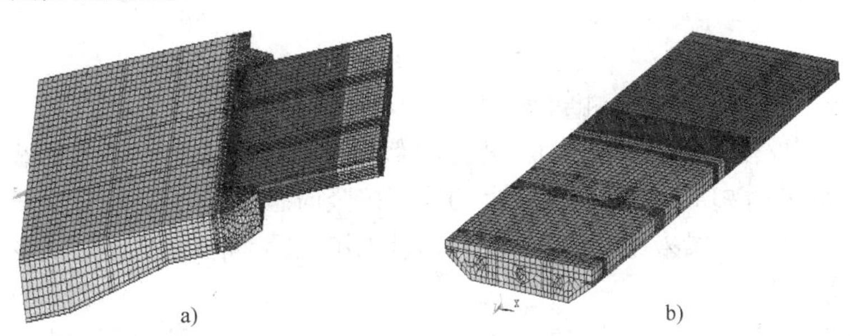
a)　　b)

图 5-48　钢—混凝土结合段空间有限元模型

a)和顺岸；b)北滘岸

有限元计算结果表明：

(1)设计荷载(D+L)下，和顺岸和北滘岸的整个结合段混凝土和钢箱梁全部处于弹性工作状态，剪力滞效应明显。

(2)和顺岸钢—混凝土结合段，当荷载达到 D+2.83L 时，混凝土箱梁顶板最大拉应力达3.5MPa，开始出现裂缝；当荷载达到 D+3.21L 时，混凝土底板局部区域压应力达 32.4MPa，开始屈服；当荷载达到 D+4.24L 时，钢箱梁底板最大拉应力达 340MPa，开始屈服；极限荷载为 D+5.40L，由混凝土箱梁顶板的最大裂缝宽度 0.2mm 控制。

(3)北滘岸钢—混凝土结合段，当荷载达到 D+2.70L 时，混凝土箱梁顶板最大拉应力达3.5MPa，开始出现裂缝；当荷载达到 D+3.08L 时，混凝土底板局部区域压应力达 32.4MPa，开始屈服；当荷载达到 D+3.98L 时，钢箱梁底板最大拉应力达 340MPa，开始屈服；极限荷载为 D+5.27L，由混凝土箱梁顶板的最大裂缝宽度 0.2mm 控制。

(三)钢—混凝土结合段缩尺模型试验

1. 模型设计与制作

选取佛山平胜大桥北滘岸钢—混凝土结合段进行模型试验。模型的几何缩尺比 S_l 为 4，模型设计满足几何相似、刚度相似、结合面受力相似等条件，并做到了模型的混凝土配筋率、预应力与实桥相等，模型各物理量理论相似比见表 5-9，试验模型如图 5-49 所示。

模型各物理量理论相似比 表 5-9

项目	几何尺寸	E	A	I	W	弯矩 M	集中荷载 P	分布荷载 q	应力 σ	应变 ε	变形
相似比	1/4	1/1	1/16	1/256	1/64	1/64	1/16	1/4	1/1	1/1	1/4

a)

b)

图 5-49 钢—混凝土结合段模型试验

a)制作中的模型钢箱梁；b)模型试验加载

在试验模型中，模型 PBL 键按面积比相似设计，采用 6mm 厚的钢板，钢板孔径为 ϕ40mm，PBL 钢筋采用 ϕ14。模型横隔板上的栓钉按竖向总体抗剪刚度和实桥相似设计，采用 ϕ13 栓钉。模型混凝土箱梁采用 C50 混凝土，钢材采用 Q235 钢。

2. 试验加载方案

试验共分纯弯、纯压、纯剪、模拟实桥和破坏试验 5 种。纯弯即模型钢混结合面只受弯矩作用，纯压即模型钢混结合面只受轴力作用，纯剪即模型钢混结合面只受剪力作用。模型加载方案见图 5-50。

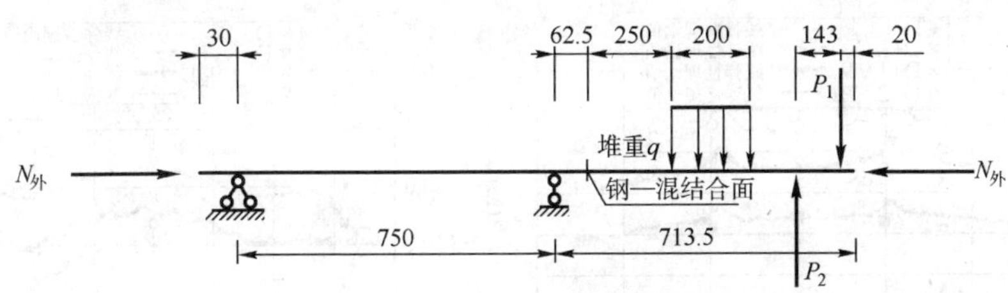

图 5-50　试验模型加载方案(尺寸单位:cm)

通过全桥有限元分析计算得到实桥钢混结合面处的弯矩、剪力和轴力,并分别按表 5-9 相似比换算成模型该处的弯矩、剪力和轴力。轴向压力用体外预应力钢绞线施加,弯矩和剪力采用千斤顶多点加载实现,每个千斤顶的力用分配梁分配到不同的点,使结合段的受力状态与实桥相似。

3. 试验结果及分析

通过模拟实桥的荷载试验和破坏试验,试验得到的竖向挠度以及结合段截面的应力分布如图 5-51～图 5-53 所示。试验表明:

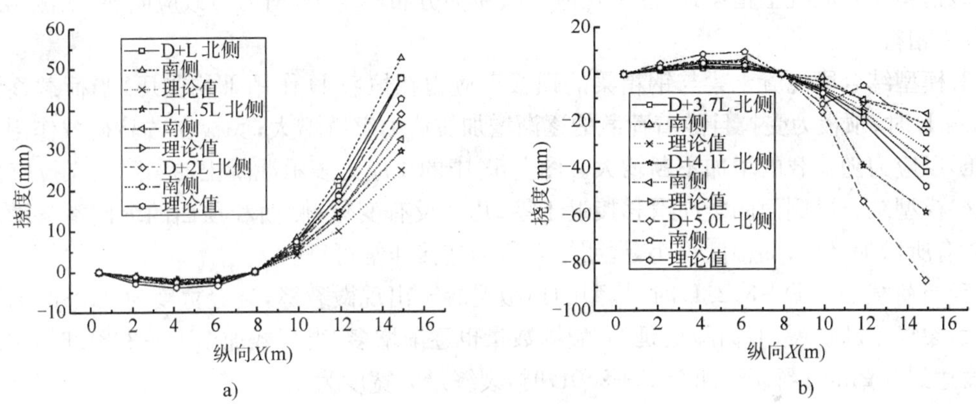

图 5-51　模型试验的竖向挠度曲线

a)荷载作用为 D+L、D+1.5L、D+2.0L;b)荷载作用为 D+3.7L、D+4.1L、D+5.0L

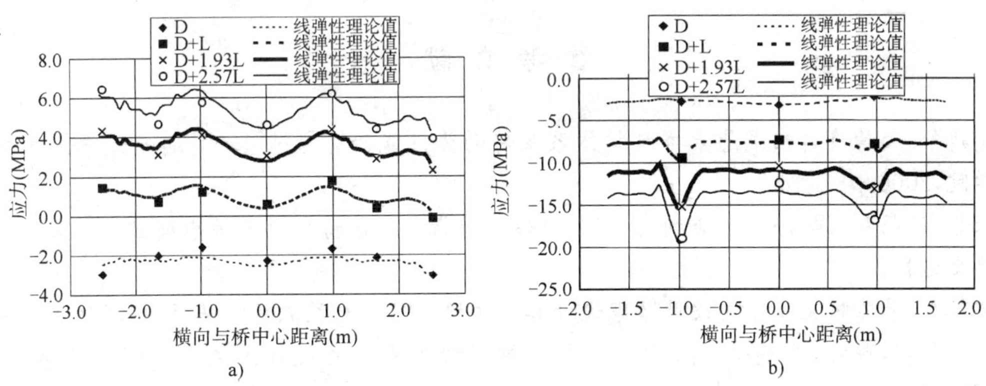

图 5-52　模型结合段与混凝土梁交界处混凝土梁正应力沿横桥向分布

a)混凝土梁顶板;b)混凝土梁底板

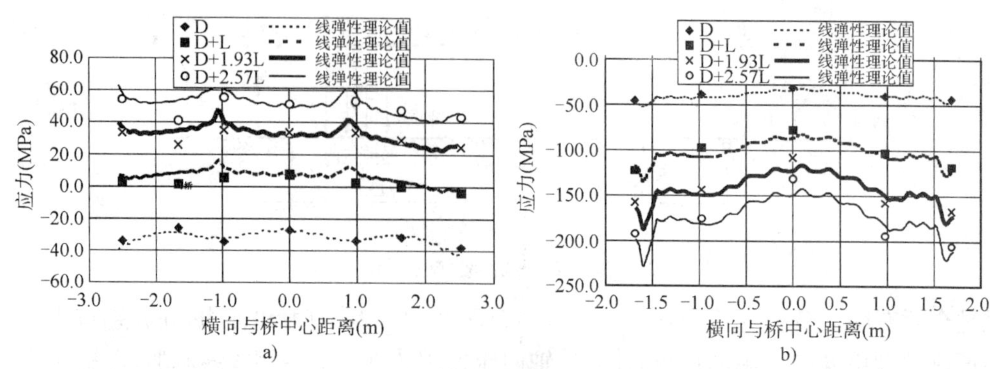

图 5-53 模型结合段与钢箱梁交界处钢箱梁正应力沿横桥向分布

a)钢箱梁顶板；b)钢箱梁底板

(1)设计荷载作用下，模型的竖向位移实测值与理论值吻合较好，位移沿模型长度方向变化较均匀，说明模型结合段的刚度变化比较匀顺，随荷载的逐渐增大而增大；模型的竖向挠度随荷载的非线性越来越明显。

(2)钢箱梁和混凝土箱梁顶、底板正应力横桥向分布不均匀，剪力滞效应明显，实测结果与理论分析相符。

(3)模型结合段混凝土梁与钢箱梁的顶板正应力在恒载 D 作用下均受压，当荷载逐渐增加至 D+L 时，顶板为受拉且随着荷载的逐渐增加拉应力继续增大；底板在试验荷载作用下始终受压，压应力随荷载的增加不断增大。图 5-53 中的拉应力表示混凝土的实际名义拉应力。

(4)模型结合段侧面的竖向滑移接近于零，几乎没有变化；侧面和顶面的纵向滑移随荷载的增大有所增加，但增加幅度很小，说明结合段的连接非常可靠。

(5)当荷载加至 D+3.21L 时，模型的顶板混凝土出现微裂缝，裂缝宽度为 0.03mm；随荷载增大，裂缝不断扩展，并向腹板延伸，裂缝数量也逐渐增多；当荷载加至 D+3.8L 时，裂缝最大宽度达到 0.2mm；当荷载加至 D+5.0L 时，裂缝最大宽度为 1.6mm。

(6)模型的钢—混凝土结合段应力分布无突变，传力比较匀顺。模型的破坏不由结合段控制，当荷载为 D+5.0L 时，结合段仍没有破坏。

参考文献

[1] 胡建华. 大跨度自锚式悬索桥结构体系及静动力性能研究[D]. 长沙：湖南大学土木工程学院，2006.

[2] 张哲，杜高明，谭岩斌，王会利. 大跨度自锚式斜拉—悬吊协作体系桥模型试验研究[J]. 公路交通科技，2007，24(6)：75-79，91.

[3] 沈锐利. 悬索桥主缆系统设计及架设计算方法研究[J]. 土木工程学报，1996，29(2)：2-9.

[4] 胡建华，唐茂林，崔建峰，等. 自锚式悬索桥恒载吊索力的设计方法研究[J]. 桥梁建设，2007，(2)：39-42.

[5] 胡建华，沈锐利，张贵明，等. 佛山平胜大桥全桥模型试验研究[J]. 土木工程学报，2007，40(5)：17-25.

[6] 李传习,邹桂生.轴心受压钢箱梁局部稳定验算方法综述[J].中外公路,2006,26(3):129-133.

[7] 胡建华,王修勇,王剑.自锚式悬索桥锚箱模型试验研究[J].桥梁建设,2006,6:11-14.

[8] 若下藤纪.混合斜拉桥[J].桥梁与基础,1985,19(8):75-80.

[9] 刘玉擎,曾明根,陈艾荣.连接件在桥梁结构中的应用与研究[J].哈尔滨工业大学学报,2003,35(增):272-275.

[10] 胡建华,叶梅新,黄琼.PBL剪力连接件承载力试验[J].中国公路学报,2006,19(6):65-72.

[11] 叶梅新,蒋彪.混合型自锚式悬索桥连接部位传力研究[J].铁道科学与工程学报,2006,3:1-6.

[12] 胡建华,蒲怀仁.PBL剪力键钢混结合段设计与试验研究[J].钢结构,2007,22(2):62-68.

[13] 叶梅新,张哗芝.桁梁结合梁及其剪力连接件试验研究[J].铁道学报,1999,21(1):67-71.

[14] 雷昌龙.钢—混凝土组合桥中新的剪力连接器的发展与试验[J].国外桥梁,1999,27(2):64-68.

[15] 宗周红,车惠民.剪力连接件静载和疲劳试验研究[J].福州大学学报(自然科学版),1999,27(6):61-66.

[16] 胡建华,侯文崎,叶梅新.PBL剪力键承载力影响因素和计算公式研究[J].铁道科学与工程学报,2007,4(6):12-18.

[17] 胡建华,侯文崎,黄琼.混合梁自锚式悬索桥钢混结合段结构形式对比试验研究[J].铁道科学与工程学报,2007,4(5):28-34.

第六章 自锚式悬索桥施工与施工控制

自锚式悬索桥施工的特点是先架设加劲梁，然后架设主缆，再安装吊索最后通过张拉吊索实现体系转换。因此，加劲梁架设、主缆架设和吊索张拉实施体系转换是自锚式悬索桥施工的关键工序。在施工控制方面，自锚式悬索桥施工要求的精度较地锚式悬索桥要高，加劲梁架设、主缆安装调整、索夹和吊索的安装调整、索塔的偏位变形等都应在监控之下，以使桥梁时刻处于良好的施工控制状态。

国内外近10多年来修建了一大批自锚式悬索桥，在施工方法和施工控制方面逐渐形成了较为系统的方法和理论。随着自锚式悬索桥主跨跨径不断增大和混合梁的应用，其施工的难度也随之加大，许多新的施工关键技术需要加以研究解决。本章结合佛山平胜大桥的工程实践，重点介绍大跨度钢箱梁顶推、主缆架设、体系转换及施工控制等关键技术。

第一节 钢箱梁顶推架设施工工艺

一、自锚式悬索桥加劲梁架设方法

(一)先梁后缆的架设方法

自锚式悬索桥的加劲梁需要承担和平衡主缆拉力，故施工顺序不同于地锚式悬索桥"先缆后梁"的顺序，多为"先梁后缆"。目前主要的施工方法有顶推架设法、支架架设法、节段吊装法和斜拉扣挂法等，每种方法均有自身的特点以及适用的场合[1~3]。

1. 顶推架设法

顶推架设法是指在顶推预制平台上分节段预制或拼装梁体，再利用顶推平台和桥墩上的千斤顶拖动梁体使其逐步就位的方法。该方法施工时由梁体安装、牵引与滑移、控制与导向三大系统组成，一般要求结构设计时梁体的底面必须连续不能出现阶梯形状，且位于同一直线段或同一圆曲线内。图6-1为顶推架设法示意图。

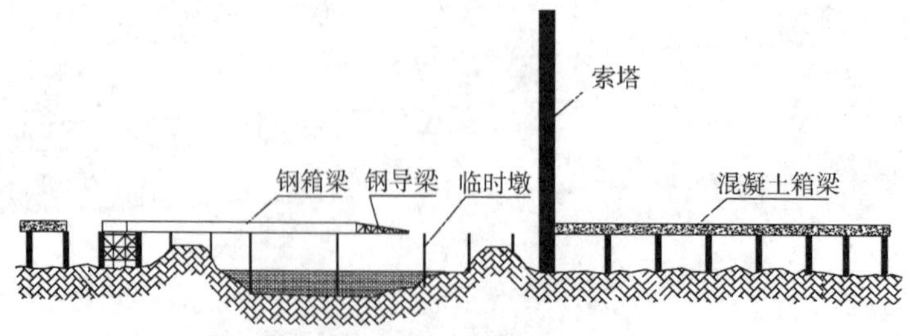

图6-1 顶推架设法示意图

顶推架设法的特点是占用施工场地小，通常情况下施工不受季节、河道的影响；节段施工工厂化作业施工简便，可提高质量，缩短工期。但须注意的是顶推过程中钢箱梁应力集中和钢箱梁与滑道间脱空等问题。该方法适用于桥位处有防洪和通航要求的河段，佛山平胜大桥采用了该方法施工。

2. 支架架设法

支架架设法是指在施工支架上直接拼装或浇筑加劲梁，这是一种古老而被广泛采用的施工方法。施工支架可以采用满堂支架，也可以采用临时墩结合贝雷梁，如图 6-2 所示。该方法值得注意的是跨度较大时需考虑支架的纵向变位能力，以适应体系转换过程中梁体压缩变形在支架上的滑动需要。

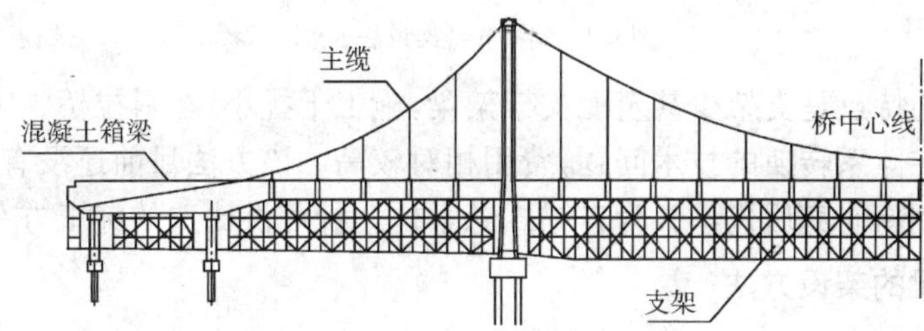

图 6-2　支架架设法示意图

支架架设法特点是施工方便、桥梁整体性好；施工时应注意对梁体高程的精确控制和支架的沉降变形，但此方法影响桥下通航，易受洪水和地质条件影响。该方法一般适用于河滩及通航等级不高的小跨度自锚式悬索桥，目前国内修建的几座跨度 200m 以下的自锚式悬索桥多采用此法。

3. 节段吊装法

节段吊装法是通过大型运输和起吊设备将加劲梁节段整体吊运到临时支墩上进行拼接的施工方法。该方法施工时，在临时支墩上吊装好的多跨连续梁结构是自锚式悬索桥的初始状态，然后在安装就位的上部结构上架设主缆、吊索，最后再逐步卸除上部结构支承在临时支墩上的反力而将它们转移到主缆与吊索上。其施工示意图见图 6-3。

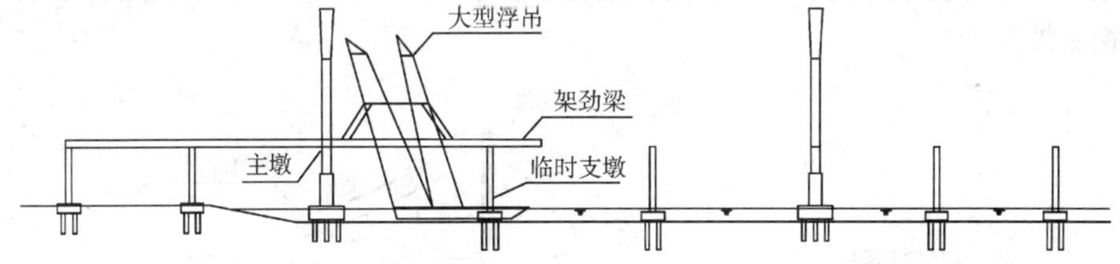

图 6-3　节段吊装法示意图

节段吊装法的特点是利用临时墩和加劲梁本身形成多跨连续梁结构，不受桥下通航、洪水及地质条件的影响，一般须在运输条件好、有大型运输和起吊设备的情况下才能实施。不足之处在于要求临时支墩刚度较大。该方法适用于桥位处有防洪和通航要求，且运输条件好的大跨度自锚式悬索桥。日本此花大桥、韩国永宗大桥等采用此种方法。

4. 斜拉扣挂法

斜拉扣挂法借鉴了斜拉桥的施工工艺架设加劲梁，就地浇筑边墩和桥塔，采用临时斜拉索拼装加劲梁，跨中合龙后再安装主缆和吊杆，体系逐步转换为自锚式悬索桥，其施工示意图如图 6-4 所示。

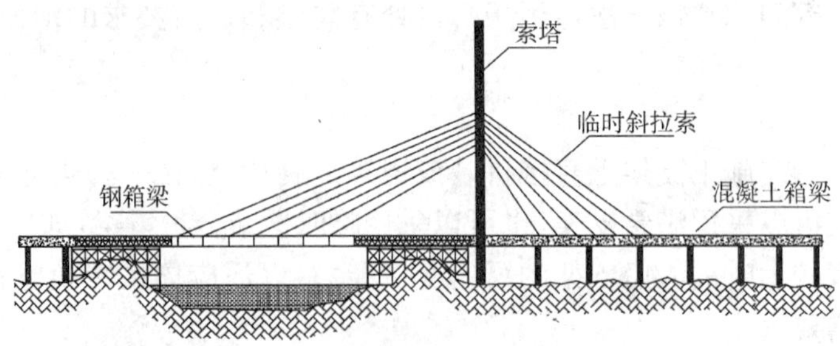

图 6-4　斜拉扣挂架设法示意图

斜拉扣挂法的特点是支架少甚至无支架架梁，施工干扰小，在斜拉桥施工中类似技术比较成熟。但同样存在体系转换的技术问题，费用相对较高。该方法目前还没有具体工程实践，但通过一定的技术创新研究后仍不失为自锚式悬索桥一种可供比选的施工方案。

(二)先缆后梁的架设方法

在某些特定条件下，自锚式悬索桥也可以采用“先缆后梁”的架设方法。因为主缆安装后产生水平力，“先缆后梁”架设法的重点是如何采取有效措施来平衡水平力。这里介绍临时锚碇法和叠合加劲梁先缆后梁架设法[5,6]。

1. 临时锚碇法

对于小跨径自锚式悬索桥，主缆重量较小，可以设置临时锚碇作为施工期间的临时抗主缆拉力结构。该方法的施工顺序为：先施工主缆锚固节段和临时锚碇，然后架设主缆，在临时锚碇和主缆锚固端之间设置调节锚索，平衡主缆锚固产生的水平力，最后通过主缆架设加劲梁。该方法是一种无支架的施工方法，不妨碍河道通航且技术较成熟，但当缆力从外锚转换为自锚时，全桥体系转换较为复杂。

苏州竹园大桥采用此方法施工，如图 6-5。该桥两侧设置了临时锚碇，临时锚碇和端横梁之间设置 4 束临时锚索，并安装 8 台千斤顶随时进行张拉，以控制主缆架设过程中端横梁的位移和平衡主缆拉力。

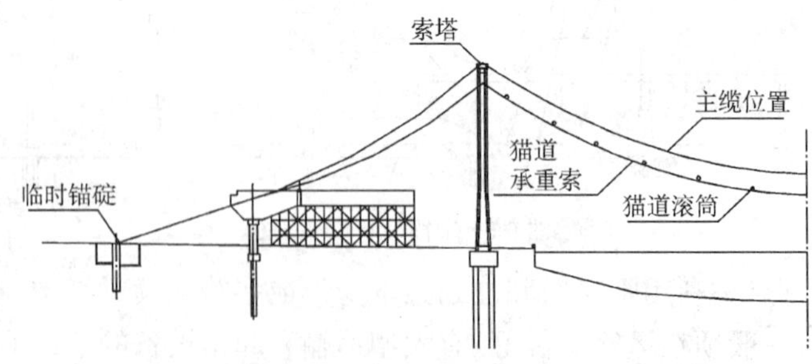

图 6-5　临时锚碇法示意图

2. 叠合加劲梁先缆后梁架设法

对于采用叠合加劲梁的自锚式悬索桥，根据叠合梁钢结构重量较轻的特点，可以采用先缆后梁架设法。该方法采用可承受较大水平力的边墩锚固主缆，然后利用主缆架设主梁，其施工顺序为：①在边墩上架设锚固段加劲梁，与桥墩临时连接，该连接可传递较大的水平力；②把主缆锚固在墩顶加劲梁上；③架设叠合加劲梁的钢纵横梁；④解除加劲梁与桥墩临时连接，由钢加劲梁承受主缆水平力；⑤施工混凝土桥面板。图 6-6 给出了先缆后梁架设法示意图。该方法为无支架施工，需要桥墩能承受较大的水平力。

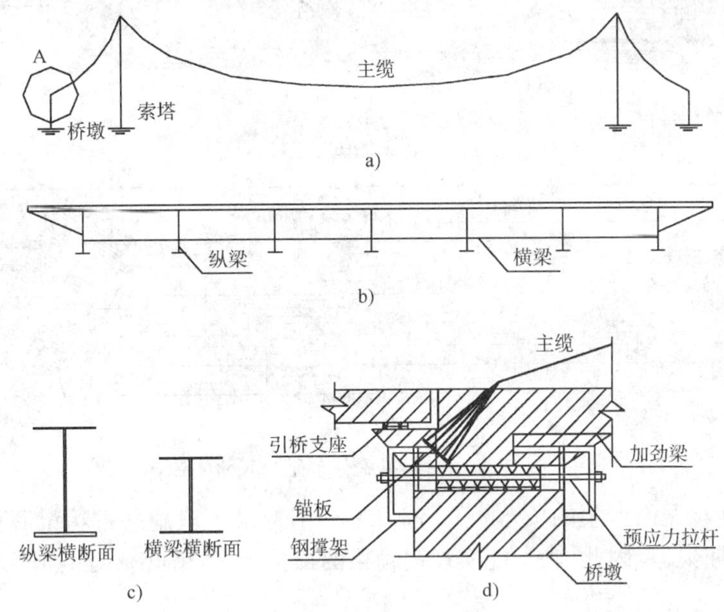

图 6-6　叠合加劲梁先缆后梁架设法示意图

a)主缆示意；b)加劲梁示意；c)加劲梁纵、横梁截面；d)桥墩示意

二、佛山平胜大桥钢箱梁顶推架设技术

佛山平胜大桥为独塔四索面混合梁自锚式悬索桥，加劲梁分成相对独立的两幅桥，350m 主跨钢箱梁跨越西江航运干线平洲水道和两侧防洪大堤。平洲水道属 II 级航道，航运十分繁忙，施工期间要求单向航道净宽(垂直航迹线宽)不少于 60m。由于桥轴线与航迹线斜交角为 62°，因此，要求临时墩间距(即顶推跨径)不少于 78m。

(一)钢箱梁顶推架设总体方案

综合考虑桥型结构和建设条件，顶推临时墩的跨径布置最终确定为 30.5m＋2×78m＋45m＋37.5m，在远离索塔岸(和顺岸)设置钢箱梁拼装、顶推平台及钢箱梁吊运码头，在索塔侧设置钢箱梁合龙拼装平台。钢箱梁顶推架设施工总体布置如图 6-7 所示。单幅钢箱梁分 A～E和钢—混凝土结合段等 6 种类型共 31 个梁段，钢箱梁标准节段长 1 200cm，宽 2 610cm，高 350cm，钢箱梁节段重约 1 700～2 150kN，顶推重量约 142～179kN/m[1~3]。

(二)适应顶推架设的钢箱梁构造

1. 防止总体失稳的构造

佛山平胜大桥主跨钢箱梁要在临时墩顶滑道上完成顶推滑移，则梁段的每个截面在每一顶推阶段都会成为支承面，需要承受巨大的支点反力。计算结果单侧滑道最大支反力达到

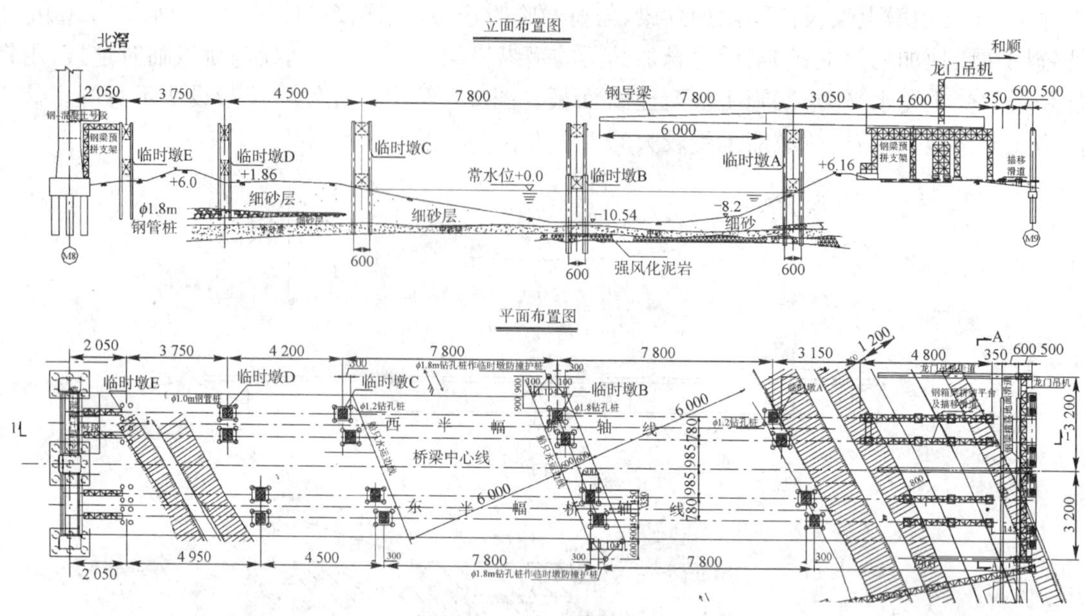

图 6-7　钢箱梁顶推架设总体布置图(尺寸单位:cm)

6 950kN,同时在该截面产生的负弯矩 92 930kN·m,标准节段扁平钢箱梁底板在该力的作用下,极易出现压屈失稳,因此,为了能实现钢箱梁的顶推施工,就必须对钢箱梁进行适应顶推架设的加劲处理。

为了满足顶推架设过程中钢箱梁的强度及稳定性要求,设计时,在钢箱梁内纵向增设了两道厚 16mm 的实腹钢纵隔板,形成全焊封闭单箱三室扁平钢箱梁截面,与顺桥向每 3.0m 设置一道的横隔梁形成空间梁格构造,如图 6-8 所示。综合考虑顶推过程中钢箱梁横桥向稳定与抗扭转能力等因素,将纵向腹板设于车道分道线位置,即离梁中心线 3.9m 处,并对应于顶推滑道中心位置,既解决了施工过程钢箱梁局部承压的问题,又适应了钢箱梁轴向力对钢加劲梁的整体刚度要求。

图 6-8　佛山平胜大桥钢箱梁

2. 防止局部失稳的构造

钢箱梁顶底板是由薄钢板和 U 形加劲肋组成的正交异性板,在巨大支反力和负弯矩作用下,底板将承受很大的压应力,是否会出现局部失稳是钢箱梁构造设计的关注点。

钢箱梁在顶推过程中的局部失稳破坏形态主要表现为直接承受竖直支承力的腹板呈现受压梁柱构件特征,以及与滑板支座接触的底板局部屈曲变形。为了避免顶推过程中纵腹板发生局部失稳以及底板局部变形过大的问题,专门对纵腹板以及顶推滑道范围内的底板进行了加劲设计。在腹板顺桥向每隔 1m 设置了一道板厚 12mm 横桥向竖直加劲肋板,在两侧成对布置并与顶板、底板相连;纵腹板竖向每隔 60cm 成对设置两道厚 12mm 水平加劲肋;在腹板两侧各 30cm 和 60cm 处设置两道与腹板平行的纵向底板加劲肋；同时，将腹板上竖向加劲肋板在底板位置扩展成马蹄状，在竖向加劲肋板之间再曾设 2 道马蹄状加劲肋。纵腹板和纵横底板加劲肋形成底板支承骨架。详细构造如图 6-9 所示。

为了模拟钢箱梁顶推施工过程的受力，取支点左右各 12m 共 24m 长的钢箱梁进行了有限元分析。结果表明，在顶推过程中最不利工况作用下，最大压应力出现在底板与腹板连接处的局部位置，最大值为 166MPa，其他位置的应力一般值均低于 130MPa。

局部稳定性分析显示，靠近腹板的第一道底板纵向加劲肋较薄弱，最先发生局部屈曲破坏，如图 6-10 所示，发生局部屈曲时的弹性稳定系数为 0. 8068，对应的压应力为 278. 3MPa，这个值远大于顶推施工过程该部位的实际工作应力，因此，加劲后的钢箱梁在顶推施工过程中不会出现局部屈曲。

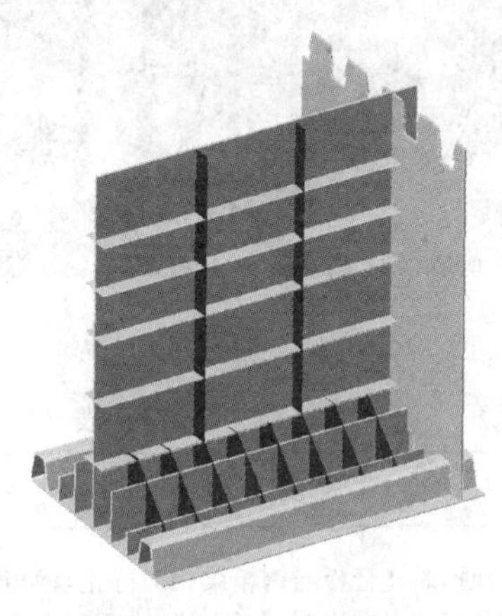

图 6-9　腹板、底板的局部加劲处理

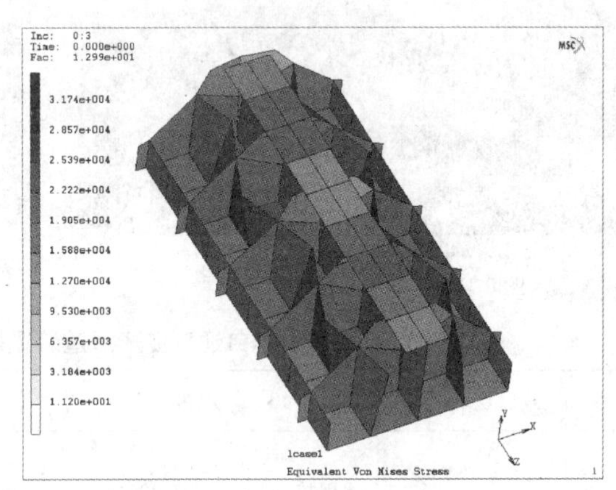

图 6-10　纵向直板加劲肋变形

(三)自适应变形滑道系统

钢箱梁通过滑道时，前进方向梁下挠，支座后端梁上拱，滑道前后两侧钢箱梁的转角是不一致的，这种现象容易导致部分钢箱梁底面与滑道面脱空(即不与滑道接触)，造成钢箱梁局部承压而引起局部屈曲。为此，加劲梁顶推施工工艺采取了两项措施：一方面通过优化顶推钢导梁设计，并在 48m 钢导梁前端另增加长 12m 钢梁，以尽量减小最大悬臂状态下钢箱梁伸出支座外的长度，有效减小梁的变形及滑道支座两侧梁的相对转角，避免出现钢箱梁底面与滑道面脱空现象；另一方面则通过开发专用的滑道系统，使之适应顶推施工过程钢箱梁的变形。

1. 合理滑道尺寸确定

顶推施工过程中，临时墩 A 单个支座的最大支点反力为 5 290kN，临时墩 B 为 6 950kN，临时墩 C 为 4 020kN，由此可得满足顶推需要的临时墩 A、B、C 的滑道长分别不能小于 3. 5m、4m 和 3m，滑道宽不小于 1m。综合考虑施工安全与方便控制，临时墩 A、B、C 上的滑道确定采用 4. 5m×1. 2m。

2. 自适应变形滑道系统

为了适应钢箱梁在顶推施工过程中支点处的变形和避免钢箱梁与滑道之间产生脱空现象，对顶推滑道系统进行了精心设计。一方面，通过对 4. 5m 长滑道范围内各顶推阶段钢箱梁底板变形曲线的计算，拟合确定滑道顶面曲线；另一方面，采用了柔性滑道设计，解决钢箱梁与滑道之间的脱空问题。柔性滑道构造从上到下依次为四氟复合滑板、不锈钢板、钢垫梁、橡胶板和承力梁，其中橡胶板具备自动适应压缩、转动功能，能满足各顶推阶段的变形要求。通过受力和变形计算，在滑道装置设计中采用了100mm厚、弹性模量为80～100MPa的橡胶块。滑道装置构造如图6-11所示，钢箱梁顶推施工过程如图6-12，滑道装置的规格及性能见表6-1。

图6-11　自适应变形滑道装置

图6-12　现场顶推施工

自适应变形滑道装置构造及性能表　　表6-1

层序	层名	规格及性能要求	功　能
1	四氟复合滑板	规格500mm×1 200mm×16mm，由薄钢板夹硬橡胶板及底层四氟乙烯板组成	顶推时复合板与钢箱梁相对静止，钢箱梁带着复合板在不锈钢板上滑动，不断在摩擦面间喂塞复合板，使钢箱梁顺利滑移
2	不锈钢板	厚3mm，粘贴在刨光的钢垫梁上，黏结强度>1MPa，表面摩阻系数$\mu \leqslant 0.02$	在滑动面涂硅脂，减小摩擦系数，使滑动能顺利进行
3	钢垫梁	长4.5m、宽1.3m、高0.98m封闭钢箱；顶面线形按拟合曲线并刨光，两端上角加工成向下弧形；四角高差及平整度<1mm	符合钢箱梁变形曲线；能与不锈钢板有较好黏结；有足够刚度，四氟复合滑板不会由于垫层刚度问题出现断裂、阻塞
4	橡胶板	厚100mm，满垫于钢垫梁和承力梁间	自动适应钢箱梁变形，确保钢垫梁与钢箱梁的接触面积
5	承力梁	封闭钢箱，荷载作用下变形量<1mm	承受钢垫梁传递的荷载

三、钢箱梁顶推施工

(一)顶推平台

佛山平胜大桥钢箱加劲梁拼装平台由于受场地限制采用了短线预制拼装平台，平台长50m。平台支架采用万能杆件，要求有足够的刚度和强度，表面平整，坐标准确，平台表面须与梁底制造线形吻合。现场布置1台龙门吊机配合钢箱梁安装。在平洲水道的和顺岸边修筑一座码头,钢箱梁通过水路运至码头,用码头龙门吊机起吊至运梁台车上,经过栈桥运输至顶推安装平台,然后起吊、横移就位后,将钢箱梁在平台进行拼装连接。

(二)钢箱梁顶推施工

1.施工准备工作

(1)临时墩布置

全桥共设有6个临时墩,临时墩采用钢管柱,混凝土桩基础,每墩上下游各设置4根钢管柱。每墩的4根管柱采用钢管水平连接,以增强其稳定性。在墩顶布置有钢支承、钢箱梁牵引设备和滑道系统。

(2)钢导梁设置

顶推钢导梁为实腹型钢结构,全长48m,两片导梁中心距为7.8m,导梁与钢箱梁边腹板对齐,两片导梁间横向采用万能杆件桁架连接。导梁的前端高1.17m,后端与钢箱梁同高。考虑制造加工及运输吊装的方便,导梁分4段制作和安装。钢导梁的制作精度要求较高,其梁底面平整度误差要求不超过±1mm,采用M24高强螺栓与钢箱梁连接成整体。

(3)滑道及侧限

滑道及侧限是箱梁平稳安全滑移的保证,其控制因素包括:滑道高程、平整度、侧向限位装置等。施工时按计算滑道顶高程进行精确测量控制,要求平整度偏差小于1mm。侧向限位系统是保证顶推时加劲梁的准确定位,需要及时安装与校正。

(4)顶推牵引动力装置

顶推牵引装置采用ZL系列自动连续顶推系统,由1套主控系统、若干套泵站系统及相应的千斤顶系统等构成。

2.顶推力的考虑

影响顶推力大小的因素较多,主要因素有:加劲梁自重、施工荷载、滑动支座摩阻系数、纵向坡度、各滑动支座的高程误差以及安装平台和各墩沉降引起的高差、梁底平整度以及各节段连接处平整度的误差、顶推梁自身的挠度、纵向牵引力的对中误差等等。上述因素中,有些是可经过合理的施工工艺进行避免,有些则必须严格按操作规程仔细控制,否则,势必增大顶推力,造成施工困难。

3.顶推施工操作

钢箱梁安装焊接完成后,下降底支承架,穿牵引钢束,利用自动连续千斤顶调整牵引钢束受力状况并开始顶推。一般在施工中采用“多点顶推,分级调压,集中控制”的方法进行顶推施工。多点顶推就是在每个临时墩都设置了动力设备和水平千斤顶。分级调压则是液压站上安装有3个电磁换向阀,控制油压不超过容许范围;集中控制是通过顶推指挥室电器总控台与各临时墩液压站的分控制并联,由色灯信号或对话机联系指挥来进行操作。

一般顶推启动静阻系数按8%计,动摩阻系数按5%计。根据每工况各支点反力来预计水平顶推的起动推力,各临时墩准备就绪后将信号返回主控台,总指挥通过主控台发出顶推指令,各临时墩连续千斤顶即同时工作,然后根据推力需要加大施力油压,直到梁体开始前移。起动后摩阻系数下降,摩擦力减小,此时适当降低各墩千斤顶的推力等级来适应摩擦力的变化,使梁体平稳地向前推进,实现各墩同步顶推。

四、钢箱梁顶推的施工控制

(一)钢箱梁顶推施工控制内容

1. 钢箱梁中线线形及偏位

顶推各阶段,随时观测钢加劲梁的中线偏位。选择钢箱梁前端和末端的顶板中点,用全站仪测量中线偏位值,若超过限值,及时采取纠偏措施。

顶推一段距离后(2～3 个标准梁段长度),测量钢加劲梁的顶面线形,若与理论计算值偏离较大,应查找原因并进行反馈分析。

2. 临时墩墩顶变形

顶推过程中,监测临时墩的纵向偏位和水平面内扭转及沉降。在每个临时墩墩顶布置 4 个固定观测点,用全站仪测量得到临时墩的纵向偏位和水平面内扭转及沉降。

3. 钢箱梁应力

通过仿真计算找出钢加劲梁顶推过程中应力最大的工况及部位,安装应力监测元件进行监测,并设置安全预警程序。

根据施工模拟计算结果,在顶推过程中的关键截面布置了光纤光栅应变测点,如图 6-13 所示。

图 6-13　钢箱梁应变测点布置图

4. 临时墩支承力

每个临时墩施工水位以上 1.8m 处断面布设 4 个竖向应变测点,通过测试应变来监测临时墩的支承力。

5. 橡胶垫块变形

橡胶垫块的变形情况直接反应滑道范围内钢箱梁受力情况。通过对其变形的监测,可以对结构的安全性作出预警(局部脱空)。变形监测结果同时也用于施工控制的反馈分析和参数识别。

6. 施工临时荷载

施工过程中,对施工临时荷载进行统计并进行计算数据的更新,同时,对临时荷载的大小及布置实施严格控制。

(二)钢箱梁顶推施工控制要点

(1)每次顶推时,必须对顶推的梁段中线和各滑道顶的高程进行测量。控制偏差标准为:导梁中线偏差不大于 2.0mm;梁体中线偏差不大于 2.0mm;相邻两跨支点同侧的滑移装置顶面高差±1.0mm;同墩两支点滑移装置顶面高差±0.5mm。顶推前 2 段因没有侧向限位易产生偏移,在顶推过程需用千斤顶或倒链及时调整,一旦进入安装侧向限位区段,偏移控制一般会很容易做到。

(2)顶推过程中随着梁体前移,均需不断地以四氟板垫塞滑道。四氟滑板两面均应保持清洁,白色一面涂上润滑用的硅脂以减小摩擦力。清理四氟板不可使用汽油或柴油。顶推过程中若四氟板未及时跟进,应立即停止,顶起钢箱梁底板,放进四氟板后才可继续顶推。顶推过程中滑板随梁体一起滑动,因此顶推过程中每滑道必须有 2 人专职负责塞垫滑板。每滑道面至少有 3 块滑块受力,严禁滑道脱空和使用破损滑块。

(3)每节段开始顶推时,先推进 5cm,立即停止,回油,再推进 5cm,再停止,回油,反复两三次,以松动各滑动面并检查各部分设施,然后才能正式顶推。顶推时,各千斤顶应同步逐级加力顶推,加力顺序为:先由靠吊装平台的临时墩各千斤顶同步加力,然后其余各千斤顶逐级同步加力,并注意保持联系。当钢箱梁处于动与不动的临界状态时,注意保持其余千斤顶油压稳定不动,只让靠吊装平台的临时墩的千斤顶升压,以防止钢箱梁不能匀速前进。

(4)根据各工况的支点反力估算摩擦力来确定需要的牵引力。以往工程统计资料表明滑道摩擦系数一般在 0.05～0.08 之间,个别情况达 0.12,主要是由于四氟板损坏造成。

(5)顶推力的大小是根据不同工况各个墩顶的支点反力来确定,并根据总的摩擦力来确定所需千斤顶的数量,再根据各支点反力来确定每台顶所需施加牵引力的大小。顶推采用 ZLD1000 连续推顶千斤顶,每墩设 2 台千斤顶、1 个泵站,所有泵站由 1 个总控台来控制,可同步作业和分别调节。

(三)钢箱梁顶推实施效果

佛山平胜大桥钢箱梁的斜交顶推施工,通过严密的施工控制,取得了较好的实施效果。

(1)顶推过程中,钢箱梁、临时墩、顶推平台等结构安全,未出现临时墩水平位移超标、钢箱梁中线偏位和应力超标等异常情况,顶推过程非常顺利。

(2)钢加劲梁顶推到位后纵、平线形理想。钢箱梁的中线偏位一般控制在 20mm 以内,最大值 27mm;纵断面实际线形与顶推安装设计线形偏差一般在 10mm 以内,最大偏差 25mm。加劲梁顶推完成后的平、纵断面线形精度见图 6-14、图 6-15。

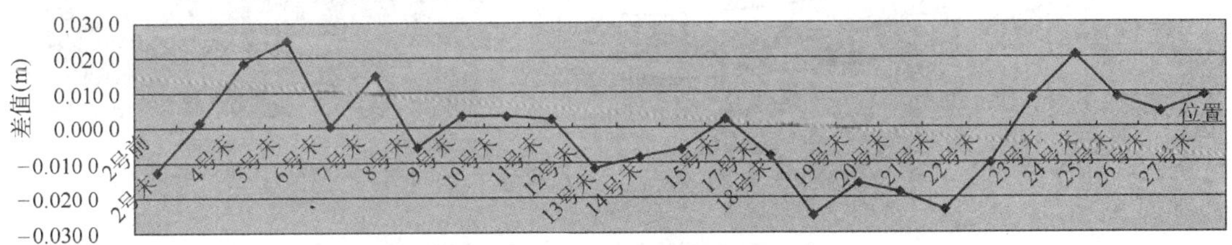

图 6-14　东幅加劲梁纵断面线形精度图

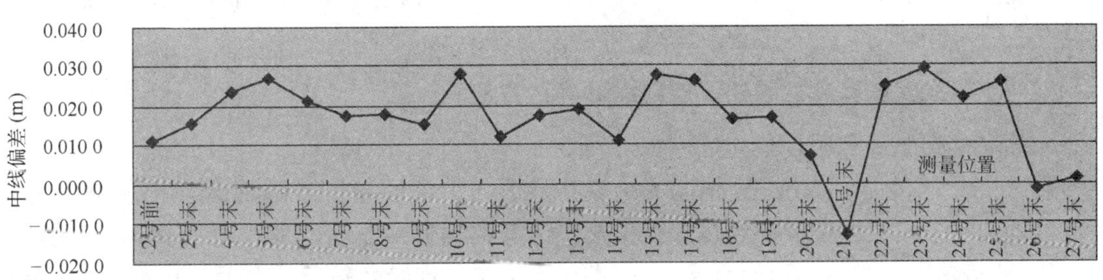

图 6-15　东幅加劲梁平面线形精度图

第二节　自锚式悬索桥主缆架设

一、猫道架设

佛山平胜大桥采用工厂预制索股法(PPWS法)架设主缆,主缆架设之前,需架设作为主缆施工脚手架的猫道。目前猫道常采用粗钢丝绳或无黏结钢绞线作为承重索。钢丝绳承重索弹性模量不稳定,猫道垂度较难达到设计要求,架设前需要预张拉,以尽可能消除钢丝绳的非弹性变形,工序较复杂。无黏结钢绞线承重索需要的根数多,目前无黏结筋均由 $7\phi^s15.2$ 钢绞线外加无黏结剂及防护制成,架设工期长,整个猫道的各根承重索调成相同的垂度较困难。利用上述两种承重索猫道架设主缆索股时均不能直接在猫道面上进行,必须加设专用于牵引索股锚头小车行走的轨道索,增加了投入,如图6-16所示。为提高猫道的计算精度及整体刚度、降低架设难度及改进主缆索股牵引方法、改善操作环境,经过深入研究后决定采用外加PE防护的平行钢丝股(外径48mm,由37根 $\phi5.1$ 钢丝组成)作为猫道承重索,每个猫道承重索由6根组成。这种承重索的弹性模量稳定,两端冷铸锚采用锚头螺母锚固于型钢梁(型钢梁通过锚杆与加劲梁连接)上,安装及线形调整都相当简单。

由于猫道刚度的大幅提高,使得牵引索股的锚头小车可以直接在猫道面上行走,从而取消了轨道索,通过循环牵引索牵引小车沿走行轨道前进架设索股(如图6-17)。

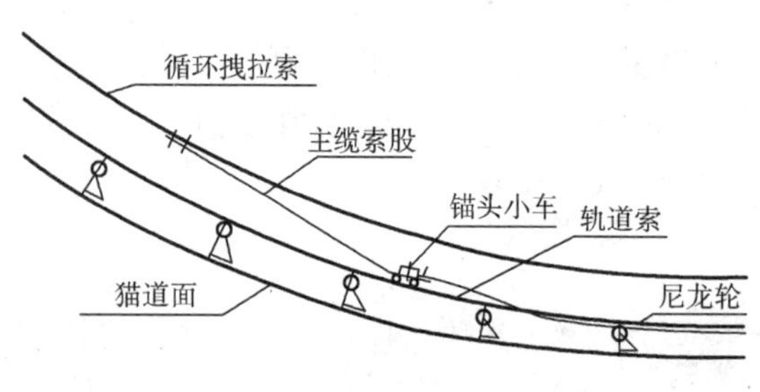

图6-16　传统索股牵引图

图6-17　牵引中的主缆索股

二、基准索股架设与施工控制

主缆基准索股的架设是保证主缆架设质量的关键,下面重点介绍基准索股的确定方法与架设[7]。

(一)非标准状态基准索股架设控制线形确定方法

1.基准索股架设前的工作

猫道架设完成后,可根据塔、锚联测结果和最新的结构恒载数据,重新计算核查塔顶鞍座的预偏量和基准索股的架设控制线形。先核查计算的预偏量是否与原设计的预偏量一致,如有变化,调整各塔顶鞍座的预偏量后,即可进行主缆基准索股的架设。在主缆基准索股的架设时需考虑索股温度变化、索股两端高差变化、缆跨跨度变化等参数对基准索股线形的影响。所谓索股温度变化是指索股高于或低于设计温度变化量，索股两端高差变化是指索塔(索的一端)和锚碇(索的另一端)受日照和气温影响等而发生的高程变化差，跨度变化是指加劲梁由于受日照和气温影响而产生的纵向伸长与缩短。

2.非标准状态基准索股架设控制线形确定方法

受气温和日照的影响，基准索股线形调整时其温度可能与设计基准温度不一致；受日照和外荷载的影响，基准索股调整时索塔发生变位，加劲梁长度发生改变，引起塔顶鞍座中心与散索套中心之间的跨度与基准跨度不一致；日照和混凝土的收缩徐变也会引起塔高与基准高度不一致。所有这些差异，对基准索股控制点的高程都将产生显著的影响，因此，基准索股的架设时，必须考虑这些影响。

基准索股控制点高程计算的基本原则是：考虑各种影响后，塔顶鞍座锚固点之间的索股在各种状态下的无应力长度应等于其基准条件下的无应力索长(即无应力长度不变原则)。据此原则，通过分析得出索股温度、索两端点高差、水平投影长及索长各自单独变化或者组合变化下基准索股控制点的高程，从而实时确定非基准状态基准索股的架设目标。

在基准索股的架设阶段，除了可采用非线性有限元程序法进行计算，还可采用分段悬链线计算理论进行计算。用分段悬链线计算理论计算主缆的线形和内力不仅能得到很高精度的解，而且相对于非线性有限元计算理论有建模容易、计算速度快的优点。在分析索股温度、索两端点高差、水平投影长及索长改变对控制点的高程产生的影响时，无论是采用非线性有限元计算理论还是采用分段悬链线计算理论进行计算，都必须通过编程来实现。如果能将这些因素对控制点高程的影响用简明公式表述，则可在现场快速地计算出控制点的垂度调整量和放索量等架设控制参数，能节省大量的人力物力，缩短架设的工期，给现场施工带来很大的方便。

(二)基准索股架设程序

佛山平胜大桥基准索股架设采用标志法和垂度调整法相结合的方法，其施工程序如下：

(1)白天利用标志法(利用牵引索将基准索股引上塔、入鞍及拉入锚管，将塔顶鞍座、散索套中心的标志点与基准索股标志点对准)将索股架设就位。

(2)午夜温度稳定(温度稳定的条件：长度方向索股的温差 $\Delta T \leqslant 2℃$，横截面索股的温差 $\Delta T \leqslant 1℃$)后，用绝对垂度法对基准索股进行垂度调整。先测量基准索股的温度，同时测量基准索股的跨中附近测点的高程和里程，测量索股主边跨两端散索套或者塔顶鞍座上标志点的里程和高程，再在现场对数据进行快速分析处理，并按上述非基准状态基准索股架设参数的快速确定法确定控制点高程的调整量及所需的放索量，对控制点的高程进行调整。调整的顺序为先主跨，后边跨和锚跨。锚跨通常用张拉力进行校核。

(3)调整后观察基准索股各控制点高程，如各控制点高程的误差在规定允许范围时，调整结束。

(4)基准索股调整结束后，连续观察3个晚上，待控制点的高程与目标高程的误差不变(或者可以视为不变)时，即可认为完成基准索股的架设工作。

基准索股架设完成后，即可进行一般索股的架设。在主缆索股架设的过程中应经常对基准索股进行监测。

(三)基准索架设施工控制

1. 基准索股温度测量

基准索股的线形调整一般选在温度相对稳定、风力不大的夜间或者阴天进行。调整前需对环境温度和索股温度精确测量。佛山平胜大桥基准索股的调整选在凌晨 0 点至凌晨 6 点进行,温度测试采用铂热电阻和电子测温仪相结合的方法。

佛山平胜大桥上下游 4 根主缆相距较近,温度测点主要布置在一根基准索股上。在其中一根基准索股的边跨和主跨的两端、跨中等附近的 6 个断面(见图 6-18)上下左右各布一个,共 24 支铂热电阻,其他 3 根主缆上各布置 3 个对照测点,全桥总计布置 33 个温度测点。

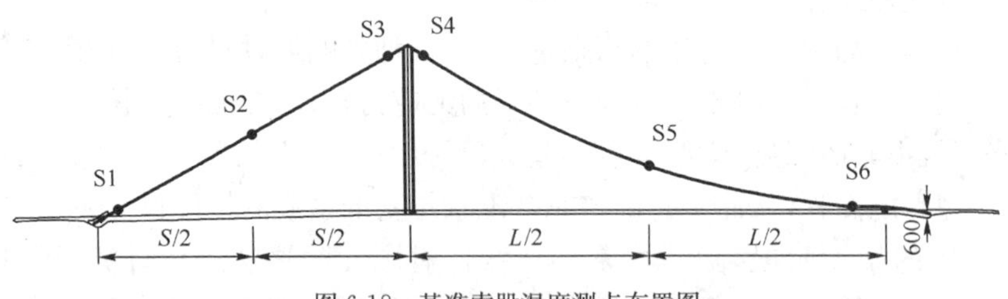

图 6-18 基准索股温度测点布置图

待午夜后环境温度变化基本稳定时,用读数精度为三位半的 DT 型数字阻值表(精度为 0.5℃)接通测温元件,测出被测索股上面元件的阻值,再由电阻与温度之间的关系曲线求得被测索股的温度值,同时,采用高精度电子测温仪大范围并高频率地采集索股的温度,然后快速分析处理得出索股温度场,分析计算得出索股的调整量。

2. 基准索股几何位置测量

在两岸架设全站仪,分别对基准索股跨中附近的测点、基准索股主边跨两端散索套和塔顶鞍座上标志点的几何位置进行测量。根据每次测量的结果计算基准索股的架设精度。如果架设精度不满足要求,重新调整线形(放松或者张紧索股),直到精度满足要求为止。调好后再观测 3 个夜晚,3 个夜晚基准索股跨中附近测点的高程误差在规定范围内时,取 3 次测量的平均值作为该基准索股跨中附近测点的高程。

3. 基准索股锚跨索力测量

采用“频率法”、“锚索计法”和“油表法”同时测定基准索股锚跨张力,3 种方法相互核对确定实际值;再与理论值对照,校核基准索股的线形架设精度。架设完成后的基准索股见图 6-19。

图 6-19 架设完成的基准索股

三、普通索股架设与施工控制

(一)普通索股的架设

基准索股架设后,普通索股的架设可按先粗调、后精调的方法进行。粗调时,可根据待调索股与邻近的已调索股(或者群体索股)的温差(待调索股一般位于已调索股或者群体索股之上,待调索股的温度一般低于已调索股或者群体索股的温度）确定即时的待调索股与已调索股或群体索股的高差；精调时，可按“宁高勿低”的原则调整。由于待调索股与已调索股或群体索股相距很近（一般在 5～15cm 以内），温差很小可忽略，先确定待调索股跨中控制点高程调整量，再计算放索量，并据此放索量进行实施。架设完毕后，普通索股垂度检验精度为：－5mm～＋10mm。

该期间控制的重点是监测待调索股与已调索股的高程差和索温差，高程差可用“垂球法”和三角直尺进行测量，索股的索温测量方法与基准索股相同。在普通索股架设期间，索塔的水平位移很小，为了检验和保证索股架设期间索塔受力的大小，对索塔顶的水平位移也进行了抽查。锚跨索股张力的大小在一定程度上也能反映对应主跨的架设线形，因此，同基准索股架设阶段一样，采用“频率法”、“锚索计法”和“油表法”同时测定锚跨普通索股张力，3 种方法相互核对，确定实际值；再将该值与理论值对照，以校核索股的线形架设精度。

普通索股架设一定数量后需对基准索股的实际垂度进行复核，该桥在架设完 20 号、30 号、40 号、48 号索股后对基准索股的垂度进行了复测，基准索股的垂度几乎没有变化。

（二）索股架设完成后吊索张拉前的施工控制

索股架设完成后，吊索张拉前的监测、分析与控制工作主要有：

1. 主缆紧缆后空缆线形的测量

在主缆紧缆之后，要对空缆线形加以精确测量。测量的方法与基准索股架设期间的监控测量方法相同。在进行空缆线形测量以前，注意解除散索套处的临时支承对纵向的约束，以得到真实的空缆线形。

空缆状态线形测量要素如下：索塔塔顶的纵横坐标及高程、各跨的平均温度、主缆跨中位置及高程、散索套滑移量及锚跨温度。一般应在夜间气温稳定的情况下至少测量 3 次空缆线形[7～8]。

2. 主缆架设精度的计算

根据主缆紧缆后空缆线形的测量结果在施工监控仿真分析中应作以下监控计算：计算主缆的架设精度情况；根据索塔几何形态和实测空缆线形反算各跨主缆的无应力长度，并计算对成桥主缆线形的影响量。

3. 吊索长度的确定与控制

在确定空缆线形后，需要重新计算吊索长度。悬索桥的线形主要由空缆线形、吊索长度及吊索索力（成桥状态）确定。而吊索索力（成桥状态）主要取决于加劲梁上的恒载和加劲梁的受力要求，能够变化的范围有限。一旦索股架设完成，空缆线形就已确定，可见，悬索桥控制的关键之一在于控制主缆架设线形和在完成的空缆线形上决定吊索长度。吊索长度合适与否，决定了后续施工能否顺利进行和成桥线形、成桥内力能否达到设计要求。

4. 索夹安装位置的监控计算

该桥空缆状态主缆各处的水平倾角较小，均小于 45°（2°～28°），索夹的里程较高程反应敏感，因此，索夹安装位置的放样主要以里程控制。

5. 猫道改挂的监测与控制

在索夹定位后，进行猫道改挂，并拆除散索套纵向支承，放松散索套。改挂前，应对猫道改挂进行模拟计算，并在改挂过程中对索塔偏移进行观测。改挂后，应对索塔的偏位、主缆线形和散索套移动情况进行观测。

第三节　自锚式悬索桥体系转换

一、体系转换方法

自锚式悬索桥的体系转换是指结构体系经过多次转换，由初始状态(多跨连续加劲梁)通过主缆安装、吊索张拉到达最终成桥状态的过程。在这一过程中加劲梁的自重由临时支撑承担通过吊索转换到由主缆承担，主缆由空缆线形变化到成桥线形。体系转换是自锚式悬索桥施工过程中最重要的施工环节，该过程的合理性直接影响到各工况结构安全、工期和投资等。

目前，自锚式悬索桥体系转换的主要方法有张拉吊索法、落梁法和顶升法等[1~3,8,9]。

1. 张拉吊索法

张拉吊索法是以多跨连续加劲梁为其初始状态，通过张拉吊索，使其达到体系转换的目的。该方法的关键是确定吊索的张拉顺序和张拉力的大小。体系转换计算时还应考虑加劲梁的弹性变形、混凝土的收缩徐变、吊索张拉力大小和张拉次数、塔顶鞍座的顶推次数与时机等因素。该方法施工操作相对简单，施工速度快，施工质量容易控制，适合于各种结构形式的自锚式悬索桥。

2. 落梁法

落梁法是将加劲梁的成桥线形抬升一定高度后作为加劲梁的安装线形，按成桥状态安装主缆和吊索，通过逐步松顶、卸架的方式实现体系转换。该方法的关键是合理确定松顶、卸架顺序，在体系转换完成后一般还需对吊索力进行调整。该方法需在每个吊点布置临时支撑和千斤顶。体系转换过程实际为临时支撑转换到吊索的过程，施工过程计算复杂，施工操作和施工控制难度较大，适用于双塔三跨自锚式悬索桥。

3. 顶升法

顶升法以多跨连续加劲梁为其初始状态，按成桥线形安装加劲梁，将塔顶鞍座降低一定高度后，按成桥状态安装主缆和吊索，通过逐步顶升塔顶鞍座的方式实现体系转换。该方法的关键点是塔顶鞍座顶升过程中的稳定、水平滑移以及两根主缆水平力之间的平衡，在体系转换完成后一般还需对吊索力进行调整。该方法施工需要大吨位千斤顶，且要求严格同步作业，施工操作复杂，控制难度大。国内外部分自锚式悬索桥施工方法见表 6-2。

国内外部分自锚式悬索桥体系转换方法一览表　　表 6-2

桥　　名	桥跨布置(m)	加劲梁类型	加劲梁施工方法	吊索安装方法
日本此花大桥	120＋300＋120	钢箱梁	节段吊装法	顶升法
韩国永宗大桥	125＋300＋125	钢桁架梁	节段吊装法	张拉吊索法
大连金湾大桥	24＋60＋24	混凝土梁	支架架设法	张拉吊索法
桂林市丽泽桥	25＋70＋25	钢桁架梁	节段吊装法	张拉吊索法
平湖市海盐塘桥	16＋30＋72＋30＋16	混凝土梁	支架架设法	张拉吊索法
永康市溪心桥	37＋90＋37	混凝土梁	支架架设法	张拉吊索法
延吉市局子街桥	69＋162＋69	混凝土梁	支架架设法	张拉吊索法
佛山平胜大桥	39.64＋5×40＋30＋350＋30＋29.60	混合梁	顶推架设法	张拉吊索法
长沙三汊矶湘江大桥	70＋132＋328＋132＋70	钢箱梁	顶推架设法	落梁法

二、佛山平胜大桥体系转换方案研究

结合佛山平胜大桥独塔、多索面、混合梁与带外伸跨等结构特点，在对上述体系转换方法进行了技术经济比较后，确定采用张拉吊索法。

对于自锚式悬索桥而言，体系转换的最终目的是使结构由初始状态到达设计成桥状态。张拉吊索法可以采用多种吊索张拉方案来实现体系转换。因此，确定最优的吊索张拉方案就成为了的体系转换研究的关键[1~3]。

(一)调索方案的控制因素

1. 调索的目标和初始状态

合理成桥状态是指桥梁结构技术经济指标合理的结构受力状态和几何形状。与斜拉桥类似，自锚式悬索桥的调索设计也是以合理成桥状态为目标的。佛山平胜大桥合理成桥状态加劲梁的线形目标是反拱 30cm，主缆线形目标是垂度 28m。

由于自锚式悬索桥的巨大缆力全部由加劲梁承担，而该桥索塔和加劲梁边跨是混凝土结构，在轴力作用下的收缩徐变效应不可忽视。收缩徐变造成加劲梁梁段缩短、桥塔塔顶高程降低，影响主缆线形、钢加劲梁线形和内力。钢加劲梁和主缆的线形是以收缩徐变完成以后的线形(即设计线形，反拱 30cm 的线形)为控制值，所以必须考虑收缩徐变，并把其影响记入刚成桥时的线形(即成桥线形)中。佛山平胜大桥加劲梁和顺岸收缩、徐变效应产生的位移值为 7mm，北滘岸为 68mm，桥塔为 42mm，收缩、徐变使跨中加劲梁高程下降 23cm。所以成桥线形为在反拱 30cm 的基础上再反拱 23cm，总共 53cm。

调索的初始状态由目标状态确定，可通过目标状态倒拆求得。对于佛山平胜大桥其初始状态控制值有以下几项。

(1)加劲梁线形

加劲梁线形为顶推线形，也是加劲梁的制作线形，即无应力线形。

(2)主缆线形

主缆线形可由线形计算程序计算，塔顶鞍座的预偏量为 1.447m，主跨跨中高程 65.037m，比成桥跨中高程 58.119m 高出了 6.918m。

(3)加劲梁长度

加劲梁的实际长度必须考虑轴力作用下的弹性压缩量和收缩徐变量。该桥和顺岸弹性压缩量为 132mm，北滘岸弹性压缩量为 33mm，加劲梁的“预长值”为弹性压缩值＋收缩徐变值，和顺岸为 139mm，北滘岸为 101mm。

(4)桥塔塔顶高程

考虑弹性压缩和收缩徐变，桥塔的“预高值”为 70mm。

2. 调索主要控制因素

调索的过程就是张拉吊索把主缆和加劲梁由上述初始状态调整至目标状态的过程。对于佛山平胜大桥其过程受以下因素的控制：

(1)加劲梁线形

实质上，调索的过程就是加劲梁线形控制的过程。佛山平胜大桥加劲梁有几个主要线形，

图 6-20 表示了各线形之间的关系。

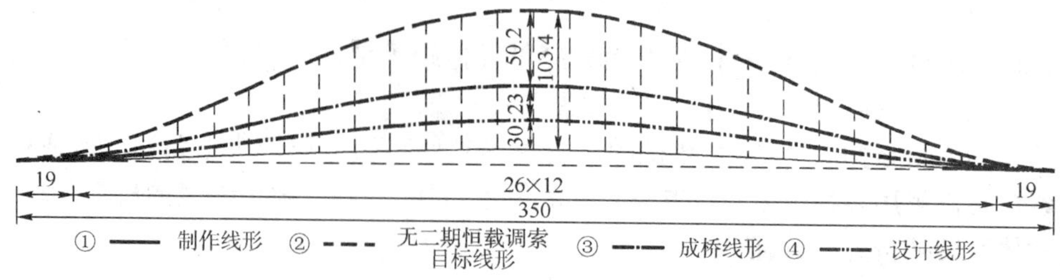

图 6-20 各线形之间的关系

(图中竖向虚线为吊索位置,顺桥向尺寸单位:m,竖向尺寸单位:cm)

①制作线形

这是工厂制造时的无应力线形。对于该桥也是顶推架设施工的控制线形,顶推施工完成后,其线形与制作线形基本一致。应注意的是,钢加劲梁制作线形必须根据弹性压缩量预留长度。

②无二期恒载调索目标线形

可在预拱 53cm 的线形上去除二期恒载影响计算得到。佛山平胜大桥的无二期恒载调索目标线形比制作线形高 103.4cm。也就是说,调索的任务就是把加劲梁跨中高程从支架上抬高 103.4cm。

③成桥线形

桥梁竣工通车时的线形,也是有二期恒载的调索目标线形,即预拱 53cm 的加劲梁线形,是在无二期恒载调索目标线形上加二期恒载后的加劲梁线形重合。

④设计线形

桥梁竣工通车 3 年后的线形。在成桥线形的基础上考虑收缩徐变的影响后,加劲梁跨中高程下降 23cm,此线形即设计线形,也是长期运营阶段的线形或最终线形。

(2)加劲梁应力

吊索直接在加劲梁上张拉,加劲梁的应力必须控制,应满足强度和稳定性要求。另外,由于平胜大桥加劲梁成桥线形预拱值达到了 53cm,存在加劲梁与顶推临时墩脱空时机的问题。

(3)吊索张拉力

吊索的张拉力受吊索和吊索锚箱设计安全系数(2.0 以内)的控制,张拉力不能过大。

(4)吊索张拉接长杆和千斤顶

平胜大桥空缆线形与成桥线形之间的高程差达到了 6.918m,吊索依靠接长杆接长张拉,吊索张拉接长杆和千斤顶的数量必须控制,以节省施工费用。

(5)塔顶鞍座顶推

塔顶鞍座顶推的时机、顶推次数以及每一次顶推千斤顶的同步受桥塔应力的控制,也影响吊索张拉时的主缆线形和吊索张拉吨位。

(6)吊索倾角

吊索钢导管基于桥梁设计线形目标设计,是垂直向上的,而初始状态索夹至加劲梁锚点之间是倾斜的,索夹的最大水平位移达到了 1.574m,而钢导管的长度将近 2m,故必须控制吊索初次张拉时的倾斜值，尽量使吊索不要与钢导管的管口接触产生弯折，以保护吊索PE和钢丝。

(7)二期恒载

桥面二期恒载的加载时机决定了吊索的张拉过程。如先加二期恒载则调索目标线形为预拱53cm的线形，而后加二期恒载，则调索目标线形不同需重新考虑。

(二)吊索张拉方案的比选

1. 可供比选的调索方案

合理的调索方案直接决定着桥梁工程施工的安全、经济与工期。自锚式悬索桥的调索方案受多种因素的控制，需认真的进行参数分析与多方案的比选。从结构安全、造价经济、工期合理出发，着眼于加劲梁应力、索塔位移、吊索控制张拉吨位等，进行了多方案比选。

根据佛山平胜大桥的结构特点、力学特性以及钢加劲梁架设方案，存在着以下几类调索方案：一是从结构上看存在着考虑调索前、后上桥面铺装(二期恒载)的方案，二是从受力看存在着是否设置前导索(或辅助索)的方案，三是从操作方案上看存在着从左至右、从右至左、从两边同时往中间或从中间往两边调索等多种方案。根据大量参数分析，以下列出7种方案，其中方案1至方案6为无二期恒载调索方案，方案7为有二期恒载的调索方案，各方案具体情况详见表6-3。

各调索方案施工方法对比表　　表6-3

吊索张拉方案		张拉方向	张拉控制方法	吊索张拉接长杆(根)
无二期恒载	方案1	从左至右	直接一次张拉到位	80
	方案2	从左至右	(1)张拉次数不超过3次；(2)张拉力不超过2 000kN；(3)同时张拉第n号索和$n+1$号索；(4)控制n、$n+1$号索的索力不超过2 000kN，否则，同时张拉第n号～$n+2$号索	80
	方案3	从右至左	类似方案2	80
	方案4	左右同时对称张拉	类似方案2	160
	方案5	左右同时对称张拉	(1)每根索一次张拉到位；(2)张拉力不超过2 500kN；(3)同时张拉第n号和$26-n$号索；(4)控制n号和$26-n$号索的索力不超过2 500kN，否则，同时张拉第n号～$n+2$号索	264
	方案6	从中间至两边张拉	类似方案2	184
有二期恒载	方案7	从左至右	类似方案二，但吊索控制力由2 000kN调整为2 100kN	80

2. 无二期恒载的各调索方案比选

吊索设计采用双股销铰式，一个吊点对应两根$73\phi^s5.1$平行钢丝，钢丝强度为1 670MPa，最不利活载下一对吊索的最大拉力为1 400kN，对应的应力为489.74MPa，安全系数为1 670/489.74=3.41。方案1的张拉最直接，速度也很快，但是张拉力非常大，最大的吊索力为4 798

kN,对应的吊索应力为 1 678MPa,在此拉力下,吊索锚箱也会遭到破坏,所以,方案 1 肯定是不能接受的。其余 2～6 方案结果见表 6-4。

方案 2～6 结果汇总表 表 6-4

吊索张拉方案	加劲梁线形	加劲梁应力	吊索张拉力(kN)	吊索张拉接长杆(根)	千斤顶(台)	张拉批次	钢导管处吊索纵向偏移值(mm)
方案 2	不控制	不控制	2 000	80	12	27	−36.8～23.6
方案 3	不控制	不控制	2 005.6	80	12	27	−2.8～107.1
方案 4	不控制	不控制	2 024.3	160	24	14	−24.2～126.0
方案 5	不控制	不控制	2 806	264	24	14	−24.2～139.8
方案 6	不控制	不控制	2 000	184	24	14	−18.9～76.7

从表中可以看出,从钢导管位置吊索水平偏移值来看,只有方案 2 是可行的。方案 2 需要的千斤顶、吊索接长杆最少,吊索张拉力最小,控制最容易,但是施工速度稍慢。方案 3 在钢导管位置吊索的水平偏移值不能满足要求,其余均与方案 2 不相上下。方案 4 虽然需要较多的千斤顶和接长杆,但是施工速度很快,而且张拉控制力也比较小,但是在钢导管位置吊索的水平偏移值不能满足要求。方案 5 吊索控制力最大,千斤顶和接长杆最多,同时在钢导管位置吊索的水平偏移值不能满足要求。方案 6 与方案 4 不相上下,但是同样存在钢导管位置吊索的水平偏移值不能满足要求的问题。

计算中发现,方案 6 只有在第一次张拉(同时张拉 13～15 号索)前——即吊索刚挂上时,水平偏移值超过允许值,张拉到位以后能够满足要求。考虑到刚开始时主缆内力比较小,吊索内力也比较小,采取保护措施后,可以认为不会对吊索 PE 造成破坏。同时,方案 6 由于两边对称张拉,同步张拉吊索的数量比方案 2 多了一倍,需同步张拉 6 对索,全桥就需 48 根索同步张拉,施工难度、控制难度也比方案 2 大得多。由此可以得出结论,在无二期恒载(即桥面铺装未上)的情况下,方案 2 是最合理的。

在有二期恒载的情况下,基于以上分析只需选择与方案 2 相似的张拉顺序的方案进行计算,这就是方案 7。方案 7 的接长杆数量为 72 根;吊索最大张拉控制力为 2 100kN,对应的应力为 704.1MPa,安全系数为 2.37;在钢导管位置吊索的水平偏移值在−36.8～9.2mm 之间,各项控制指标均符合要求。

3. *有无二期恒载的调索方案比选*

对方案 2(无二期恒载调索方案)和方案 7(有二期恒载调索方案)考虑更详细的施工因素,进一步分析后发现,两个方案均可以实现。针对以下控制因素的有限元分析结果:

(1)加劲梁线形:以制作线形为零点,成桥线形挠度为 53cm,设计线形挠度为 30cm。方案 2 在加二期恒载之前挠度为 103cm,方案 7 直接张拉至成桥线形,所以挠度为 53cm。

(2)加劲梁应力:方案 2 钢加劲梁内最大应力为 153MPa,最小应力为−22MPa;方案 7 最大应力为 142MPa,最小应力为−27MPa。

(3)吊索张拉力:方案 2 最大吊索张拉力为 2 000kN,方案 7 为 2 114.6kN。

(4)吊索张拉接长杆和千斤顶:方案 2 需要的接长杆数量为 80 根 1m 长杆,方案 7 需要 72 根。方案 2 一次张拉最大行程为 2.302m,为 13 号吊索第一次张拉时;方案 7 为 2.324m,同样是13号吊索第一次张拉时。此外，两个方案吊索张拉次数均相同，1～7号和26～27号索均一次张拉就位，8～10号和24～25号均需张拉两次，其余11～23号吊索均张拉3次。

(5)塔顶鞍座顶推：两个方案均采用4次顶推，第一次为空缆架设完成后，顶推量为20cm；第二次为第5号吊索张拉完成后，顶推量为30cm，第三次为第9号吊索张拉完成后，顶推量为40cm，第四次为第16号吊索张拉完成后，顶推至设计位置。

(6)加劲梁上吊索锚箱钢导管：两个方案钢导管处吊索水平偏移值均不控制。

(7)桥塔应力：方案2与方案7的桥塔最大拉应力均为0.96MPa。

从以上分析可知，有无二期恒载(桥面铺装)的调索方案在塔顶鞍座顶推、桥塔应力、吊索倾角以及张拉次数等方面是一致的。方案2的吊索张拉力稍小，钢加劲梁的最大应力和最大位移比方案7大；方案2由于吊索张拉时没有加二期恒载，所以相对来说张拉吊索时钢加劲梁重量更明确，施工控制难度较小；方案2除了需要控制一期恒载的钢梁线形外，还要控制二期恒载加载以后的线形；方案7的二期恒载在临时墩上施工，增加了钢箱梁在临时墩上的时间和临时墩的反力，从而有可能增大钢箱梁局部失稳和桥墩基础受撞击的危险性，同时，钢桥面铺装对施工工艺和场地环境要求相当高，如先完成桥面铺装，则必然导致工期的延长。

综上所述，两个方案各有优缺点，基于支座局部承压、桥墩基础防撞危险性、施工工期以及施工期间受干扰等方面的考虑，最终实施选用了方案2。

三、佛山平胜大桥体系转换施工

(一)体系转换施工方法

自锚式悬索桥的体系转换是一道独特的施工工艺，通过张拉吊索使自锚式悬索桥各个组成部分有机地连接成为一个完整的结构受力体系。其主要内容包括吊索张拉和塔顶鞍座顶推两个方面。

1.吊索张拉施工方法

吊索安装时，提前将吊索张拉杆通过螺纹衬套与吊索连接好，吊索应按计算要求所需根数准确就位，然后安装张拉杆锚固螺母和千斤顶，并检查所需张拉吊索索夹螺栓。每根吊索均采用YCW150C型千斤顶进行张拉，应根据各吊索每步张拉所需张拉力(分为6级)计算出各级张拉力所对应的油表读数并做好记录。在确定准备工作完备后开始第一级张拉，张拉过程中严格控制油泵进油速度以缓慢施力，当张拉至第一级张拉力后，关闭油泵进油阀门，旋紧螺母锚固并暂停张拉，待检查各千斤顶的行程、确定张拉力等参数及检查张拉杆露出千斤顶的长度后，再进行下一级张拉，如此循环直至该步张拉完成。

2.塔顶鞍座顶推施工方法

在体系转换过程中，为了保证索塔根部不出现拉应力，确保索塔安全，塔顶鞍座要随着吊索张拉的同时逐步向主跨顶推，整个体系转换中共分5次顶推。塔顶鞍座的纵向顶推是利用安装在反力架与塔顶鞍座间的2台3 000kN千斤顶水平实施。每个塔顶鞍座2台千斤顶并联，总计8台顶同步施顶。每次顶推前，彻底清除塔顶鞍座滑移面上的杂物，保持清洁至顶推完成。滑移面上设有疏通注油孔并注满减摩剂。顶推前应采集桥梁的各项参数并做好记录，顶推时，严格控制油泵进油速度并缓慢施力。当所有塔顶鞍座都顶推至预先设置好的刻度标志后，采集桥梁的各项参数并与计算值对比，在确认各项参数与计算值相符后才能进入下一级顶推，塔顶鞍座分 6 级完成该步的顶推后临时锁定。

(二)体系转换施工要点

根据结构性能和施工工艺要求，体系转换施工过程中需要注意以下施工技术要点：

(1)吊索张拉采取双控的原则，以索力控制为主，无应力长度控制为辅。

(2)吊索力容许误差为±1.0%，无应力索长容许误差为±(1.0/3 000+1cm)；吊索力均不得超过 1 200kN。

(3)调索时横向同一编号位置的 4 个主缆索面的吊索张拉应同步进行，不同步误差不超过本次张拉索力增量的 1/6，即横向分 6 级同步施工。

(4)塔顶鞍座顶推过程应基本同步，不同步误差不超过本次鞍座顶推量的 1/6，即横向分 6 级同步施工。

(5)由于结构受力和线形对温度的变化很敏感，调索施工均应在温度稳定的时间段内进行。

(6)体系转换过程中加劲梁会逐渐压缩，应严格监测支墩变位。

(三)吊索张拉接长杆

针对佛山平胜大桥体系转换的特点，并考虑到吊索张拉时箱梁底面伸出的接长杆不得影响通航(外露的延长杆不能保留太长)和适应人工拆卸的需要(拆卸的张拉杆重量不能太大，钢箱梁底张拉延长杆不便使用机械拆卸)，开发了变长分段装配式接长杆装置，如图 6-21 所示。该变长分段装配式接长杆的构造为：每段长度 1.06m，杆间用内、外螺纹连接，接长杆外侧全车螺纹(配螺母)以适应随时锚固的需要。张拉杆直径 98mm，设计承载拉力 1 500kN，材质 40Cr。

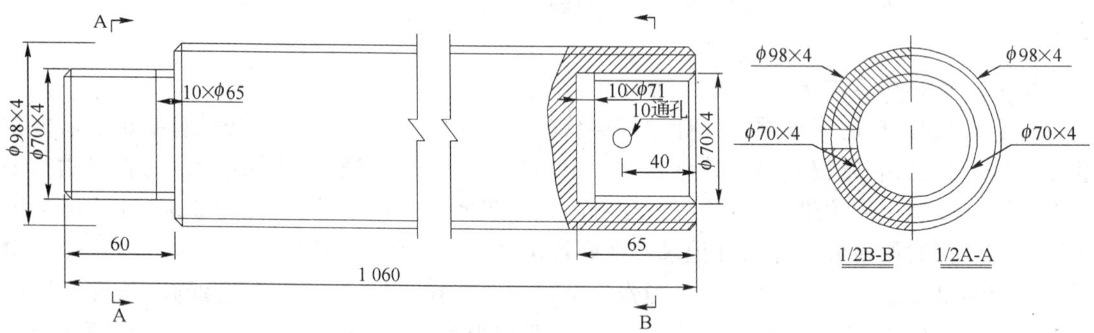

图 6-21　张拉接长杆构造图(尺寸单位：mm)

四、佛山平胜大桥体系转换施工控制

(一)体系转换施工控制的内容和方法

体系转换阶段重点监测内容是吊索索力、吊索伸出量、塔顶鞍座顶推量，同时，重点关注加劲梁标高及主缆吊点坐标、索塔的纵向偏位和扭转、索塔控制截面的应变、加劲梁的局部稳定(加劲梁应力应变)，以及锚跨桥墩纵向位移、散索套纵向位置的变化等。

1. 加劲梁线形与主缆线形

观测加劲梁高程与主缆吊点坐标，观测应尽量避开日照温差的影响。张拉完1号、7号、8号、20号吊索后，测量附近吊索(3对)和远处有代表性吊索(1～2对)上、下吊点的坐标。在张拉完15号、27号吊索后于典型工况全面测量加劲梁高程与各主缆吊点坐标。加劲梁高程与主缆吊点坐标应采用联测方式进行。

2. 吊索索力

在控制千斤顶对吊索的张拉力时，采用"油表法"确定，并用"锚索计法"抽查，以保证索力控制的精度，同时也可避免人为错误。即采用在某些索张拉千斤顶下加锚索计，用锚索计的精确读数以及千斤顶油表读数确认索力。"锚索计法"与"油表法"测得的索力误差不能超过一定限值，否则，应找出原因。其他已张拉到位的吊索索力通过"频率法"进行测试。

为确保吊索索力控制准确，对每台张拉千斤顶和油表进行成套标定，张拉时记录各吊索张拉到位时所对应的伸出长度，并与理论伸出长度进行比较，以实现"双控"。

吊索索力的测试应尽量避开日照温差的影响，每张拉一对吊索后，应测试附近吊索(3对)和远处有代表性吊索(每隔4～5对吊索选1对)的索力。

3. 塔顶鞍座顶推

佛山平胜大桥塔顶鞍座最终确定分5次顶推，各次顶推量分别为20cm、30cm、28cm、35cm、28.8cm，具体顶推时机与顶推量根据吊索张拉过程中监测的塔顶偏位与塔根部应力值确定，各次塔顶鞍座的顶推量偏差均控制在±3mm以内。

4. 索塔纵向水平位移与塔身根部应力

于几个有代表性的工况(内力或位移较大)和每次塔顶鞍座顶推前后的工况需要测量塔顶的纵向水平位移和用振弦应变仪监测索塔根部的应力。

5. 加劲梁应力

于典型工况监测钢加劲梁、钢—混凝土结合段等控制截面的应力。

(二)吊索张拉和体系转换实施效果

佛山平胜大桥体系转换完成后，对吊索索力、各吊点处的加劲梁高程、主缆高程、索塔偏位、散索套位置、加劲梁应变、钢混结合段及索塔应变等进行了全面测量，结果表明，体系转换达到了预期效果，加劲梁线形、主缆线形及结构荷载效应满足设计要求。加劲梁高程偏差在2.0cm以内，见图6-22；双吊索的单根吊索的索力偏差最大值在70kN以内，同一编号4根索力实测平均值与理论值偏差未超过5%，见图6-23。

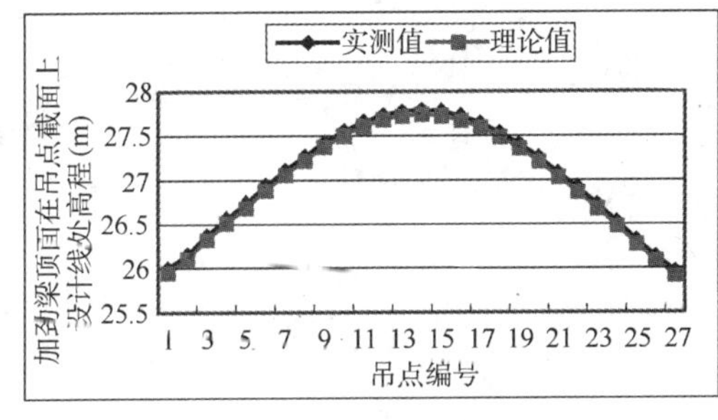

图6-22　体系转换完成后加劲梁高程

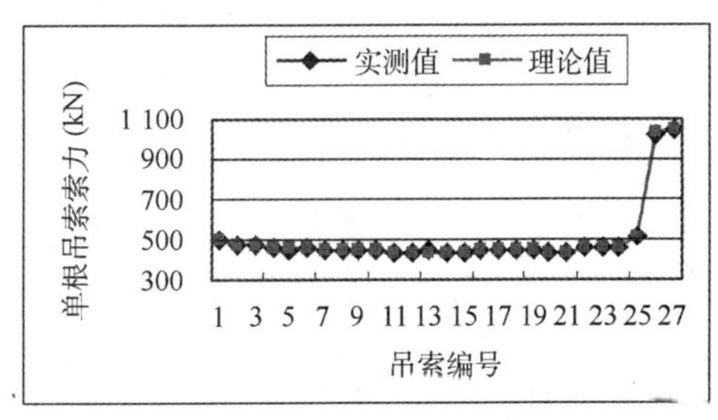

图6-23　体系转换完成后吊索索力

参考文献

[1] 胡建华，廖建宏．预应力混凝土多塔斜拉桥设计构思[J]．国外公路，1999，19(5)：34-39.

[2] 胡建华，刘榕等．茅草街大桥钢管混凝土主拱施工控制[J]．哈尔滨工业大学学报，2007，39(2)：35-38.

[3] 胡建华，向建军．平胜大桥独塔自锚式悬索桥的设计与关键技术[J]．公路，2006，5：99-104.

[4] 陈永宏．平胜大桥自锚式悬索桥钢箱梁顶推施工[J]．桥梁建设，2006，1：33-35.

[5] 陈野．苏州竹园大桥主桥施工技术[J]．铁道标准设计，2004，10：29-32.

[6] 文曙东，郑凯锋，黄军．"先缆后梁"施工建造自锚式悬索桥的研究[J]．西南交通大学学报，2005，40(6)：750-753.

[7] 高荣堂，李传习，李庭波等．平胜大桥自锚式悬索桥基准索股架设的施工控制[J]．世界桥梁，2007，1：43-67.

[8] 张健其，杨杰．独塔单跨自锚式悬索桥主缆架设测量控制[J]．桥梁建设，2007，1：128-131.

[9] 刘春华．自锚式悬索桥主缆架设与调索施工[J]．铁道标准设计，2004，5：21-23.

[10] 张启桥，王海峰．平胜大桥自锚式悬索桥体系转换施工技术[J]．桥梁建设，2006，1：45-47.

[11] 邱文亮，张哲．自锚式悬索桥施工中吊索张拉方法研究[J]．大连理工大学学报，2007，47(4)：552-556.